国家出版基金项目
NATIONAL PUBLICATION FOUNDATION

"十三五"国家重点图书出版规划项目

中国兵学通史

宋辽夏金元卷

黄朴民 主编

魏鸿 著

CNS 岳麓书社

·长沙·

图书在版编目(CIP)数据

中国兵学通史.宋辽夏金元卷/魏鸿著;黄朴民主编.—长沙:岳麓书社,2022.1

ISBN 978-7-5538-1572-5

Ⅰ.①中… Ⅱ.①魏…②黄… Ⅲ.①军事思想史—中国—辽宋金元时代 Ⅳ.①E092.2

中国版本图书馆 CIP 数据核字(2021)第 222890 号

ZHONGGUO BINGXUE TONGSHI · SONG LIAO XIA JIN YUAN JUAN

中国兵学通史 · 宋辽夏金元卷

主　　编:黄朴民

作　　者:魏　鸿

项目统筹:李业鹏

责任编辑:李业鹏　黄金武

责任校对:舒　舍

书籍设计:萧睿子

岳麓书社出版发行

地址:湖南省长沙市爱民路 47 号

邮编:410006

版次:2022 年 1 月第 1 版

印次:2022 年 1 月第 1 次印刷

开本:640mm×960mm　1/16

印张:31.5

字数:454 千字

书号:ISBN 978-7-5538-1572-5

定价:125.00 元

承印:长沙超峰印刷有限公司

如有印装质量问题,请与本社印务部联系

电话:0731-88884129

《中国兵学通史》编委会

总　序

一、军事历史与兵学思想的地位和价值

孔子说"有文事者必有武备，有武事者必有文备"（《史记·孔子世家》），这充分揭示了一个基本事实，即军事始终是社会生活中的重要组成部分，与之相适应，就是军事历史与兵学思想理应成为历史学研究的主要对象之一。强化军事历史与兵学思想研究，对于推动整个历史研究，深化人们对历史现象的全面认识和历史发展规律的深刻把握，实具有不可替代的意义。

必须重视对军事历史与兵学思想的研究，这是由军事在社会生活与历史演进中具有决定性意义这一性质所决定的。就中国范围而言，军事往往是历史演进的最直观表现形态。国家的分裂与统一，新旧王朝的交替，政治势力之间的斗争倾轧，下层民众的反抗起义，中华民族内部的融汇，等等，绝大多数都是通过战争这个途径来实现的。战争是社会生活的焦点，是历史演进的外在表现形式。

更为重要的是，在中国历史上，军事渗透于社会生活的各个领域、各个层面，成为历史嬗变的指针。具体地说，最先进的生产力往往发源于军事领域，军事技术的进步在科技上呈现引导性的意义。换言之，最先进的工艺技术首先应用于军事方面，最优良的资源优先配置于军事领域，最突出的科技效率首先反映于军事实践。这种情况早在先秦时期便已出现，所谓"美金以铸剑戟，试诸狗马；恶金以铸锄夷斤劚，试诸壤土"（《国语·齐

语》)，“来天下之良工”(《管子·小问》)，“聚天下之精材，论百工之锐器”(《管子·七法》)，等等，都表明军事技术发展程度乃是整个社会生产力最高发展水平的一个标尺。秦汉以降，军事技术的这种标尺地位仍没有丝毫改变，战船制作水平的提高，筑城工艺技术的进步，火药、火器的使用，钢铁先进武器装备的铸造，等等，都是该历史时期先进生产力的集中体现，都毫无例外地起着带动其他生产领域工艺技术水平提高的重要作用。

军事在历史演进中的中心地位同样也体现在政治领域。“国之大事，在祀与戎”(《左传·成公十三年》)，这是一条被经常引用的史料，可谓耳熟能详。对一个国家来说，有两件核心的大事：第一是祭祀，借沟通天人之形式，表明政权的合法性和神圣性；第二就是战争，保卫自己的国家，开疆拓土，在激烈而残酷的竞争中生存下去。我们认为，这八个字是了解中国古代历史真相及其特色的一把钥匙，因为它简明扼要地道出了古代社会生活的两个根本要义。以祭祀为中心的巫觋系统与以作战为主体的政事系统，各司其职，相辅相成。这与世界上绝大多数民族和国家政治起源的情况相类似，从氏族社会晚期的军事民主制时代开始，权力机构的运作，是按两个系统的分工负责来具体实施的，这在西谚中被形象地概括为：将上帝的交给上帝，将恺撒的交给恺撒。当然，随着中国历史的演进，“祀”渐渐地更多成为仪式上的象征，而“戎”，即以军事为中心的政务，则打破平衡，成为国家事务的最大主体，在国家政治生活中逐步走向相对中心的位置，所谓“兵者，国之大事，死生之地，存亡之道，不可不察也”(《孙子兵法·计篇》)，反映的就是这个客观现实。

这种情况可谓贯穿于整个中国古代的历史。历史上中央集权的强化，各种制度建设的完善和重大改革举措的推行，往往以军事为主体内容。所谓的中央集权，首先是对军权的集中，这从先秦时期的虎符发兵制到宋太祖“杯酒释兵权”，到朱元璋以五军都督府代替大都督府，清代设置军机处等制度和行政措施可以看得十分清楚。国家法律制度与规章，也往往是在军队中首先推行，然后逐渐向社会推广。如军功爵制滥觞于春秋时期赵简子的铁地誓师辞："克敌者，上大夫受县，下大夫受郡，士田十万，庶人工商遂，人臣隶圉免。"（《左传·哀公二年》）战国时期普遍流行的"什伍连坐法"、秦国的"二十等爵制"等，后来逐渐由单纯的军中制度演变为控制与管理整个社会的奖惩制度。从这个意义上说，军队是国家制度建设的先行者，军事在国家政治发展中起着引导作用。至于中国历史上的重大改革，也几乎无一例外以军事为改革的主要内容，如商鞅变法中"尚首功"的措施、大力推进的"耕战"政策，汉武帝"非常之事"中发展骑兵的战略方针，王安石变法中"保甲法""将兵法"等强兵措施，张居正改革中强军与整饬边防的举措，均是具体的例证。而战国时期赵武灵王的"胡服骑射"，则更是完全以军事为中心带动社会政治全面改革与创新的运动。

在思想文化领域，军事同样占有重要地位。先秦时期，儒学其实并未享有后世那种崇高地位。当时，社会上真正崇拜的是赳赳武夫，所以《诗经·兔罝》中说"赳赳武夫，公侯干城"，赳赳武夫是国家的栋梁。现在国学中讲的经史子集图书分类法是隋唐以后出现的，在《汉书·艺文志》中，图书分为"六略"："六艺""诸子""诗赋""兵书""术数""方技"。其中，"兵书"是独立的一类，与"六艺""诸子"等是并驾齐驱的。

就世界范围而言，军事历史与军事思想作为历史学的重要组成部分也是毋庸置疑的。西方早期的历史著作，如希罗多德的《历史》、修昔底德的《伯罗奔尼撒战争史》、恺撒的《高卢战记》、色诺芬的《长征记》、韦格蒂乌斯的《兵法简述》，大都是军事史著作，其中多有相关战争艺术的记载。这一传统长期得以延续，使得在当今欧美国家的历史学界，军事史仍然是人们研究的热点问题之一。有关战争、战略、军队编制、作战技术、武器装备、军事地理、军事人物、军事思想等各个方面的研究都比较成熟，并取得了丰硕的成果，杰弗里·帕克主编的《剑桥战争史》就是这方面的代表之一。与此相对应，军事历史以及军事理论的研究在历史学界甚至整个学术界都拥有较高的地位，产生了较大的影响。

总之，无论东方还是西方，军事历史与军事思想文化都是历史文化中的重要内容，不懂军事就无法全面地了解古今中外的历史。数千年的中西文明史，在某种意义上是一部军事活动史，一部军事思想文化发展史，抽掉了军事内容，就谈不上有完整意义的世界历史。

在整个军事史的研究体系中，军事思想史也即“兵学史”的研究占有核心的地位，具有指导性的意义。英国历史学家柯林武德指出：“一切历史都是思想史。”① 其言信然！我们认为，思想史是历史学研究的主要内容与主体对象，思想史的考察，是历史研究的主要方法。林德宏教授曾专门讨论了思想史在历史学研究中的关键作用：历史研究的顺序，是从直观的历史文物开始，展开对历史活动（以历史事件为中心）的认识，再进入对历史思想的探讨（叩问思想背景，寻觅思想动机，从事思想反思）。很显然，我们只有进入思想史这个层次，才可能对人类历史有完整而本质的理解与把握。②

总之，各个领域深层次的历史都是思想史，思想史研究是历史学研究的最终归宿。这一点，在军事史研究中也没有例外，兵学思想的研究，是整个军事史研究的主干与重心。换言之，在中国源远流长的军事史中，兵学思想无疑是其灵魂与核心之所在，它在很大程度上规范了整个军事的面貌，是丰富多姿、异彩纷呈的军事文化现象的精神浓缩和哲学升华，是具体军事问题的高度

① ［英］柯林武德著，何兆武、张文杰、陈新译：《历史的观念》（增补版），北京大学出版社，2010 年，第 212 页。

② 参见林德宏：《思想史与思想家》，《杰出人物与中国思想史》，江苏教育出版社，2000 年。

抽象，也是军事发展规律的普遍揭示。所以，兵学思想研究理应成为军事史研究的重点，也应该成为整个学术思想文化发展史认知中的重要一维。

二、中国历代兵学的内涵与主题

军事思想，用比较规范与传统的概念来表述，就是兵学。所谓中国古代兵学，指的是中国历史上探讨战争基本问题，阐述战争指导原则与一般方法，总结国防与军队建设普遍规律及其主要手段的思想学说。它萌芽于夏商周时期，在春秋战国时期形成独立的学术理论体系，充实提高于秦汉三国两晋南北朝至隋唐五代时期，丰富发展于两宋以迄明清时期，直至晚清让位于近代军事学。

先秦时期是中国军事思想发展的第一个高峰，其间分为四个阶段。第一个阶段是萌芽、初步发展期，包括甲骨文、金文、古代典籍如《尚书》《诗经》《周易》中的军事思想，代表作是古本《司马法》。它们体现了“军礼”的基本精神，提倡“以礼为固，以仁为胜”（《司马法·天子之义》），主张“九伐之法”（《周礼·夏官》），“不鼓不成列”（《左传·僖公二十二年》），“不杀黄口，不获二毛”（《淮南子·氾论训》），提倡“逐奔不过百步，纵绥不过三舍”（《司马法·仁本》），“战不逐奔，诛不填服”（《春秋穀梁传·隐公五年》），强调“军旅以舒为主，舒则民力足。虽交兵致刃，徒不趋，车不驰”（《司马法·天子之义》），贵“偏战”而贱“诈战”，“结日定地，各居一面，鸣鼓而战，不相诈”（《春秋公羊传注疏·桓公十年》何休注），出兵打仗还有很多其他的限制，“不加丧，不因凶”（《司马法·仁本》）等，凡此种种，不一而足。

第二个阶段是春秋后期，以《孙子兵法》为标志。春秋后期，战争发生重大改变。第一，战争性质由争霸变为兼并，战争更加残酷，如孟子讲的“争地以战，杀人盈野；争城以战，杀人盈城”(《孟子·离娄上》)。第二，军队成分发生改变，原来当兵的都是受过良好礼乐教育的贵族，此时是普通老百姓。第三，战争区域扩大了，由原来的黄河中下游大平原，扩大到南方的丘陵、沼泽、湖泊地区。第四，更重要的是武器装备变了，原来是原始社会就开始用的弓箭，此时有了弩机，准确率提高，射程加大。武器装备变化带来了整个作战样式、军队编制体制、军事理念和理论的变革。战争的变化带来军事的革命性变化。西周至春秋前期，军队行进比较缓慢，如《尚书·牧誓》所言：“不愆于六步、七步，乃止齐焉”“不愆于四伐、五伐、六伐、七伐，乃止齐焉”。而春秋后期成书的《孙子兵法》则强调“兵之情主速，乘人之不及，由不虞之道，攻其所不戒也”(《孙子兵法·九地篇》)，兵贵神速。原来讲礼貌和规则，“不以阻隘”“不鼓不成列”(《左传·僖公二十二年》)，现在则“兵以诈立，以利动，以分合为变”(《孙子兵法·军争篇》)，军队打仗靠诡诈、欺骗而取胜。毫无疑问，《孙子兵法》的诞生，是中国兵学文化史上的一次具有根本意义的变革与飞跃。后人评曰：“孙武之书十三篇，众家之说备矣。奇正、虚实、强弱、众寡、饥饱、劳逸、彼己、主客之情状，与夫山泽、水陆之阵，战守、攻围之法，无不尽也。微妙深密，千变万化而不可穷。用兵，从之者胜，违之者败，虽有智巧，必取则焉。可谓善之善者矣。”(戴溪《将鉴论断·孙武》)可谓恰如其分，洵非虚言！

第三个阶段是春秋后期到战国后期，是《孙子兵法》的延续、演变阶段。当时的兵书浩如烟海，有代表性的包括《尉缭子》《吴子》《孙膑兵法》及今本《司马法》，这些兵书立足于战国时期“争地以战，杀人盈野；争城以战，杀人盈城”(《孟子·离娄上》)的现实，沿着《孙子兵法》所开辟的道路前进，对自上古至战国的军事历史进行梳理与总结，对军事活动的一般规律加以揭示，大大深化了人们有关军队建设与治理要领的认识，从而使对战争指导原则与作战指挥艺术的理解与运用进入了崭新的阶段。

第四个阶段是总结、综合阶段，出现了《六韬》。《六韬》托名姜太公，但实际上至少是战国后期成书的，甚至有可能是秦汉时期的著作。它篇幅很大，有六十篇，内容庞杂，不光讲军事问题，还有先秦诸子的政治理念。《六韬》包括“兵权谋”“兵形势”“兵阴阳”“兵技巧”，体现了综合性，这与当时整个社会的思想趋于综合是相一致的。

从秦汉一直到隋唐五代是中国军事思想发展的过渡期，这个时期的兵书不多，但是大量的战争实践丰富了军事理论。比如之前是东西线作战，没有南北问题，不会出现“南船北马”的考虑。此外，军事思想更多地体现在对策上，如韩信的《汉中对》，诸葛亮的《隆中对》，羊祜的《平吴疏》，以及杜预和王濬的平吴思想，西汉张良与东汉邓禹、来歙等人的献计献策，高颎与贺若弼为隋文帝提出的军事建议等。这些对策是真正的精华，军事学的实用性大大提高了。除军事家外，政治家、思想家也普遍在关注军事问题。比如晁错的《言兵事疏》，王符《潜夫论》中的《边议》《劝将》《救边》《实边》诸篇，都是论兵的名篇佳作。

这一时期军事思想的发展有两个主要标志，一是兵学主题的转换，一是战略向战役、战斗层次的转换。兵学主题的转换在《黄石公三略》中有鲜明的体现。首先，《黄石公三略》是大一统兵学，这一主题与先秦兵学不一样。先秦兵学讲的是夺天下、取天下的问题，而《黄石公三略》讲的是安天下、治天下的问题。秦汉时期虽然也有战争，但总体上和平发展是主流，所以这时的兵学更多是为了维护安全，而不是讲攻城略地的问题。其次，这一时期的兵学主题由作战变为治军，所以《黄石公三略》很少涉及作战指挥的具体内容，都是强调如何治理军队，尤其是如何处理好君主和将帅的关系问题，这既可以说是兵学，也可以说是政治学。三国两晋南北朝到隋唐五代时期有丰富的战争实践，所以到《唐太宗李卫公问对》，就把原来《孙子兵法》中很抽象的东西，用真实的战例来印证，把孙子的原则具体化、细节化了，“分别奇正，指画攻守，变易主客，于兵家微意时有所得”（《四库全书总目·兵家类》）。所以，秦汉至隋唐五代的中国军事思想虽然是比较平稳地发展，但还是有其鲜明的特色。

宋元时期是中国军事思想发展的第三个大的阶段。元代军事思想主要体现在蒙古骑兵的军事实践中，具有鲜明的北方民族特色，但形诸文字的兵学论著很少。而宋代兵学则形成了中国传统兵学的一个高峰。宋代比较优待知识分子，但是，宋代实际上又处于“积弱”的状态，没有强大的军事实力，于是，在一定程度上只能靠军事谋略来加以必要的弥补。宋代的军事理论繁荣集中体现在以下几个方面。首先，宋代武学兴起，系统并规范地培养专业的军事人才，并使这一制度成为定制。其次，宋代颁定“武经七书”，成为武学的官方教科书。中国自古治国安邦文武并用，文是指儒家经典“十三经”或“四书五经”，武就是“武经七书”。更重要的是，宋代兵书分门别类，更加专业化。《孙子兵法》包括治军、作战、战略、军事观念等，是综合性的兵书。而宋代兵书有专门研究军事制度的，如《历代兵制》；有讨论守城问题的，如《守城录》；有大型的兵学类书，如曾公亮等人编撰的《武经总要》；有具体讨论各种战法战术的，如《百战奇法》；有对军事历史人物、事件进行评论的，如《何博士备论》等。宋代虽然兵书著述繁富，但在“崇文抑武”治国方略以及文人论兵思潮之下，兵学儒学化倾向严重，创新性不足，在总结火器初兴条件下新的战术战法、指导战争实践方面未能发挥应有作用，兵学在文献繁荣的表象之下已经蕴含着衰落的危机。

明清时期，中国军事思想发展进入守成阶段。这是中国古代兵学的终点，也是迈向新生的起点，有其显著特色。

就明代而言，当时的兵书数量众多，如《阵纪》《兵罍》《投笔肤谈》等。有些兵书在兵学文化上也不乏建树，表现为重视具体的军队战术要领总结，如戚继光的《纪效新书》和《练兵实纪》。又如，明代出现倭寇，遇到海防这一新问题，于是出现了海防兵书，如郑若曾的《筹海图编》。明代还引进了西洋火器，如佛郎机、红衣大炮等，火器的广泛运用催生了孙承宗的《车营叩答合编》。孙承宗关于新型战法的讨论，显然受到了传统兵学的深刻影响，即便是讨论车战的奇正，也未能在总体上跳出传统范式。但他也试图结合装备发展情况对车战的战法进行探讨，以求更好地发挥火器的威力，这一点显得难能可贵，传统兵学就此迎来转型良机。但令人遗憾的是，封建王朝的更替随即打断了这一转型进程。

清代兵书亦不少，但对兵学贡献最大的却不是兵书，而是有军事实践的曾国藩、胡林翼、左宗棠等人，他们提出了相对完整的治军和练兵思想，如“训有二，训打仗之法，训作人之道”①，“练有二端，一曰练技艺，二曰练阵法”②，在作战方法上创造了水陆相依、围城打援等经过实战检验的有效战法。但从根本上讲，曾国藩等人对兵学的主要贡献仍是在传统兵学框架之内，并未对兵学产生结构性的改变，而仅做了传统兵学思维的实践性转化等工作。所以总体上看，兵学在西方军事理论被引入到中国之前并无体系上的重大突破，亦未扭转步步沦落的局面。总之，明清军事思想有其一定的创新内容，但从根本上讲，并没有重大的突破，乃是中国古代兵学的终点。

19 世纪 60 年代以后，西方军事理论被大规模介绍到中国，传统兵学中的原生缺陷逐步被补足，中国军事学发生重大变革，传统的兵学逐步让位于近代军事学。如以军事教育取代传统的选将，装备保障与建设也逐步形成理论，兵学的内涵发生了较大变化。同时，伴随西方军事理论一同被引入的科学主义精神，推动

---

① 《曾国藩全集·批牍》，岳麓书社，1994 年，第 246 页。

② 《曾国藩全集·诗文》，岳麓书社，1986 年，第 438 页。

了兵学逐步从以经验主义为基础向以科学主义为基础的转变。其中，跳出传统兵学以“范畴”为核心与载体的术语体系，借鉴和应用西方近代军事学，使军事术语得以规范地使用，可谓是兵学趋向专业化和科学化的重要特征之一。这个进程使得传统兵学逐渐开始转型，并最终以军事学的面貌出现在历史舞台之上。但是，如果从深层次考察，这种转型还是保留有传统兵学的明显烙印，带有中国文化的鲜明特征。如，被人们视为按近代军事学体系编撰而就的《训练操法详晰图说》一书，依然不乏“训必师古，练必因时”“自古节制之师，存乎训练。训以固其心，练以精其技……权其轻重，训为最要”之类的言辞，与王守仁、戚继光、曾国藩、胡林翼等人的主张一脉相承，无本质上的区别。

综上所述，中国历代兵学的发展脉络清晰，逻辑结构完整，思想内容丰富，表现形式多样，在各个时代都有所丰富和发展，但其核心的内容与基本的原则没有本质上的变化。茅元仪说“后《孙子》者，不能遗《孙子》”（《武备志·兵诀评》），意谓后世的兵书不能绕开《孙子兵法》另起炉灶。作为中国古代兵学的最高成就，《孙子兵法》是难以超越的。茅元仪所说的，正是这个道理。

我们认为，中国古代兵学主要包括历史上丰富的军事实践活动所反映的战争观念、治军原则、战略原理、作战指导等内容，其主要文字载体是以《孙子兵法》为代表的卷帙浩繁、内容丰富、种类众多、哲理深刻的兵书。其他文献典籍中的论兵之作也是其重要的文字载体，这包括《尚书》《周易》《诗经》《周礼》等儒家经典中的有关军事内容，《墨子》《孟子》《老子》《管子》《吕氏春秋》《淮南子》等所载先秦两汉诸子的论兵文辞，正史、政书等典籍中的言兵之作，唐、宋、元、明、清诸多文集中的有关军事论述，它们和专门的兵书著作共同构筑起中国古代兵学思想这座巍峨瑰丽的文化殿堂。

毫无疑问，中国古代兵学的主要载体是卷帙浩繁的兵书典籍。民国时期陆达节编有《历代兵书目录》，著录兵书1304部，6831卷。据许保林《中国兵书知见录》《中国兵书通览》的统计，乃为3380部，23503卷（959部不知卷数，未计在内）。而按刘申宁《中国兵书总目》的说法，则更多达4221种。《汉书·艺文志·兵书略》曾对西汉以前的兵学流派做过系统的区分，将先秦两汉兵学划分为兵权谋家、兵形势家、兵阴阳家和兵技巧家四个大类。在四大类中，兵权谋家是最主要的一派，其基本特征是："权谋者，以正守国，以奇用兵，先计而后战，兼形势，包阴阳，用技巧者也。"显而易见，这是一个兼容各派之长的综合性学派，其关注的重点是战略问题。中国古代最重要的兵书，如《孙子兵法》《吴子》《六韬》《孙膑兵法》大都归入这一派。兵形势家也是比较重要的兵学流派，其特征是"雷动风举，后发而先至，离合背乡，变化无常，以轻疾制敌者也"，主要探讨军事行动的运动性与战术运用的灵活性、变化性。兵阴阳家，其特征是"顺时而发，推刑德，随斗击，因五胜，假鬼神而为助者也"，即注意天时、地理与战争胜负关系的研究。兵技巧家，其基本特征是"习手足，便器械，积机关，以立攻守之胜者也"，这表明该派所注重的是武器装备和作战技术、军事训练等。秦汉以降，中国兵学思想生生不息，代有发展，但其基本内容与学术特色基本没有逾越上述四大类的范围。

中国古代兵学内容丰富，博大精深，大体而言，它的基本内容是：在战争观上主张文事武备并重，提倡慎战善战，强调义兵必胜，有备无患，坚持以战止战，即以正义战争制止和消灭非正义战争，追求和平，反对穷兵黩武。从这样的战争观念出发，反映在国防建设上，古代兵家普遍主张奖励耕战，富国强兵，居安思危，文武并用。在治军思想方面，兵家提倡"令文齐武"，礼法互补。为此，历代兵家多主张以治为胜，制必先定，兵权贵一，教戒素行，器艺并重，赏罚分明，恩威兼施，励士练锐，精兵良器，将帅贤明，智勇双全，上下同欲，三军齐心。在后勤保障上，提倡积财聚力，足食强兵，取用于国，因粮于敌。在兵役思想上，坚持兵民结合，因势改制等。战略思想和作战指导理论是中国古代兵学思想的主体和精华，它的核心精神是先计后战，全胜为上，灵活用兵，因敌制胜。一些有关的命题或范畴，诸如知彼知己、因势定策、尽敌为上、伐谋伐交、兵不厌诈、出奇制胜、避实击虚、各个击破、造势任势、示形动敌、专我分敌、出其不意、攻其无备、善择战机、兵贵神速、先机制敌、后发制人、巧用地形、攻守皆宜等，都是围绕着“致人而不致于人”，即夺取战争主动权这一根本宗旨提出和展开的。

总之，以兵书为主要载体的中国古代兵学，内容丰富，哲理深刻，体大思精，可谓璀璨夺目，异彩纷呈，乃是中国传统文化的重要组成部分，无愧为一笔弥足珍贵的优秀文化遗产。

三、中国历代兵学研究中遭遇的“瓶颈”

与儒家、道家、释家乃至于墨家、法家等诸子学术的研究相比，有关兵学的研究，显然处于相对滞后的状态。成果为数不多姑且不论，在有限的研究成果中，质量上乘、体系严整、见解独到之作亦属凤毛麟角，更多的是词条的扩大与组合，可又缺少词条的科学与准确，犹如什锦拼盘，看不出兵学发展的脉络与规律，见不到兵学典籍所蕴含的时代特征与文化精神。这主要表现为：第一，兵学历史的研究被边缘化，长期不能进入历史学研究的主流，即陈寅恪先生所说的“预流”。与政治史、经济史、思想史、文化史、社会史等学科相比，军事史完全是一个敲边鼓的角色，研究成果数量单薄，质量恐怕也不尽如人意。第二，在有限的研究领域中，军事史不同分支的研究状况也不一样，发展很不平衡。相对而言，兵制的研究稍为成熟，如蓝永蔚《春秋时期的步兵》、谷霁光《府兵制度考释》、雷海宗《中国文化与中国的兵》等，均是学术价值重大、学术影响深远的著述。然而对于战争、军事技术、作战方式、兵要地理、兵学理论的研究，却显得远远不够。第三，战争史作为军事史的主体，研究思路与方法严重缺乏创意。研究者对许多战争的考察与评析，仅仅局限于宏观勾勒的层面，满足于战略的抽象概括，只讲到进步或落后这一性质层面的东西，很少能进入战术的解析层次，未能围绕战法这个核心展开研究。因此，得出的结论往往不够深入，不同的战争分析到最后，看上去似乎都大同小异。第四，学术研究的视野与角度不够开阔，对问题的认识与理解不够全面与辩证。如在充分肯定传统国家安全观为和平防御的同时，对历史上曾经大量存在的穷兵黩武现象缺乏足够的关注，仅看到“苟能制侵陵，岂在多杀伤”的一面，而忽略中国传统军事文化中还存在着“边庭流血成海水，武皇开边意未已”的另一种事实。

当然，兵学历史的研究不尽如人意的主要原因，还是在于兵学学科的自身性质。所谓“巧妇难为无米之炊”，就是这个道理。

在《汉书·艺文志》中，“兵书”虽然自成一类，但兵家并没有被列入“诸子”的范围，兵学著作没有被当作理论意识形态的著述来看待，它的性质实际上与“术数”“方技”相近。换言之，《汉书·艺文志》“六略”，前三“略”，“六艺”“诸子”“诗赋”属于同一性质，可归入“道”的层面；而后三“略”，“兵书”“术数”“方技”又是一个性质近似的大类，属于“术”的层面。“道”的层面，为“形而上”；“术”的层面，为“形而下”。“形而下”者，用今天的话来说，是讲求功能性的。它不尚抽象，不为玄虚，讲求实用，讲求效益，于思想而言，相对苍白，于学术而言，相对单薄。除了极个别的兵书，如《孙子兵法》之类外，绝大部分的兵学著作，都鲜有理论含量，缺乏思想的深度，因此，在学术思想的总结上，似乎很少有值得关注的兴奋点存在，而为人们所忽略。

这一点，不但古代如此，当今几乎也一样。目前流行的各种哲学史、思想史著作较少设立讨论兵学思想的专门章节，个别的著作即便设置，也往往篇幅有限，具体阐释未能充分展开，令人稍感遗憾。由此可见，中国兵学思想的研究，从学科性质上考察就有相当的难度，而要从工具技术性的学科中发掘“形而上”的抽象性质的思想与理论，则多少会令人感到失望。

此外，与儒家因应道家、释家的挑战，不断更新其机理，不断升华其形态的情况大不相同的是，兵学长期以来所面对的战争形态基本相似，战争的技术手段没有发生本质性的飞跃，大致是冷兵器时代的作战样式占主导。宋元以后尤其是明清时代出现火器，作战样式初步进入冷热兵器并用时期，但即便是在明清时代，冷兵器作战仍然占据着战场上的中心位置。这样的物质条件与军事背景，在很大程度上制约了兵学思想的更新与升华。即使有所变化与发展，也仅仅体现在战术手段的层面，如明代火器的使用，使战车重新受到关注，于是就产生了诸如《车营叩答合编》之类的兵书；同样是因为火器登上历史舞台，战争进入冷热兵器并用时期，就有了顺应这种变化而出现的《火攻挈要》等兵书和相应的冷热兵器并用的作战指导原则。但是需要指出的是，这种局部的、个别的、枝节性的发展变化，并没有实现兵学思想的本质性改变、革命性跨越。从这个意义上说，茅元仪《武备志·兵诀评》所称的“前《孙子》者，《孙子》不遗；后《孙子》者，不能遗《孙子》”，的确是准确地揭示了《孙子兵法》作为兵学最高经典的不可超越性，但同时也隐晦地说明了兵学思想的相对凝固性、守成性、内敛性。

没有研究对象的改变，就无法激发出更新的需求，而没有更新的需求，思想形态、学术体系就难以注入新的生机，就会处于自我封闭、不求进取的窘态。在这种情况下，我们今天要从学科发展的视野来考察兵学理论的递嬗，显然会遇到极大的障碍，而要总结、揭示这种演进的基本规律与主要特征，更是困难重重，充满挑战了。例如，某些大型军事类辞书，在各断代军事思想的词条中，也常常是横向地不断重复诸如战争观上区分了“义战”

与“非义战”的性质，作战指导上强调了“避实击虚”“因敌制胜”之类的表述。先秦词条这么讲，秦汉词条这么讲，到了明清的词条，还是这么讲，千篇一律，缺乏发展性和创新性。应该说，这一局面的形成，不是偶然的，而是其研究对象本身停滞不前、自我封闭所导致的。

如果说，以上的归纳总结是兵学思想发展存在的明显的“先天不足”的制约，那么我们还应该更清醒地注意到，这种归纳与总结，还有一个“后天失调”的重大缺陷。

从先秦时期“赳赳武夫，公侯干城”，到汉武帝时代，朝廷“彬彬多文学之士”，汉元帝“柔仁好儒”“纯任德教”，中国古代社会的风尚悄然发生了某种变化，阳刚之气似乎有所消退，军人的地位逐渐降低，普通士兵更成了一群可以随时“驱而往，驱而来”的“群羊”(参见《孙子兵法·九地篇》)，社会风气一改而成为“好铁不打钉，好男不当兵”。五代以降，兵士脸上刺字的现象时有发生，明代“军户”身份世袭，社会地位低下，就是这方面的例证。这样的群体，在文化知识的学习与掌握上自然属于“弱势群体”，他们文化程度不高，知识积贮贫乏，阅读能力有限，学习动力缺乏。如果兵书的理论性、抽象性太强，那么就会不适合他们阅读与领悟。所以，大部分的兵书只能走浅显、通俗的道路，以实用、普及为鹄的。由此可知，兵学受众群体的文化素质和精神需求上的特殊性，在很大程度上制约了兵学思想的精致化、哲理化提升。

这一点，从后世经典的注疏水平即可看出，与儒家、道家乃至法家经典相比，兵书注疏滞后、浅薄，实不可以道里计。兵家的著述在注疏方面，绝对无法出现诸如郑玄之于《诗经》、何休之于《公羊传》、杜预之于《左传》、王弼之于《老子》、郭象之于《庄子》这样具有高度学术性，注入了创新性思维与开拓性理论的著作，有的往往是像施子美《施氏七书讲义》、刘寅《武经七书直解》、朱墉《武经七书汇解》这样的通俗型注疏，仅仅立足于文字的疏通，章句的串讲而已。即便偶尔有曹操、杜牧、梅尧臣、张预等人注《孙子》聊备一格，但是他们的学术贡献与价值，依旧无法与郑玄、王弼等人的成就相媲美。而这种整体性的滞后与粗疏，自然严重影响到兵学思想的变革与升华，使兵学思想的呈现形态失去了值得人们激发热情、全力投入研究的兴奋点与推动力，往往只能在缺乏高度的平台之上做机械性的重复，这显然会导致兵学思想整体研究的严重滞后。

兵学思想史研究的“后天失调”，还表现在这一领域的研究者长期以来在专业素质构成上一直存在着种种局限，并不能很好地适应兵学思想发展史研究的特殊要求。从本质上讲，军事史是历史与军事两大学科彼此渗透、有机结合而形成的交叉学科。这一属性，决定了兵学思想史其实也是军事史与思想史的综合与贯通，这一学术特性，对研究者提出了特殊的要求，即他们最好能具备历史与军事两方面的专业素养。但是由于种种原因，这样的复合型队伍自古至今似乎并未能真正建立起来。熟谙军事者，历史知识、哲学思辨往往相对单薄，这不免导致其研究难以上升到理论思维的高度；而通习历史者，又往往缺乏军旅活动的实践经验，这当然会造成其所研究的结论多属门外谈兵，不着边际。如《礼书通故》一类典籍中有关“偏”的考据，就近乎盲人摸象，花费大量精力考证一“偏”的战车数量，提出莫衷一是的“九乘说”“十八乘说”“二十七乘说”“八十一乘说”等说法，除了徒增纷扰之外，实在看不出能真正解决什么问题。

正是因为兵学思想史的研究，让军事学界、历史学界两大界别的人士都不无困惑、深感棘手，所以一般的人都不愿意身陷这个泥淖。宋代著名兵学思想家、经典兵书《何博士备论》的作者何去非，尽管兵学造诣精深，又身为武学教授（后称武学博士），但自上任之日起就不安心本职工作，曾转求苏轼上书朝廷，请求“换文资”，即希望把他由武官改为文官。何去非的选择，就是这方面非常有代表性的例子。这种研究队伍的凋零没落、薪火难传，恰恰证明了兵学思想发展史研究确实存在着难以摆脱的困境，直至今天仍是亟待突破的“瓶颈”。

除上述困难之外，兵学研究所面临的挑战还包括以下两个因素：一是军事史研究范围与内涵的界定不够清晰。目前的学术界，经常把军事制度的研究混入政治制度研究之中（如商鞅变法中的军功爵制、王安石变法中的保甲法等等），把军事技术的研究归入科技史的研究范畴，把军事法规的研究并入法制史的研究架构，结果是有意无意地放弃了很多本应该是军事史研究的问题，只把目光对准兵役制度、军事谋略，导致内容过于空泛。这也制约了军事史研究的发展。二是受制于文献载体有关军事史内容记载上的固有不足。古代文献中有关军事史战术层面的内容十分单薄，这与西方军事史著作有很大差异。西方的军事史著作对战术层面的内容记载相当详尽，如在记述汉尼拔指挥的著名的坎尼之战时，曾详细描绘了双方怎样排兵布阵，步兵、骑兵如何配置，谁为主攻、谁作牵制，战斗的具体经过又是怎样。反之，我们的史书记述，则侧重于战争酝酿阶段的纵横捭阖、逐谋斗智，而真止描述战争过程的往往就简单的几个字，“大破之”“大败之”，一笔带过。我们既不知道是怎么胜的，也不知道是怎么败的，这就为我们从战术层面深化兵学历史的研究带来了重重障碍。

四、我们如何实现兵学研究的“突破”

危机也意味着转机，困境也意味着坦途。我们认为，中国兵学历史的研究固然存在着种种问题，但是，在大家的共同努力下，它的发展和繁荣也并非没有希望。换言之，使它走出困境的转机同样是可以争取和把握的，关键是我们如何寻找到赢得转机的途径与方法。

其一，寻求转机与实现突破，要求我们对兵学历史的研究予以主观上的更大重视，应该明确形成这样的一个基本共识：一个民族、一个国家、一支军队如果不尊重自己的悠久军事文化传统，不善于从以往的军事历史中借鉴得失，获得启迪，那么就难以拥有与理解完整的历史，就没有资格侈谈什么军事理论创新，也不能建立真正有价值的战略学、战术学、军制学，遑论在世界大变局中确立自己的地位，施展自己的影响。一句话，不珍惜传统，肯定不会有光明的未来；漠视历史，迟早会受到历史的惩罚。基于这样的共识，中国兵学历史的研究必将获得动力，因为研究者的责任感与成就之间实际上存在着共生的关系。更重要的是，我们应该通过对中国兵学发展历史的考察与总结，从中积极地汲取经验。众所周知，以史为鉴，可以知兴替。中国历代战争的战略决策、战略指导与作战指挥，以及建军、治军、用将、训练、治边等方面的经验教训，至今仍有给人以启迪和借鉴之处。兵学历史的研究，固然是学术性的探索与诠释，但是，研究者也应始终立足于当代，注重历史与现实的贯通，致力于从丰厚的历史文化资源中寻求有益的启示。我们认为：一部兵学发展史，其实就是一部军事变革史，更是一部军队发展、国防建设的启示录。我们虽然不能从历史博物馆里取出古人的“剑”同未来的敌人作战，但我们可以熔化古人的“剑”铸造新的“武器”。

其二，寻求转机与实现突破，要求我们在思维模式、研究范围、研究方法等方面进行扎实的工作，开辟新的道路，提升新的境界。这包括：对兵学历史学科的内涵和外延要有一个科学而清楚的界定，确立起兵学历史研究的主体性，树立问题意识、自觉意识，使兵学历史研究的独立性得以完全体现；对兵学历史研究人员专业素质提出更高的要求，彻底改变长期以来军事与历史“两张皮”，懂历史的不太熟悉军事，谙军事的在历史学基本训练方面偏弱的情况；尽量调整兵学历史研究领域内各个分支研究不平衡的局面，在继续加强兵制史、兵书著作研究的同时，积极开展以往相对薄弱的军事技术、作战方式、阵法战术、兵要地理等分支学科的研究，使整个兵学历史的研究能够得到均衡协调的发展，各个分支方向既独立推进，又互为补充、互为促进。其中，尤为重要的是调整与改善兵学史研究的基本范式，必须积极尝试研究角度的重新选择，转换习以为常的研究范式，改变陈陈相因的研究逻辑。具体地说，就是实现研究重心的转移，从以研究军事人物思想、兵书典籍理论为主导，变为以研究战法与思想共生互动为宗旨。这个共生互动的关系，可以用一个相对稳定的逻辑结构来描述，即武器装备的改进与发展，引发作战方式、战略战术的变革，同时也促成了军队编制体制的调整和变化，而这些变化，最终又推动了兵学理论的创新、军事思想的升华。而兵学思想的发展，同样要反作用于作战指导领域，使得战法的确立与变革能够在理论的指导下，更趋合理，更趋成熟，以适应军事斗争的需要，为达成一定的战略目标创造积极有利的条件。

在围绕“武器装备—作战方式—兵学理论”这一主线与结构展开叙述的同时，尤其要注意对兵学思想发展史上阶段性特点的概括与揭示。区分不同时期兵学思想的鲜明特征，探索产生这些特征背后的深层次政治、经济、社会、文化原因，观察和说明该时期兵学思想较之于前，传承了什么，又增益了什么，对于其后兵学思想的发展起到了哪些作用，产生了何种影响。换言之，我们今天对历代兵学思想的研究，其成功与否，就是看能不能跳出通常的兵学思想总结上的时代性格模糊、阶段性特点笼统的局限，而真正把握了兵学思想与文化的历史演进趋势和个性风貌。

其三，寻求转机与实现突破，要求我们在从事兵学历史研究过程中，在充分运用历史方法的同时，尽可能借助于军事的范畴、概念与方法，注重从军事的角度考察问题、解决问题。应该说，这正是兵学历史研究讲求科学性、学术性的必然要求。面对军事制度上的疑难问题，我们完全可以参考现代军制的原理与方法来协助解决，例如，释读先秦军队编制体制中“偏”的问题就是如此。我们知道“偏”是先秦时期车战的战车编组形式，但是一偏到底有几乘战车，文献记载说法各异，有“九乘说”“十八乘说”“二十七乘说”“八十一乘说”种种，可谓各有道理，莫衷一是。另外，像先秦军队既有“军、师、旅、卒、两、伍”六级编制，又有“三十人乘制”“七十五人乘制”，彼此关系又是怎样？如果花大力气去求证，结果很难如愿，但我们若了解现代军队编制特点的话，那么也许能掌握解决问题的钥匙，即理解军队编制上平时管理和战时配属是两种方式，一支军队可以有平时隶属体制、战时合成编制、临时战斗编组等多种编制。先秦军队就平时隶属体制而言，可以有六级；就战时合成编制而言，即为“乘”；就临时战斗编组而言，又可以有“九乘”“二十七乘”等不同的大小“偏”形式。这就是一个参照现代军队编制以深化军事史研究的重要例子。

再如，我们以往研究“韩信破赵”时部署的背水阵，一般只关注到军心士气问题，即韩信之所以部署背水阵，乃是为了激发士兵的战斗意志，置之死地而后生。这几乎是两千多年来人们的一致看法，韩信自己也是如此表白的。但是，我们如要从军事学的角度来分析，那么背水阵其实包含着十分丰富的战术作战要领。首先是变换主客。韩信设置背水阵的主要目的在于引诱赵军前来攻击，如此，本来是处于攻击地位的韩信军队反而变成了防御一方，而在军队作战中，防御和进攻所需的兵力相差是很大的，这叫作“客倍主人半”（《孙膑兵法·客主人分》）。韩信通过背水阵的设置，改变了双方的攻守地位，弥补了自己兵力的不足，在一次进攻性战役中，打了一场漂亮的防守作战，最终取得了胜利。这个主客变置的关键因素，再加上布列圆阵、兵分奇正、置之死地而后生等战术要领，背水阵达到了预期的目标。这个例子可谓极其生动而有力地证明了兵学历史研究离不开军事学要素与方法。总之，兵学历史研究过程中许多学术上的疑难问题，若能借助军事学的原理与方法，解决起来并非不可能。如用现代军事中的“战略预备队”概念诠释《握奇经》中“四为正，四为奇，余奇为握奇”的“余奇”含义，就能使人豁然开朗。又如，拿方阵战术的基本要领来观照“勇者不得独进，怯者不得独退”“不愆于六步、七步，乃止齐焉”等兵学指导原则的意义之所在，同样也是恰到好处。

其四，寻求转机与实现突破，我们还需要拓宽视野，以世界军事发展进程为参照，来考察中国兵学历史的演进规律、文化内涵与时代精神。英国军事学家富勒在其代表作《装甲战》一书中曾经这么说过：“世界上没有绝对新的东西。我曾说过，学员只要研究一下历史，就可看出，战争的许多阶段将再次采用基本相同的作战形式。只需进行一些研究和思考，就会认识到，过去所采用的所有战略和战术，自觉或不自觉地都是根据军事原则制定的。……无论军队是由徒步步兵、骑兵，还是由机械化步兵组成，节约兵力、集中、突然性、安全、进攻、机动和协调等原则总是适用的。总之，摩托化和机械化只是改变了战争的条件，即改变了将军使用的工具，而不是他的军事原则，这一点是显而易见的。”这是从时间的角度说明军事学基本原则的永恒性、稳定性。其实，从空间的视角考察，这种同一性、常态化又何尝不是如此！中西方军事著作在语言体例、逻辑概念梳理、形象描述等方面固然存在着很大的差异，是两类军事文明的产物。但是，《淮南子·氾论训》言：“百川异源而皆归于海，百家殊业而皆务于治。”万变不离其宗，中西方军事学的核心问题，如重视将帅、灵活多变、集中兵力、以攻为主、重视精神因素及士气的振奋等，完全可以说是旨趣一致、异曲同工的，这种一致与相似，远远胜过所谓的“差异”与“对立”。我们应该充分看到中西方军事学的这种同一性，从而更好地认识中西方军事思想文化中那些超越时空的价值，并从中获得有益的启迪。这一点，乃是我们在研究中国兵学历史时，必须予以充分留意与高度关注的。换言之，我们今天的兵学研究，既要立足本土，同时又要面向世界，从世界军事文明递嬗的视域把握中国兵学的精髓，揭示中国兵学的特色，认知中国兵学的价值。

总之，兵学历史的研究只要真正回归历史、回归军事，那么就可以超越过去僵化的模式与平庸的论调，把握住新的发展契机。

鉴于以上基本认识，我们这个兵学历史研究的小团队，不揣谫陋，砥砺而行，和衷共济，经过数年的积极努力，撰写了这套300余万言、7卷本的《中国兵学通史》，就中国兵学历史发展的时代背景、基本内涵、演变轨迹、主要特征、表现形式、重要地位与文化影响等加以全景式的回顾、梳理与总结。在此基础上，我们重点考察与揭示中国历史上的代表性兵学著作、诸子论兵之作、重大战争中所反映的兵学基本原则、四部典籍所蕴含的兵学思想要义及其对中国兵学文化发展的卓越贡献，并对影响与制约中国历史上兵学发展的基本要素，如武器技术装备、军队体制编制、作战样式与战法、军种兵种构成与变化、军事训练与军事法规等，进行必要而细致的考察与剖析。总之，我们的初衷，是要梳理中国古代兵学产生、发展及演变的历史轨迹，总结中国古代兵学的主要成就，揭示中国古代兵学的基本特征，阐释中国古代兵学的文化价值。

受水平所限，本书难免存在着一些值得商榷与改进之处，衷心欢迎诸位专家和广大读者不吝批评指正，以匡不逮，无任感谢。

是为序。

黄朴民

2021年10月26日于中国人民大学国学院

目　录

绪 论

在公元十世纪中叶至十四世纪中叶的四百年间，宋、辽、夏、金、元等王朝或并存，或继立，代兴代亡，它们之间有长期和平交往，有复杂外交博弈，也有旷日持久的冲突和战争，构成了中国历史上多民族政权交相竞逐的宏大图景。若以中原地区为中心，这一时期的兵学又可分为宋元两个阶段、两种形态。两宋时期，先秦以降一脉相承的中原兵学占据主导地位，这一兵学形态以农耕文明为基础，在两宋发展至新的高潮。元朝建立以后，中原传统兵学跌入谷底，取而代之的是北方游牧民族主导的兵学，这一兵学形态远承匈奴、突厥，近承辽、西夏、金，在元朝达到顶峰。宋元兵学的异质，表现为中原传统兵学与北方民族骑射兵学的对立，而二者又统一于兵学规律的内在一致性，共同丰富和发展了中国兵学宝库。

一、宋代兵学的成就和特点

宋代是中国传统兵学发展的重要时期，形成了中国兵学史上的第二次高潮。① 从宋仁宗朝开始，宋廷渐次兴办武学、设立武举，颁定“武经七书”，兵学首次取得官学地位，这大大推动了兵学的发展。据许保林统计，两宋兵书共 559 部，3865 卷，是东汉至隋唐五代兵书总部数 397 部的 1.4 倍，总卷数 1702 卷的 2.3 倍。② 不但兵书数量激增，兵书种类也更为完备，出现了第一部大型综合性兵书

① 刘庆：《论中国古代兵学发展的三个阶段与三次高潮》，《军事历史研究》1997 年第 4 期。

② 许保林：《中国兵书通览》，解放军出版社，1990 年，第 53 页。

《武经总要》，第一部军事制度史专著《历代兵制》，第一部名将传略《十七史百将传》，第一部军事类书《兵筹类要》，第一部系统探索守城战法的《守城录》等。兵书之外，各种论兵文章更是汗牛充栋，涌现出很多优秀的论兵文章。如辛弃疾《美芹十论》、倪朴《拟上高宗皇帝书》等，既有很高的战略思维水平，又切合实际、因时建策，使儒家理念、兵学思想、战争谋略有机结合，达到了新的高度。在军事改革、军政建设以及边防斗争等实践层面，宋代也涌现出范仲淹、韩琦、王安石、王韶、岳飞等政治家和统兵将帅，他们以兵学理论为指导，对现实军事问题提出了卓越的见解，推动了宋代军事的变革和发展。

宋代兵学虽然取得了超迈前代的成就，但是，宋代又是一个以“积弱”著称的朝代：北宋未能收复幽燕故地，称不上真正意义上的统一王朝，在与西夏的斗争中，也并未取得明显优势，后亡于新兴之金；南宋偏守江淮以南的半壁江山，与金对峙一个多世纪，始终卑事金廷，最终为元所灭。虽然说，军事的强弱有多方面的原因，兵学盛衰并非唯一决定因素，但是，兵学作为与军事实践关联最密切的学术，宋代兵学之盛与军事之弱的强烈反差无疑是人们关注的重点，也是我们必须试图解答的问题。深入探究宋代兵学的成就、特点及其成因，或许有助于理解这一矛盾现象。

（一）推崇与贬抑并炽——传统兵学地位的迷思

了解宋代思想史的人，大都会注意到一个矛盾的现象：宋人对于兵学的推崇和贬抑都十分强烈。推崇者将《孙子兵法》等兵书视为鸿宝，如南宋郑厚在《艺圃折衷》中说：“《孙子》十三篇，不惟武人之根本，文士亦当尽心焉。其词约而缛，易而深，畅而可用，《论语》《易大传》之流，孟、荀、杨著书皆不及也。”① 贬抑者则对兵家大加挞伐，认为“诈力之尚，仁义之略，速亡贻祸，讫用自焚，是故兵足戒也”②。这两种声音长期共存、相互激扬，形成了鲜明的

---

① 朱熹：《读虞隐之尊孟辨》，《晦庵集》卷七十三，文渊阁《四库全书》本。
② 薛季宣：《拟策一道》，《浪语集》卷二十八，文渊阁《四库全书》本。

对比。

对兵学的推崇主要源于紧张的军事形势。两宋终其之世，一直处于与辽、夏、金、元等的军事斗争之中，强兵胜战的迫切需求成为兵学发展的强大动力。对兵学的贬抑则主要源于宋代“崇文抑武”的治国方略，“崇文抑武”必然导致思想文化领域的“崇儒抑兵”。在这两个持续存在而又相互矛盾的因素中，“崇文抑武”更具决定性，从根本上决定了宋代兵学的成就和特征。宋儒站在意识形态主导者的立场，对《孙子兵法》为代表的传统兵学展开了全方位的批判。

首先，在治道层面上，儒家学者坚持以儒学为本，以兵学为末。朱熹解释《论语》“灵公问陈而夫子遽行”一节时曾说：“夫子去卫之意，盖以兵而言，陈固兵之末，以治道而言，则兵又治道之末也。”① 这一观点代表了宋儒关于兵儒次第的基本立场。宋儒从治道角度批评兵学，还有一个重要理由，是担心兵家“诈谋”影响风俗教化。如刘敞指出，武学是“教之以术而动之以利”，会使教化渐弱、风俗渐变，进而危及统治秩序。② 叶適也认为，武学研习兵书是“徒以不仁之心上下相授”，而“授天下以不仁之心，患之大者也”。③ 这些理由无论是否成立，都在意识形态领域强化了儒学的统治地位，同时贬低了兵学的地位和价值。

其次，在用兵之道层面上，儒家学者反对兵家“诈”“利”思想，主张用兵以正、仁义制敌。宋儒继承先秦儒家军事思想，常将儒学与兵学的异质诠释为仁政与诈术、王道与霸道的对立，强调仁政、王道对于战争胜负的决定意义。如刘敞认为，“仁”“义”既是为政纲领，也是武备根本：“以道德为藩，以礼让为国，以忠信为用，以仁义为力，故守必有威，动则能克。”因此，“战在胜不在多，

---

① 朱熹：《四书或问》卷二十，文渊阁《四库全书》本。

② 刘敞：《与吴九论武学书》，《公是集》卷四十三，文渊阁《四库全书》本。

③ 叶適著，刘公纯、王孝鱼、李哲夫点校：《兵权上》，《叶適集》第三册，中华书局，1961 年。

术在德不在他，是以弃天时与地利，贵王道与人和”①。在他们看来，“夫以孙吴之智窥桓文之德，尚不能合，以规圣人之道，固绵远矣”②。有的儒家学者甚至认为，《荀子》《孟子》《易经》等儒家经传才是用兵之本，价值远在兵书之上。在这些论述中，兵家的权谋之术与儒家的王者之师截然对立，“崇儒”与“抑兵”同时被推至新的高度。

再次，在用兵之术层面上，也有些顽固的宋儒反对以诈术取胜。北宋苏洵曾说：“夫兵虽诡道，而本于正者终亦必胜。……夫用心于正，一振而群纲举，用心于诈，百补而千穴败，智于此，不足恃也。”（《权书・用间》）南宋学者黄仲炎也说：“兵贵奇胜，圣人恶之。何哉？曰《春秋》正其谊、明其道而已矣，功利不与也。夫兵以奇胜者，孙武之术，岂圣人之教哉？”③ 荀子“仁人之兵不可诈”之说被宋儒进一步引申，吕祖谦甚至提出“诚可制诈”，“彼之诈至于万而不足，我之诚守其一而有余”④。在此，儒家的讲求仁义与兵家的追求功利、儒家的以正用兵与兵家的以奇取胜构成了尖锐的对立。

应该说，宋儒强调“仁政”“义战”的重要性，对于规范战争行为，构建以儒家思想为主导的兵学文化有着积极意义。但是，当“崇儒抑兵”贯穿到具体作战指导中，则有悖于军事斗争的规律，滑向了坐而论道、偏颇迂腐的一面。更重要的是，“崇儒抑兵”导致对兵学不恰当的贬抑，即便对兵学推崇，也建立在“儒本兵末”前提下，这就奠定了整个宋代兵学的基调，严重影响了兵学的健康发展。

（二）文人论兵——兵学研究主体的变化

宋代“以文儒立国”，随着“崇文抑武”治国方略的推展，文人士大夫逐渐掌握了政治、经济、军事、文化等方面的权力。宋英宗时，蔡襄上书说：“今世用人，大率以文词进：大臣，文士也；近

---

① 《我战则克赋》，《公是集》卷一。

② 《杂著・师三年解》，《公是集》卷四十六。

③ 黄仲炎：《春秋通说》卷六，文渊阁《四库全书》本。

④ 吕祖谦：《左氏博议》卷一，文渊阁《四库全书》本。

侍之臣，文士也；钱谷之司，文士也；边防大帅，文士也；天下转运使，文士也；知州郡，文士也。虽有武臣，盖仅有也。”① 文人官僚为皇帝所倚重，有高度的自豪感和使命感，范仲淹所谓“先天下之忧而忧，后天下之乐而乐”，正是文人士大夫政治上自觉、自信的宣言。在他们看来，“纬武”和“经文”一样，都是文人士大夫的分内之事。诚如南宋理学名儒张栻所说：“盖君子于天下之事无所不当究，况于兵者，世之兴废，生民之大本存焉，其可忽而不讲哉？”② 而宋代持续不断的边防危机和内外战争，又为“文人论兵”提供了现实契机和持久动力。从宋仁宗宋夏战争开始，朝廷有意咨访民间知兵之士，文人论兵之潮初兴，此后直至宋亡，这一风潮一直发展，成为宋代兵学的一大显著特征。

刘庆先生《“文人论兵”与宋代兵学的发展》③ 一文将论兵文人分为三类：一是研究古代兵书典籍的专家，二是热心于兵学研究的著名文人，三是直接接触国防问题的朝中枢臣或边防大吏。第一类以兵书和兵学为研究对象，可称为“兵学研究者”。第二类主要是对战争和兵学做评论，可称为“兵学评论者”。第三类是军政要员，所论以边防对策为主，可称为“兵学实践者”。不过，三类之中身份重合的也很多，如梅尧臣，既是《孙子》注家，又是著名文人。又如陈规，既是重要边臣，又有兵书问世，兼具实践者和研究者的身份。

“文人论兵”很大程度上决定了宋代兵学的基本面貌和特质。首先，文人成为兵学文献的主要生产者，促进了兵学论著的空前繁荣。宋代兵书数量之巨、种类之丰，论兵文章之广泛、深入，都与文人论兵息息相关。其次，在兵学内容上，儒学对兵学的批判和改造更为深刻。文人作为儒家思想的奉行者，必然以儒家立场阐述兵学命题。这产生了两方面的影响：一是更加明确地阐释了兵儒间的异质，

---

① 蔡襄：《上英宗国论要目十二事》，赵汝愚编，北京大学中国中古史研究中心校点整理：《宋朝诸臣奏议》卷一百四十八，上海古籍出版社，1999 年。

② 张栻：《跋孙子》，《南轩集》卷三十四，文渊阁《四库全书》本。

③ 《社会科学家》1994 年第 5 期。

以及传统学术体系中儒本兵末的定位；二是在论兵过程中援儒释兵，以儒家思想浸润、诠释、改造兵家思想，实现了儒学主导下更深入的兵儒融合。再次，对兵学文献的形式产生了重要影响。文人论兵之作一般条理清晰、文辞畅达，改变了传统兵书或言语支离，或隐晦难明的缺点，提升了兵学文献的外在品质，增强了可读性，也使兵学更易于普及和流传。

"文人论兵"也有严重的弊端，其中最主要的就是与军事实践关系疏远。兵学是实践性极强的学术，纸上谈兵、坐而论道，乃兵家大忌。"文人论兵"加剧了兵学书斋化的倾向，无法与军事实践紧密结合，也就无法充分反映技术战术的最新发展，兵学的实用性和创新性都大打折扣。这一点也成为封建社会后期传统兵学的一大痼疾。

（三）兵学儒学化——"兵儒合流"的时代演进

兵家诞生于学术思想百家争鸣的春秋末年，在列国争雄的战国时期获得巨大发展，不但与儒家、法家等并峙共荣，甚至成为一时显学。战国晚期，兵家借鉴并吸收其他诸子思想，初现"兵儒合流"。汉武帝"罢黜百家，独尊儒术"，确立了儒学在思想文化领域的正统地位，"兵儒合流"成为中国古代兵学发展的主流。[①]"兵儒合流"是兵学与儒学趋于融合的过程，也是儒学对兵学强力渗透和规制下的兵学重构过程。及至宋代，在"崇儒抑兵"思潮之下，儒学以更强势的姿态影响兵学，加之理学的兴起为兵学注入了新的思想资源，兵学儒学化成为宋代兵学的显著特征和重要内容。

宋代兵学儒学化的主要方式是"以儒解兵"。文人儒士通过对传统兵学文本和概念的重新解读，或延展，或缩小，或曲解，或引申，或将儒学相似思想嫁接到兵学中，实现了兵学思想的儒学化。宋代兵学儒学化主要体现在战争观、战略思想、作战指导思想、治军思想等方面。

在战争观方面，宋儒坚持"王道""仁义"等思想的主导地位，同时又以儒家思想诠释兵学思想，将兵家的"慎战"思想、用兵之

---

① 参见黄朴民：《兵儒合流与学术兼容》，《中国军事科学》1999年第3期。

“道”等纳入儒学范畴，淡化了传统兵家以“功利主义”为核心的战争观，使之全面儒学化。在战略思想方面，孙子“不战而屈人之兵”思想、“先胜而后求战”思想、“兵贵胜，不贵久”思想等，受到宋儒推崇，常被引为谈兵论战的基本依据。但在对这些战略思想的具体解读中，宋儒又羼杂了儒家思想的内核，或因时代条件不同而有新的解读。例如，孙子所谓“不战而屈人之兵”，本质上是以最小的代价博取最大的胜利，利害权衡是其出发点。宋儒却将重点放在“不战”上，并且强调“不战”的仁爱动因，甚至以君主“屈己求和”为“不战而胜”，这就将“不战而屈人之兵”涂上了浓重的道德主义色彩，在实践中则滑向“避战”“畏战”的防御主义。在作战指导思想上，宋儒对于传统兵学“致人而不致于人”“避实击虚”“以正合，以奇胜”“攻其不备，出其不意”等作战指导原则的儒学化解读较少，但对理学重点讨论的“心”“气”“性”“静”等概念十分重视，将之引入兵学“治气”“治心”等的讨论中，兵学思想的意涵得以拓展，但内容也发生了明显偏移，儒家的修持之术被诠释为将帅修养的根本方法。在治军思想上，儒学与兵学的冲突较少，宋儒讨论的重点在于将德和御将问题，将之“忠”节与“将能而君不御”原则成为宋儒讨论的热点。这两个问题既关乎兵学理论，也是宋代军事领域现实矛盾的折射。

在宋代兵学发展中，宋儒通过“以儒解兵”等方式，将儒学观念深入渗透到兵学阐发中，体现出鲜明的兵学儒学化倾向。另外，宋代兵学研究者也对兵学的一些概念、范畴加以诠释、引申、深化，诸如形势、虚实、奇正、分合等，在宋代兵学文献中均有新解。一些政治家和掌兵将帅则结合现实军事斗争形势，以儒学化的兵学理论为指导，提出战略方针，发展新的战法，产生出《守城录》《美芹十论》等新的兵学论著，推动了传统兵学的创新发展。

（四）声容盛而实德衰——兵学与军事实践的畸形互动

后世史家称宋代“声容盛而实德衰”①，是说它文教发达但事功

① 欧阳玄：《进宋史表》，《圭斋文集》卷十三，文渊阁《四库全书》本。

不济。在军事领域，宋代同样呈现出文事与武备的巨大反差。一方面，各类论兵著作层出不穷，形成了兵学史上继战国之后的又一高潮。另一方面，兵学的发展并未对军事实践产生有效的牵引，军事上颓弊不振、败绩连连。这一局面可以概括为兵学的“声容盛而实德衰”。

首先，文人论兵之作风行，虽然兵书数量繁多，奏议论策更是皇皇大观，但真正切要且有价值者却不多见。如宋初兵书《虎钤经》，共二十卷，前十卷论治军作战之法，后十卷多为“六壬遁甲”等阴阳占候类内容。即便前半部分，也多抄撮历代兵书而成，创新内容很少。又如苏洵《权书》，虽在文坛声誉甚著，但在兵学上却无大的价值，其反对“用间”等观点甚至违背兵学常识和规律。兵书内容不来源于军事实践，自然也就不能很好地指导军事实践，这是宋代兵学与军事实践反差大的一个重要原因。

其次，在“崇儒抑兵”治国方略之下，兵家功利主义思想在国家军政大计制定方面受到排斥，消极防御战略占据主导地位。在宋代历次重大边防事件中，诸如太宗、真宗时灵州的弃守问题，仁宗时对夏攻守问题，神宗时熙宁开边问题，哲宗时割弃横山诸寨问题，南宋关于和战“国是”的争论，等等，无不存在战略上的激烈论争，但是，除了王安石支持王韶经略西夏等少数情况以外，大部分时候都是消极防御战略占上风。正是由于缺乏从功利角度对军事问题的长远观照，宋代君臣在面临边防危机之时，往往一味强调内政与战争的矛盾，强调“以德怀远”的立场，难以跳脱“消极防御”的窠臼。相比之下，北宋刘平、薛向、何亮等基于利害关系提出的积极防御战略被束之高阁，甚至在史料中寻不到踪迹。南宋亦然，即便有辛弃疾等提出富有远见的战略方案，也无法进入战略决策。

再次，武学、武举制度的设计也不利于兵学对军事实践发挥作用。宋代文人政治家们认识到将领对战争胜负和国运兴衰的重要作用，在“以文制武”体制之下，他们一方面支持“抑武”，严密防范武将，另一方面又希望重塑将领群体，培养、选任既忠于君主又文武兼备的将才。武学、武举制度承载了文人官僚们培养韬略型将领的理想。从宋仁宗朝开始，武学、武举虽然屡有波折，但终于成为定制，推动了宋代兵学的发展。然而，从培养将才的角度看，武学和武举制度并不成功。武学的规模不大，生员以百人为额，最多也只有二百人左右。武学生入仕的主要途径是武举，入仕门径狭窄，造成很多沉滞多年的老武生。武举三年举行一次，每次录取名额仅三十人左右，与文科举的取士规模完全无法等量齐观。更重要的是，武举难以选拔出优秀人才，也不能人尽其用：武举考试“以策略定去留，以弓马定高下”，重文章而轻武艺，往往成为落第文人的假途；武举授官过低，且多为监当、管库，或镇寨都监、监押、巡检等基层武职，很多人终其一生都没有机会带兵打仗；南宋孝宗时虽然提升了武举授官等第，但从军的武举人“往往自高，不亲军旅”①，难以在军中久留。总之，由于制度设计上的缺陷，武学、武举并未能成功培养出智勇双全的将才，兵学理论与军事实践未能有效联结，这是宋代兵学很大的缺憾。

二、多元兵学的冲突与融合

在中国历史上，宋、辽、夏、金、元时期是又一个由大分裂走向大统一的时期。这一时期，各民族政权之间虽然时有冲突，但总体而言，和平的时间比战争的时间长。和平时期必然有利于各民族之间的经济和文化交流。宋、辽、夏、金时期又是一个多战的时期。据《中国历代战争年表》统计，两宋时期的战争共计 549 次，平均每年 1.7 次。元朝时期，从公元 1280 年至 1368 年间，战争共计 208 次，平均每年 2.3 次。② 战争给各族人民带来了深重的灾难，是极具破坏性的力量；但战争又是兵学发展的土壤，是兵学理论的试金石，也是各民族兵学交流的特殊方式。在和平交往和频繁战争的交相作

---

① 徐松辑，刘琳、刁忠民、舒大刚、尹波等校点：《宋会要辑稿·选举》一八之六，上海古籍出版社，2014 年。

② 参见《中国军事史》编写组编：《中国历代战争年表》下册，解放军出版社，2003 年，第 1 页。

用下，宋、辽、夏、金、元各民族政权兵学不断发展、交流、冲突与融合。

（一）宋辽夏金元兵学的多元性

宋、辽、夏、金、元时期的兵学具有显著的多元性。这种多元性来自不同的政权，也来自不同的民族文化背景。从大的方面说，宋与辽、夏、金、元分属两个截然不同的系统。宋代兵学植根于中原地区发达的农耕文明，辽、夏、金、元兵学则是北方游牧民族军事斗争经验的反映。在北方民族政权内部，辽、夏、金、元等具有一些共性：都以骑射见长，都处于原始社会末期或奴隶社会早期，都在与中原文明的接触中向封建制转变，等等。但是，这些政权由于民族构成、地理环境、经济形态、社会发展历程等的不同，也呈现出各自不同的特点。在长达四个多世纪的时间里，宋、辽、夏、金、元各朝之间的政治、军事和外交斗争纷繁复杂，这一时期的兵学也呈现出丰富、多元性。

辽是契丹族建立的政权。契丹在唐末五代时期逐渐发展壮大，成为雄踞中国北方的庞大帝国，数度出兵南下，参与中原政权的角逐。后晋天福三年（契丹天显十三年，938），契丹从后晋石敬瑭手中夺取燕云十六州之地，这一方面使其所辖汉族农耕地区大大增加，另一方面也夺得了中国北方的山河之险，对宋据有战略地理上的优势。在社会形态上，契丹族处于由原始社会末期向阶级社会转化的阶段，以游牧经济为主，而其所占领的原汉族和渤海国地区已进入封建社会，以农耕经济为主。为了对多元化的民族地区实行有效统治，辽采取“因俗而治”之法，“官分南、北，以国制治契丹，以汉制待汉人”①。在与宋、西夏的三角关系中，辽一直处于较为强势的地位，澶渊之盟后，与宋大体维持着岁贡关系下的战略均势，并以西夏为钳制宋朝的重要力量。1125 年，辽为后起的金朝所灭。

西夏是党项族建立的政权，位于丝绸之路的东段，占据河西走廊地区，宋初逐渐发展壮大，1038 年，元昊称帝。元昊借鉴中原王

---

① 脱脱等：《辽史》卷四十五《百官志一》，中华书局，1974 年。

朝的礼仪法度，建立起中央集权的封建政治体制，同时又创制文字，行秃发令，试图建立起与宋争衡的帝国。北宋中后期，西夏与宋进行了长时间大规模战争，互有胜负。在与辽的关系中，西夏倚辽为援，但又不完全听命于辽。辽朝后期，转而附金攻辽。蒙古强大后，又转而依附蒙古攻金。1227 年，为蒙古所灭。

金是女真族建立的政权。公元十二世纪初，女真族为辽的属族，处于原始社会至奴隶社会的过渡阶段，过着半农耕半渔猎的生活。因不满于辽残酷的统治和民族压迫，女真族在首领完颜阿骨打的率领下起兵反抗，相继灭辽和北宋。金朝入主中原后，建立起中央集权的政治体制，政权迅速汉化。金与南宋长期对峙，金数次大举南下，南宋也数度出兵北伐，但双方都难以消灭对方，疆域大体维持在淮河至大散关一线。1234 年，金为蒙古与南宋联军所灭。

元朝是蒙古族建立的政权。蒙古族源出东胡，唐时称为“蒙兀室韦”，是居住在大兴安岭地区的室韦诸族的一支。五代时受辽统治，散居于西起怯绿连河（今克鲁伦河）东到呼伦贝尔草原的广大地区，过着逐水草而居的游牧生活。金朝建立后，蒙古乞颜部逐渐壮大，其部族首领铁木真于金章宗泰和六年（宋开禧二年，1206）被推尊为“成吉思汗”，建立大蒙古国。公元十三世纪上半叶，蒙古铁骑东征西讨，兵锋直至西亚、东欧地区，建立起横跨欧亚两大洲的庞大帝国。在东亚地区，蒙古先后灭西夏、金、南宋，建立起元朝。

元朝文化具有鲜明的多元化特征。在蒙古帝国广阔的地域内，东方与西方之间，中国的南方和北方之间，经济、科技和文化交流畅通而活跃。中国的商船与亚洲其他国家、欧洲国家频繁贸易，一直远达非洲海岸。印刷术、造纸术、指南针和火药等科技发明传入西方，西方人的天文、医学、建筑、工程技术知识等也传到中国。元朝推行多元宗教和文化政策，来自亚洲、欧洲、非洲各国的人长期居住在中国，有些甚至在元朝政府任职。多元文化的交流中，虽然兵学文化不占主体，但是指南针、火药等科技的西传，西方武器制造和工程技术的传入，等等，使中西方兵学得以互相学习和借鉴，一定程度上影响到中国兵学的发展。

（二）农耕兵学与游牧兵学的差异和冲突

中原农耕民族与北方游牧民族的冲突，自先秦开始就一直存在，是贯穿中国两千多年文明史的一条重要线索。先秦时期的戎狄、汉代的匈奴、唐代的突厥，等等，是北方民族的先祖。由于自然地理环境严酷，北方游牧民族分分合合，代兴代亡，虽然历经千余年，社会形态却并无大的进步。因此，宋、辽、夏、金、元时期，辽、夏、金、元等与两宋的战争本质上依然是处于较落后社会发展阶段的游牧民族对于富庶的农耕民族的侵犯战争。而在这一时期，中原农耕文明高度发展，"华夏民族之文化，历数千载之演进，造极于赵宋之世"①，传统兵学获得了空前发展。北方民族政权交相更迭，辽、金相继兴起，西夏独立西北，最终出现了军力极为强悍的蒙古帝国，深刻影响了亚洲和欧洲的历史进程，北方民族骑射兵学也发展到顶峰。以农耕文明为根基的中原兵学与以游牧文明为基础的北方民族兵学之间，在这一时期形成了巨大的差异和冲突。这种差异和冲突不仅体现在战场上的兵戎相见，也表现为兵学发展的不平衡性。中原传统兵学有悠久的历史、系统的理论、丰富的兵学文献，在宋代文人政治之下蓬勃发展，而北方游牧兵学更多地体现为实践，鲜有理论总结，更少兵书论著。元朝建立后，推行民族分化和民族压迫政策，宋代文人政治失去基础，中原传统兵学也随之跌入谷底。

农耕兵学与北方民族兵学的冲突，首先表现在战争观方面。司马迁在《史记》中对匈奴用兵有如下描述："其长兵则弓矢，短兵则刀铤。利则进，不利则退，不羞遁走。苟利所在，不知礼义。""其攻战，斩首虏赐一卮酒，而所得卤获因以予之，得人以为奴婢。故其战，人人自为趣利，善为诱兵以冒敌。故其见敌则逐利，如鸟之集；其困败，则瓦解云散矣。"② 这些描述揭示了北方民族战争观

① 陈寅恪：《邓广铭宋史职官志考证序》，《金明馆丛稿二编》，上海古籍出版社，1980 年。

② 司马迁：《史记》卷一百十《匈奴列传》，中华书局，1975 年。

的核心："以利为战"，战争的目的是"趋利""逐利"，利则进，不利则退。

宋、辽、夏、金、元时期，契丹、党项、女真、蒙古等民族依然奉行同样的战争观。史书对党项人的描述是："不事产业，好为盗窃，互相凌劫。尤重复仇，若仇人未得，必蓬头垢面、跣足蔬食，要斩仇人而后复常。"① "居沙碛中，逐水草牧畜，无定居，便于战斗。利则进，不利则走。"② 对于战争的逐利性，北方民族统治者毫不讳言，成吉思汗曾经说："人生之乐，莫如歼馘仇敌如木拔根，乘其骏马，纳其妻女以备后宫，乃为最乐。"③ 可见，血亲复仇，对奴隶、牲畜、女人等的掠夺，是北方民族最核心的战争观念。正如恩格斯在《家庭、私有制和国家的起源》中所说，在奴隶制时代，"战争以及进行战争的组织现在已经成为民族生活的正常功能。邻人的财富刺激了各民族的贪欲，在这些民族那里，获取财富已成为最重要的生活目的之一。他们是野蛮人：掠夺在他们看来比用劳动获取更容易甚至更光荣"④。

辽、夏、金、元等"以利为战"的战争观与中原王朝有着根本不同，尤其是儒家所倡导的"师出有名""尚义轻利""柔远怀来"等，与之形成了鲜明的对立。正因如此，两宋奉行的消极防御战略效果不彰，一方面，北宋以司马光为首的保守派政治家试图通过妥协退让谋求和平，使四夷向化的思想更加显得过阔不切实际，在现实中也连连遭遇失败。而另一方面，宋神宗、王安石主导的进攻作战虽然取得了一定成效，却因国防战略、军事体制、后勤供给、将领指挥等方面的问题而难以为继。

---

① 刘昫等：《旧唐书》卷一百九十八《党项羌传》，中华书局，1975 年。

② 曾公亮等：《武经总要》后集卷三《方略》，《中国兵书集成》编委会编：《中国兵书集成》第四册，解放军出版社、辽沈书社，1988 年。本书所引《武经总要》均出自该本第三至五册。

③ 洪钧：《元史译文证补》卷一上《太祖本纪释证上》，中华书局，1985 年。

④ 《马克思恩格斯选集》第四卷，人民出版社，2012 年第 3 版，第 180—181 页。

农耕兵学与游牧兵学的冲突，在作战方式上主要体现为步兵与骑兵的冲突。辽、夏、金、元的军队均以骑射见长。女真人“善骑，上下崖壁如飞，济江不用舟楫，浮马而渡”①，“用兵专尚骑，间有步者，乃签差汉儿”②。蒙古人自幼“生长鞍马间，人自习战，自春徂冬，旦旦逐猎，乃其生涯，故无步卒，悉是骑军”③。骑兵是北方民族军队的主要兵种，弓马之利是其战斗力的核心优势所在。

契丹、党项、女真、蒙古等民族的生产方式和作战方式高度一致，生产力能够快速转化为战斗力，从根本上决定了这些北方民族骑兵的天然优势。马匹、弓箭、刀、矛等，既是游牧打猎的工具，也是作战的武器装备。游牧渔猎活动中侦察、追踪、佯动、诱捕、设伏、围攻等，直接运用于战争，就是作战之法。氏族、部落，既是生产组织也是战斗组织，全民皆兵，能够在短时间内动员大量兵力，迅速投入战争。逐水草而居的生活方式影响到军事，行军作战时不备大量后勤供给，主要靠掳掠以足军用，大大增强了军队的机动性。此外，这些北方民族久居苦寒之地，部众体魄强壮、坚忍耐劳、生性勇猛，军队具有彪悍的战斗力。由于社会组织相对简单，军事民主制遗风尚存，部族领袖往往亲自统兵作战，也使作战指挥更加快捷高效。强大的冲击力和快速机动能力，是北方民族骑兵战术的基础。为了保证骑兵持续快速机动，金、辽军队中一般都有从马，蒙古人建立了更为完善的从马制度，“凡出师，人有数马，日轮一骑乘之，故马不困弊”④，将骑兵的快速机动能力提高到了新的水平，也将古代骑兵战术推向了高峰。

在火器未能充分发展之前，骑兵对步兵具有绝对优势，这是一个不争的事实。汉、唐强盛时期对北方民族战争优势的确立，主要

---

① 徐梦莘：《三朝北盟会编》卷三，上海古籍出版社，1987 年。

② 《三朝北盟会编》卷二百四十四。

③ 赵珙著，王国维笺证：《蒙鞑备录笺证·军政》，《王国维遗书》第十三册，上海古籍书店，1983 年。

④ 《蒙鞑备录笺证·马政》，《王国维遗书》第十三册。

是因为有强大的骑兵可与北方民族骑兵角逐漠北。宋代则不同，立国之初便失去了东北、西北马源地，养马成本高，成效差，加之奉行防御战略，骑兵发展受到很大制约，很难组织远途进攻作战。因此，宋代抵御骑兵的思路主要是设置林木、沟渠等障碍，或者利用山河之险，或者发展以车制骑、以步制骑等战法，南宋时岳家军积极发展骑兵，与金军进行骑兵野战，但并非南宋的主流战法。

除却兵种上的天然优劣，宋与辽、夏、金、元等军力上的差异，根本上还是源于社会制度和文化的不同。从社会文化上看，农耕经济的相对稳定性，专制统治对民间武装力量的防范，以及儒家教化的规制，使宋代社会的尚武精神逐渐缺乏。尤其是在崇文抑武的治国方略之下，武将和武力因素受到空前的抑制，“万般皆下品，唯有读书高”，“好铁不打钉，好男不当兵”，成为普遍的社会文化心理，这与北方民族的彪悍勇武形成了鲜明的对比。从军事制度上看，宋代以募兵制为主。按照统治者最初的设想，将饥民、罪隶、失职犷悍之徒收入军中，既可“弭盗”，又可“足兵”，但实际上，募兵制的弊端很快显现出来，从宋仁宗朝开始，冗兵、冗费就已经成为突出问题，禁军战斗力疲弱的状况也日益凸显。尽管为了增强边防力量，宋朝不断采取招募沿边土兵，选任将帅，加强训练，改行保甲法、将兵法等措施，但是，制度和文化层面的问题不解决，终归无法有效提升军力。

（三）多民族兵学的交流和融合

马克思在《不列颠在印度统治的未来结果》一文中指出：“野蛮的征服者，按照一条永恒的历史规律，本身被他们所征服的臣民的较高文明所征服。”① 宋、辽、夏、金、元时期的历史同样符合这一规律。辽、夏、金、元等北方民族政权凭借强悍的骑兵攻城略地，但在与汉文化的接触中，无一例外地出现了汉化的趋势。辽世宗

① 《马克思恩格斯选集》第一卷，第857页。

"慕中华风俗，多用晋臣"①；辽圣宗喜读《贞观政要》，推崇唐代诗人白居易；辽兴宗、道宗皆好儒术，重视汉文典籍的收集和整理。金朝入据中原后，女真贵族很快汉化。金熙宗自幼师从原辽官韩昉及中原儒士，"宛然一汉户少年子"②；海陵王完颜亮嗜习经史，汉化程度也很深。流风所及，女真贵族竞以文雅相尚，深受儒家文化濡染。元朝实行民族区隔和民族压迫政策，汉族士人受到很大压制，一些蒙古权臣也极力抵制汉化，但元代儒学依然传承发展，蒙古贵族的汉化程度也越来越深，元文宗、元顺帝等都有很深的汉文化造诣。辽、夏、金、元等政权的汉化，加速了中原兵学与北方民族兵学的交流与融合，中原兵学思想更多影响到北方民族政权的军政大略及作战指导，中国传统兵学体系也得以吸收北方民族兵学的精华，进一步丰富和发展。

宋、辽、夏、金、元时期多民族兵学的交流首先是书籍文献的交流。两宋对北方民族政权实行禁书政策，除了儒家经典之外的书籍，都予以严格限制，兵书尤甚。辽对中原地区也采取禁兵书之策。尽管官方层面的兵书交流壁垒重重，但各政权之间的兵学交流仍然持续进行着。一方面，言兵者不止兵书，流入北方各朝的经、史、文集、类书等各类文献中都含有兵学内容。另一方面，北方民族政权攻入中原后，搜求各类文献，必然包含了兵书资料。如契丹军后晋末年进入中原，北归之时掳掠大量财物，其中就包括珍贵的图书文籍。金军攻入汴京，将北宋国子监所藏图书、书版尽数劫夺而去。此外，尽管有政府间的禁令，书籍"走私"活动实际上很难禁止。辽初，东丹王耶律倍就曾"令人赍金宝私入幽州市书，载以自随，凡数万卷"③。金熙宗时，因出使被扣留的宋臣宇文虚中被告谋反，

① 司马光编著：《资治通鉴》卷二百八十七《后汉纪二》，后汉高祖天福十二年六月，中华书局，1956 年。

② 宇文懋昭撰，崔文印校证：《大金国志校证》卷十二《熙宗孝成皇帝四》，中华书局，1986 年。

③ 叶隆礼撰，贾敬颜、林荣贵点校：《契丹国志》卷十四《东丹王传》，中华书局，2014 年。

收集罪证的方式就是“罗织虚中家图书为反具”，而宇文虚中自辩说，“至于图籍，南来士大夫家家有之”①。由此可见，汉文书籍在北方官僚士人阶层中的传播是相当普遍的，黑水城出土的西夏文献中有《孙子兵法三注》《六韬》《黄石公三略》等书，就是很好的例证。

宋、辽、夏、金、元时期多民族兵学交流的另一个重要途径是从战争中相互学习。北方民族军队擅长骑射，但他们作战的胜利却不仅在于骑兵，还在于善于通过学习新的技术和战法，适应新的战场环境。如，辽军起初不善攻城，辽太祖神册二年（917），契丹军进围幽州，掌管“山北八军”的汉军首领卢文进“教之攻城，为地道，昼夜四面俱进，城中穴地然膏以邀之；又为土山以临城，城中熔铜以洒之，日杀千计，而攻之不止”②，围困幽州二百余天。金人的攻守卫城战术也在战争中迅速改进，天会四年（宋靖康元年，1126）进攻宋汴京时，已经表现出强大的攻城能力，攻城器具有火梯、云梯、偏桥、鹅车、洞子、楼车、对楼、撞竿、兜竿等，金军营地之外则用“叠桥”防御法，对火器的运用也突飞猛进。蒙古铁骑所向披靡，但面对南宋水网密布、多山地丘陵的地理条件，骑兵并不能施展所长。忽必烈听从宋降将刘整的建议，积极训练水军、制造战船，围困襄樊六年之久，最终将其攻克。元灭宋战争的胜利，不是骑兵的胜利，而是骑、步、水、炮等多兵种协同作战的胜利；不是野战的胜利，而是攻城和水战的胜利。

宋、辽、夏、金、元时期的多民族兵学融合于中国传统兵学的发展之中。无论农耕兵学还是游牧兵学，都要遵循战争基本规律。在对战争规律的理论阐述上，中原兵学远远走在世界兵学的前列，在宋代，《孙子》《吴子》等“武经七书”已经成为完备的兵学体系的代表作，被广泛推崇和运用。北方民族英勇善战，其军事成就主要是战绩而非兵学论著。但是，以中原兵学理论揆诸北方民族的兵

① 脱脱等：《金史》卷七十九《宇文虚中传》，中华书局，1975 年。

② 《资治通鉴》卷二百六十九《后梁纪四》，后梁均王贞明三年三月。

学实践，则莫不若合符节。比如，北方民族骑兵以快速机动为特点，蒙古军“疾如飙至，劲如山压”，“来如天坠，去如电逝”①，正是《孙子兵法》所谓“兵之情主速”（《九地篇》），“其疾如风”，“侵掠如火”，“动如雷震”（《军争篇》）。快速机动是诸多作战指导原则的基础，只有快速机动，才能调动敌人，掌握主动权，“先处战地”，“致人而不致于人”；才能“避实而击虚”（《虚实篇》），“攻其无备，出其不意”（《计篇》），出奇制胜；才能集中优势兵力，“我专而敌分”，“以众击寡”（《虚实篇》）。可以说，北方民族骑兵的战争实践极好地诠释了“兵贵神速”的作战指导原则。又如，在治军方面，北方民族虽然并无条文繁复的军法军规，但军纪十分严酷，“凡诸临敌不用命者，虽贵必诛”②，这一点也与中原兵学的治军理念相契合。孙子讲“法令孰行”“赏罚孰明”，都是治军问题。孙子讲“将之五德”——智、信、仁、勇、严，“严”也是指军纪严明。再如，北方民族战术灵活多变，多诱敌、设伏等诡计奇谋，见利则进，不见利则不进，善于分进合击，等等，与孙子所谓“兵以诈立，以利动，以分合为变者也”（《军争篇》）如出一辙。总之，北方民族骑兵作战的丰富实践，从新的角度印证并发展了中国传统兵学理论。

三、宋辽夏金元兵学的历史影响

宋、辽、夏、金、元时期是中国兵学史上的重要时期，产生了一批卓越的军事家和优秀的兵学论著，中原农耕兵学与北方游牧兵学冲突融合，交相辉映，表现出鲜明的时代特征和突出的成就，对后世兵学和军事实践产生了深刻的影响。

首先，儒学成为传统兵学文化的绝对主导。宋儒作为论兵主体，在发展了兵学的同时，也使先秦意义上的兵家归于消亡。在“武经七书”取得官学地位之后，反而再无继承兵学功利主义的理论著作

① 彭大雅著，王国维笺证：《黑鞑事略笺证》，《王国维遗书》第十三册，上海古籍书店，1983年。

② 《蒙鞑备录笺证·军政》，《王国维遗书》第十三册。

问世。由此，中国传统兵学文化呈现出明显的二元结构：儒学通过批判、阐释和吸纳兵学思想，规定了战争观、战略思想等高层次的价值取向，兵学则提供具体战争指导层面的方法和知识。换言之，儒学为主，兵学为从；儒学为体，兵学为用。这种二元结构带来的影响是双重的：一方面，儒学统摄兵学，形成了与政治文化相一致的兵学理论，规范着中华民族的战略思维和军事实践；另一方面，兵学地位的降低以及独立性的消解，严重影响到兵学的创新和发展。

其次，加剧了中国传统兵学文化的泛和平主义倾向。宋代兵学的儒学化是“以文制武”政治体制的胜利，也是儒家道德主义对传统兵家功利主义的胜利。儒家从民本主义出发，反对穷兵黩武，强调义战，谋求以非战手段解决争端，铸就了中国兵学文化的和平主义性格。和平主义固然可贵，但是，由于对功利主义的长期压制，和平主义不可避免地泛化：在战略决策上，道义原则优于利益考量，“慎战”往往成为“不战”“畏战”的托词；在社会文化心理上，一味排斥暴力，崇儒抑兵，导致尚武精神沦落，军事发展缺乏持久动力。

再次，强化了国防战略的防御性特征。从兵学史的角度来看，中国传统国防战略防御性特征的形成与兵学儒学化的过程是同步的。随着兵学被逐出国家战略决策领域，国防战略上的功利色彩逐渐淡化，强调战争对内政的破坏力，宣扬“以德怀远”，主张“来则御之，去则勿逐”。在实力衰落的王朝末世，防御战略更易于沦为消极防御。这一点在宋、明时期表现得尤为突出。

复次，宋、辽、夏、金、元兵学对立、冲突、交流和融合，共同丰富和发展了中国传统兵学体系。以宋代兵学为代表的中原农耕兵学与以元代兵学为代表的北方游牧兵学虽然在表现形式上有很大差异，但是，二者百虑而一致，殊途而同归，从不同角度揭示了军事斗争的一般规律，共同丰富了中国传统兵学宝库，对明、清兵学产生了重要影响。尤其是元代兵学的成败得失，更多地成为后来清朝统治者的镜鉴。

第一章　宋代兵学的时代背景

宋代是中国文化史上一个十分辉煌的时期，不但传统儒学焕发出新的生机，以讲求“心”“性”“义”“理”为特征的理学造就了中国哲学、思想、政治伦理学的高峰，其他如文学、艺术、教育、科技等方面也都取得了卓越的成就。但在中国历史上，宋代又是一个被冠以“积弱”之名的朝代，终两宋之世，在与辽、夏、金、元等少数民族政权的战争中常常处于劣势，非但没能收复燕云诸州，连既有疆域也屡被蚕食，最终沦没于金、元的铁蹄之下。“声容盛而实德衰”① 成为宋代历史的一个突出特征，也成为宋代兵学发展的基本背景。

第一节　崇文抑武的治国方略

宋代立国于唐末五代半个多世纪的战乱之后，宋太祖本人通过陈桥兵变黄袍加身，也是因袭了五代悍将的一贯做法，因此，随着统一战争的顺利推展，对于宋太祖君臣来说，如何结束唐末五代政权频繁更迭的乱象，建立长治久安的政权，成为至关重要的问题。经过深刻的历史反思，宋初君臣认识到，藩镇坐大、武人专政是唐末五代乱局的根本原因，要想国祚长久，就必须杜绝这一隐患。因此，防范武将专权成为宋代建章立制的根本出发点。“防弊之政”的

① 欧阳玄:《进宋史表》,《圭斋文集》卷十三。

思想和实践逐步发展，最终导向了“崇文抑武”① 的治国方略。

宋太祖即位之初，着手任用文臣为知州，对于主政大臣，明确提出“宰相须用读书人”②，这些都明白地显示出他倚重文臣治国的态度。但这一时期，由于政局不稳、边疆未宁，对武将的防范尚未导致严重的文武失衡，在军事决策、军事指挥、边将任用等方面，宋廷所依恃的还是武将：枢密院主要由武臣执掌，重要战争的战略部署与武将议定，北部边防更是委任久经战阵的宿将分区防守，给予较大的自主权。即便选文臣治大藩，也重点选取“儒臣有武干者”③，如张齐贤、辛仲甫、王明等。

宋太宗朝，“崇文抑武”原则基本确立，并逐渐发展成为“中央王朝所采用的具有纲领性质的治国方略”④。太平兴国四年（979）和雍熙三年（986）两次北伐的失败，使宋太宗的思想发生了重大转变，由初期的“志在恢复”转变为“守内虚外”。与这种转变相适应，“兴文教，抑武事”⑤ 成为新的施政纲领。一方面大兴文教：扩大科举取士规模，使大批儒生学士进入官僚队伍，成为封建统治的基干力量；通过拜谒孔庙，兴建崇文院、秘阁等表示对文儒的优崇；在中央和地方政府重用文人官吏，等等。另一方面则抑制武事：在北部边防，由进取转为防御，尽量减少军事冲突；加强对武将的防范，起用资望俱浅者掌管禁军；实行“将从中御”，加强对前线将领的控制和约束，等等。至太宗朝中期，“兴文教，抑武事”的效果已表现得十分突出，端拱二年（989），王禹偁上书指出，“自陛下统御，力崇儒术，亲主文闱，志在得人，未尝求备。大则数年便居富

---

① 关于宋代这一基本国策，学界一般称之为“重文轻武”。陈峰先生提出，“重文轻武”的传统提法容易造成宋代不重视武备的误解，应易为“崇文抑武”。参见陈峰：《北宋武将群体与相关问题研究》第六章《北宋“崇文抑武”的治国方略及其影响》，中华书局，2004 年；《武士的悲哀——北宋崇文抑武现象透析》，陕西人民教育出版社，2000 年。

② 李焘：《续资治通鉴长编》卷七，乾德四年五月甲戌，中华书局，2004 年。

③ 《续资治通鉴长编》卷十三，开宝五年十二月乙卯。

④ 陈峰：《北宋武将群体与相关问题研究》，第 253 页。

⑤ 《续资治通鉴长编》卷十八，太平兴国二年正月丙寅。

贵，小则数月亟预官常，或一行可观，一言可采，宠锡之数，动逾千万，不独破十家之产，抑亦起三军之心”。他担心崇儒会导致“授甲之士，有使鹤之言”，提出“减儒冠之赐，以均战士之恩”。[①] 可见在当时的国家政治生活中，文武已经出现明显的失衡，“崇文抑武”已成定势。

宋太宗朝之后，“崇文抑武”得到更充分的发展。宋英宗时，蔡襄上书说：“今世用人，大率以文词进：大臣，文士也；近侍之臣，文士也；钱谷之司，文士也；边防大帅，文士也；天下转运使，文士也；知州郡，文士也。虽有武臣，盖仅有也。”[②] 这一局面继续发展，到宋神宗朝，文人政治已臻成熟，以至于文彦博会理直气壮地对宋神宗说，皇帝是“与士大夫治天下”[③]。

“崇文抑武”治国方略之下，文臣武将地位日益失衡，文臣的势力不断扩张，武将的权力逐渐被侵削，最终在北宋中叶形成了“以文制武”的政治体制。一方面，文臣在枢密院中取得了绝对优势，武臣地位日益下降。据陈峰先生研究，北宋一代，文臣担任枢密使、枢密副使的人数和时间都远远大于和长于武臣，而从宋仁宗至和三年（1056）到北宋灭亡，文官更是完全执掌枢密院达七十一年之久，占北宋全部时间的42.5%之多。[④] 另一方面，武将在地方统兵体制中的地位也逐渐沦落。从宋太宗朝起，地方统兵官中开始参用文武，如镇压王小波、李顺起义，以参知政事赵昌言为“川陕两路都部署”，自王继恩以下的将领并受节度。[⑤] 宋真宗朝开始起用一些文臣为经略使，统制沿边兵马，如咸平五年（1002），右仆射张齐贤一度被任命为“邠宁环庆泾原仪渭镇戎军经略使、判邠州。令环庆、泾

① 《续资治通鉴长编》卷三十，端拱二年正月癸巳。

② 《上英宗国论要目十二事》，《宋朝诸臣奏议》卷一百四十八。

③ 《续资治通鉴长编》卷二百二十一，熙宁四年三月戊子。

④ 参见陈峰：《北宋武将群体与相关问题研究》第三章《北宋武将在枢密院地位的变迁》，第107—146页。

⑤ 《续资治通鉴长编》卷三十六，淳化五年八月丁酉。

原两路及永兴军驻泊兵并受齐贤节度”①。同年，又以邓州观察使钱若水为“并代经略使，判并州”。《续资治通鉴长编》作者在此条记事中补充说明道：“上新用儒将，未欲使兼都部署之名，而其任实同也。”② 也就是说，此时的经略使虽然未兼都部署之名，但实际职任已经是地方军事统帅。

宋仁宗庆历年间，随着宋夏战争爆发，“以文制武”体制正式确立。庆历元年（1041），宋廷分陕西为秦凤、泾原、环庆、鄜延四路，分别以文臣韩琦、王沿、范仲淹、庞籍为诸路马步军都部署、经略安抚缘边招讨使，以禁军高级将领李昭亮、葛怀敏等为副都部署。至此，以文臣为“帅臣”，以武将为“将官”，“以文制武”遂成定制。这一体制确立以后，被其后的宋朝历代君臣奉为祖宗成法。宋哲宗时，刘挚即指出：“祖宗之法，不以武人为大帅专制一道，必以文臣为经略以总制之。武人为总管，领兵马，号将官，受节制，出入战守，唯所指麾。国家承平百有二十余年，内外无事，以其制御边臣得其道也。”③ 南宋时期，虽然战事频仍，武将的地位一度有所提高，但防范武将、“以文制武”依然是最重要的政治规则之一。

“崇文抑武”的治国方略与“以文制武”的政治体制，是宋代兵学重要的观念和制度前提，从根本上决定了宋代军事的基本面貌，以及宋代兵学的特质和走向。

一、在国家军政大计的决策上，儒家“主和”思想占据主导，兵家功利思想影响有限

在“崇文抑武”治国方略和“以文制武”体制之下，宋代文人政治高度发展，文人官僚与皇帝共治天下，在国家军政大事的决策上起主导作用，武将被排除在枢密院、地方统兵体系首长之外，越来越丧失战略决策的发言权。

---

① 《续资治通鉴长编》卷五十一，咸平五年正月甲辰。

② 《续资治通鉴长编》卷五十二，咸平五年七月丙申。

③ 《上哲宗论祖宗不任武人为大帅用意深远》，《宋朝诸臣奏议》卷六十五。

在中国古代思想史上，儒家与兵家虽非完全对立，但价值取向殊为不同。儒家强调“重仁义、轻诈利”“守信”“尚和”，兵家则主张以利益为出发点，以趋利避害、追求胜利为最终目的。《孙子兵法》在这方面最具代表性。孙子说，“兵者，诡道也”（《计篇》），“兵以诈立，以利动，以分合为变者也”（《军争篇》），战争的行止完全取决于是否有利可图，“合于利而动，不合于利而止”（两见于《九地篇》《火攻篇》）。在战争中，要通过各种手段造成有利态势，争取战争主动权，“致人而不致于人”（《虚实篇》）。兵家的这种思想是现实的、功利的、理性的，也是积极主动的，对于维护和拓展国家利益具有重要意义。

在宋代“崇文抑武”“以文制武”的背景下，传统兵家的功利主义思想非但得不到君主和文官集团的认同，甚至受到激烈的批判。据史料记载，当宋太宗读到兵书《阴符经》时，曾评论说，“此诡诈奇巧，不足以训善，奸雄之志也”①，显然是将其摒弃于治国安邦的正途之外的。在文臣之中，苏轼的观点颇具代表性，他认为，《孙子兵法》“以将用之则可，以君用之则不可”，原因在于，“天子之兵，天下之势，武未及也”②。也就是说，《孙子兵法》的适用范围局限在如何打仗的战役战术层面，至于要不要打仗的战略决策，那是天子和文臣们的事，完全不是孙子之流所宜预谋的。

儒家思想占据主导地位，同时也意味着，从兵家功利主义角度思考边防问题的思路被排挤出了战略决策领域。面临边疆危机之时，把持朝议的文人官僚往往一味强调内政与战争的矛盾，强调“以德怀远”的立场，强调“来则御之，去则勿逐”的方针，指斥主战将领是为邀边功而故意挑战。从宋太宗“守内虚外”战略方针的确立，到宋真宗弃灵州之议，再到南宋时战与和的“国是”之争，儒家保守、尚和的思想主导着战略决策，使宋代边防战略难以从根本上跳脱“消极防御”的窠臼。在这样的大环境下，王安石支持下的熙宁

---

① 李攸：《宋朝事实》卷三《圣学》，文渊阁《四库全书》本。

② 苏轼：《孙武论下》，《东坡全集》卷四十二，文渊阁《四库全书》本。

开边是个特例。王安石虽然不是兵家，但是他鲜明的法家风格与兵家思想颇有相合之处。王安石变法及熙宁开边虽然声势浩大，但其坎坷的历程及失败的终局，也印证了儒家保守派势力是何其强大。正是缺乏从功利角度对军事问题的长远观照，造成了宋代边防战略“消极防御”的特质。每次战争过后，尽管总有人呼吁选将练兵、增强武备，事实上却常常是“士大夫讳言兵事”，军事无法得到有效的提振和发展。

二、从禁兵书到文人论兵，制约了兵学的健康发展

在“崇文抑武”治国方略之下，“武”受到的压制是全方位的，不仅包括政治制度的设计、官僚体制的运作、武将的权力地位、大小政务的处理，而且包括兵书和兵学。只不过，由于时代环境的变迁，“崇文抑武”作用于兵学的方式有所不同，初期是以禁防为主，后期则转变为“文人论兵”潮流下儒学对兵学的浸润和改造。

宋初，随着“崇文抑武”治国方略的逐渐深化，兵学发展受到的钳制越来越明显。所谓“崇文”，目的就是使儒家的伦理纲常成为维护专制统治的工具，以文治教化百姓，防止“内患”的发生。另外，兵书作为讲究用兵韬略的著作，不但可以用于对外战争，而且可能成为民众“犯上作乱”的理论指导。因此，宋代统治者在防范、抑制武将的同时，也对兵学存有严重的戒心，甚至在很长时间里禁止兵书的传播。景祐元年（1034），富弼上书说：“国家所禁者，盖恐生变。”① 这里所说的“变”，可能来自普通百姓，也可能来自骄兵悍将。因此，宋初对兵书的禁令是全面而严厉的，不仅民间不得私藏，连武将也被禁止研习。

宋初禁兵书之政持续了近八十年，这段时间，是宋代“兴文教，抑武事”国策大力推行的时期，也是边防形势较为平稳的时期。虽然因为唐末五代的战乱，官藏图籍散落民间，加之民间藏书分散，难以实现全面的管控，但从制度层面上来讲，无论是执政大臣、统

① 《上仁宗论武举武学》，《宋朝诸臣奏议》卷八十二。

军将领还是普通士子、百姓，私习兵书都在违法之列，这一点严重限制了宋初兵学的发展。

仁宗宝元年间，宋夏关系日趋紧张，客观上要求整军经武，单纯靠“禁兵书”来“抑武”已经不可能。范仲淹、富弼等纷纷提出解禁兵书，宋廷也先后弛兵书之禁，设武学、开武举，编校“武经七书”，文人论兵蔚为潮流，兵学研究似乎有了欣欣向荣的气象。但是，如果深入分析当时的兵学状况，就不难发现，在论兵之作层出不穷的表象下，“崇文抑武”仍然影响着兵学的健康发展，只是其方式由显而隐，由禁止和排斥转为对兵学的儒学化浸润和改造。这一方面造成了宋代兵学著述的繁盛，另一方面又加剧了兵学的儒学化，在兵学理论和实践层面产生了诸多新的矛盾。

三、由“崇文抑武”而“重文轻武”，对兵学发展造成了严重的消极影响

“崇文抑武”作为统治者一贯推行的治国方略，对宋代社会各阶层的意识、观念和文化心理都产生了深刻的影响。

对于君主而言，以文儒治国，防范和控制武将，减少武力因素对皇权专制的威胁，是他们奉行不悖的“祖宗家法”，即便在濒于亡国的危难之际，也不曾须臾放弃。

对于文臣官僚而言，一方面，他们在维护君主专制方面与君主利益一致，往往从借鉴历史教训的角度出发，不断强调武将拥有重权是“倒持太阿”，为“崇文抑武”方略提供强大的理论支持。另一方面，文人的重文辞、学养、风雅与武人的粗犷、无学、强悍之间存在着气质的差异，文臣武将相互鄙薄的现象自秦汉以来即不绝于书。在“崇文抑武”的政治环境下，文臣的鄙武、排武倾向更加恶性发展。庆历年间，边防吃紧，宋廷曾鼓励文臣换武职，但应者寥寥。即便是皇帝指定，也往往为文臣所抵制。最典型的例子莫过于范仲淹等四位文臣边帅反对换武职之事。范仲淹三次上表请辞，他在辞表中陈述的理由是：“臣守边数年，羌胡颇亲爱臣，呼臣为龙

图老子，今改观察使，则与诸族首领名号相乱，恐为贼所轻。”① 庞籍、王沿也表示不肯，只有韩琦勉强接受。不久，朝廷只好重新将他们恢复文职。

发生在范仲淹身上的另一件事，也颇可印证当时士林的轻武风气。据载，理学名儒张载年轻时慨然以功名自许，上书谒范仲淹，却受到范仲淹的申斥，称“儒者自有名教，何事于兵？因劝读《中庸》”②。可见，范仲淹虽然身膺儒帅之任，但对于兵事的鄙薄却是根植于意识深处的。至于那些不幸沦为武职的读书人，或借由武职恩荫入仕的人，即便并非身列行伍，也总是千方百计通过各种方式换授文资。如苏轼曾上书仁宗，请求将武学博士何去非换为文资，称其“虽喜论兵，然本儒者，不乐为武吏”③。宋真宗时，陈尧咨“善弓矢，美仪彩”，真宗欲将他换为武职，接待辽使，许诺他如换武职，当授予节钺。然而，当陈尧咨禀告母亲时，他母亲却大怒，“命杖挞之，曰：‘汝策名第一，父子以文章立朝为名臣，汝欲叨窃厚禄，贻羞于阀阅，忍乎？”④ 可见重文轻武之风已何等深入人心！无怪乎官至枢密使的狄青无奈地感叹，“韩枢密（韩琦）功业官职与我一般，我少一进士及第耳”⑤。

对于普通民众而言，他们感受到朝廷“崇文抑武”的政策导向，耳闻目睹儒生“科举及第”的荣耀，深信“万般皆下品，唯有读书高”，以极大热情习文科考，却不愿意习武从军。加之宋代广收犷悍之徒、失业农民及刺配囚徒充军，大大降低了军人的社会地位，愈发加重了时人以从军为耻的心理。仁宗年间，富弼即已指出，“今人重文雅而轻武节”，“但稍能警励有廉耻，则焉肯为卒伍之事乎？”⑥

---

① 《续资治通鉴长编》卷一百三十六，庆历二年五月癸亥。

② 吕大临：《横渠先生行状》，《横渠易说》附，文渊阁《四库全书》本。

③ 《举何去非换文资状》，《东坡全集》卷五十五。

④ 文莹撰，郑世刚、杨立扬点校：《湘山野录》卷中，中华书局，1984年。

⑤ 王铚撰，朱杰人点校：《默记》，中华书局，1981年。

⑥ 《上仁宗论武举武学》，《宋朝诸臣奏议》卷八十二。

神宗时，王安石也说："天下学士以执兵为耻，而亦未有能骑射行阵之事者。"① 流风所及，就连那些世代以军功为业的将门子弟也转而从事科举，哲宗时，苏辙指出，"今之武臣，其子孙之家往往转而从进士矣"②，由此可见，当时社会重文轻武风气严重到了何种程度。南宋时期，军事斗争形势越发严峻，重文轻武之风却并无稍减。史载，理宗年间官至右丞相兼枢密使的董槐"少喜言兵，阴读孙武、曹操之书"，之所以要"阴读"兵书，原因在于他父亲认为研究兵学不是正途。③ 叶適为武举人厉仲方作墓志，称他应武举是"失路误入"，深深为他不能考中文进士而惋惜。④ 终两宋之世，重文轻武之风像一条无形的绳索，约束着人们的思想、言行，影响着宋代政治、军事、学术的很多方面，也极大地制约了兵学的发展。

第二节　积弱图强的时代需求

宋代在中国历史上被定义为"积贫积弱"的王朝。说它"积弱"，并不是说它的军队数量不够多，事实上，宋代的军队规模非常庞大，冗兵是北宋最严重的军政问题之一；也不是说它的装备不够先进，宋代处于由冷兵器向冷热兵器并用转变的重要时期，军事技术发展领先世界，与周边少数民族政权相比更是胜出一筹。所谓"积弱"，主要是说宋代军队的作战能力弱、战绩差，在历次边防作战中，败多胜少，往往付出金钱、土地以及军民生命的代价，最终仍不免北宋亡于金、南宋亡于元的厄运。

---

① 王安石：《上仁宗皇帝言事书》，《临川文集》卷三十九，文渊阁《四库全书》本。

② 苏辙著，陈宏天、高秀芳点校：《进策五道·臣事上·第三道》，《苏辙集·栾城应诏集》卷七，中华书局，1990年。

③ 脱脱等：《宋史》卷四百一十四《董槐传》，中华书局，1985年。

④ 《厉领卫墓志铭》，《叶適集》第二册。

宋代的“积弱”有着十分复杂的原因：政治上守内虚外、议和苟安的传统国策；军制上以文制武、将从中御，过分削夺将领的临阵指挥权；战略上消极防御、分兵固守，无法形成“兵合则势雄”之势，等等。由此观之，宋代的灭亡并非亡于强大的外在威胁，而是亡于其自身的深刻矛盾之中。但是，无论如何，当边患危及国家存亡之际，强兵御侮理所当然成为最紧迫的时代课题，兵学的发展也由此获得了无可争辩的合理性以及强大的现实推动力。

一、宋夏战争迫使宋廷弛兵书之禁，兴武学，设武举，促进了兵学发展

宋代立国以后，在两次幽州之战中落败，后经澶州之战，与辽议和，说明与辽的对抗并不占优势。不过，辽国实力强大，占地广袤，败于辽倒也无可厚非。但是，北宋建立八十年之后，按说是国势日张之时，在对西夏的战争中依然受挫。西夏地处中国西北一隅，以党项族为主，蕃汉杂处，国力不强，兵力不众，但是，在三川口、好水川、定川寨三大战役中，宋廷却接连遭遇大败。这给宋廷上下造成了极大的震动。

宋夏战争的局面并非一日形成，宋太宗时期对西夏政策的进退失据，宋真宗时期失灵州，宋对西夏的失控是有迹可循的，即便没有元昊的强势崛起，宋也未必在对夏斗争中占据优势。但是，三次大战的失败，充分暴露出北宋军事上存在的严重问题。正如欧阳修所说，宋夏战争之前，“天下安于无事，武备废而不修，庙堂无谋臣，边鄙无勇将，将愚不识干戈，兵骄不识战阵，器械朽腐，城郭隳颓。而元昊勇鸷桀黠之虏也，其包畜奸谋欲窥中国者累年矣。而我方恬然不以为虑，待其谋成兵具，一旦反书来上，然后茫然不知所措，中外震骇，举动仓惶，所以用兵之初，有败而无胜也”①。经过了初期的茫然无措，宋廷上下必须努力寻求强军之策，因此，宋

① 欧阳修著，李逸安点校：《言西边事宜第一状》，《欧阳修全集》卷一百一十四，中华书局，2001 年。

夏战争的失利反而成为宋代兵学发展的重要契机。

在宋夏战争的压力下，宋初的禁兵书政策得以松动。在此之前，范仲淹、富弼等有识之士已经提出过解禁兵书的建议，但并未得到朝廷的积极回应。宝元二年（1039），兵书解禁终于有了实质性的进展。宋廷重新核定了禁书名目，解除了对《孙子》《吴子》等经典兵书的禁令。兵书禁令的解除为兵学的发展扫清了障碍。庆历三年（1043）五月，宋廷首次兴办武学，以《孙子》《吴子》等诸家兵法为教材。此后的武举考试也逐渐以兵书理论为重要考核内容。元丰三年（1080），宋神宗诏命校定《孙子》《吴子》《六韬》《司马法》《三略》《尉缭子》《李靖问对》等书，作为武学、武举的教材，这就是著名的“武经七书”。

尽管在“崇文抑武”治国方略和“重文轻武”社会风气的巨大影响下，宋廷扶持兵学的政策显得犹疑不定，其进程也是一波三折，但不可否认的是，解禁兵书、兴武学、设武举，这些举措客观上促进了兵学的发展，尤其是《孙子兵法》等“武经七书”被确定为武学和武举的教科书，使兵学的官学地位最终确立下来，为兵学发展创造了条件。

二、“积弱”引发了“文人论兵”风潮，深刻影响了宋代兵学的发展

“文人论兵”是宋代十分突出的文化现象，是“崇文抑武”治国方略与“积弱图强”时代需求综合作用的结果。一方面，“崇文抑武”治国方略为“文人论兵”提供了思想和制度基础，使文人群体树立了空前的自信心和责任感，以天下事为己任，“先天下之忧而忧，后天下之乐而乐”成为文人士大夫阶层所崇尚的精神追求。对于军事这一关系国家存亡的重大问题，文人同样具有舍我其谁的使命感。诚如南宋理学名儒张栻所说：“盖君子于天下之事无所不当

究，况于兵者，世之兴废，生民之大本存焉，其可忽而不讲哉？”① 这种使命感是文人论兵的重要思想基础。另一方面，紧张的边防形势为“文人论兵”的勃兴提供了现实契机。据《郡斋读书志》记载：“仁庙时天下久承平，人不习兵，元昊既叛，边将数败，朝廷颇访知兵者，士大夫人人言兵矣。”② 由此可见，宋夏战争的强烈刺激，加上朝廷的有意咨访，促成了“文人论兵”之风的兴起。而宋夏战争只是“文人论兵”的发端，此后，宋与西夏、辽、金、元的持久对峙或战争又使“文人论兵”持续发展，直至南宋灭亡。

“文人论兵”对宋代兵学产生了多方面的影响。

其一，促成了宋代兵学文献的空前繁荣。《汉书·艺文志》著录兵书53家，790卷，图43卷。《隋书·经籍志》著录兵书133部，512卷。而《宋史·艺文志》著录的兵书则多达347部，1956卷，数量远远超过前代。事实上，《宋史·艺文志》所著录的兵书只是兵学文献的一小部分，在宋人大量的奏疏、文章、笔记及史著中，谈兵之作比比皆是，其中不乏精辟的见解。宋代兵学论著的激增，固然与宋代雕版印刷大发展的时代条件有关，但大量文人踊跃论兵无疑是一个更主要的因素。

其二，对兵学文献的形式产生了重要影响。由于文人群体普遍具有较高的文化素养，他们的论兵之作一般都条理清晰、文辞畅达。苏洵的《权书》、辛弃疾的《美芹十论》等大文豪的兵论姑且不论，就如梅尧臣的兵书注释之作，许洞的《虎钤经》，綦崇礼的《兵筹类要》等，也都具有这样的鲜明特点。文人的参与大大改变了传统兵书或言语支离，或隐晦难明的缺点，提升了兵学文献的外在品质，增强了其可读性，也使其更易于传播开去，流传下来。

其三，对兵学文献的内容产生了深刻影响。文人是儒家思想的奉行者，而儒家主仁政，兵家尚权谋，二者在主导思想上有很大的差异。“文人论兵”多以儒学为本位，深刻地影响到了宋代兵学的走

① 《跋孙子》，《南轩集》卷三十四。

② 晁公武：《郡斋读书志·后志》卷二，文渊阁《四库全书》本。

向和特点：一方面，文人论兵之作阐释了兵儒间的异质，对兵学的批判愈发尖锐，从而在为政、用兵之道的层面确立了儒本兵末的次第，更加明确了兵学在传统学术体系中的定位；另一方面，在探讨兵学问题的过程中，文人群体往往自觉或不自觉地援儒释兵，以儒家思想浸润、改造兵家思想，使儒学与兵学实现了以儒学为主导的更深层次的融合。

第三节　新儒学的兴起

宋代儒学最大的变化是理学①的兴起，理学作为儒学发展史上的崭新形态，不但在治学门径上一反汉儒“专言训诂”的旧途，以“义理”为探讨的核心，而且在思想上兼容释、道诸家，对“性”“天道”等先儒罕言的命题进行深入阐发，使儒家学说更富于抽象和思辨色彩。理学形成于北宋时期，主要以程颢、程颐的洛学和张载的关学为代表。到南宋时期，理学占据主导地位，形成以朱熹和陆九渊为首的两大学派。

理学之外，宋代儒学还有其他学派存在，在北宋时期有以王安石为首的新学，司马光倡导的朔学，以“三苏”父子为代表的蜀学等。南宋时期，与理学并峙的还有以薛季宣、陈傅良、叶適为代表的永嘉学派，以陈亮为代表的永康之学，以及以吕祖谦为代表的金华学派等。由于这些学派的代表人物都出生在南宋的浙东路，又都具有讲求事功的明显倾向，因而被统称为浙东事功学派。

虽然宋代儒学有各种不同的学派，同一学派内部也往往有立场、观点的差异，但在探索义理之学以及追求内圣外王之道方面，却有

---

① 此处“理学”指狭义的理学，即程朱学派自我标称及近现代哲学史著作中通常所指的程朱理学和陆王心学两派，而非可以涵盖宋代儒学整体的广义上的“义理之学”。

着内在的一致性。有学者将宋学的精神概括为六个方面——议论精神、怀疑精神、创造和开拓精神、实用精神、内求精神、兼容精神，[①] 较准确地揭示了宋代新儒学的总体特点。

作为当时社会占统治地位的思想体系，宋代儒学新的治学精神、治学方法及其对传统儒学思想的重新阐发，不可避免地影响到其他学术门类，而借由“文人论兵”的风潮，其对兵学的影响尤为突出和深刻。

一、“仁义”“诈利”的对立与“崇儒抑兵”思潮

早在兵家初兴的春秋战国之际，兵儒之间的差异和对立已明显表现出来。据《论语》记载，“卫灵公问陈于孔子。孔子对曰：‘俎豆之事，则尝闻之矣；军旅之事，未之学也。’明日遂行”（《卫灵公》）。孔子对于战阵之事的排斥态度表明了儒家的一个基本立场，即在关乎治道的根本问题上，处于首位的是仁政和礼治，而不是武备和战争。

孟子在发展了孔子“仁”的思想的同时，进一步从“王霸异道”的角度强调了兵儒的异质。他说，“以力假仁者霸”，“以德行仁者王”，也就是说，行仁政而得天下是王道，以武力取天下是霸道。他又说，“行仁政而王，莫之能御也”（《公孙丑上》），“君不行仁政而富之，皆弃于孔子者也。况于为之强战？争地以战，杀人盈野；争城以战，杀人盈城：此所谓率土地而食人肉，罪不容于死。故善战者服上刑，连诸侯者次之，辟草莱、任土地者次之”（《离娄上》）。在对王霸之道的一褒一贬中，“尊仁义而贱武力”的思想赫然彰显出来。至于“行仁政”何以“王天下”，孟子提出，“天时不如地利，地利不如人和”，又说，“得道者多助，失道者寡助，寡助之至，亲戚畔之，多助之至，天下顺之，以天下之所顺，攻亲戚之所畔，故君子有不战，战必胜矣”（《公孙丑下》）。也就是说，行仁

---

① 参见陈植锷：《北宋文化史述论》第三章《宋学的主题及其精神》第四节《宋学精神》，中国社会科学出版社，1992年，第287—323页。

政者得民心，得民心者得天下，这样的论述由“政胜”直接推导出“战胜”，实际上是回避了对战争的具体讨论。

孟子之后，荀子对军事问题做了更为深入、系统的阐述，成为先秦儒家军事思想的集大成者。在他的一系列论述中，兵、儒的差异性是立论的一个基本点。荀子有一篇著名的兵论——《议兵篇》。文章起首就讲：

> 临武君与孙卿子议兵于赵孝成王前。王曰：“请问兵要。”临武君对曰：“上得天时，下得地利，观敌之变动，后之发，先之至，此用兵之要术也。”孙卿子曰：“不然。臣所闻古之道，凡用兵攻战之本在乎壹民。……士民不亲附，则汤武不能以必胜也。故善附民者，是乃善用兵者也。故兵要在乎善附民而已。”临武君曰：“不然。兵之所贵者势利也，所行者变诈也。善用兵者，感忽悠暗，莫知其所从出，孙吴用之，无敌于天下，岂必待附民哉！”孙卿子曰：“不然。臣之所道，仁人之兵，王者之志也。君之所贵，权谋势利也；所行，攻夺变诈也；诸侯之事也。”

荀子与临武君所论实际上就是儒家与兵家思想的对立。荀子认为临武君所推崇的孙吴之术是诸侯之事，是霸道；而他所讲的则是仁人之兵，是王道。相较于孟子对王霸之道的空泛议论，荀子将“仁义”由治国扩展到了用兵层面，试图在“政胜”与“战胜”之间架起一座桥梁。他认为，“仁人之兵”不但具有“善附民”的优势，而且“仁人之兵不可诈也”，“仁人之用十里之国，则将有百里之听；用百里之国，则将有千里之听；用千里之国，则将有四海之听。必将聪明警戒，和传而一”。因此，“齐之技击不可以遇魏氏之武卒，魏氏之武卒不可以遇秦之锐士，秦之锐士不可以当桓文之节制，桓文之节制不可以敌汤武之仁义”。也就是说，“仁义”不但可以转化为坚强的战斗力，而且会使敌人的诈术无用武之地，从而保证在战争中立于不败之地。

从孔子到孟子再到荀子，先秦儒家在“出奇设伏，变诈之兵并作”① 的形势下，不断发展、完善其军事思想，不但从治道上确立了儒家与兵家的先后次第，而且在具体的用兵原则上也高举仁义的旗帜，排斥智诈之术。这些思想固然有其合理性，如强调政治对军事的决定性，强调战争的正义性质，强调民心向背的重要性，等等，但是，是否“政胜”就必然导致“战胜”呢？儒家显然是过于乐观，也过于简单化了。即便如荀子所论，“壹民”是“用兵攻战之本”，也无法就此否认孙吴的“势利”“变诈”在战争中的重要作用。至于说“仁人之兵不可诈”，从战争实践角度看，则更难免迂阔之嫌。

先秦儒家的军事思想成为后世儒家论兵的基调。在宋代力行“右文”政策以及边患严重的背景之下，文人儒者不但对传统儒家的军事思想做了充分的发挥，而且对兵学提出了较以往更为尖锐的批判，从而在学术领域掀起了一股“崇儒抑兵”的思潮。

首先，以兵事为治道之末，在内政领域排斥兵学。

朱熹解释《论语》“灵公问陈而夫子遽行”一节时说：“为国以礼，战陈之事非人君所宜问也。……夫子去卫之意，盖以兵而言，陈固兵之末，以治道而言，则兵又治道之末也。”② 他的这一观点与王安石惊人地一致。宋神宗志在图强，一度对阵法表现出浓厚的兴趣，经常与臣下探讨战阵之事。王安石对此提出批评，他说：“先王虽曰‘张皇六师’，克诘戎兵，其坐而论道，则未尝及战阵之事。盖以为三军五兵之运，德之末不足道也。孔子亦曰：‘俎豆之事，则尝闻之矣；军旅之事，未之学也。’以为苟知本矣，末不足治也。”③ 朱熹和王安石虽然所处时代不同，政治观点颇异，但在兵儒关系上都以儒为本而以兵为末，可见宋儒对于兵儒次第这一基本立场的坚守。

---

① 班固：《汉书》卷三十《艺文志十》，中华书局，1962 年。
② 《四书或问》卷二十。
③ 《续资治通鉴长编》卷二百四十八，熙宁六年十二月庚辰。

宋儒对兵学的批评并未止于治道本末，他们更担心的是，兵学会影响儒学倡导的文治教化。宋儒认为，兵家的“诈”“利”等思想与儒家的仁义之教相对立，对于风俗政教有害无益。刘敞是北宋反对建立武学的代表人物，从他的言论中，我们可以清楚地看到这一点。他说：

> 昔三代之王建辟雍、成均以敦化者，峨冠缝掖之人，居则有序，其术诗、书、礼、乐，其志文、行、忠、信，是以无鄙倍之色、斗争之声，犹惧其未也。故贱诈谋，爵人以德，褒人以义，轨度其信，一以待人。故曰：勇则害上，不登于明堂，民知所底而无贰心，是以其教不肃而成，其政不严而治，曾未闻夫武学之制也。夫缦胡之缨，短后之衣，瞋目而语难，按剑而疾视者，此所谓勇力之人也，将教之以术而动之以利，其可得不为其容乎？为其容，可得无变其俗乎？吾恐虽有智者，未易善其后也。而况建博士之职，广弟子之员，本之不知，教化其浸弱矣。①

在这段议论中，刘敞将三代教育美化为“崇文”，并不符合历史事实，事实上，商周时期贵族教育的“六艺”之中，“射”“御”等军事教育占比很大。② 刘敞的目的在于以古律今，在他看来，儒家推行文、行、忠、信之教，目的是使上下有序、民无二心。勇力之人的特点恰恰相反，“瞋目而语难，按剑而疾视”，如果提倡武学，“教之以术而动之以利”，就会使教化渐弱、风俗渐变，进而危及统治秩序的稳固。他又进一步指出：“昔先王务教胄子以道而不及武者，非无四夷之患，诚恐示民以佻也。今既示之佻矣，道其已乎？”也就是说，即便有四夷之患，也不应公然教授武学，边患事小，动

---

① 《与吴九论武学书》，《公是集》卷四十三。

② 参见王晖：《庠序：商周武学堂考辨——兼论周代小学大学所学内容之别》，《中国史研究》2015年第3期。

摇了文教的根本事大。

南宋时期，叶適也反对兴武学，他认为，武学诵读《孙子兵法》等兵书，是“徒以不仁之心上下相授”，而“授天下以不仁之心，患之大者也”。[①] 叶適还对《孙子》“诡道”之说提出批评，原因即在于，“今‘诡道’二字于兵外立义，遂为千古不刊之说”[②]，他担心“诡道”的影响会超出兵学范畴，形成与儒家“仁德”的对立。黄震虽然认为《孙子兵法》“所异于先王之训者惟诡道一语，然特自指其用兵变化而言，非俗情所事奸诈之比”，并称“孙子之书岂特兵家之祖，亦庶几乎立言之君子矣。诸子自荀扬外，其余浮辞横议者莫与比”[③]，但他又非常赞许叶適反对武学研习《孙子》的观点，认为“言兵者若此，斯儒者矣，视老泉（按：苏洵）辈平生师孙子之学霄壤矣”[④]。

从以上这些议论不难看出，宋儒从维护封建统治秩序的立场出发，强调内政领域里兵儒思想的对立，将“崇儒”与“抑兵”同时推向了新的高度。宋儒的这种观点与宋代“崇文抑武”的治国方略以及“守内虚外”之策是相契合的。虽然就抵御外侮而言，朝野上下讨论的都是如何增强武备的问题，但是，从巩固统治、防范内患的角度讲，统治者又对武勇之风在社会生活中的蔓延抱有深深的疑惧。“崇文抑武”是在治国方略的层面上定义文武地位，“崇儒抑兵”则是站在儒学立场上对兵学的批判和反制，二者通过主导政治的文人群体统一到了一起，在政治和学术层面互相激扬、互相促进。

其次，在战争问题上，反对兵家的“诈”“利”原则，主张用兵以正、仁义制敌。

与先秦儒家一样，宋儒强调仁义、德政对于战争胜负的决定意义。如程颐说，“技击不足以当节制，节制不足以当仁义。使人人有

---

① 《兵权上》，《叶適集》第三册。

② 叶適：《习学记言序目》卷四十六《孙子》，中华书局，1977年。

③ 黄震：《黄氏日抄》卷五十八《读诸子·孙子》，文渊阁《四库全书》本。

④ 《黄氏日抄》卷六十八《读文集·水心外集·兵权二篇》。

子弟卫父兄之心，则制梃以挞秦楚之兵矣”[1]，又说，“若以王道兴兵，则百姓皆修其戈矛，与之同仇矣”[2]。刘敞则进一步对儒家以仁义行兵做了解释，他说：“以仁合众，以义济师，内辑和于中国，外震慑于四夷，当之者失据，动之者悦也随，故曰，我战则克，其义在斯。且夫以道德为藩，以礼让为国，以忠信为用，以仁义为力，故守必有威，动则能克。”也就是说，“仁”可以使上下一心，同仇敌忾，“义”可以保证战争的正义性，取得民心支持。“仁”“义”既是为政的纲领，又是武备的根本。因此，“战在胜不在多，术在德不在他，是以弃天时与地利，贵王道与人和”。[3]

宋儒不但对先秦儒家论兵的观点加以继承，而且进一步以儒家经传为兵法之本。如吕祖谦十分推崇《孟子》，认为《孟子》“天时不如地利，地利不如人和”“得道多助，失道寡助”数句，“尽古今用兵之道，为兵法之祖”，而“如《吴子》《孙子》《六韬》《三略》之类，止言天时地利，亦不言人和”，个中差别恰恰表明“圣贤见得明，他人见得不明，以此见学问之深浅处”[4]。薛季宣对《荀子》兵论大加褒奖，他说：“善乎荀卿子之论兵……谓桓文之节制不足以敌汤武之仁义，故论兵要，舍汤武何法哉？”同时也不忘与兵家相对比：“今之兵家，一本之孙吴氏。孙武力足以破荆入郢而不能禁夫概王之乱，吴起威加诸侯百越而不能消失职者之变，诈力之尚，仁义之略，速亡贻祸，迄用自焚，是故兵足戒也。”[5] 著有《江东十鉴》的李舜臣则十分推崇《易》经，认为“《师》卦六爻而出师、驻师、将兵、将将与夫奉辞伐罪、旋师班赏之事无所不载，虽后世兵书之繁，殆不如《师》卦六爻之略，而况所论王者之师，非后世权谋之

---

① 程颢、程颐著，王孝鱼点校：《河南程氏遗书》卷六《二先生语六》，《二程集》，中华书局，1981 年。

② 《程氏经说》卷三，文渊阁《四库全书》本。

③ 《我战则克赋》，《公是集》卷一。

④ 《丽泽论说集录》卷七，文渊阁《四库全书》本。

⑤ 《拟策一道》，《浪语集》卷二十八。

书之比也”[1]。总之，在这些宋儒看来，“夫以孙吴之智窥桓文之德，尚不能合，以规圣人之道，固绵远矣”[2]。因此，当郑厚推崇《孙子》“不惟武人之根本，文士亦当尽心焉。其词约而缛，易而深，畅而可用，《论语》《易大传》之流，孟、荀、杨著书皆不及也”的时候，朱熹对他提出了严厉的批评，称其“取孙武之书厕之《易》《论语》之列，何其驳之甚欤？”[3]

更有甚者，宋儒还将“崇儒抑兵”思想贯穿到对战术的讨论中，反对在具体作战中以诈术取胜。例如，春秋时期秦晋殽之战中，晋能结姜戎为掎角，控遏殽陵险隘，出其不意，大胜秦军，在战争史上堪称典范。但是，南宋学者黄仲炎却认为，晋虽获胜，却有三罪：“背惠，一也；君丧在殡而主乎战，二也；兵以诈胜，三也。”他说：“兵贵奇胜，圣人恶之。何哉？曰《春秋》正其谊、明其道而已矣，功利不与也。夫兵以奇胜者，孙武之术，岂圣人之教哉？”[4] 宋儒论及兵家诈术，虽然未必尽如黄仲炎这般偏执，但大多都持批判态度，只是程度有所不同而已。如程颐认为兵家“掩其不备、出其不意”之术尚可在一定程度上应用，但是使用间谍刺探军情就不可以了。[5]刘敞也认为：“圣人之为圣也，为其正而已矣，是以众人为不可及。必以间而有天下，则其所以为圣人也，不亦众人而可为之欤？”[6] 苏洵则在《权书》中专著《用间》一篇，反驳孙子“五间”之说，他说：“夫兵虽诡道，而本于正者终亦必胜。今五间之用，其归于诈，成则为利，败则为祸。且与人为诈，人亦将且诈我，故能以间胜者，亦或以间败。……夫用心于正，一振而群纲举，用心于诈，百补而千穴败，智于此，不足恃也。”[7]

---

① 冯椅：《厚斋易学》卷八，文渊阁《四库全书》本。
② 《杂著·师三年解》，《公是集》卷四十六。
③ 《读虞隐之尊孟辨》，《晦庵集》卷七十三。
④ 《春秋通说》卷六。
⑤ 《河南程氏遗书》卷十八《伊川先生语四》，《二程集》。
⑥ 《伊尹问》，《公是集》卷四十七。
⑦ 苏洵：《权书·用间》，《嘉祐集》卷二，文渊阁《四库全书》本。

荀子提出“仁人之兵不可诈”，宋儒在新的理学语境下对这一思想加以发展，认为君子之诚胜于小人之诈。如杨时在一段与弟子的问答中谈及将帅用诈问题。有人问他：“兵官武人之有智略者，莫非狙诈之流，若无狙诈，如何使人?”他回答说：“君子无所往而不以诚，但至诚恻怛，则人自感动。”① 这还只是讲将帅以诚御下之道。吕祖谦则大力批驳“万物皆贱诈，唯兵独贵诈”，“至于用兵，小诈则小胜，大诈则大胜，小人长于诈，故其用兵亦长，君子短于诈，故其用兵亦短。……故儒家之小人，兵家之君子也；兵家之君子，儒家之小人也”等流俗观点，他说：

> 盖君子之于兵，无所不用其诚。世未有诚而轻者，敌虽欲诱之，乌得而诱之？世未有诚而贪者，敌虽欲饵之，乌得而饵之？世未有诚而扰者，敌虽欲乱之，乌得而乱之？用是诚以抚御，则众皆不疑，非反间之所能惑也；用是诚以备御，则众皆不怠，非诡谋之所能误也。彼向之所以取胜者，因其轻而入焉，因其贪而入焉，因其扰而入焉，因其疑、因其怠而入焉。一诚既立，五患皆除，兕无所投其角，兵无所投其刃，曼伯、子突之徒无所投其诈矣。……彼之诈至于万而不足，我之诚守其一而有余，彼常劳而我常佚，彼常动而我常静，以佚制劳，以静制动，岂非天下常胜之道乎？然则天下之善用兵者，不得不归之君子，用兵之善者，固无出于君子矣。②

按照吕祖谦的观点，不但可以“以诚代诈”，更可以“以诚制诈”，“诚”实为天下常胜之道，而以诚道自立的君子才是真正的善用兵者。

综上所述，宋儒对于先秦以来兵儒异质思想加以阐发，不但在治道层面贬抑兵学，在用兵问题上以“仁”“义”为本，在具体用

① 杨时：《龟山集》卷十，文渊阁《四库全书》本。
② 《左氏博议》卷一。

兵原则上也出现了“以仁胜诈”“以诚代诈”的论点。应该说，从政治、战争观、战略等层面强调儒家“仁政”“义战”的主导作用，对于规范战争行为的性质、目的，构建以儒家思想为主体的军事文化是有着积极意义的。但是，如果将这种兵儒对立、兵劣儒优的论调贯穿于对具体作战指导思想的讨论，从根本上否认兵家的价值和作用，就滑向了坐而论道、偏颇而迂腐的轨辙。虽然在宋儒之中，像刘敞那样完全以兵儒对立的人只是少数，但是他们利用自己掌握的话语权，崇儒抑兵，导致了对兵学不恰当的贬抑，严重影响了宋代兵学的健康发展。

二、儒学新变与兵学

宋代新儒学的兴起和发展，对社会学术文化产生了广泛的影响，其中一些思想也影响到兵学，给宋代兵学打上了鲜明的时代烙印。

首先，宋代儒学的纲常思想影响到兵学“将道”思想。出于对唐末五代“三纲不立，无父子君臣之义，见利而动，不顾其亲，是以上无教化，下无廉耻”① 状况的反思，宋儒十分强调伦理纲常的重要性。如朱熹认为：“天下国家之所以长久安宁，唯赖朝廷三纲五常之教有以建立修明于上，然后守藩述职之臣有以禀承宣布于下，所以内外相维，小大顺序，虽有强猾奸宄之人，无所逞其志而为乱。”② 所谓“三纲五常之教”，要求人们恪守“君为臣纲、父为子纲、夫为妻纲”的无上准则以及“仁、义、礼、智、信”等道德戒律，从而在由家至国的各个层面达到“内外相维，小大顺序”的状态。毫无疑问，它是符合专制皇权需要的思想工具，有利于维护封建国家的长治久安。

纲常思想影响到兵学，突出地表现为对将领的“忠”节提出了更高的要求。北宋苏门学士李廌撰《将材论》，文中说，“事君皆以忠，而将之忠为大。盖方其用师也，上不制于天，下不制于地，中

---

① 范祖禹撰，吕祖谦注：《唐鉴》卷十一，文渊阁《四库全书》本。
② 《乞放归田里状》，《晦庵集》卷二十三。

不制于人，将军之志自用矣。如之何？惟君是图而忘其身，惟国是忧而忘其家，故贵乎忠。忠则无二心故也”，并称“惟信惟忠，乃为建立勋名之权舆，杜塞危疑之关键也”①。他的这番话揭示了一个基本道理：将领兵权在握，行师用兵之际，又难免威权独运，很可能成为皇权的威胁，因此，将领之“忠”就显得格外重要，也尤为可贵。所谓“忠”，就是对君主“无二心”，它不但是将领建立功勋的基础，也是杜塞危疑、避祸保身的关键。綦崇礼《兵筹类要》也提到了将领“忠”的问题。他说：“事君者国尔忘家，公尔忘私，惟无以家为者，然后可与语事君之忠。”（《忘家篇》）他还进一步论证了“忠”的效用：“人臣事上莫过乎忠，忠则不欺，故可以动人，可以感神。……矧将臣出万死一生之地，保人民卫社稷，则非忠以有格者，其能成功乎？”（《诚感篇》）在宋儒的各种论述中，孙子“进不求名，退不避罪，惟民是保，而利于主，国之宝也”（《地形篇》）的观点常被提及，并被援引为忠君精神的典型写照，就连对《孙子》的诈术大加挞伐的叶適也对这一观点表示赞许②。

其次，宋代新儒学的心性义理之说也影响到了兵学。传统儒家很少谈及“性与天道”等问题，将“理”“欲”“性”“命”“心”“气”“诚”“敬”等概念作为讨论的核心是宋代儒学的新发明。宋代文人论兵之时，很自然地将这些概念引入了兵学领域。

如苏洵著《权书》，第一篇即为《心术》。他说：“为将之道，当先治心，泰山崩于前而色不变，麋鹿兴于左而目不瞬，然后可以制利害，可以待敌。”而他所说的治心之法，则是“视三军之众与视一隶一妾无加焉，故其心常若有余。夫以一人之心当三军之众，而其中恢恢然犹有余地，此韩信之所以多多而益办也。故夫用兵岂有异术哉？能勿视其众而已矣”。③ 这样的说法与儒家修身养性、治气等理论别无二致。蜀学后人秦观甚至将“治心养气”上升到了战胜

---

① 李廌：《济南集》卷六，文渊阁《四库全书》本。

② 《习学记言序目》卷四十六《孙子》。

③ 《权书·孙武》，《嘉祐集》卷三。

之道的高度。他说，“古之论兵者多矣，大率不过有四，一曰权谋，二曰形势，三曰阴阳，四曰技巧，然此四术者，以道用之则为四胜，不以道用之则为四败”，他所谓“道”，则是“治心养气而已”。[①] 綦崇礼《兵筹类要》有《镇静篇》，称“苟镇静则事至不惑，物来能名，以安待躁，以忍待忿，以严待懈，虽恢诡万变陈乎前而不足以入其舍，岂浮言所能动，诈力所能摇哉？故士不敢慢其令，敌不能窥其际，近取诸身，则心安体舒，内外之符也”。“静”也是宋儒非常重视的一个概念，《大学》中说：“知止而后有定，定而后能静，静而后能安，安而后能虑，虑而后能得。”宋儒据此而以“静”为重要的修持之道。再如前引吕祖谦的“用兵以诚”论，也是文人以理学概念解兵的典型例证。

以上宋儒所讨论的“心”“志”“气”“诚”“静”等概念在先秦兵书中均有所涉及，如《孙子》说：“故三军可夺气，将军可夺心。是故朝气锐，昼气惰，暮气归。故善用兵者，避其锐气，击其惰归，此治气者也。以治待乱，以静待哗，此治心者也；以近待远，以佚待劳，以饱待饥，此治力者也。”（《军争篇》）又说，“将军之事，静以幽，正以治”，“散地，吾将一其志”（《九地篇》）。但是，宋儒所论与先秦兵家明显不同，他们对于“心”“志”“诚”“静”等概念的阐述，或直接援引儒家之说，或以治家取譬，或以修身引喻，说到底还是强调“仁义”制胜，带有浓厚的理学气息。

三、“经世致用”思想与兵学

“经世致用”一直是儒家的重要传统，也是儒学内部价值体系的重要指标。所谓“经世致用”，就是从儒家经义中寻求治世依据，培养从政能力，从而“治国平天下”。宋代儒学虽以理学为大宗，讲求道、德、性、命，以“内圣”为个体精神修养的极致，但其最终的落脚点仍然是“内圣”与“外王”的统一。

宋代儒学中出现了一些以“经世致用”为特点的学派或学者，

---

① 秦观：《兵法》，《淮海集》卷十七，文渊阁《四库全书》本。

他们十分关注政治实务，兵、刑、财赋、水利等与国计民生相关之事都会进入他们的视野，成为他们的研究对象。因此，他们与兵学的关系更为密切，对兵学研究的影响也更大。

北宋初期，名儒胡瑗的教学之法突出体现了“经世致用”的特点。他按照学生的禀赋、爱好，分为经义、治事二斋，“经义斋者，择疏通有器局者居之；治事斋者，人各治一事，又兼一事，如边防、水利之类”①。李廌《师友谈记》的记载更为详细：“好尚经术者，好谈兵战者，好文艺者，好尚节义者，皆以所类群居，相与讲习。胡亦时召之，使论其所学，为定其理，或自出一义，使人人以对，为可否之，时取当时政事，俾之折衷。”可见，胡瑗教学的目的是培养经世干才，兵学是其中一项重要内容。胡瑗本人曾经被范仲淹聘为丹州军事推官，庆历年间还曾上书朝廷，提出重新建立武学。他的弟子多“信其师说，敦尚行实”②，其中颇有知兵者，如顾临，以知兵闻名，曾应神宗召对，并两度判武学。又如徐积，对兵学颇有研究，所著《节孝集》中对《孙子》伐谋、伐交、兵势分合等思想多有讨论。胡瑗的教学方法在庆历新政中推广于太学，对当时学风产生了很大影响。

张载的关学也十分重视“经世致用”，“二程”曾评价说：“关中之士，语学而及政，论政而及礼、乐、兵、刑之学，庶几善学者。”③ 张载“少喜谈兵，至欲结客取洮西之地”④，还曾上书谒见时为边帅的范仲淹，成为儒林掌故。关学学者虽然大多进士出身，但普遍属意兵学，或对兵学理论有浓厚兴趣，或在军事实践中有所建树。如吕大钧，“爱讲明井田、兵制，以为治道必由是，悉撰成图

① 朱熹：《宋名臣言行录》前集卷十，文渊阁《四库全书》本。

② 蔡襄：《太常博士致仕胡君墓志》，《端明集》卷三十七，文渊阁《四库全书》本。

③ 杨时编：《二程粹言》卷上，文渊阁《四库全书》本。

④ 《宋史》卷四百二十七《道学一·张载传》。

籍”[①]。游师雄，熙宁中任德顺军判官，参谋边事，多有建树。元祐初，极力反对弃边地四寨，绍圣时上《绍圣安边策》，建言御敌要略。张舜民，元丰中被环庆帅高遵裕辟掌机密文字，从征灵夏。其他如范育、李复等，也都对兵学有研究，熟悉边事。至于曾经从学张载的种师道，更是一代名将，沉毅有谋，能征善战。

李觏也是一位关心社会现实，以“康国济民为意”[②] 的思想家。他从对《礼》《易》等儒家经典的研究出发，撰著《平土书》《富国策》《强兵策》《安民策》《潜书》《庆历民言》《周礼致太平论》等，从各个方面探讨解决社会问题的方案，并积极支持范仲淹庆历新政。虽然他的主张中有一些空想的成分，难以完全付诸实践，但其“经世致用”的旨趣却是非常明确的。在他的治学领域中，兵学是很重要的一部分，他曾自称，研读儒家经典之外，“力读孙吴书，学耕战法，以备朝廷犬马驱指”[③]。《强兵策》撰成于宝元二年（1039），对军事问题提出了系统的建策，是一篇非常有见地的兵论。李觏虽然官位并不显赫，却是一位很有影响力的学者，“以教授自资，学者常数十百人”[④]，其兵学思想在当时也产生了一定的影响。

以“三苏”父子为代表的蜀学也表现出对兵学的浓厚兴趣。苏洵所著《权书》《衡论》，被后人视为兵书。苏轼和苏辙撰写了大量论兵文章，议论风正，在当时及后世都产生了很大影响。苏门六君子中的李廌、秦观、张耒、黄庭坚等都是文人论兵的中坚，其中李廌的《兵法奇正论》《将材论》《将心论》[⑤]，秦观《进策》中的《将帅》《奇兵》《兵法》[⑥] 等，都是论兵名篇。蜀学学者虽然不像

---

① 黄宗羲原著，全祖望补修，陈金生、梁运华点校：《宋元学案》卷三十一《吕范诸儒学案》，中华书局，1986 年。

② 李觏著，王国轩校点：《上孙寺丞书》，《李觏集》卷二十七，中华书局，1981 年。

③ 《上孙寺丞书》，《李觏集》卷二十七。

④ 《宋史》卷四百三十二《儒林二·李觏传》。

⑤ 《济南集》卷六。

⑥ 《淮海集》卷十六、十七。

关学学者那样有丰富的军事实践经验，但他们对兵学重要概念和范畴的论述，对历史上重要军事人物和事件的剖析，对现实军事问题提出的建策，等等，都丰富和发展了宋代兵学。

应该指出的是，以上这些儒家学派和学者虽然关心时政，慷慨论兵，但他们的“经世致用”思想往往带有明显的局限性。有些从儒家经典所载古制出发，试图“推先王之遗法，明当今之可行”①。如程颢认为《周礼》所记井田等制度乃“为治大本”，可以施行于当世②，张载甚至亲自进行井田制的试验。对于兵制，他们也同样以三代之法为典范。如此等等，难免有泥古不化之嫌。有些则从概念到概念，坐而论道，纸上谈兵，甚至曲为之解，牵强附会，苏洵的论兵言论即为代表。

与崇古或空谈的宋儒不同，王安石的新学代表了儒学“经世致用”的另一路向。王安石以现实政治为出发点，以富国强兵为目的，主张不法先王之政，而法先王之意。他推行新学，颁布《三经新义》，目的是通过对儒家经典的重新解读为变法寻求理论依据，托古以改制。后人批评他“附会经义以钳儒者之口”③，一定程度上也是实情。他主持的熙宁变法以强兵为目标，力图革除百年募兵之弊。他虽然没有带兵打仗的履历，但对于边防问题的意见往往高屋建瓴、切中肯綮。王韶在西北边疆取得的重大胜利，蔡挺主导下的将兵法改革，等等，都是王安石领导的变法派取得的重要成绩。

南宋时期，“经世致用”特色最为突出的当属浙东事功学派。浙东事功学派的产生有着深刻的政治、经济及学术思想等方面的原因，④ 但最主要的因素还是军事斗争形势的持续紧张所激发出的儒者的爱国情怀。在学术思想上，浙东事功学派与程朱理学的道德性

---

① 吕大临：《横渠先生行状》，《横渠易说》附。

② 《河南程氏文集》卷一《明道先生文一·奏疏·论十事札子》，《二程集》。

③ 永瑢等：《四库全书总目》卷十九《周官新义》提要，中华书局，1965 年。

④ 参见漆侠：《宋学的发展和演变》，河北人民出版社，2002 年，第 554—583 页。

命之说相对立，成为南宋学术思想的一方重镇。

袁溉是浙东事功学派的发轫者。在他的身上，已经显示出通习各种实用之学的特点。薛季宣说：“先生学，自六经百氏，下至博弈小数，方术兵书，无所不通。”① 薛季宣师承袁溉，“于世务二三条如田赋、兵制、地形、水利，甚曾下工夫”②，他自称，治学“务为深醇盛大，以求经学之正。讲明时务，本末利害，必周知之，无为空言，无戾于行”③，这段话不但阐明了他自己的治学特点，也揭示了浙东事功学派的共同特点。

永康学派代表人物陈亮之学尤以讲求事功为特色，浙东后学乔行简总结其学术，称其“以特出之才，卓绝之识，而究皇帝王霸之略，期于开物成务，酌古理今，其说盖近世儒者之所未讲。平生所交，如熹、栻、祖谦、九渊，皆称之曰：‘是实有经济之学。’”④ 陈亮不但主张事功，而且公开批评理学，他说：“自道德性命之说一兴，……为士者耻言文章行义而曰‘尽心知性’，居官者耻言政事书判而曰‘学道爱人’，相蒙相欺以尽废天下之实，则亦终于百事不理而已。”⑤ 在淳熙十一年（1184）后的数年中，他与朱熹通过书信往还的方式展开了一场“王霸义利”之辩，在辩论中，朱熹劝他“绌去义利双行、王霸并用之说，而从事于惩忿窒欲、迁善改过之事，粹然以醇儒之道自律”⑥，陈亮则驳斥程朱理学以“王”“霸”、“义”“利”截然对立之说，以为“功到成处便是有德，事到济处便是有理”⑦，结果是，“朱公元晦意有不与，而不能夺也”⑧。

---

① 《袁先生传》，《浪语集》卷三十二。

② 吕祖谦：《与朱侍讲》，《东莱集·别集》卷七，文渊阁《四库全书》本。

③ 《答象先侄书》，《浪语集》卷二十五。

④ 陈亮著，邓广铭点校：《宋乔行简奏请谥陈龙川札子》，《陈亮集》（增订本）附录二，中华书局，1987年。

⑤ 《送吴允成运幹序》，《陈亮集》（增订本）卷十五。

⑥ 《与陈同甫》，《晦庵集》卷三十六。

⑦ 此为陈傅良对陈亮观点的总结，参见陈傅良：《答陈同父三》，《止斋集》卷三十六，文渊阁《四库全书》本。

⑧ 《龙川集序》，《叶適集》第一册。

浙东事功学派以讲求事功为要务，而当时最大的事功莫过于恢复中原。薛季宣曾经亲历战事，对当时的军事问题提出了很多卓越的见解，对《握奇经》《八阵图》等兵学文献也多有考论；陈傅良对兵制有深入研究，撰著了中国历史上第一部兵制通史《历代兵制》；陈亮则总结历代王霸之略，著成《酌古论》，并屡次上书孝宗皇帝，备陈恢复之计。在他们的带动和影响之下，浙东学者的兵学研究蔚为一时之盛，涌现出陈直中《孙子发微》、王自中《孙子新略》、戴溪《将鉴论断》、倪朴《拟上高宗皇帝书》等一批兵学论著。

值得注意的是，宋儒对"经世致用"的讲求促进了兵学研究，同时，注重"经世致用"的宋儒对兵学的评价也往往较为平实中肯。如李觏认为："历观世俗之论兵者，多得其一体而未能具也。儒生曰：'仁义而已矣，何必诈力？'武夫曰：'诈力而已矣，何必仁义？'是皆知其一，未知其二也。愚以为仁义者，兵之本也；诈力者，兵之末也。本末相权，用之得所，则无敌矣。故君者，纯于本者也；将者，驳于末者也。"① 南宋大儒张栻也说："夫兵政之本，在于仁义，其为教根乎三纲，然至于法度纪律、机谋权变，其条不可紊，其端为无穷，非素考索，乌能极其用？一有所未极，则于酬酢之际，其失将有间不容发者，可不畏哉？"② 这些观点在"道"的层面上肯定儒家仁义之说为兵事根本，在"器"的层面上给予兵家权诈之术以合理地位，显然是较为务实的持平之论。这就为儒学在承认兵儒本末次第的基础上重视兵学、发展兵学提供了可能，促进了宋代兵学与儒学的深度融合。

四、疑古思潮与兵学

"敢于怀疑"是宋儒治学的一个显著特点。宋儒不但质疑儒家传注，甚至对儒经也大胆怀疑。如欧阳修著《易童子问》，认为《系

---

① 《强兵策第一》，《李觏集》卷十七。

② 《跋孙子》，《南轩集》卷三十四。

辞》《文言》《说卦》皆非圣人所作。司马光作《疑孟》，李觏撰《常语》，质疑孟子之说。程颐则认为“《礼记》之文多谬误者，《儒行》《经解》非圣人之言也”①。总之，宋儒以怀疑精神治学，至北宋中叶，“疑古”已经蔚然成为一股学术思潮。

当宋儒将怀疑的目光转向兵书的时候，掀起了较儒家经典更为强烈的疑伪之风。这种怀疑主要集中在“武经七书”上。如何去非在参与校定“武经七书”之时，就曾对《六韬》和《唐李问对》的真伪提出怀疑。据其子何薳《春渚纪闻》记载：“先君为武学传授日，被旨校正武举《孙》《吴》等七书。先君言，《六韬》非太公所作，内有考证处，先以禀司业朱服。服言，此书行之已久，未易遽废也。又疑《李卫公对问》亦非是。后为徐州教授，与陈无己为交代。陈云，尝见东坡先生，言世传王氏《元经薛氏传》、关子明《易传》、《李卫公对问》，皆阮逸著撰，逸尝以草示奉常公也。”②何去非不但怀疑《六韬》为伪书，而且认为《唐李问对》为阮逸伪撰，形成了一桩新的伪书谜案。

关于《六韬》一书，唐人孔颖达已认为是后人伪托之作，刘恕以为“其言鄙俚烦杂，不类太公之语，盖后人依托而为之”③。南宋罗泌著《路史》，进一步论证《六韬》之伪。他说：

> 夫学讼而脱人之囚，与阴谋而倾人之国，皆兵谋诡计，出于后世，所谓太公《六韬》书者，其果信邪？《六韬》之书顾非必太公也。班固述权谋不见其书，《志》虽有《太公兵谋》而乃列之道家，儒家有《六弢》六篇，则又周史所作，定襄时人，或曰显王之世。故《崇文》自谓汉世无有。今观其言，盖杂出于春秋战国兵家之说尔。自墨翟来，以太公于文王为午合，

① 《二程粹言》卷上。

② 何薳撰，张明华点校：《春渚纪闻》卷五，“古书托名”条，中华书局，1983年。按：中华书局本此段引文断句有误，此不从。

③ 刘恕：《资治通鉴外纪》卷一，文渊阁《四库全书》本。

> 而孙武之徒谓之用间，故权谋者每并缘以自见，盖以尝职征伐，故言兵者本之以为说。骑战之法著于武灵之伐，而今书首列其说，要之楚汉之际好事者之所掇，岂其本哉?①

罗泌从《六韬》的思想、战法以及书志目录的记载等方面论证，更加确认《六韬》非太公所作。

对于《三略》和《尉缭子》，程颐在审订武学学制时指出，它们和《六韬》一样，“鄙浅无取”，显然并不以之为古书。黄震认为，《六韬》《三略》并是伪书，不但所言兵制与史书不合，其观点也多掇拾他书而成。② 陈振孙则对“七书”概而言之：“今武举以七书试士，谓之武经。其间《孙》《吴》《司马法》或是古书，《三略》《尉缭子》亦有可疑，《六韬》《问对》伪妄明白。”③ 这一论断代表了宋儒对“武经七书”的一般看法。

在《孙子兵法》《吴子》《司马法》这几部“或是古书”的武经中，宋儒对《吴子》《司马法》基本上没有什么怀疑，但对居于武经首位的《孙子兵法》，却不断有人质疑，疑点主要集中于《孙子兵法》产生的时代、作者上。叶適对《史记·孙子吴起列传》所载孙子用兵事迹表示怀疑，认为《孙子兵法》是“春秋末战国初山林处士所为，其言得用于吴者，其徒夸大之说也”④。陈振孙上承叶適之说，认为“世之言兵者，祖孙氏。然孙武事吴阖庐而不见于《左氏传》，未知其果何时人也”⑤。

客观地讲，宋儒对兵书的怀疑并非无因，兵书伪托的情况原本就较为普遍。有些兵书作者或刊印者为了增加神秘感和权威性，或托古人以传世，或借名人以自重。但是，宋儒对兵书的怀疑也有明

---

① 罗泌：《路史》卷三十三《发挥二·论太公》，文渊阁《四库全书》本。

② 《黄氏日抄》卷五十八《读诸子·黄石公三略六韬》。

③ 陈振孙著，徐小蛮、顾美华点校：《直斋书录解题》卷十二《兵书类·李卫公问对三卷》，上海古籍出版社，1987 年。

④ 《习学记言序目》卷四十六《孙子》。

⑤ 《直斋书录解题》卷十二《兵书类·孙子三卷》。

显的先入为主的痕迹。如以《六韬》涉于“兵谋诡计”即认为出于后世，以《唐李问对》“文辞浅鄙”就断定是假托，叶適更是从后儒的道德标准出发，认为孙子斩王姬之说“奇险不足信”，进而怀疑孙子其人。如此等等，不一而足。无论宋儒所论兵书真伪确系如何，他们对于“武经七书”的怀疑在客观上削弱了“七书”的权威性，从一个侧面起到了“崇儒抑兵”的作用。

综而论之，宋代的统治方略、军事形势以及学术演进都对宋代兵学产生了重要影响，宋代兵学的成就和缺憾也都可以在这些因素中寻求到答案。在这诸多因素之中，有正面的促动作用，如战局的持续紧张引发的设武举、兴武学，颁定“武经七书”等，也有负面的抑制作用，如“崇文抑武”治国方略导致的政治体制上的以文制武，社会观念上的重文轻武，以及儒学作为占统治地位的意识形态对兵学的批判和贬抑，等等。这双向的作用往往交织在一起，造成了宋代兵学一些看似矛盾的现象：一方面是校定“武经七书”，立兵学为官学，另一方面则是对传统兵学功利主义的激烈批判；一方面是论兵之作汗牛充栋，另一方面却是战争实践中胜敌乏术。

对宋代兵学的时代背景深入考察，我们又会发现，“崇文抑武”治国方略是影响宋代兵学最根本、最重要的因素。在这一方略下，宋廷确立了“文教”稳固的统治地位，在处理边防问题上仰仗儒帅，规划武举武学按文臣的思路进行，在兵学研究中，文人更成为绝对的主体。文人心怀兵事、研讨兵学、撰写兵书，成为宋代兵学发展的基本样式。在这一过程中，儒学对兵学的批判和贬抑、浸润和改造便成为兵学研究的必然趋向。从这一意义上说，宋代兵学矛盾表象的背后又是一个基于文人政治特点的统一整体。

第二章　宋代兵学的历史轨迹

第一节　北宋初期兵学的低迷

从宋朝建立到宋夏战争爆发的近八十年，是宋王朝建立和稳固政权的时期。这一时期可以大致分为两个阶段。前四十余年，战争频仍。有以消灭五代残余势力为中心的统一战争，平定李筠、李重进等反叛势力的战争，以收复燕云十六州为目的的两次幽州之战，对抗西夏李继迁部、契丹袭扰的边防战争，等等。后近四十年以澶渊之盟为起点，相对和平。宋真宗景德元年（1004），契丹大举南下，直至澶州（今河南濮阳），宋真宗亲自于前线督战，双方最终订立“澶渊之盟”，辽与宋约为兄弟之国，宋每年给辽岁币银十万两、绢二十万匹，双方以白沟河为界。澶渊之盟标志着宋辽形成战略均势，此后，契丹再无大的侵犯行动，北宋国内政治日趋稳固，经济发展，社会稳定，一派太平盛世景象。

这一时期，宋廷着力建立并完善各种政治制度，逐步推行“崇文抑武”的治国方略，兵学发展处于被压制的状态。出于防范民间反叛、巩固政权的需要，朝廷除了禁止民间学习“击刺之术”①，对兵书也予以禁止。宋太祖朝颁发的《宋刑统》即规定：“诸玄象器

① 《禁约河北民弃农业学禁术诏》，《宋大诏令集》卷一百九十九《政事五十二·禁约下》，中华书局，1962 年。

物、天文、图书、谶书、兵书、七曜历、太一雷公式，私家不得有，违者徒二年。”“兵书谓太公《六韬》、黄石公《三略》之类。”① 虽然这一规定是承袭唐律而来，并非宋代的新制，但在嗣后的数十年间，禁兵书的律条一再被重申。就在澶渊之盟订立后不久的景德三年（1006），宋真宗依然下诏：“天文兵法，私习有刑，著在律文，用防奸伪。”除了一些经过特批的阴阳、卜筮之书之外，其他天文、历算、兵书等均“不得存留及衷私传习”，如一月之内不上缴，即予处死。② 虽然这类法令执行起来难免打些折扣，如富弼所言，“今蓄书之家，往往皆有”③，但仍然对兵学的发展产生了严重的消极影响，起码在官方层面上使兵学进入了一个冰封期。

一、遭受冷遇的兵学研究

论宋初兵学之前，有必要追述一下五代入宋的兵家张昭及其《制旨兵法》。张昭（894—972），字潜夫，本名张昭远，避后汉高祖刘知远名讳，只称张昭。濮州范县（今属河南）人。历仕后唐、后晋、后汉、后周诸朝，入宋，拜吏部尚书，进封郑国公，后改封陈国公。张昭是一位著名的藏书家，家有藏书数万卷，他本人博通多艺，兼擅天文、风角、太一、卜相、兵法、释道之说，好撰述，自后唐至宋，屡次承诏修撰实录。

据史料记载，《制旨兵法》一书，当在后周显德年间（954—959），张昭任兵部尚书时受诏所撰。④ 虽然这部兵书并非撰成于宋代，但距宋朝建立仅有数年时间，张昭在《进所撰兵法表》中所论，颇能体现宋立国前夕的兵学状况，兹存录于下：

---

① 窦仪撰，薛梅卿点校：《宋刑统》卷九《职制律·禁玄象器物》，法律出版社，1999年。

② 《禁天文兵书诏》，《宋大诏令集》卷一百九十九《政事五十二·禁约下》。

③ 《上仁宗论武举武学》，《宋朝诸臣奏议》卷八十二。

④ 《宋史》卷二百六十三《张昭传》。

> 臣本书生，不娴武艺。空忝穰苴之位，惭无郤縠之能。遽捧纶言，令纂兵法。虽强三官之说，何称九天之谋？伏惟陛下玉斗缵戎，金楼聚学。九舜十尧之典，不足揣摩；三门五将之书，无烦接要。而犹申旦不寐，乙夜纵观，留连于尺籍伍符，探赜于枫天枣地。以为人情贵耳而贱目，儒者是古而非今。以韩、白之智有余，英、卫之才不足。宁悟滋水钓翁之学，今乃椎轮；圯桥神叟之言，已为糟粕。无足师模于钤算，聊可挹酌于源流。爰命下臣，撮其枢要。臣遂观前代兵家所著，篇部颇多。自唐末乱离，图书流落，今兰台秘府，目录空存。其余讨论，固难详悉。今只据臣家所有之书，摭其兵要，自军旅制置，选练教习，安营结阵，命将出师，诡谲机权，形势利害，赏罚告誓，攻守巧拙，星气风角，阴阳课式等，都四十二门，离为十卷。管窥蠡测，莫知穹渤之高深；兽走犬驰，且副搜苗之指使。既成卷部，须有签题。臣伏见前代奉诏撰论，皆目为制旨，今辄准故事，题为《制旨兵法》。臣留司都下，不敢辄去班行。谨差私吏赍诣行阙陈进。①

从张昭的这份进表可以看出，周世宗在戎马倥偬之际，十分重视研究兵书，命张昭编纂兵书撮要，但当时朝廷并未掌握大量图书典籍，“图书流落”，“目录空存”。张昭撰著兵书的主要参考资料是他的私家藏书。该书共十卷，分为四十二门，规模并不大，但其中应存录了一些后世亡佚的资料，南宋施子美《施氏七书讲义》多处引用“张昭兵法”，即为证明。周世宗披阅此书之后答诏说：“朕昔览兵书，粗知前事，将观机要，委卿撰述。曾未逾时，远来呈进。披寻之际，备见精详，论战法之大纲，与孙吴而共贯。赖卿博学，副朕所怀，宜示颁宣，用明恩宠，嘉奖在念，再三不忘。今赐卿衣

---

① 曾枣庄、刘琳主编：《全宋文》卷九，上海辞书出版社、安徽教育出版社，2006 年。

着二百匹，银器一百两。”① 很显然，周世宗对张昭的工作很满意，给予了嘉奖和赏赐。可以说，《制旨兵法》代表了宋朝建立前五代时期官修兵书的最高成就。

宋朝在建立之初的十余年间，对兵书的管控尚不严密，为丰富国家藏书，还曾对包括兵书在内的各类典籍加意搜求。赵普时为宰相，当仁不让地承担着这一工作，他随宋太祖平定南方的过程中，每平定一国，都会留心从该国秘阁中搜集图书。他对此事颇为自豪，甚至以汉初名相萧何自况。但是，赵普本人对兵书的认知却与真正的兵学研究相去甚远。在《正统道藏》中存有一篇赵普的文章，题为《秘藏通玄变化六阴洞微遁甲真经进经表》。该文撰写于开宝四年（971），赵普在文中讲到，各国秘阁所藏兵书甚多，如《太白阴经》《驱雷兵三十六府气运图》《起风云十二戒法》《缩水龟典》《拔木神经》，等等，但他对这些兵书很不满意，认为它们“其义渺茫，其辞枝蔓”。接着，他讲了一个充满玄幻色彩的故事，他说，某日，罗浮山隐士刘罕授予他一部玄秘的兵书，这部兵书来历颇为传奇，从黄帝到尧、舜、禹、商汤，再到周文王、周武王、秦始皇，这些帝王的功业多得益于此书。后来这部书散落四海，凭借它取得成功的只有西汉陈平、东汉邓禹、三国诸葛亮、唐代郭子仪和李靖五人。赵普得到这部书以后，虔敬地供奉，经常感觉有人在他耳边讲军国利害，原来他所供奉的是“六甲天神”。赵普说他辅佐宋太祖“收复诸寇，势如破竹，非臣之谋长策远，实六神之力也”。不但如此，这部书还可以助他呼风唤雨：“臣谓之曰，某日雨，某日风，某日火烧营寨，万不失一。其法可谓通玄捷径。”赵普还宣称，宋初大将王全斌、崔彦进、刘光义、曹彬等都知道他供奉此神，他请求宋太祖将此书藏于玉匮之中，永保国祚万年。② 事实上，赵普所说的这部“实囊括诸家之秘，诚玄妙不传之文”的“兵书”，不过是通篇只有

---

① 《答张昭进兵法诏》，周绍良主编：《全唐文新编》卷一百二十五，吉林文史出版社，2000年。

② 《全宋文》卷四十三。

千余字的符咒而已。

赵普作为宋代最重要的开国谋臣，却奉一部经咒为神书，一方面可能是借以增加自己的神秘性、权威性，另一方面也可能与当时兵学的习尚有关。阴阳玄幻之说，神妙莫测之神，在这一时期的兵学中仍然占有很重分量。例如，被宋太宗称为“儒臣中知兵者”的钱若水曾在上疏中说：“边部用兵，唯视太白与月为进退者，诚以太白者将军也，星辰者廷尉也。合则有战，不合则无战；合于东则主胜，合于西则客胜。陛下能用臣言以谨边备，则边部不召而自来矣。”① 这类占星之说出现在论备边的奏疏中，显然反映的是时人普遍的认识。同时，这也从一个侧面说明，起码在太宗朝年间，宋廷尚未对阴阳、卜筮类兵书严令禁止。

真宗朝以后，“禁兵书”之令被一再重申，对兵学研究的影响也日益凸显。一是兵学研究者寥寥，兵书撰著很少；二是兵学研究触及禁令者多受到严厉的规制。

从历来为兵书大宗的兵书注作来看，宋初八十年间，史料明文记载的兵书注家只有卢察一人。卢察是宋太宗时宰相卢多逊之子。卢多逊以交通秦王赵廷美而被贬死崖州。当时卢察尚在幼年，随其母亲过着困厄潦倒的生活。景德二年（1005），卢察参加了科举考试，荐在高第，却被告发不具备应试资格。按照当时规定，罪臣之子是不能参加科考的。由于当时的政治风向已发生了转变，加之他确有过人才华，卢察最终被录取，但只以闲曹授官。此后，他多年任官州县，仕途偃蹇，卒于宝元二年（1039）。尹洙为他作墓志铭，称他撰有“《孙子》注”三卷②。该书并未见载于诸家书目，可能并无传世本。考察卢察入仕的时间，恰好为北宋真宗严申禁兵书之际，这可能也是其《孙子》注未能引起反响的原因之一。

---

① 《宋史》卷二百六十六《钱若水传》。

② 尹洙：《故朝奉郎尚书司门员外郎通判河南府西京留守司兼畿内劝农事上轻车都尉赠绯鱼袋卢公墓志铭》，《河南集》卷十六，文渊阁《四库全书》本。

这一时期重要的兵学著作当首推许洞《虎钤经》。许洞著书一事见载于《宋史·文苑传》：

> 许洞，字洞天，苏州吴县人。父仲容，太子洗马致仕。洞性疏隽，幼时习弓矢击刺之伎，及长，折节励学，尤精《左氏传》。咸平三年（1000）进士，解褐雄武军推官。尝诣府白事，有卒踞坐不起，即杖之。时马知节知州，洞又移书责知节，知节怒其狂狷不逊，会洞辄用公钱，奏除名。归吴中数年，日以酣饮为事。……景德二年（1005），献所撰《虎钤经》二十卷，应洞识韬略运筹决胜科，以负谴报罢。①

从这些记载可以约略看出，许洞对武艺、兵学理论素有兴趣，先以文科举入仕，但以性格桀骜不驯，仕途遭挫。后又以《虎钤经》应制举，但“以负谴报罢”，终不能东山再起。

许洞在自序中称，《虎钤经》一书“创意于辛丑之初，成文于甲辰之末，共书二百一十篇，分为二十卷。其年，书就于吴郡凤凰里”②。“辛丑”是咸平四年（1001），“甲辰”是景德元年（1004），由此可知，该书的撰著历时四年，恰值许洞被除名后归吴中期间。③至于他为什么在献上《虎钤经》后“以负谴报罢”，清人曾钊认为，这是受到真宗“澶渊之盟”后“方厌兵，思休养天下”政治气候的影响。近人胡道静对此提出反驳，认为宋廷既然开设“洞识韬略运筹决胜科”，显然并非“厌兵”。退一步讲，即便真宗厌兵，许洞也不至于“负谴”。胡氏之说，显然很有道理。他又提出，许洞之所以

---

① 《宋史》卷四百四十一《文苑三·许洞传》。

② 《中国兵书集成》编委会编：《中国兵书集成》第六册，解放军出版社、辽沈书社，1992 年。本书所引《虎钤经》均出自该本。

③ 按：许洞除名当在入仕次年，即咸平四年（1001），参见李裕民：《四库提要订误》，书目文献出版社，1990 年。

在这次制举中“负谴”，可能与其友人潘阆的遭遇有关。[①] 潘阆为当时著名士人，放荡不羁，一度受到太宗恩遇，后以参与太宗立储之议遭到贬黜，变姓名，隐匿于中条山。许洞确实与潘阆为友[②]，但是，他是否因此遭到贬黜，似乎也很可怀疑。按照常理，如果许洞受到如此牵连，许洞的外甥沈括在提及潘阆、许洞关系时当有所涉及。但实际上，无论是沈括的《梦溪笔谈》，还是时人的其他著作，都没有这方面的记载。许洞这次制举中“负谴”，似乎应该从《虎钤经》本身寻找原因。许洞在《虎钤经》自序中说：“六壬遁甲、星辰日月、风云气候、风角鸟情，虽远于人事，亦不敢遗漏焉。”在《虎钤经》中，后十卷全为“六壬遁甲”等阴阳占候的内容，占到全书的一半。而在《虎钤经》上奏之前的景德元年（1004）正月，朝廷颁布过一道禁令，对天文、星算、相术、图谶等书予以禁止，其中就包括“七曜太乙雷公式”“六壬遁甲”之类的书籍。[③] 许洞也许对这一诏令并不明了，因此在《虎钤经》中收录了相关内容，以至于“以负谴报罢”。结合前文所引景德三年（1006）《禁天文兵书诏》之语：“天文兵法，私习有刑，著在律文，用防奸伪。顾兹群小，尚或有违……”很显然，在此诏之前，朝廷已有禁令，大概指的就是景德元年的那则《禁习天文星算相术图谶诏》。宋廷之所以重申禁令，很可能是由于发现像许洞这样的人仍然在讲求“六壬遁甲”之术。

从许洞著《虎钤经》及其际遇，可以看出，真宗景德年间，制度层面对于兵学研究的钳制是很明显的。尽管许洞所应科目是“洞识韬略运筹决胜科”，但兵书之禁不解，很难真正求得“洞识韬略运

① 胡道静：《沈括军事思想探源——论沈括与其舅父许洞的师承关系》，《社会科学》1980年第6期。

② 沈括著，胡道静校证：《梦溪笔谈校证》卷二十五，上海古籍出版社，1987年；龚明之：《中吴纪闻》卷一，文渊阁《四库全书》本。按：《四库全书总目》误引《中吴纪闻》，以隐于中条山者为许洞，误。

③ 《禁习天文星算相术图谶诏》，《宋大诏令集》卷一百九十八《政事五十一·禁约上》。

筹决胜”的人才。

这一时期，尽管见诸载籍的优秀兵学著作不多，但仍有一些人对兵学表现出浓厚兴趣，并有一定程度的研究。

著名文人柳开就是一个例子。柳开（947—1000），字仲涂，号东郊野夫、补亡先生。大名（今属河北）人，开宝六年（973）进士。柳开是北宋古文运动的先驱，以文名闻于世，同时，他也对兵学有所研究，自称“开生长河朔间，读书为文之外，好寻前古兴亡成败之迹”①，“少知兵略，识吴起、孙武之机钤”②。张景为他作行状，也称他“颇究《阴符》、《素书》、孙武之术”③。雍熙三年（986），宋太宗发动第二次幽州之战，柳开认为自己施展军事才干的机会到了，便上书请求从军，转为武职。

柳开虽然在文章中一再表示自己“儒学议兵”④，“开本儒官，于兵家事苦不深会”⑤，但从史料记载看，他颇以知兵自豪甚至自负，在讨论军事问题时确实体现出对于兵书战策的谙熟。如他在换武职之前，曾经押送军粮至涿州前线，适逢契丹军与宋将米信部交战，双方相持不下。不久，契丹军派使者前来求降。柳开对米信说：“《兵法》云：‘无约而请和，谋也。’彼将有谋，急攻之，必胜。”⑥“无约而请和，谋也”，出自《孙子兵法·行军篇》，柳开据以对军事形势做出判断，但米信对他的观点却不肯信从。过了几天，契丹军果然又来挑战，原来，他们前次请降是箭支用尽、等待援兵的缓兵之计。又如，柳开任武职不久，沿边形势骤然紧张，数日之间，收到邻近州郡军情文书八十余份，均言契丹将犯边。他却认为，契丹必然不来，条列了五点原因：一、天顺；二、时晚；三、地困；四、人牢；五、势怯。他认为，契丹貌似举兵，实则意欲北归，“所

---

① 柳开：《上王太保书》，《河东集》卷六，文渊阁《四库全书》本。

② 《知邠州上陈情表》，《河东集》卷十。

③ 张景所撰柳开行状，《河东集》卷十六。

④ 《上王太保书》，《河东集》卷六。

⑤ 《上郭太傅书》，《河东集》卷八。

⑥ 《宋史》卷四百四十《文苑二·柳开传》。

谓往而示之以来之道也”，“兵行贵诈，古今自同”①，事态后来的发展果然不出他所料，契丹并未犯边。柳开就此事所做的分析，也是依据《孙子兵法》等兵书。再如，在《上王太保书》中，他说：“兵者，以诈行，以奇胜，以谋先，以勇固，此四者，不败之道也。”② 这些议论显然脱胎于《孙子兵法》兵“以诈立”“以奇胜”等词句。从这些材料不难看出，柳开虽然没有在战争中如愿捞到政治资本，所言事例也有夸大其词之嫌，但他对兵学确实有热情，也有自己的理解，既是古文翘楚，也是文人论兵的早期代表。

又如，胡旦（955—1034），字周父，滨州渤海（今山东滨州）人，太平兴国三年（978）举进士第一。胡旦恃才傲物，好讥诋时政，对历史与军事颇有研究。史书记载，他著有《五代史略》《将帅要略》等书。③ 不知二书是否有关联，但从书名看，《将帅要略》应该是一部讲述将帅用兵方略之书。雍熙二年（985），他上《平燕议》，建议太宗出兵北伐。他认为，“天时、地利、人事皆有可伐之意”，从天时、地利、人事三个方面分析了北伐的可行性，文中说：“我寡彼多则力不胜，我实彼虚则胜有余。力均则较其地形，地均则争其谋略，分明勇怯，各致其用。”④ 在给田锡的书信中，他希望与田锡等结盟，雄霸文坛，颇以用兵为喻，如他说：“将横摆笔阵，铦淬辞锋，张雄文以遏其势，鼓大名以挫其气。吾子（田锡）击其前，何公（何士宗）刺其后，仆则左掎右角，彼入我出，拔旗挟猲，斩将折馘，英声一振，京师动摇。……夫敌人者不先扼其亢，抚其背，刺虎者不先断其爪，灭其牙，则彼不可得也。”⑤ 此文虽非论兵，但以兵战喻文战，信手拈来，颇为恰切，足见胡旦对于兵学的熟稔和偏爱。

又如，高志宁（971—1053），字宗儒，河南洛阳人，幼聪敏，

① 《上郭太傅书》，《河东集》卷八。

② 《上王太保书》，《河东集》卷六。

③ 《宋史》卷四百三十二《儒林二・胡旦传》。

④ 《全宋文》卷六十二。

⑤ 《全宋文》卷六十二。

未冠已能通六经，尤深于《易》。咸平中，举明经，历任知沧州、益利路兵马钤辖等职。他对兵学很有兴趣，“取诸家兵法读之，了如夙习，尽得微奥，于是益览子史及阴阳谶纬之书，究古今治乱成败之迹，慨然以功名自任”。高志宁与许洞一样，在景德二年（1005）以所著《平燕策》应“洞识韬略运筹决胜科”。他的境遇似乎较许洞好得多，虽然也没有受到重用，但在西夏元昊初起时，曾经上剿灭之策，因此被时人认为是景德二年制举得人的范例。[①] 韩琦为他作墓志铭，称他著有《皇王治统》《文武经纬》《太平助化策》《儒将前议》《兵机总要》《周易化源图》等书，总名之为《阃外书》。[②] 这些书虽然都没有流传下来，但从其名目来看，显然多为兵学论著。

再如，陈贯（968—1039），字仲通，河阳（今河南孟州南）人。景德二年（1005）进士，历官利州、陕西、河北、河东等路转运使等职。史书称他通孙吴兵法，喜论边事，著有《形势》《选将》《练兵》等兵论。《宋史》存录了其论兵大略曰：

> 地有六害。今北边既失古北之险，然自威虏城东距海三百里，沮泽硗确，所谓天隙[③]，非敌所能轻入。由威虏西极狼山不百里，地广平，利驰突，此必争之地。凡争地之利，先居则佚，后起则劳，宜有以待之。
>
> 昔李汉超守瀛洲，契丹不敢视关南尺寸地。今将帅大抵用恩泽进，虽谨重可信，卒与敌遇，方略何从而出邪？故敌势益张，兵折于外者二十年。
>
> 方国家收天下材勇以备禁旅，赖廪给赐予而已，恬于休息，

---

① 黄履翁：《武举·论武举设科之由》，《古今源流至论别集》卷六，文渊阁《四库全书》本。

② 韩琦：《故卫尉卿致仕高公墓志铭》，《安阳集》卷四十七，文渊阁《四库全书》本。

③ 按：《宋史》原文作“天设地造”，尹洙所撰陈贯墓志铭为“天隙”。陈贯既言“地有六害”，当指《孙子·行军篇》所言“凡地，有绝涧、天井、天牢、天罗、天陷、天隙”，“天隙”于意为长，据改。

久不识战，可以卫京师，不可以戍边境。请募土人隶本军，籍丁民为府兵，使北捍契丹，西捍夏人。敌之情伪，地势之险易，彼皆素知，可不战而屈人之兵矣。①

从陈贯的论兵言论来看，他对兵学理论非常熟悉，并借以分析形势，提出建策。陈贯在当时以论兵著名，被称为一时“隽士”。科考之时，真宗因他曾上边论而擢在高等。他本人也颇以知兵自诩，自称“四十年为国家论边事”②。他还著有《兵略》一书，颇为世人称道，可惜后世无传本。

武将之中，也不乏对兵学素有研究者，石普即为其中代表。石普（961—1035），其先幽州人，后徙居太原（今属山西），十岁起即给事太宗于晋邸，历任定、扆、冀等州总管，鄜延路副都总管。石普久在边防，以骁勇善战闻名，《宋史》本传称他“倜傥有胆略，凡预讨伐，闻敌所在即驰赴之。两平蜀盗，大小数十战，摧锋与贼角，众推其勇”。他对兵学也很有研究，“颇通兵书、阴阳、六甲、星历、推步之术”，曾上《御戎图》《军仪条目》《用将机宜要诀》等书，又曾改良器械和战法。③ 从这些记述来看，石普是一个军事素养很全面的将才，他从实战的需求出发，对星占、武器、战法等更为关注，对兵学的理解也必然有异于文人的纸上谈兵。但是，对这样一位潜心兵学且颇有见地的将领，“通兵书”并没有给他带来好处，反而使他遭受了牢狱之灾。大中祥符九年（1016），石普上书朝廷，称九月下旬当有三次日食，又言商贾自秦州来，言唃厮啰欲阴报曹玮，请将自己所献阵图付与曹玮，可使曹玮必胜。令他意想不到的是，他的这两则建言引起了真宗很大不满。《宋史》记载：

---

① 《宋史》卷三百三《陈贯传》。
② 尹洙：《故朝散大夫尚书刑部郎中直昭文馆上柱国赐紫金鱼袋陈公墓志铭》，《河南集》卷十四。
③ 《宋史》卷三百二十四《石普传》。

> 帝以普言逾分，而枢密使王钦若言普欲以边事动朝廷，帝怒，命知杂御史吕夷简劾之。狱具，集百官参验，九月下旬日不食。坐普私藏天文，下百官杂议，罪当死。议以官当，诏除名，贬贺州，遣使絷送流所。帝谓辅臣曰："普出微贱，性轻躁，干求不已。既懵文艺，而假手撰述，以揣摩时事……"①

事实上，虽然石普根据星历、推步之术推算出的日食并不准确，但他根据商贾情报对边事的预测却并非妄言。时隔不久，唃厮啰果然进攻曹玮部。当然，即便真的以他的阵图付曹玮，能否确保必胜，则又另当别论了。

石普的经历颇可说明当时兵学的际遇。石普的罪名是"私藏天文"，"罪当死"，这从一个侧面印证了当时的天文、兵书之禁是很严格的。兵家自古与阴阳术数有密切的关联，所谓"兵家恒与术数相出入，术数亦恒与兵家相出入"②，"兵阴阳"甚至是传统兵学的一个重要流派。因此，在宋初的兵学研究者中，兵阴阳之学是其知识结构的重要组成部分，如许洞《虎钤经》中备载"六壬遁甲"之术，柳开颇究"阴阳"，高士宁对"阴阳谶纬"有研究，等等，都说明了这一点。但是，在宋初兵书、天文遭禁的背景下，对这些内容的研习并不具备合法性。在官府监管不力的地方，或者核查不严的时期，私下传播研读或许已经司空见惯，但要光明正大地显示于朝堂之上，还是有危险的。若有人借此罗织罪名，危险就更大。从许洞"以负谴报罢"到石普以"逾分"罹罪，我们可以清楚地感觉到那个时代笼罩着兵学的肃杀氛围。

石普的遭遇也说明，真宗时期，武将的地位进一步下降。石普是太宗的潜邸旧臣，又是屡立战功的悍将，太宗虽然知道"普性刚骜，与诸将少合"，"然借其善战，每厚遇之"。也就是说，尽管石普性格不好，不大合群，但因为他英勇善战，太宗还是很优容他的。

---

① 《宋史》卷三百二十四《石普传》。

② 《四库全书总目》卷九十九《子部·兵家类·序》。

但在上述事件中，真宗却说他“既懵文艺，而假手撰述，以揣摩时事”。在真宗看来，石普乃一介武夫，文化水平不高，却要舞文弄墨，撰著兵书阵图，推演天文星象，无非是想借以谋求仕进，十分浅陋可笑。再者，明明是太平盛世，他偏要讲外敌入侵，也充分暴露了武将“性轻躁”的劣根性，更加剧了真宗对他的反感。以王钦若为代表的枢近文臣讳于言兵，诬蔑石普以边事动朝廷，恰恰迎合了真宗的这种想法。

如果将石普事件与许洞应制科等联系起来看，就更清楚地看出宋初武将地位的下降以及朝廷抑武的态度：对于那些知兵的文人，朝廷开设制科加以网罗，虽未能人尽其用，总还表现出一定的重视和优遇，而对于石普这样战功卓著、精通兵法的武将，却表现出明显的冷落与蔑视。

总的说来，从北宋建立到宋夏战争爆发的一段时期，由于禁兵书政策以及“崇文抑武”治国方略的推进，兵学发展较为低迷。兵书著作不多，且大多没能流传下来。兵学研究者的知名度相对较低，无论是文人，还是武将，都不曾因通兵书或著兵书而得到重用，反而仕途偃蹇、沉抑下僚，有的甚至遭到贬谪，兵学研究呈现出一派萧条景象。

二、御制兵书

北宋初期禁兵书，主要目的是防范变乱，然而，宋初的皇帝们却对兵书表现出浓厚兴趣，他们关注兵书的目的是平息变乱。兵书成为禁书，从另一个角度讲，相当于成了皇帝的私有之书，只有皇帝才有权掌控和运用这些兵书，为自己的统治服务。因此，宋初一方面是国家三令五申禁兵书，另一方面则是各种御制、御赐兵书流行。

宋太宗虽然不是开国之君，但他随宋太祖久历戎行，自认为对军事问题很有经验，加之太宗朝开始推行崇文抑武，对武将的控制日益严格，故宋太宗对军事的关注尤显突出。据史料记载，太平兴国八年（983），太宗曾经赐《军诫》给新任枢密使王显，“太平兴国八年六月己亥，以宣徽南院使枢密副使王显为枢密使。上召谓显曰：‘卿世非儒家，少罹兵患，必寡学问，今在朕左右，典掌万机，因年暇博览群书。’左右取《军诫》三篇，赐显曰：‘读此亦可以免面墙矣。’”富弼在《政要释》中对这件事解释道：“大臣不知学术，则暗于大体。王显一武人，虽以才力任用至枢密使，太宗虑其不学，不能晓通变之事，故以《军（戒）[诫]》授之，使知贤者行事也。”① 宋太宗赐予王显的《军诫》很可能是唐人裴守一所著《军诫》三卷。② 该书已佚，具体内容不得而知，从太宗的言语来看，这部书当是军事理论书籍，之所以赐予武臣王显，是怕他因寡于学问而难以担负枢密使的重任。

宋太宗倡导文治，他本人在书法上用功颇深，尤擅飞白体和草书，因此经常效法唐太宗赐御书的故事。在频繁的赐御书活动中，也有专门针对武臣的赐书。据《玉海》记载：“雍熙四年五月，以北虏未服，召北面诸将田重进、潘美、崔翰及殿前刘延翰对于便殿。上访以御戎备边之策。延翰曰：‘臣等皆鹰犬之才，奉指踪之命，犹惧不给。破虏之防，惟圣心裁处。’上因手书《六韬兵法》‘将有五材十过’之说以赐之。”③《六韬》中的“五材十过”出自《龙韬·论将》，原文是：

> 武王问太公曰：“论将之道奈何？”太公曰：“将有五材十过。”武王曰：“敢问其目？”太公曰：“所谓五材者，勇、智、仁、信、忠也。勇则不可犯，智则不可乱，仁则爱人，信则不欺，忠则无二心。所谓十过者，有勇而轻死者，有急而心速者，有贪而好利者，有仁而不忍人者，有智而心怯者，有信而喜信人者，有廉洁而不爱人者，有智而心缓者，有刚毅而自用者，

① 王应麟：《玉海》卷一百四十一，“太平兴国军诫”条，上海古籍出版社，1992年。

② 欧阳修：《新唐书》卷五十九《艺文志三》，中华书局，1975年。

③ 《玉海》卷一百四十一，“雍熙赐御书六韬”条。

有懦而喜任人者。”

“五材十过”是对将领将才、将德的要求和为将易犯错误的告诫，宋太宗书写这份御书给田重进等武臣，可谓寓意深远，正如洪适在《御书六韬兵法赞》中所说，太宗御书的目的是“使之昭然识为将之术，知勇智仁信忠之可以法，而轻死好利怯懦急缓之可以戒。朝诵夕惟，起居造次必思而践行之。其所以训敕臣下之道可谓善矣”①。

宋太宗在赐予田重进等将领御书的同时，还颁示了一份《御制平戎万全阵图》，“指画卷舒进退号令出没以赐”②。宋太宗对前线将领的控制很严格，“图阵形，规庙胜，尽授纪律，遥制便宜，主帅遵行，贵臣督视”③。阵图是他控制战场指挥的重要工具。临战之时，他往往御赐阵图，指挥前线的排兵布阵。《御制平戎万全阵图》就是这类阵图的代表。该阵图收录在《武经总要》中，《武经总要》评价它说：“所以挫驰突之威，明坚重之锐，循名摘实，知神谋之有在矣。”④ 事实上，以一张预制的阵图决定前线的排兵布阵，无论这种阵图设计得如何周全，也不可能万全平戎。宋太宗以阵图御军，严重束缚了前线将领的临机指挥权，造成战役和战略上的被动，正如田锡所说：“今委任将帅，而每事欲从中降诏，授以方略，或赐以阵图，依从则有未合宜，专断则是违上旨，以此致胜，未见其长。”⑤ 尽管有朝臣直言相谏，宋太宗却不以为然，他曾对近臣傅潜说：“布

① 《全宋文》卷四千七百四十三。

② 《玉海》卷三十三，“平戎阵图”条。按：《续资治通鉴长编》卷二十八，雍熙四年五月庚寅，作《御制平戎万全阵图》。

③ 杨亿：《宋故推诚翊戴同德功臣山南东道节度管内观察处置桥道等使特进检校太尉同中书门下平章事使持节襄州诸军事行襄州刺史判许州军州事上柱国陇西郡开国公食邑一万四百户食实封三千二百户赠中书令谥曰忠武李公墓志铭》，《武夷新集》卷十，文渊阁《四库全书》本。

④ 《武经总要》前集卷七《本朝平戎万全阵法》。

⑤ 《续资治通鉴长编》卷三十，端拱二年正月癸巳。

阵乃兵家大法，非常情所究，小人有轻议者，甚非所宜。”① 因此，终太宗之世，临战赐予将领阵图的做法并未有所收敛。不惟如此，这一做法也为嗣后的真宗所继承，造成了持久的不良影响。仁宗朝武将王德用曾说：“咸平、景德中，赐诸将阵图，人皆死守战法，缓急不相救，以至于屡败。”②

御赐阵图固然弊端很大，但阵图作为排兵布阵之法，在军队训练和作战指挥中发挥着重要作用，排除其中的神秘主义因素，阵图本身也是中国古代兵书中独具特色的一部分内容。宋太宗对阵图、阵法的偏好，刺激了大量阵图的产生，这也成为宋初禁兵书背景下一个特殊的兵学现象。

宋仁宗朝最重要的御制兵书是《神武秘略》。《神武秘略》是朝臣呼吁开放兵书之禁的产物，也是宋初禁兵书政策出现松动的标志。景祐四年（1037），同知枢密院事韩亿建言，武臣宜知兵书而禁不传，请求纂集兵书之要赐予诸将。于是，宋仁宗亲自编制了《神武秘略》一书。各类记载都说这部兵书是仁宗亲制，在《玉海》著录的《仁宗御集》一百卷中，该书就被列入其中。欧阳修在代英宗所作的《仁宗御集序》中说，仁宗“于万幾之暇，泊然凝神，不见所好，惟躬阅宝训，陈经迩英，究钟律之本元，训师兵之武略。按图以鉴古，铭物以自戒”③。由此可见，仁宗对兵学很重视，很可能也确有一定研究。加之兵书为禁书，唯有御制才合理合法，并能显示出兵书的神圣性和严肃性，在《神武秘略》一书的编纂上，仁宗本人的重视和参与程度应该是很高的。

《神武秘略》今已不传，从史书记载来看，该书共三十篇，分十卷，按《汉书·艺文志》兵权谋、兵形势、兵阴阳、兵技巧四类，纂集“古今行兵用师之要”和“诸家兵法”。仁宗在该书序中说：“《礼记》：出征受成于学。汉礼遣将，尚书授以古兵书。魏武帝命

---

① 《续资治通鉴长编》卷四十，至道二年九月己卯。

② 《宋史》卷二百七十八《王德用传》。

③ 《玉海》卷二十八，“治平仁宗御集”条。

将行师，皆以《新书》从事。艺祖临遣将，勉其为治。太宗尝出《军诫》，以赐枢臣。是用启金锁秘室之藏，究鹖冠黄石之旨，采古贤兵法及旧史成败，为十五卷三十篇①，其标目始于《叙兵》《将才》，终于《教射》《教弩》，实阃外之津梁，幕中之龟鉴。”② 宋祁也说，该书“包囊术以无遗，订秘书之不布”，“因兵家之四种，汇以名章；欲师律之万全，授而为法”。③ 由此可知，这部书是对古代兵法的精要摘编，涉及作战指导理论、战争战例、建军治军和战术战法等各个方面。

《神武秘略》编纂完成以后，“赐河北、河东、陕西缘边部署、钤辖、知州军，每得代，更相付授”④，朝中宰执等高级臣僚也在赐读之列。宋祁在《代参政谢赐神武秘略表》中说：“今月六日，中使至私第，被圣旨，赐臣等御制《神武秘略》一部者。”⑤ 也就是说，该书的分发范围限于朝中执政大臣，沿边河北、河东、陕西诸路的中高级军政官员，赐予各路的还要求官员在离任之时交接，显然是作为提高将领军事理论素质的内部资料使用的。

《神武秘略》一书在宋代影响很大。宋神宗曾“诏赐王韶御制《攻守图》《行军环珠》《武经总要》《神武秘略》《风角集占》《四路战守约束》各一部，仍令秦凤路经略司抄录”⑥。南宋绍兴二十八年（1158），权礼部侍郎孙道夫言：“仁宗景祐初，采古兵法及旧史成败，为《神武秘略》以赐边臣，训迪有方，故一时爪牙有古良将风。愿下文馆重加雠正，遍赐将帅，以继仁宗故事，岂无曹玮、王

---

① 按：“十五卷”，《宋史》卷二百七《艺文志六》及《续资治通鉴长编》卷一百二十俱云此书为“十卷”。

② 《玉海》卷一百四十一，“景祐神武秘略”条。

③ 宋祁：《代参政谢赐神武秘略表》，《全宋文》卷四百九十八。

④ 《续资治通鉴长编》卷一百二十，景祐四年六月戊子。

⑤ 《全宋文》卷四百九十八。

⑥ 《续资治通鉴长编》卷二百四十一，熙宁五年十二月乙亥朔。

德用、狄青之徒为时出乎?”① 可见在南宋时，仁宗编《神武秘略》已经成了值得效法的祖宗故事。

据《宋史·艺文志》记载，宋仁宗纂集的兵书除《神武秘略》十卷以外，尚有《攻守图术》三卷、《行军还珠》一部、《四路战守约束》一部,② 这几部书也在宋神宗赐予王韶的书目中。

三、类书对兵学资料的辑录

在兵书解禁之前，宋初并非没有兵学资料的传播，在一些大型的类书或政书中，兵学是很重要的部类，这部分内容是不可能也无法被禁绝的。宋太宗至真宗朝，为彰显文教之盛，朝廷组织编纂了四部大书:《太平御览》《太平广记》《册府元龟》和《文苑英华》。其中,《太平御览》和《册府元龟》都汇集了大量兵学资料，具有很高的军事学术价值。

《太平御览》是一部综合性类书。其编纂始于太平兴国二年(977)三月，成书于太平兴国八年(983)十月，由翰林学士李昉、扈蒙等奉敕纂修。全书以天、地、人、事、物为序，分为五十五部五百五十门，共一千卷，初名《太平总类》。书成之后，宋太宗日览三卷，一岁而毕，赐名《太平御览》。《太平御览》引用资料十分浩繁，如清人钱大昕所说:“自古类事之书，未有富赡如此者也。”③ 据该书卷首所载《太平御览经史图书纲目》，引用书目多达一千六百九十种。而据马念祖《水经注等八种古籍引用书目汇编》统计,《太平御览》所引书目达到二千五百七十九种之多。这些书在南宋年

① 李心传:《建炎以来系年要录》卷一百八十，绍兴二十八年二月庚寅，中华书局，1988年。

② 《宋史》卷二百七《艺文志六》。按:《四路战守约束》之“战”字,《宋史·艺文志》作“兽”，当为形近致误，径改。

③ 钱大昕:《跋太平御览》，陈文和主编:《嘉定钱大昕全集》(增订本)第九册,《潜研堂文集》卷三十，凤凰出版社，2016年。

间已经亡佚“十之七八”①，凸显出《太平御览》极高的文献史料价值。

《太平御览》卷二百七十至卷三百五十九为“兵部”，共计九十卷，是全书卷数最多的部类之一，存录了十分丰富的兵学资料。其类目包括：叙兵、将帅、命将、易将、老将、良将、儒将、边将、威名、信义、抚士、机略、料敌、用间、示缓、务速、示弱、示强、审察、避锐、安众、法令、训兵、军制、偏将、练士、兵众、队伍、卒、骑、阵、先锋、殿、乡导、伏兵、征伐、请征伐、出师、军行、会兵、麾兵、飨士、犒师、誓众、战、战不顾亲、战伤、请战、挑战、决战、突围、追奔、乘势、水战、掩袭、攻围、拒守、危急、火攻、水攻、胜、败、招、降、诈降、乞师、救援、擒获、虏掠、献俘、班师、罢兵、偃武、从军、羽书、占候、征应、神兵、警备、斥候、备边、塞险、据要、漕运、绝粮道、屯田、戍役、辎重、戎车、战舰、亭障、营垒、烽燧、京观、攻具、鹿角、箛枪、弋、旝、角、鼙、铃、刁斗、金鼓、铙、铎、柝、鞞、叙兵器、牙、常、物、旐、旞、旂、旗、旟、旌、旃、旆、旒、麾、节、帜、旄、幢、钺、幡、旚、剑、刀、匕首、铗、铍、弓、弩、箭、步叉、射捍、弹、箭筒、櫜鞬、戈、戟、殳、矛、槊、枪、铤、钩镶、甲、兜鍪、楯、衔枚、棓、椎、彭排、鞍、鞚、勒、镳、辔、羁、障泥、当胸、鞭、珂、防汗、鞘尾、柳、鞧。

从这些类目可以看出，《太平御览·兵部》辑录了大量宋以前的兵学资料，从将帅、军制、战术战法，到边防、后勤、武器装备，几乎涵盖了兵学的所有内容。不惟如此，《太平御览》其他部类中也存有很多兵学资料，如“职官部”下有“武官”类，记述历代武官事迹，“偏霸部”记载历史上各割据政权的军政史料，“四夷部”纂集周边少数民族政权史料，等等。

《册府元龟》是宋真宗时期纂修的大型类书。由资政殿学士王钦

① 洪迈撰，孙凡礼点校：《容斋随笔·五笔》卷七，“国初文集”条，中华书局，2005 年。

若、知制诰杨亿等奉敕编修，参与同修者十五人，多为硕学鸿儒。其编纂始于景德二年（1005），大中祥符六年（1013）修成，前后历时八年之久。全书总计一千卷，分帝王、闰位等三十一部，部下再分门，共有一千一百零四门。部有总序，言其经制；门有小序，述其指归。选材取自历代经、史、类书等，将历代君臣事迹，自上古至于五代，分门别类，先后排列。书名原为《历代君臣事迹》，真宗钦定为《册府元龟》，并为之作序，称编纂该书的目的是“为将来典法，使开卷者动有资益”①。

《册府元龟》中的兵学资料以历代战史为主，内容十分丰富。以兵学资料最为集中的“将帅部”为例，共一百零六门，一百一十七卷，占全书十分之一强，是内容最多的一部。其具体门类有：佐命、立功、机略、攻取、忠、褒异、儒学、有礼、请行、誓师、警备、习兵法、申令、示信、示闲暇、威名、勇敢、怀抚、明天时、择地利、抚士卒、冥助、固守、行军法、识略、清俭、正直、谏诤、退让、壁垒、间谍、仁爱、得士心、礼贤、荐贤、召募、训练、赴援、传檄、强明、德义、引咎、不顾亲、受命、忘家、严整、持重、以少击众、掩袭、任谋、推诚、任能、讨逆、死事、招降、料敌、守边、拓土、乞师、致师、器度、让功、不伐、勤戎事、矫命而胜、立后效、轻财、示弱、献捷、继袭、强愎、失士心、无功、奔亡、要君、违命、擅命、交结、忌害、败衄、陷没、无谋、逗挠、军不整、观望、生事、违约、徇私、纵敌、轻敌、残酷、报私怨、杀降、专杀、失守、谴让、争功、矜伐、识暗、翻覆、怯懦、豪横、奢侈、专恣、贪黩、不和，等等，分别辑录了历代将帅事迹的相关史料。

“将帅部”的总序中说：“将帅者，所以总戎政，扬国威，入则壮乎翊卫，出则镇其方面，士卒之存亡攸属，邦家之休戚是系。”对将帅的作用做了全面的论述。各门小序则具体论述将道某一方面的经验教训，加以分析和评论，其下备列历代将帅用兵事迹。如“矫命而胜门”小序云：“夫兵用诡道，智尚先见，应变贵于神速，转祸

① 《续资治通鉴长编》卷六十二，景德三年四月丙子。

在于俄顷，又岂俟白丈人以救火，同守株而待兔哉！故曰：‘将在外，君命有所不受。’又曰：‘苟利国家，专之可也。’若乃谋虽素讲，势不中顺，敌非遥度，事有从权，敏则可以成功，缓乃自夺其便。由是或先出而奋节，或诈制以调众，固不暇图上方略，以俟报闻，罔逃擅命之咎，冀臻必克之理。斯乃发于忠愤，获此战胜，议不与犹豫首鼠者同焉。”强调“矫命”是“发于忠愤”，是基于战事危急的从权之举。“佐命门”小序则对“违命”“擅命”等加以斥责。在忠、请行等门的小序中，编纂者则对将领的忠德加以褒奖。综观整个“将帅部”，全面总结了中国历史上的将道思想和实践，条理分明，内容翔实，足可以兵书视之。

在“将帅部”之外的其他各部中，也有很多兵学方面的内容，如“帝王部”下有谋略、权略、亲征、选将、征讨、讲武、修武备、料敌、纳降、明赏，“闰位部”下有选将，“列国君部”下有攻伐，“宗室部”下有将兵、武勇，“宰辅部”下有总兵机务，“牧守部”下有智略、武功、修武备，等等。虽然《册府元龟》所选多为经史资料，所引书籍后世仍然多有亡佚，其分类存录、整理军事史料之功是不容忽视的。

第二节　北宋中后期兵学的繁荣

宋仁宗时期宋夏战争以后，在严峻的边防形势之下，宋廷对待兵学的态度有了很大改观。兵书渐次解禁，开武学，设武举，官方修治兵书，文人论兵蓬勃兴起，兵学研究呈现出欣欣向荣之势。

宋夏战争是宋代兵学的一个转折点。宋仁宗天圣十年（1032），西北党项族首领元昊继承父位，率兵攻取回鹘之甘州和西凉府，并接受契丹册封，称西夏王。从景祐元年（1034）开始，西夏军频繁骚扰北宋边境，尤其是康定元年（1040），元昊攻宋延州，宋大将刘平、石元孙战殁，给宋廷造成极大震动。在经历了澶渊之盟后近四十年的承平之后，面对西夏的攻势，北宋的军事体系暴露出严重的弊端。为了改善边防形势，宋廷在加强武备、选将练兵的同时，也积极从民间搜求知兵之士，缓解军事人才匮乏的局面。这一举措大大刺激了文人论兵研兵的热情。北宋学者刘敞曾说："宝元、康定之间，元昊畔。诏书求材谋之士，于是言事自荐者甚众，辄下近臣问状，高者除郡从事，其次补掾史，且数百人。"① 秦观也说："今世之学兵法者，肩相摩，袂相属。"② 一时间，文人论兵热情高涨，兵学研究呈现出爆发式繁荣。

宋神宗的积极推动是北宋中叶兵学持续发展的另一重要动因。宋神宗是宋代一位少有的有志之君。史书说他"抚承平之运，锐焉有为，积财练兵，志在刷耻。故一时材智之士，各得暴其所长，以兴立事功"③。为了改变积贫积弱的状况，他任用王安石推行变法，在军事上进行了一系列改革，并一度在边防上采取攻势战略。他本人对兵学有浓厚兴趣，后人称他"虽兵书律令，无不贯达"，"平居亦间言兵，然非群臣所能望也"④。这些话虽然不免有所谀美，但从《续资治通鉴长编》《宋史》多次记载他与大臣讨论兵法、阵法的情况看，他对兵学的关注和研究，较宋初诸帝有过之而无不及。在他的积极推动下，武学、武举最终走向规范化、制度化，兵学获得了重大发展。

一、《孙子兵法》等兵书解禁，兵学成为官学

宋仁宗天圣年间，为了应对党项族不断制造的边疆危机，培养具有军事理论素质的将才，宋廷开始出现解禁兵书的呼声。天圣五年（1027），范仲淹在《上执政书》中提出，应该改变"孙吴之书，

---

① 《谕客》，《公是集》卷四十八。
② 《兵法》，《淮海集》卷十七。
③ 《宋史》卷三百三十四《传论》。
④ 陆佃：《神宗皇帝实录叙论》，《陶山集》卷十一，文渊阁《四库全书》本。

禁而废学”① 的状况，开设武举，培养通兵书、懂韬略的将才。两年后，宋廷设立武举，但兵书之禁仍未解除。景祐元年（1034），富弼上书说：“今陛下设制科、武举，求将帅之才，而反禁其所习之书，令学者何所师法？若禁其所习而冀其所立，是由绁韩卢而求其获，绊骥足而望其骋也，不亦难乎？”富弼认为，兵书中的知识是武将必须具备的学问，“夫习武者，读太公、孙、吴、穰苴之术，亦犹儒者治五经，舍之则大本去矣”，因此，他提出弛兵书之禁，建立武学，“聚自古兵书置于学中，纵其讨习，勿复禁止”。②

宋夏战争的爆发促成了禁兵书政策的最终改变。宝元二年（1039），宋廷重新核定禁书名目，“除《孙子》，历代史天文、律历、五行志，并《通典》所引诸家兵法外，余悉为禁书”③。至此，《孙子》等兵书以及历代正史、政书中所引用兵书的禁令被正式解除了。尽管此前在禁令之下，《孙子》以及正史、《通典》等引用的兵法很难真正被禁绝，但是，此次重新核定兵书名目，仍然意义重大，它不惟使禁令更加合理化、可执行，更重要的是，从官方层面上明确了《孙子》等经典兵书的地位，意味着兵学走出了宋初的低迷期。

庆历三年（1043）五月，宋仁宗下诏兴办武学，以太常丞阮逸为武学教授，教习武学生诸家兵法，《孙子兵法》等兵书开始成为武学的重要教学内容。虽然庆历武学仅仅存在了三个月，但它标志着孙子兵学从此成为官学。治平元年（1064），宋廷恢复武举考试，从学士贾黯之请，“如明经之制，丁太公《略》、《韬》、孙、吴、司马诸兵法，又经史言兵事者设为问目”④。也就是说，武举考试仿照文科举“明经”之制，主要以通晓兵书经典为内容，而《孙子》《吴子》《司马法》《六韬》《三略》等兵书就是这类“武经”。可见，《孙子兵法》等兵书当时虽然尚未有“武经”的名义，实际上已有

---

① 范仲淹著，李勇先、王蓉贵校点：《范文正公文集》卷九《上执政书》，《范仲淹全集》上册，四川大学出版社，2007 年。

② 《上仁宗论武举武学》，《宋朝诸臣奏议》卷八十二。

③ 《续资治通鉴长编》卷一百二十三，宝元二年正月丙午。

④ 孙逢吉：《职官分纪》卷十，中华书局，1988 年。

"武经"的地位。神宗熙宁五年（1072），武学复置。为了适应武学教学和武举取士的需要，神宗于元丰三年（1080）诏命"校定《孙子》《吴子》《六韬》《司马法》《三略》《尉缭子》《李靖问对》等书，镂板行之"①。从此，兵学的官学地位更加稳固，"武经七书"成为武学和武举的教科书。

兵学被立为官学，是中国古代兵学发展史上的重要事件。从此以后，兵学与儒学一样，成为官方支持下的正统学术，拥有专门的研究机构，有一批稳定的研习者，也有了在全社会传播的合法性。尽管在重文轻武的世风之下，武学、武举的影响打了折扣，兵学研究本身也出现了儒学化的倾向，但无论如何，它都是宋代兵学极具意义的大事，开启了兵学研究繁荣发展的新时期。

二、官方兵书整理研究成绩显著

北宋中后期，随着兵学的官学化，宋廷组织了一系列校理和编纂兵书的工作，在兵书的整理和研究方面取得了显著成绩。

（一）校勘整理兵书

一般而言，在宋廷对官方藏书的校勘整理中，兵书必然是其中的重要组成部分。因此，兵书校理往往与国家校书活动相一致。不过，由于兵学属于专门之学，兵书校理的难度非比一般，往往需要遴选兵学专家来做，有时也会组织专门的兵书校理工作。这一时期，官方较重要的兵书校理共有四次。

第一次是仁宗景祐年间编修《崇文总目》时对兵书的校理。《崇文总目》的修撰始于景祐元年（1034），"以三馆秘阁所藏有缪滥不全之书，辛酉，命翰林学士张观、知制诰李淑、宋祁，将馆阁正副本书看详，定其存废，伪谬重复，并从删去，内有差漏者，令补写校对，仿《开元四部录》，约《国史艺文志》，著为目录"②。至庆历元年（1041）七月成书，历时七年之久。《崇文总目》后世已

---

① 《续资治通鉴长编》卷三百三，元丰三年四月乙未。

② 《玉海》卷五十二，"庆历崇文总目"条。

无完本，从相关记载来看，它是对宋初国家藏书的全面整理，包括了遴选、补写、校对、著录以及撰写提要等工作，每类之下有“叙”，每书之下有“释”。对于兵书的校理应该也遵循了这一流程。曾参加《崇文总目》修撰工作的欧阳修在《孙子后序》一文中说：“余顷与撰四库书目，所见《孙子》注者尤多。”《四库全书》本《文忠集》在这段后还有“一有‘至二十余家’五字”的小字注。[①]从历代官私书目的记载来看，到宋代中期，《孙子》注“二十余家”应该是较为可信的数字。但是，《崇文总目》著录的《孙子》注却只有五部：魏武帝注、萧吉注、陈皞注、贾林注、何延锡注。之所以会出现这种情况，显然与《崇文总目》编定过程中的“定其存废”、删除重复有关。《崇文总目》共收录兵书六十部，一百一十六卷，除了《汉书·艺文志》“兵权谋”“兵形势”“兵阴阳”“兵技巧”的四部分类之外，又“杂以卜筮刑政之说”[②]。尽管《崇文总目》的删定工作不尽合理，“然或相重，亦有可取而误弃不录者”[③]，但在兵书的种类上应该不至于有大的出入。

第二次是仁宗嘉祐年间对秘阁所藏兵书的编校。据《续资治通鉴长编》记载，嘉祐六年（1061）四月，“大理寺丞郭固编校秘阁所藏兵书。先是，置官编校书籍，而兵书与天文为秘书，独不预，大臣或言固知兵法，即以命之。然兵书残缺者多，不能遍补也”[④]。这里所说的“先是，置官编校书籍”是指从嘉祐四年（1059）开始的校书活动。这一校书动议由右正言、秘阁校理吴及提出，他说：“近年用内臣监馆阁书库，借出书籍，亡失已多。又简编脱略，书吏补写不精，非国家崇尚儒学之意。请选馆职三两人，分馆阁人吏编写书籍。”他的建议被朝廷采纳，嘉祐四年二月，“置馆阁编定书籍官，以秘阁校理蔡抗、陈襄，集贤校理苏颂，馆阁校勘陈绎，分昭

---

① 欧阳修：《文忠集》卷四十二，文渊阁《四库全书》本。
② 《崇文总目叙释》，《欧阳修全集》卷一百二十四。
③ 《续资治通鉴长编》卷一百三十四，庆历元年十二月己丑。
④ 《续资治通鉴长编》卷一百九十三，嘉祐六年四月丙子。

文、史馆、集贤院、秘阁书而编定之”。为了保证编校工作顺利进行，朝廷还规定，蔡抗等人“不兼他局，二年一代，别用黄纸印写正本，以防蠹败”。这项工作直至神宗熙宁八年（1075）方才告竣，历时十六年之久。[①] 在这项规模浩大的朝廷藏书整理工程中，兵书、天文由于作为“秘书”的特殊性，起初不在编校之列，直到校书活动开始两年以后，才由以“知兵法”闻名的郭固承担此役。郭固虽然不是一个显赫的人物，却是一位兵学专家，他非常熟悉边防事务，对于战术战法也相当精通，宝元、庆历年间，范仲淹、韩琦、富弼都曾辟他为随从，参谋军机。欧阳修出使河东，也曾申请辟他随行，说他“熟知沿边兵民利害”[②]，由他负责校理兵书应该说是适得其选。这次兵书校理至治平四年（1067）完成，用了六年时间，最终抄成黄本一百七十二册[③]。

第三次是神宗熙宁年间对《李靖兵法》的校定。据《续资治通鉴长编》记载，熙宁年间，神宗曾下诏枢密院：“唐李靖兵法，世无完书，杂见《通典》，离析讹舛。又官号物名与今称谓不同，武人将佐多不能通其意。可令枢密院兵房检详官与检正中书刑房王震、提举修撰经义所检讨曾旼、中书吏房习学公事王白、管勾国子监丞郭逢原校正、分类、解释。”[④] 这次校定《李靖兵法》，缘于神宗时改革营阵之法，以距时较近的唐李靖兵法为重要参照，需要先厘定文本。尽管从史料记载的情况看，校订后的《李靖兵法》所载阵法在实际演练中遇到了很多困难，但整理校订《李靖兵法》的工作本身体现了神宗对兵学的高度重视，客观上推动了兵学的发展。

第四次是神宗元丰年间对“武经七书”的校定。元丰三年（1080）四月，宋神宗“诏校定《孙子》《吴子》《六韬》《司马法》

---

① 《续资治通鉴长编》卷一百八十九，嘉祐四年二月丁丑。

② 《辟郭固随行札子》，《欧阳修全集》卷一百一十五。

③ 《玉海》卷一百四十一，“嘉祐秘阁兵书”条。按：江少虞《宋朝事实类苑》卷三十一所载为“七十二册”。校订六年之久，恐怕不止此数，姑取《玉海》所记。

④ 《续资治通鉴长编》卷二百六十，熙宁八年二月戊寅。

《三略》《尉缭子》《李靖问对》等书，镂板行之”①。元丰六年（1083）十一月，“国子司业朱服言：‘承诏校定《孙子》《吴子》《司马兵法》《卫公问对》《三略》《六韬》。诸家所注《孙子》互有得失，未能去取，它书虽有注解，浅陋无足采者。臣谓宜去注，行本书，以待学者之自得。’诏：《孙子》止用魏武帝注，余不用注”②。从元丰三年下诏到元丰六年校毕，这次校订前后历时三年之久。③

这次兵书校理虽然只有《孙子兵法》等七部兵书，但由于是皇帝钦命，而且所校为兵书经典，因此受到了较多的重视。朱服在上奏中说：“检会武学奏诸家兵法，差舛脱略，殆无完书，谓宜委官，使集诸本，悉行校正。”④ 也就是说，这次校订的主要任务是为武学提供教科书，参校本是官方所藏各种兵书。按理说，《崇文总目》所载、郭固所校等都应在参校之列。这次校订的负责人是国子司业朱服，具体执行者是武学教授何去非。何去非之子何薳在《春渚纪闻》中记载：“先君为武学传授日，被旨校正武举《孙》《吴》等七书。先君言，《六韬》非太公所作，内有考证处，先以禀司业朱服。”⑤

这次校订形成的版本成为后世流传最广、最权威的“武经七书”本。《宋史·艺文志》著录有“朱服校定《六韬》六卷，又校定《孙子》三卷，校定《司马法》三卷，校定《吴子》二卷，校定《三略》三卷”，应该就是这次校正的成果。不过，《宋史·艺文志》

---

① 《续资治通鉴长编》卷三百三，元丰三年四月乙未。

② 《续资治通鉴长编》卷三百四十一，元丰六年十一月丙辰。

③ 按：尽管《长编》记载了元丰三年四月下诏校订七书，以及元丰六年十一月朱服关于是否用注问题的上疏，但从朱服、何去非的履历来看，“武经七书”的校订时间当始于元丰五年四月朱服任国子司业之后，终于元丰六年底到七年初。参见魏鸿：《宋代孙子兵学研究》，军事科学出版社，2011年，第95—97页。

④ 按：《校正武经七书》，后人题为《宋锲武经七书》，也有人认为是元或明刻本，今藏上海图书馆，齐鲁书社1993年版《孙子集成》第一册有该书影印本。

⑤ 《春渚纪闻》卷五。

中并没有著录“武经七书”，这可能意味着，在官颁之初，“七书”并非合刻之本。到南宋时期，“武经七书”出现了两种不同的版本。一种是带魏武帝曹操注的《孙子》本，以今存于清孙星衍《平津馆丛书》中的《孙吴司马法》为代表。另一种是不带《孙子》曹注的武经白文本，现存《续古逸丛书》本“武经七书”就是这种形制。该本为南宋刊本，原藏清陆心源皕宋楼，光绪年间流入日本，现存东京静嘉堂文库，1935 年，商务印书馆印《续古逸丛书》，用中华学艺社借照静嘉堂所藏影覆。《续古逸丛书》本是现存最早、最重要的“武经七书”版本。

（二）编修《武经总要》

这一时期，在校勘和整理国家馆藏兵书之外，北宋官方还组织了一些兵书的编纂工作，其中最主要的是修纂《武经总要》。《武经总要》共四十卷，由参知政事丁度总领其事，天章阁待制曾公亮具体负责，庆历三年（1043）开始修纂，庆历七年（1047）四月至六月间纂成，历时五个年头，实际费时约三年半。① 编纂《武经总要》的起因是宋夏战事紧张，“朝廷恐群帅昧古今之学，命公亮等采古兵法及本朝计谋方略”②。宋仁宗在御制序中讲得很明确，他说：

> 昨藩臣阻命，王师出伐，深惟帅领之重，恐鲜古今之学，命天章阁待制曾公亮等同加编定。虑泛览之难究，欲宏纲毕举。俾夫善将出抗强敌，每画筹策，悉见规摹。公亮等编削之效，浸逾再闰，沉深之学，莫匪素蕴。凡军旅之政，讨伐之事，经籍所载，史册所记，祖尚仁谊，次以钤略。至若本朝戡乱边防御侮计谋方略，咸用概举。且用兵贵乎有纪，尚节制也。决胜

① 按：关于《武经总要》开始编纂的时间，《郡斋读书志》称“康定中”，但据《宋史》卷十一、《续资治通鉴长编》卷一百四十四庆历三年十月乙卯等记事，诏修《武经总要》当在庆历三年。毛元佑《〈武经总要〉作者署名及成书时间考辨》（载《军事历史》1988 年第 3 期）、张其凡《〈武经总要〉编纂时间考》（载《军事史林》1990 年第 6 期）等对此均有辨证。

② 《郡斋读书志·后志》卷二。

> 至于无形，尚权变也。六师训练，四方风土，爰从删正，可备庙（讳悦）[算也]①。又若营阵法制，器械名数，攻取之具，守拒之用，并形图绘，悉以训释。考星历，辨云气，刑德、孤虚、推步、占验，行之军中，阙一不可。命司天监杨惟德等参考旧说，附之于篇。共勒成四十卷，内制度一十五卷，边防五卷，故事十五卷，占候五卷，目曰《武经总要》。

从这篇序文可以看出，宋廷组织了强大的阵容编纂《武经总要》，内容十分丰富，“凡军旅之政，讨伐之事，经籍所载，史册所记，祖尚仁谊，次以钤略。至若本朝戡乱边防御侮计谋方略，咸用概举”。从战史、方略到营阵法制、武器装备，再到兵阴阳之学，无所不包，无异于一部兵学百科全书。《武经总要》纂成后，受到宋各代帝王的高度重视，长期作为前线将帅的指导书目，对宋代军事教育和实践产生了重要影响。

北宋中后期官方编纂、校理兵书的举措促进了兵学的发展，也产生出一批熟悉兵学或对兵学深有研究的学者。郭固、丁度、曾公亮、朱服、何去非、王震、郭逢原等人都因为参与这些工作而加深了兵学造诣，阮逸、顾临等人则以教授武学而成为兵学专家，他们或整理诠注兵书，或撰著兵书阵图，或讲习传授兵书，是文人论兵潮流中最具专业性的力量，为宋代军事教育、兵学研究和军事实践做出了贡献。

二、“文人论兵”兴起，涌现出大量兵学论著

如前文所述，北宋中期，随着“崇文抑武”治国方略和“以文制武”政治体制的确立，加之军事斗争形势的持续紧张，“文人论兵”成为突出的文化现象。文人学者竞相研兵、论兵，对兵书的注释、阐发、议论之作层出不穷，围绕军事斗争的建策也以各种形式

---

① 按：“可备庙讳悦”，文渊阁《四库全书》本《武经总要》作“可备庙算也”，据改。

呈现，形成了一个兵学研究的高潮。

首先是兵书注释之作蜂起。据《郡斋读书志》记载："仁庙时天下久承平，人不习兵，元昊既叛，边将数败，朝廷颇访知兵者，士大夫人人言兵矣。故本朝注解孙武书者，大抵皆当时人也。"① 可见，在宋夏战争的促动下，出现了一个兵书注释的高峰。

《孙子兵法》作为最重要的兵学经典，注释之作向来为各种兵书之冠。此期的《孙子》注家主要有梅尧臣、王皙、何氏、张预等人，他们的注作后被集入《十一家注孙子》，至今存世。梅尧臣是宋代著名诗人，其注释《孙子》约在宝元二年到康定元年（1039—1040）之间，即宋夏战争大规模爆发之前的一段时间。王皙是北宋中叶的著名士人，历仕仁、英、神、哲四朝，其注《孙子》当在宋夏战争爆发以后，较梅尧臣稍晚。何氏，生平不详，但其注《孙子》多引《武经总要》，又无"武经七书"相关内容，撰成时间当在《武经总要》成书到"武经七书"颁定之前，即仁宗庆历七年（1047）到神宗元丰六年（1083）之间。张预，生平不详，可能是北宋地方武学教谕，所注《孙子》大约成书于徽宗时期。

关于以上四家存世《孙子》注，下文还将有详细的分析，在此仅对现已亡佚的兵书注作略做考索，以见此期兵书注作之一斑。

张载注《尉缭子》。张载（1020—1077），字子厚，理学名儒，世称横渠先生。晁公武《郡斋读书志》著录《张横渠注尉缭子》一卷，称"其辞甚简略"，《文献通考》承其说，认为张载"蚤年喜谈兵，后谒范文正，文正爱其才，劝其学儒，载感悟，始改业。此殆少作也"②。范仲淹劝诫张载不事于兵，专注儒家名教的故事，在宋代士林广为流传，《文献通考》由此推断张载《尉缭子》注作于年少之时，也有其合理性，但具体情况如何，并无其他材料佐证。

沈起注《孙子》。沈起，字兴宗，庆历二年（1042）进士高第，

---

① 《郡斋读书志·后志》卷二。

② 马端临：《文献通考》卷二百二十一《经籍考·子部·兵书类》，中华书局，2011 年。

曾率部讨平“庆州军变”，又曾出使契丹，不辱使命。熙宁五年（1072）为广南西路经略使兼知桂州，积极筹备讨伐交趾，次年坐边议罢。史料记载，沈起“生平喜谈兵，尝以兵法谒范仲淹，仲淹器其材，注孙武书以自见”①。

麻皓年注《孙子》《吴子》《李靖对问》。据《续资治通鉴长编》记载，熙宁七年（1074）三月，“知制诰王益柔言：‘试将作监主簿麻皓年尝注《孙》《吴》二书及唐《李靖对问》，颇得古人意旨，兼自撰《临机兵法》，甚精当。欲望许进所注书，或可采录，乞加试用。’从之”②。可见麻皓年所作《孙子》《吴子》《李靖对问》等书的注解当时进献了朝廷，他自己也著有一部《临机兵法》，但是，这些书究竟下落如何，他本人是否得到了试用，史料均无详载。值得注意的是，《续资治通鉴长编》在这段记载后有一段话说：“李靖《兵法》世无全书，略见于《通典》，今《对问》出于阮逸家，或云逸因杜氏益之也。”从这段话透露的信息看，麻皓年所注《李靖对问》很可能是第一部关于《李靖对问》的注释，至于是否为阮逸家传出的《对问》，就难以详考了。

吴璋注《司马穰苴兵法》。吴璋为大名府元城县主簿，元丰元年（1078），“上所注《司马穰苴兵法》三卷，诏送武学看详。其后，武学言有可采，诏璋候武学教授有阙，试兵机、时务策各一道取裁”③。

杨伋撰述《李靖兵法》。《续资治通鉴长编》记载，熙宁八年（1075）五月“丁卯，太学进士杨伋权武学传授，候一年召试。伋撰述《李靖兵法》，并上图议，特录之”④。次年六月，又有一条相关记载：“壬子，以进士权武学传授杨伋为山阴县尉。以伋献兵说可

① 按：沈括《长兴集》卷十八沈起墓志作“公乃著吴武子三篇以自见”，度其文字，既然书称“吴武子”，当非自著，而是注释《孙子》之作。今从《宋史》卷三百三十四《沈起传》之说。

② 《续资治通鉴长编》卷二百五十一，熙宁七年三月乙丑。

③ 《续资治通鉴长编》卷二百八十七，元丰元年闰正月丁亥。

④ 《续资治通鉴长编》卷二百六十四，熙宁八年五月丁卯。

采，令权传授，候一年与试，至是舍人院试策复中中等故也。”① 杨伋本为太学进士，因“撰述”《李靖兵法》而被录用为“权武学传授”，过了一年，正式考试，但考试成绩只是中等，被任命为山阴县尉。杨伋撰著的这部《李靖兵法》是注作还是整理之作，难以确知，但此时正当宋神宗对李靖兵法最为感兴趣，且组织力量校理《李靖兵法》之时，杨伋的这部书显然投合了这一时机，因此受到重视。但是，这部书的水准可能并不是很高，杨伋本人也没有受到嘉奖和重用。

以上这些兵书注作者大致可以分为两类。张载是理学名儒、关学的创始人，学术地位很高，沈起既通兵学，又有军事经历，麻皓年不但注释《孙子》，而且为《吴子》《李靖对问》作注，他本人又曾任试将作监主簿，这三个人的地位都较高，但很显然，张载、沈起都以兵学自荐于范仲淹，麻皓年的兵书注受到知制诰王益柔的举荐，注兵书以“自见”是他们研究兵学的重要动因。吴璋的官职较低，显然是希望通过进献《司马法》注谋求晋升，杨伋的情况与吴璋类似，他们的兵书著作都被转入武学，他们本人也被纳入武学教职的人选，这说明在宋神宗熙宁、元丰时期，注兵书以干仕进的情况并非个例。遗憾的是，这几部注作都没能流传下来，甚至在宋人的目录著作中也不见任何记载。以上诸书之外，武学博士何去非还撰有《司马法讲义》《三略讲义》② 各一部，从书名推测，当为他在武学讲授《司马法》和《三略》的讲义。

其次，产生了一批新的兵书。边防形势的复杂多变以及文人论兵思潮的推展，促进了兵书的产生。这一时期的兵书著作很多，有的是亲历边任的官员对边防问题的建言献策，有的是文人学者对前代用兵经验的梳理和检讨，有的是前线将领对军事技术和战略战术的论述，也有的是为武举应试和武学教学而编纂的教科书。据《宋

---

① 《续资治通鉴长编》卷二百七十六，熙宁九年六月壬子。

② 《宋史》卷二百七《艺文志六》作“何去非三备略讲义六卷”，“备”字当为衍文。黄仲昭：《八闽通志》卷六十五作“三略讲义三卷”，文渊阁《四库全书》本。

史·艺文志》“兵书类”记载，此期有确切著者且可与其他史料相佐证的兵书有二十余种，如丁度《龟鉴精义》《庆历兵录》《庆历缮边录》《备边要览》，杨偕《兵书》，刘沪《备边机要》，薛向《陕西建明》，郭固《军机决胜立成图》《兵法攻守图术》，任谅《兵书》，张预《十七史百将传》，王洙《三朝经武圣略》，何去非《何博士备论》，吕夏卿《兵志》，王韶《熙河阵法》，阮逸《野言》，赵珣《聚米图经》，景泰《平戎议》《边臣要略》①，程大昌《北边备对》，等等。遗憾的是，这些兵书大多失传，流传下来的只有苏洵《权书》、何去非《何博士备论》、张预《十七史百将传》等少数几部。

再次，论兵篇章层出不穷。这一时期，涌现出很多以评论、阐发兵学思想为要旨的论兵篇章，著名者如苏轼《孙武论》②，苏洵《权书·孙武》，李廌《兵法奇正论》《将材论》《将心论》③，秦观《进策》中《将帅》《奇兵》《兵法》④ 等篇。这些文章大体可以分为两类。一类是对兵学家和兵书的评论，如苏轼《孙武论》，苏洵《权书·孙武》，主要是对兵家或兵书的地位、价值、特点等加以评论。另一类主要是对兵学思想的阐发，如李廌、秦观诸文。李廌是苏门六君子之一，其文章深受苏轼赏识，《宋史》称他“喜论古今治乱，条畅曲折，辩而中理”⑤。元祐年间，其曾献《兵鉴》二万言，今《济南集》中所存之《兵法奇正论》《将材论》《将心论》等即为其中数篇。秦观亦为苏门学士，其《将帅》篇论将权问题，《奇兵》篇论述用奇之法，《兵法》篇则讲御兵之法。

---

① 按：《宋史》卷二百七《艺文志六》著录为“耿恭《平戎议》三卷，《边臣要略》二十卷”，同卷类事类又著录有“景泰《边臣要略》二十卷”。《宋史》卷三百二十六《景泰传》、《玉海》卷二十五引《中兴目》、《续资治通鉴长编》卷一百二十八等均谓景泰著《平戎策》和《边臣要略》。“耿恭”与“景泰”当为一人。“耿”当为本姓，因避太宗名讳改为“景”，“恭”与“泰”形近而讹。

② 《东坡全集》卷四十二。

③ 《济南集》卷六。

④ 《淮海集》卷十六、十七。

⑤ 《宋史》卷四百四十四《文苑六·李廌传》。

除了集中探讨兵学思想的篇章之外，文人士大夫就军事形势或具体军事问题立论的文章更是汗牛充栋，内容涉及方方面面。如，苏轼引《孙子》“兴师十万，日费千金，内外骚动，殆于道路者七十万家”之言反对神宗用兵西北。① 又如，对于备战问题，王安石、包拯②、尹洙③、欧阳修④、张方平⑤等均曾论“无恃其不来，恃吾有以待之”“先为不可胜，以待敌之可胜”的重要性。对于“将从中御”问题，曾公亮批评宋初以来“利病用舍，悉从中覆”的状况⑥，李觏从战场形势“一步百变”的特点出发，反对将从中御⑦，富弼则主张将权宜专，君不可制⑧。此外，杨偕依据《孙子》“散地”理论反对夏竦增土兵之议⑨，田锡论用兵利害引《孙子》“不能尽知用兵之害者，则不能尽知用兵之利”⑩，晁补之《上皇帝论北事书》《上皇帝安南罪言》论“务食于敌”“用间”问题⑪，等等，都是非常优秀的论兵文章。

仁宗宋夏战争之时，是朝廷咨访民间知兵之士的高潮期，文人论兵蔚为大观，但也存在一定弊端。宋庠描述当时的情形说：“顷因叛羌扰境，加以岁初日食风灾之变，陛下省躬念咎，勤劳日昃，思所以销伏众异，询逮下情，洊敕攸司，广开言路。故自春夏以后，或诣吏，或投匦，或遣近臣临问，或于便坐引对，公私草泽上封言

---

① 《代张方平谏用兵书》，《东坡全集》卷六十六。

② 《包孝肃奏议集》卷一《对策》、卷九《进张田边说状》、卷九《乞河北添籴粮草》等文均曾论及，文渊阁《四库全书》本。

③ 《息戍》，《河南集》卷二。

④ 《论李昭亮不可将兵札子》，《欧阳修全集》卷一百一。

⑤ 张方平：《论西北边事》，《乐全集》卷二十二，文渊阁《四库全书》本。

⑥ 《上仁宗答诏条画时务》，《宋朝诸臣奏议》卷一百四十七。

⑦ 《强兵策第六》，《李觏集》卷十七。

⑧ 《上仁宗论武举武学》，《宋朝诸臣奏议》卷八十二。

⑨ 《续资治通鉴长编》卷一百二十五，宝元二年闰十二月。

⑩ 《宋史》卷二百九十三《田锡传》。

⑪ 晁补之：《上皇帝论北事书》，《鸡肋集》卷二十四；《上皇帝安南罪言》，《鸡肋集》卷二十五，文渊阁《四库全书》本。

事者，以千百数。”朝廷广开言路，征求朝野贤人良策，但是实际效果却令人不满：“大抵论兵料敌，不越攻守之策。虚谈谬语，众所共知。道采途闻，互相求丐。然质其实效，可施于用者，卒无得焉。其间尤可怪者，王建中以通籍之臣，乃言今之天下非陛下之有；李元振不逞狂竖，而献封削牍，字皆方寸，辞意悖慢，侮蔑朝仪；丁腆卜祝之家，滥名贡士，杂引星变，云京师且有大火；王翊胥徒贱品，因缘荐导，累求上殿，缙绅嗟笑；李可久原州酒户，嘱托奸邪，无功授官，正人切齿。……其余或恣为毁黩，或轻议灾祥，述闾阎猥滥之辞，陈锥刀琐末之利，妄为器械，意度山川，荐达亲联，援引朋党，冒恩侥禄，情无不至。遂使天下幸灾好乱之辈，负愆失职之人，群吠京师，雀跃朝著，盱衡鼓舌，曾无嫌忌。”宋庠所论生动地呈现了广开言路之下各种怪现象。其中的主要问题，一是坐而论道，不敷实用，“质其实效，可施于用者，卒无得焉”，二是小民妄议国政，有损国体。他说：“今使小臣末吏、竖儒黔首皆得攘臂奋笔，议朝廷大事，凌轹卿相，以为侥幸进取之资，臣恐乘风随流，荡而不反，权削威弛，非国家之福。”①

苏轼对这一时期的文人论兵也有批评，他说：“往者西师之兴，其先也，惟不以虚名多致天下之才而择之，以待一旦之用。故其兵兴之际，四顾惶惑而不知所措。于是设武举，购方略，收勇悍之士，而开猖狂之言，不爱高爵重赏，以求强兵之术。当此之时，天下嚣然，莫不自以为知兵也。来者日多，而其言益以无据，至于临事，终不可用，执事之臣，亦遂厌之，而知其无益，故兵休之日，举从而废之。”② 苏轼虽然也认识到这种举措存在问题，但并非一概否定。相比之下，苏舜钦的意见更为尖锐，他说：“臣窃见自西寇逆节，天下言兵者不可胜计，大抵不过训练兵卒，积聚刍粟而已，其

---

① 宋庠：《请禁臣庶妄言》，黄淮、杨士奇编：《历代名臣奏议》卷一百七十五，上海古籍出版社，1989 年。

② 苏轼撰，孔凡礼点校：《策别训兵旅一》，《苏轼文集》卷九，中华书局，1986 年。

言泛杂，无所操总，又陈烂使人耳厌其闻而笑忽之。”①

尽管存在诸多问题，不可否认的是，仁宗宋夏战争是最广泛动员方略、武勇之士的时期，氛围之宽松，议题之广泛，参与者之众多，都是史无前例的。此外，这一时期进言献策的草泽之士也远非文人论兵的全部，文人论兵的主体依然是具有官僚士大夫身份的文士。

四、儒学对兵学的影响日益突出

北宋中后期“文人论兵”造成了兵学空前热烈的场面，产生了诸多成就，这固然是事实，但它所显示的更多的是一种文献意义上的繁荣。就兵学思想而言，在“文人论兵”的潮流之下，兵学与儒学碰撞、交融，出现了儒学对兵学的崇尚与贬抑、浸润与改造共生的局面。这成为此期兵学发展的一个显著特征。

“文人论兵”的立场大致可以分为三种。第一种是站在兵学的对立面，从儒家“仁”“义”思想出发，对兵学的“诈”“利”提出尖锐批评，进而否定兵学的作用和价值。这方面，刘敞的言论最为典型。他认为，战胜的根本在儒家仁义、忠信之政，而非兵家权谋智诈之术，他说：“以道德为藩，以礼让为国，以忠信为用，以仁义为力，故守必有威，动则能克。盖威也，无暴强之名，克也，非权诈而得。”② 他认为，对兵家诈谋之术的公开传授和学习是对儒家治道风俗的破坏，所谓“夸苏张于平世，侈孙吴于异类，终无异于王道，空自绝于圣治”③。刘敞的这种兵儒对立论是对兵学发展的反制，兵学越有发展之势，这类反对意见就越激烈。尽管这类意见较为极端，而且只是部分人的观点，但也一度在朝野上下产生重大影响，庆历武学的罢废便与之直接相关。

第二种是在“道”的层面上崇儒抑兵，在“器”的层面上承认

---

① 苏舜钦著，沈文倬校点：《论西事状》，《苏舜钦集》卷十一，上海古籍出版社，1981 年。

② 《我战则克赋》，《公是集》卷一。

③ 《谕客》，《公是集》卷四十八。

兵学的价值。他们一方面强调儒学的“仁”“义”对于军事斗争的主导性，另一方面又承认“兵者，时之大务，邦之重柄”①，注重兵学理论的作用和价值。应该说，持这一立场者是宋代论兵文人的主流。宋代文人官僚在论及军事或边防问题时，往往本于这样的立场，在坚持儒家政治原则的前提下，援引传统兵家思想，分析问题，提出对策。

在兵学研究者中，这一立场尤为普遍。如梅尧臣，他批评《孙子》说，“此战国相倾之说也。三代王者之师，司马九伐之法，武不及也”，但又赞其“文略而意深，其行师用兵，料敌制胜，亦皆有法，其言甚有次序”②，因而为之作注。又如苏洵，他一方面极力与兵家划清界限，称“吾疾夫世之人不究本末，而妄以我为孙武之徒”③，而且在《权书》中专立《孙武》一篇，论述孙子“徒能言兵而不能行”，另一方面，又对孙子的军事理论成就给予肯定，称之为“言兵之雄”，“其书论奇权密机，出入神鬼，自古以兵著书者罕所及也”，并在《权书》《衡论》《幾策》等论兵文章中大量因袭、引用兵家之说。其子苏轼亦然，他撰《孙武论》一文，评价《孙子》“智有余而未知其所以用智”，“以将用之则可，以君用之则不可”④，但在具体论兵之时，又备引《孙子》“先为不可胜，以待敌之可胜”，“十则围之，五则攻之，倍则分之，敌则能战之，少则能逃之，不若则能避之”⑤ 诸说。苏门弟子晁补之也承袭了这一立场，称“孙武无王佐之才，而其言有用于王者之事”⑥。这些文人在论兵之时，往往以儒家思想诠释兵学，在丰富和发展兵学思想的同时，也使儒学对兵学的浸润和改造更加深入。

第三种是不论兵儒差别，尊崇兵学。这类文人不占多数，主要

---

① 张方平：《武备论》，《乐全集》卷十三。
② 《孙子后序》引梅尧臣语，《欧阳修全集》卷四十二。
③ 《权书引》，《嘉祐集》卷二。
④ 《孙武论》，《东坡全集》卷四十二。
⑤ 《策断》，《东坡全集》卷四十八。
⑥ 《上皇帝论北事书》，《鸡肋集》卷二十四。

集中在兵学研究者中。如张预注《孙子》，又作《十七史百将传》，以诠释和发挥《孙子》思想为己任。何去非、王晳等也无明显的崇儒抑兵之论，但是，这些文人身处儒学思想占统治地位的时代，在各自的兵学论著中，也自觉或不自觉地援儒解兵，使其兵学思想染上了鲜明的儒家色彩。

总之，在北宋中后期的兵学发展中，军事斗争的现实需要是直接推动力，文人是论兵、研兵的主体。基于各种不同立场的批评和研究为兵学发展构建了一个立体的图景，一方面，兵学在意识形态层面为儒学所批判和贬抑，另一方面，其在具体战争指导思想方面又为儒家所认同、浸润和改造，兵儒之间的冲突与融合在儒学主导下进一步发展。

第三节　南宋兵学的深化发展

南宋时期的兵学很大程度上承袭了北宋的特点，武学、武举制度得以延续，“文人论兵”依然是兵学研究的基本样态，但是，由于时代环境的变化，此期兵学的发展明显呈现出紧密结合现实的倾向。造成这种状况的原因主要有三个方面。

其一，军事斗争形势更加严峻。金灭北宋以后，与南宋长期对峙，并屡次大举南犯，试图统一全国。南宋后期，蒙古兴起，以凌厉之势迅速灭掉西夏、金，成为南宋的又一劲敌。在持续紧张的边防形势之下，尽管宋廷大多数时候因循苟安，主和势力占上风，但是，即便不图恢复故土，而只是为了保住半壁江山，也必须切实讲求胜敌之策，这是时势所必需，也是朝野上下的共识。因而，此期兵学的发展获得了较北宋更为强大的现实推动力。绍兴初年，朝廷曾一度要求举人习《孙子》义。① 孝宗年间，朝廷对武举出官制度

① 《建炎以来系年要录》卷十五，建炎二年五月丙戌。

进行改革，提高武举人出官的等级，鼓励他们到军中任职，孝宗还亲自为王彦所作《武经龟鉴》作序，这些都表现出严峻军事形势下宋廷对兵学的高度重视。

其二，儒学的经世致用传统焕发出新的生机，尤其是浙东事功学派的兴起，对兵学研究产生了重要的推动作用。浙东事功学派的代表人物薛季宣、陈傅良、叶適、陈亮都对兵学高度关注，积极研究兵书、兵制，讲求制敌方略。在他们的影响下，浙东事功学派的兵学研究蔚然成风，涌现出一批优秀的兵学论著。浙东事功学派之外，其他一些儒家学者也多留意兵学，如刘清之为鄂州通判之时，"留意学校，广延生徒，又率介胄子弟欲习兵书者肄业其中"①。又如，朱熹门人李燔教授岳州之时，以培养兼文武的"通材"为宗旨，"即武学诸生文振而识高者拔之，辟射圃，令其习射；廪老将之长于艺者，以率偷惰"②，连帅臣赵方也将其子送到他的门下受教。再如，著名理学家张栻曾刊行《杜牧注孙子》，并撰写跋语，论研习兵学的重要性。这些儒家学者的积极参与在很大程度上促进了兵学的发展。

其三，南宋在武器装备、战略战术上都有很大发展，前线将领和谋士在对敌斗争中不断丰富战争经验，总结作战方法，在治军、练兵、作战指导等方面取得了很多进步。尽管这些实践成果未必形成系统的理论表述，有的甚至缺少文字记载，但是，寻绎相关史料，仍可见其荦荦大端。

对于南宋兵学研究的盛况，我们从叶適的一段言论中可以见其大概。叶適说："天下好奇之士奋笔墨以傅益武之说，而为书者数十百家，而号孙子为谈兵之祖，其气焰兴起于百世之下，若将与圣贤并称者。"由此可见，南宋时期，兵学研究确乎掀起了一个不小的高潮，以孙子为代表的兵家也受到空前尊崇，以至叶適发出惊呼："人

---

① 蔡戡：《荐鄂州通判刘清之状》，《定斋集》卷一，文渊阁《四库全书》本。
② 《宋史》卷四百三十《道学四·李燔传》。

心之不仁，至此极耶?”①

南宋兵学的发展主要表现在以下几个方面。

一、兵书注作增多，形式更加完备

南宋的兵书注疏之作，完整保存下来的仅有施子美《施氏七书讲义》与郑友贤《十家注孙子遗说》两种，王彦《武经龟鉴》仅存残本，其余均佚。

施子美是孝宗淳熙年间武举进士，长期在武学中任教，《施氏七书讲义》就是他为武学生授课的教材。由于以武学教学与武举应试为主要目的，该书在形式上集篇目解题、字义训诂、句义串讲、章旨分析、战例印证于一体，从多方面、多角度诠释兵学思想，形成了较为完备的讲义体。

郑友贤《十家注孙子遗说》是在《十家注孙子》问世后，对十家之注“略而未解”者的补遗之作。作者以探求《孙子》微旨为目的，讨论了有关《孙子》的三十个问题，一定程度上深化了对《孙子》的理解，同时也丰富了兵学文献的注释方法和体例。

以上两部兵书注作都有存世本，我们在后文中还会详细论列，此不赘述。除了这两部注作外，南宋大部分兵书注都在流传过程中残缺或亡佚了，但从相关史料记载仍可见南宋兵书注作的一般情况。

王彦《武经龟鉴》。据陈振孙《直斋书录解题》著录，“《武经龟鉴》二十卷，保平军节度使王彦撰。隆兴御制序。其书以《孙子》十三篇为主，而用历代事证之”②。该书今有残本，存国家图书馆。

---

① 《兵权上》，《叶適集》第三册。

② 《直斋书录解题》卷十二《兵书类·武经龟鉴》。

王彦①是南宋一位重要将领，为吴璘部下，长期驻守川陕地区，曾在河池之战、剡家湾之战、陕西之战等重大战役中立有战功，官至保平军节度使。《武经龟鉴》之作当在隆兴初年，该书在隆兴二年（1164）进献朝廷后，孝宗亲自为之作序，以勉励这位战功卓著且深研兵学的将领。序中说：

> 古之有天下国家者未尝去兵。故曰："天下虽安，忘战必危。"自司马之法坏，后之言兵者必曰孙武。观其消息盈虚合于天道，横斜曲直，应变无穷，可谓善之善矣。朕于此每有感焉，尝欲考古今之成败，较谋略之短长，以合于武，颁示诸将。庶政方繁，有所未暇。保平军节度使王彦以其所编次《武经龟鉴》来上，采掇前代已然之迹，著其得失，必取武书以验之，诚得我心之所同然者。斯亦勤矣。噫！文武一道也，三代以六卿命帅，汉以御史大夫护军，凡为将者，安可不学耶？霍去病谓顾方略如何者，此一时有激而云，非万全之计，不当以为法也。彦宜益懋勉，俾无愧于此书，岂不美哉？嘉叹之余，因题于篇首。②

孝宗序中说此书"采掇前代已然之迹，著其得失，必取武书以验之"，《直斋书录解题》称"其书以《孙子》十三篇为主，而用历代事证之"。从该书所存内容看，其体例是将《孙子》思想立为条目，如"将孰有能""法令孰行""势者，因利而制权也"等，然后选取历代战例加以佐证。以史例证《孙了》，注重通俗性、实用性，是此书的一大特点。这一特点显然很符合将领群体研读《孙子》的

---

① 按：傅增湘《藏园群书题记》卷六《宋本武经龟鉴残卷跋》以为此王彦乃《宋史》卷三百六十八所载八字军将领，字子才，上党人。但在《再跋武经龟鉴》一文中，傅氏订正前说，认为该书系另一王彦所作。然而，陆达节《孙子考》《孙子学文献提要》均误据傅氏初撰跋文，认为该书作者为八字军帅王彦，当予改正。

② 周应合：《景定建康志》卷四，文渊阁《四库全书》本。

需要。也许正因如此，乾道三年（1167），孝宗将该书颁赐诸将。①

何畴《孙子解语》。据《建炎以来系年要录》记载，绍兴六年（1136），“进士何畴献《孙子解语》，赐束帛”②。其他不详。

王自中《孙子新略》。王自中，字道甫，又作道夫，永嘉平阳人。《宋史》有传。少负奇气，自立崖岸。乾道四年（1168），议遣归正人，他以平民身份赴阙上书，由是闻名。淳熙五年（1178），登进士第，枢密使王蔺荐之于孝宗，但遭朝臣排挤，不得重用。宁宗庆元五年（1199）卒。

王自中与永嘉诸学者关系密切，“其所学，大略类陈同甫，傲岸自喜，目无世人”③，因此，《宋元学案》以之为陈亮同调。吕祖谦对他颇为赏识，“教诲往复八年”④，陈傅良、叶適等也与他过从甚密。王自中关心时政，慷慨论兵，曾建议孝宗改革军制，大意为：仿唐府兵制建立“兵农合一”的兵役制度，辅之以普及的军事教育，“令天下皆设武学，立子弟所招效士，以收翘楚之才，文武并用，军民杂居，化民为卒，化卒为民，使其声势足以相接，密疏足以相维，四头八尾，触处为首”。⑤ 虽然这一主张未被采纳，却反映出他对军政问题的独到见解。

王自中注《孙子新略》⑥ 当在淳熙六年（1179）前后，他曾将此书寄与周必大，请他作序，但遭到了周必大的婉言拒绝。从周必大给他的回信中可以看出，《孙子新略》共三卷，在体例上似与一般

---

① 《玉海》卷一百四十一，“隆兴武经龟鉴”条。

② 《建炎以来系年要录》卷一百五，绍兴六年九月壬辰。

③ 《宋元学案》卷五十六《龙川学案》。

④ 《祭文·王主簿道夫》，《东莱集·附录》卷二。

⑤ 魏了翁：《宋故籍田令知信州王公墓志铭》，《鹤山集》卷七十六，文渊阁《四库全书》本。

⑥ 按：魏了翁为王自中所作墓志铭称“注《孙子新略》”，周必大《文忠集》卷一百八十六与王自中书称《孙武新略》，《浙江通志》卷二百四十七著录为《孙子新略》，结合诸说，当以《孙子新略》为是。

的注释之作不同，分为本书十篇、末书二十八篇。①

陈直中《孙子发微》。陈直中，字颐刚，也是一位永嘉学者，与王自中、许及之、楼钥等学者都有交往，尤其与陈傅良关系最为密切。《孙子发微》不见于宋代书志记载，唯有陈傅良《止斋集》卷四十存有陈氏代序一篇，可以约略见其概貌。其文曰：

> 自六经之道散而诸子作，盖各有所长，而知兵未有过孙子者。春秋之季，天下将趋于战国矣。故武之书多权谋，儒者辄摈弗道，间有好其书者，又往往为之章句训解。夫兵事尚变，而欲以训诂求之，不亦陋乎？余自乾道乙酉不干有司之试，端居深念，今复岁矣。盖所观六经、孔孟二氏之遗书，由汉以来诸儒发明之者略备，余未能有所增益。间读十三篇，尚多余意，因以所闻于先君子与渡江诸将议论兵间事与己见，推武之说，附次其下。嗟乎！方天子明圣，养晦于外而拱手让中原者，五六十载矣。士大夫怀安，顾耻言兵。然则，余是书亦有为为之也。

从这则序文可以看出，陈直中科考不中，长期居于乡里。其注《孙子》当在孝宗淳熙年间。他不满于传统《孙子》注“章句训解”的模式，在体例上自开新路，结合南宋战争实践，参以己意，以阐发《孙子》兵学理论为主。陈直中此注成后，在友人中产生了较大反响，许及之赠诗曰，“注成兵法有奇志，闲过壮年应苦心”②，楼钥也赠诗，有“博物曾经辨实沉，论兵更觉用功深”，“前朝折戟尚沙沈，志士私忧意向深。谋国未须先问陈，平戎要且务攻心”等句③。可知其注释在“攻心”等问题上当有突出论述。

叶宏《孙子注》。《处州府志·艺文志》《丽水县志》等据胡纮

---

① 周必大：《王道夫主簿》，《文忠集》卷一百八十六，文渊阁《四库全书》本。

② 许纶：《寄陈颐刚》，《涉斋集》卷十一，文渊阁《四库全书》本。

③ 楼钥：《次许深甫寄陈颐刚韵》，《攻愧集》卷八，文渊阁《四库全书》本。

《叶公墓志》著录，称此注为乾道年间奉敕撰。《处州府志·人物志》记载，叶宏，字梦符，丽水人，乾道进士，为人倜傥，莅官明敏，任武学谕，注兵书，被褒赏，累迁太府少卿，总领江东军马钱粮。考察相关史料，可知叶宏为乾道八年（1172）进士①，在淳熙六年至九年（1179—1182）间任淮西总领②。综合这些资料推断，《孙子注》当为叶宏任武学谕期间奉诏编纂，该书纂成后当在武学中颁行，但未见诸他书记载。

胡箕《孙吴子注》。胡箕，字斗南，庐陵人。《江西通志》称其著有《三传会例》《孙吴子注》，并遗稿三十卷。③ 据周必大所撰墓志铭，胡箕于绍兴十三年（1143）入太学，虽以通经赡文著称，却屡试不第，在太学中"或留肄业，或归省亲，往来四十年"，直到晚年才以朝廷恩典出仕，不数年而卒。所著《孙吴子注》等藏于家，可能并未刊行。④

以上诸家注释虽已不传，但从现存史料看，这些注释显示出一些共性特点。一是体例上不拘泥于文字训诂，有一定程度的创新，如王自中《孙子新略》分为本书、末书两部分，陈直中《孙子发微》不重"章句训解"，王彦《武经龟鉴》专以史事为证，等等。二是具有较强的现实取向，或援据古代战例，或结合当时战争，均以服务现实军事斗争为旨趣。这些特点与北宋诸注家有明显区别。

此外，值得一提的是，南宋时期，在统合前人《孙子》注释的基础上，形成了《孙子》的另一个重要版本——《十一家注孙子》本，该书收录了上自汉末曹操，下至两宋之交的张预等十家《孙子》注，末尾附郑友贤《十家注孙子遗说》，为后世兵学研究保存了丰富的资料。遗憾的是，《十一家注孙子》可能因为编订时间较早，未能

① 《浙江通志》卷一百二十五，文渊阁《四库全书》本。

② 《景定建康志》卷二十六；参见程珌：《进故事》，《洺水集》卷四，文渊阁《四库全书》本。

③ 《江西通志》卷七十六，文渊阁《四库全书》本。

④ 《胡斗南箕墓志铭》，《文忠集》卷七十一。

选取上述南宋诸家的注释，这恐怕也是这些注本湮没无存的一个重要原因。

二、产生了一批新的兵书，深化了兵学研究

南宋时期，产生了一批新的兵书。从书目著录及现存兵书来看，南宋的兵书种类很多，如，兵法类：佚名《百战奇法》、华岳《翠微先生北征录》，等等；将传类：张文伯《百将新书》、章颖《四将传》，等等；军史评议类：綦崇礼《兵筹类要》、戴溪《将鉴论断》(又名《历代将鉴博议》)、李舜臣《江东十鉴》、陈亮《酌古论》，等等；兵制类：陈傅良《历代兵制》；城守类：陈规《守城录》、刘荀《建炎德安守御录》，等等；兵要地理类：陈武《江东地利论》，陈克、吴若《东南防守利便》，江默《边防控厄形势图论》，等等。这些兵书是兵学与史学、地理学、典制学等结合的产物，大多是文人士大夫研讨兵学之作。

从著作体例上看，南宋兵书大体可以分为两种，一种是继承北宋兵书类型并有所发展之作，另一种则是带有很大创新性的新型兵书。无论哪种情形，这些兵书都从不同的角度和层面发展了兵学，成为南宋兵学的重要载体。

一是对北宋兵书的继承和发展。南宋兵学的发展表现出对北宋明显的继承性，这一点主要反映在兵书撰著体例的沿袭上。如，綦崇礼作《兵筹类要》明显受到《十七史百将传》的启发和影响。又如，戴溪《将鉴论断》以将领评论为主，在形式、内容上都对《何博士备论》有所继承。再如，陈亮《酌古论》论述古人成败之迹，在体裁和内容上均与《何博士备论》相近，等等。

但是，南宋的这些兵书并非完全模仿北宋，而是有较大的发展变化。首先是体例有所不同。如《兵筹类要》，虽仿《十七史百将传》立意，但在内容安排上并非如《十七史百将传》以将领传记为中心，而是按内容分为若干门（篇），如《镇静篇》《器识篇》等，每篇之中首论该篇主旨，继而扼要辑录相关史料，间引兵书理论作评，末尾则以“论曰”形式进一步阐明观点。这种体例突出“主

题”，显然较《十七史百将传》更有利于表达作者的思想观点。《将鉴论断》则于每将标目之下有一句总评，如评孙武“有余于权谋而不足于仁义”，评田穰苴“假权变守经常”等，这一点也与《何博士备论》有所差别。

其次，内容上也有发展变化。例如，张预《十七史百将传》一以《孙子》为断，完全是以史实与《孙子》相印证。《兵筹类要》则不然，它虽然也以《孙子》为主要依据，在现存篇章中，以“臣读《孙子》曰”形式引《孙子》语录二十则，其他暗引、阐发《孙子》思想之处亦有很多，但《孙子》之外，《吴子》《六韬》等兵书以及儒家经传都是重要的取材来源，在思想上显然较《十七史百将传》更加丰富、多元。又如，同为评述战史的著作，《将鉴论断》虽然肯定《孙子》为兵学著作中的“善之善者”（卷一，《孙武》），但在“武经七书”之中，它更推崇《六韬》《司马法》《三略》，尤以《三略》“最通于道而适于用”（卷七，《檀道济》），且其论将完全以儒家“仁”“义”“忠”“循谨”“谦退”等为准的，对将领战略战术的评述倒成为次要内容，这一点与《何博士备论》的取向有着明显不同。陈亮《酌古论》重在论述“伯王大略，兵机利害”，在对兵学思想的阐释和运用方面较《何博士备论》更进一步。

二是一些新型兵书应运而生。南宋时期，军事斗争的新形势、新特点刺激了兵学理论的更生，产生了一些新的兵书类型，这些兵书体例、内容各异。如第一部城防类兵书——陈规《守城录》，第一部军事制度史专著——陈傅良《历代兵制》，第一部阐述兵学范畴的兵书——无名氏《百战奇法》，以及兵学专门家的代表作——华岳《翠微先生北征录》，等等。这些兵书体例各异，内容丰富，开辟了兵学研究的一些新路向，如对兵学范畴的总结和归纳，对冷热兵器并用条件下城防战法的总结，对兵家专门之学的继承和发展，等等。它们不但对当时的军事实践起到了一定的指导作用，也对后世的兵学发展产生了重要影响。

三、论兵文章密切联系实际，对兵学理论的运用更加系统、深入

南宋是“文人论兵”热潮持续涌动的时期，论兵文章大量出现。这些论兵文章或以边策出现，进献于朝堂之上，或是私人研习之作，流传于师友之间。与兵书相比，这些兵论尽管分散，但附于各种著作流传下来的概率较高，因而成为宋代兵学文献的大宗。另外，这些兵论多以兵学理论研讨时局，立论鲜明，现实性强。如，王之道建议选将戍守合肥，以形成“以近待远、以佚待劳、以饱待饥”，“致人而不致于人”的有利态势①；薛季宣论高宗末年军政，以御将无方、“将从中御”为大弊②，孝宗乾道年间，又以《孙子》“五事七计”论时势，以为不可遽战③；李焘以“常山蛇势”论地势，曰“盖吴为天下之首，蜀为天下之尾，而荆楚为天下之中，击其首则尾至，击其尾则首至，击其中则首尾俱至，是‘常山之蛇’不独论兵为然，而因地势以行兵者，盖亦似之”④；陈造撰《罪言》一文，备论谋敌、备用、救时之术⑤，等等。诸如此类的兵论在南宋文人的论著、奏议之中俯拾皆是，不可胜数。

在众多的论兵文章中，涌现出一批优秀之作，辛弃疾《美芹十论》《九议》，陈亮《中兴五论》，倪朴《拟上高宗皇帝书》等堪称其中翘楚。这些文章紧密结合当时的军事斗争实际，运用兵学思想分析形势、提出建策，具有较高的军事理论水平，《美芹十论》甚至被后世归入兵书之列。这些论兵篇章，表现出一些鲜明的共性特点。

一是这些文章的作者都与浙东事功学派关系密切。陈亮为浙东事功学派重要代表人物，“为人才气超迈，喜谈兵，议论风生”，自

---

① 王之道：《选将戍合肥札子》，《相山集》卷二十一；《上江东宣抚使李端明书》，《相山集》卷二十四，文渊阁《四库全书》本。

② 《上宣谕论淮西事宜十》，《浪语集》卷十九。

③ 《又与王枢密札子》，《浪语集》卷十七。

④ 李焘：《六朝通鉴博议》卷三，文渊阁《四库全书》本。

⑤ 陈造：《罪言》，《江湖长翁集》卷二十四，文渊阁《四库全书》本。

称“十八九岁时，慨然有经略四方之志”①，“独好伯王大略，兵机利害”②。淳熙五年（1178），他上书孝宗，论恢复大计，在朝野引起很大震动。辛弃疾在学术上既不属于理学一派，也不属于浙东事功学派，但与朱熹、张栻、吕祖谦、陈傅良、叶適等相为师友，尤与陈亮意气相投，感情深笃，其祭陈亮文曰：“而今而后，欲与同父憩鹅湖之清阴，酌瓢泉而共饮，长歌相答，极论世事，可复得耶!”③ 二人在生平志业、论兵观点上均有很多相合之处。倪朴亦为浙东学者，与陈亮同为“荆溪（周葵）门下生”④，“豪隽不羁，喜舞剑谈兵，耻为无用之学，必欲见之于事功”⑤。绍兴末年，他撰成《拟上高宗皇帝书》，受到永嘉学派先驱人物郑伯熊的极力褒奖。

这些论兵宏文的作者与浙东事功学派关系密切并非偶然。如前文所述，在南宋文人群体之中，浙东事功学派，尤其是以陈亮为首的永康学派对兵学的关注度最高，研究也最为深入。他们在学术上同气相求，关心时政，有志事功，探讨用兵方略、恢复大计，共同将儒家“经世致用”之学推到了一个高潮。

二是将兵学思想与战争谋略的结合提到了一个新的层次。宋代文人论边政、军机之作汗牛充栋，几乎都要或多或少地援引经典兵书，但其中大多是对“慎战”“备战”等的泛泛之论，或是引用只言片语作为佐证，有的甚至不明其义，妄加附会。《美芹十论》等文章则不然。它们以兵学为指导，对南宋军政最重要的“恢复”问题提出了系统的建策，无论是对敌情的分析判断、战略布局、策略运用，还是对相关军政建设、战争准备问题的论述，都表现出对兵学思想的深刻理解和纯熟运用，使儒家政治理念与兵家韬略谋议达成了有机结合。

这些论兵文章虽然并非专门的兵学著述，其中很多建策也并未

---

① 《中兴论跋》，《陈亮集》（增订本）卷二。
② 《酌古论序》，《陈亮集》（增订本）卷五。
③ 《陈亮集》（增订本）附录一。
④ 倪朴：《倪石陵书·上太守郑敷文书》，文渊阁《四库全书》本。
⑤ 宋濂：《倪朴传》，《倪石陵书》附。

被朝廷采纳，真正付诸战争实践，但文中对于兵学思想的阐释和发展，对于战局的分析研判，对战略运筹的真知灼见，仍然具有重要学术价值。

四、兵学与儒学的冲突与融合进一步加深，对兵学的推崇与贬抑同时达到高峰

南宋时期，文人依然是论兵、研兵的绝对主体。文人学者和官僚们站在儒学的立场解读兵学经典，谋划军政大计，以文人的方式著书撰文，甚至考策略、应武举，统兵作战。在他们的兵学论著中，兵学与儒学的融合程度进一步加深，兵学呈现出更明显的儒学化倾向。

随着兵学的发展，对兵学的评价出现了更为积极的声音。郑厚在其所著《艺圃折衷》中说："《孙子》十三篇，不惟武人之根本，文士亦当尽心焉。其词约而缛，易而深，畅而可用，《论语》《易大传》之流，孟、荀、杨著书皆不及也。"① 可惜的是，由于该书有对《孟子》的讥诋之语，被朝廷勒令毁版，已传播者皆焚烧之。② 郑厚因此事被罢废于家，所著《湘乡文集》也失而不传，我们对于他的具体兵学思想也无由得知。从史料记载来看，郑厚显然是一位不囿俗说、敢发异论的学者，因此，他对《孙子》的评价在宋代堪称绝无仅有。撰有《十家注孙子遗说》的郑友贤对《孙子》也十分推崇，他将《孙子》比喻为儒家之《易》，"求之而益深"，"叩之而不穷"，"包四种，笼百家，以奇正相生为变"③。理学名家张栻对兵学的评论颇为中肯，他说："盖君子于天下之事无所不当究，况于兵者，世之兴废，生民之大本存焉，其可忽而不讲哉？夫兵政之本，在于仁义，其为教根乎三纲，然至于法度纪律、机谋权变，其条不

---

① 《读虞隐之尊孟辨》，《晦庵集》卷七十三。

② 《建炎以来系年要录》卷一百四十九，绍兴十三年五月辛未。

③ 郑友贤：《十家注孙子遗说并序》，孙武撰，曹操等注，杨丙安校理：《十一家注孙子校理》附录，中华书局，1999 年。

可紊，其端为无穷，非素考索，乌能极其用？一有所未极，则于酬酢之际，其失将有间不容发者，可不畏哉？若武之书，盖讲乎法度纪律，其于机谋权变之用详矣。”① 他虽然认为兵政之本，皆在“仁义”，但是从“用”的角度对《孙子》的法度纪律、机谋权变予以肯定，认为如果平日不加以研究，战时难免覆军杀将的灾难性后果。张栻的这一认识固然有时局艰危、发愤图强的因素，更主要的恐怕还与其父张浚在南宋初执掌兵柄，而他本人也曾在幕府之中参赞军机，亲身参与过军事实践的背景有关。

然而，在意识形态领域还有另一种更为强大的声音存在，那就是上承北宋而来的对兵学的贬抑和批判之声。这种声音并未因军事形势的紧张、兵学的发展而有所止息，相反，一些儒者为了抵制兵学“气焰兴起于百世之下”的发展势头，对兵学展开了较北宋更加严厉的批判。这样一种立场甚至不以是否为事功学派为转移。如薛季宣虽然重视兵制的探讨，在论及现实军事问题之时，也多援据兵书经典，但他仍然以荀子的兵论为至理，而批评《孙子》的变诈之术，他说：“今之兵家，一本之孙吴氏。孙武力足以破荆入郢而不能禁夫概王之乱，吴起威加诸侯百越而不能消失职者之变，诈力之尚，仁义之略，速亡贻祸，迄用自焚，是故兵足戒也。”② 叶適对《孙子》的批评则更为尖锐，他说，“非诈不为兵，盖自孙武始”，“夫战国相吞，无义无名而志在必胜，故武之术，出于名义之所弃，为此下策。而其所谋者，行阵之浅画，地形曲折，军势翕张，特俄顷之智耳”③。高似孙对《孙子》的批评更甚于叶適，他说：“兵流于毒，始于孙武乎？武称雄于言兵，往往舍正而凿奇，背义而依诈，凡其言议反复，奇变无常，智术相高，气驱力奋，故《诗》《书》所述，《韬》《匮》所传，至此皆索然无余泽矣。”④

---

① 《跋孙子》，《南轩集》卷三十四。
② 《拟策一道》，《浪语集》卷二十八。
③ 《兵权上》，《叶適集》第三册。
④ 高似孙：《子略》卷三《孙子》，文渊阁《四库全书》本。

在这样一些言论之下，加之疑古思潮的影响，南宋学者继续发展了北宋以来对兵书的怀疑之说，这些议论使“武经七书”的真实性遭到质疑，从而影响到对兵学地位及价值的认定，也影响到崇儒抑兵的社会文化心理和尚武精神的培育。

第三章　宋代兵学论著（上）

兵书作为兵学思想的重要载体，在宋代出现了划时代的发展。据许保林统计，两宋兵书共559部，3865卷，是东汉至隋唐五代兵书总部数397部的1.4倍，总卷数1702卷的2.3倍。① 宋代不但兵书数量激增，种类也更为完备，出现了第一部大型综合性兵书《武经总要》，第一部军事人物和史事评论集《何博士备论》，第一部军事制度史专著《历代兵制》，第一部名将传略《十七史百将传》，第一部分门别类论述谋略战法的《百战奇法》，第一部系统探索守城战法的《守城录》，等等。

宋代兵书的繁盛与雕版印刷术的大发展有一定关系，但从根本上讲，还是兵学蓬勃发展的产物。在紧张的军事形势与文人论兵风潮的相互激荡之下，宋代兵学在承续传统兵学理论的基础上，回应时代命题，取得了多方面的成就，同时也具有鲜明的时代特点。兵学研究群体的文人化，兵书内容的儒学化，学术思潮、科技发展对兵学的影响，等等，都具体而微地体现在各时期的兵书之中。本章及下章选取宋代兵书各类型中的代表作加以分析，以见宋代兵学之荦荦大端。

---

① 许保林：《中国兵书通览》，第53页。

第一节　综合类

《武经总要》

《续资治通鉴长编》记载，庆历三年（1043）十月“乙卯，诏修兵书，翰林学士承旨丁度提举，集贤校理曾公亮、朱寀为检阅官”①。因朱寀不久去世，编纂工作主要由丁度总领其事，由曾公亮具体负责。丁度（990—1053），字公雅，开封祥符（今属河南）人。大中祥符四年（1011）登“服勤词学科”，授大理寺评事，累官至端明殿学士、枢密副使、参知政事等职。丁度长于著述，著有《集韵》《迩英圣览》《龟鉴精义》《编年总录》《大唐史略》等书，他对军事问题十分关注，著有《备边要览》《庆历兵录》《赡边录》等书。② 曾公亮（999—1078），字明仲，泉州晋江（今福建泉州）人。天圣二年（1024）进士，官至枢密使、同中书门下平章事。《武经总要》的编纂历时五个年头，约纂成于庆历七年（1047）四月至六月之间。③ 书成之后，仁宗皇帝御赐序。

《武经总要》全书共四十三卷④，分前后两集，前集包括制度十五卷，边防七卷，后集包括故事十五卷，占候六卷。每卷之下设若干篇。具体篇目如下：

前集：

卷一：选将、将职、军制、料兵、选锋、选能；

---

① 《续资治通鉴长编》卷一百四十四，庆历三年十月乙卯。

② 孙抃：《丁文简公度崇儒之碑》，杜大珪编：《名臣碑传琬琰集》上集卷三，文渊阁《四库全书》本；《宋史》卷二百九十二《丁度传》。

③ 张其凡：《〈武经总要〉编纂时间考》，《军事史林》1990 年第 6 期。

④ 《武经总要》成书时为四十卷，流传过程中出现了四十卷本、四十三卷本两种版本，本书所列篇目据《中国兵书集成》本，故采四十三卷之说。

卷二：讲武、教例、教旗、旗例、习勒进止常法、教平原兵、教步兵、教骑兵、教法、教条十六事、日阅法、教弩法、教弓法；

卷三：叙战上、叙战中、叙战下、抽队、军争、以寡击众、捉生；

卷四：用车、用骑、奇兵、料敌将、察敌形；

卷五：军行次第、行为方阵方、禁喧、度险、出隘、赍粮、斥候听望、探旗、探马、递铺、烽火、行烽、军祭、军誓、定惑；

卷六：下［营］（按："营"字据文渊阁《四库全书》本校补）法、营法、诸家军营九说、下营择地法、绿营杂制法、警备法、备夜战法、立号法、定铺法、持更法、巡探法、漏刻法、防毒法、寻水泉法、养病法、征马法；

卷七：本朝平戎万全阵法、本朝八阵法、本朝常阵制；

卷八：八阵法、握奇阵图、金鼓旌旗数、李靖阵法、裴子法、常山蛇阵、八阵图；

卷九：九地、六形、杂叙战地、土俗；

卷十：攻城法；

卷十一：水攻、水战、火攻；

卷十二：守城；

卷十三：器图；

卷十四：赏格、罚条；

卷十五：行军约束、符契、传信牌、字验、间谍、乡导。

以上为制度十五卷。由以上类目可以看出，所谓制度，并非讲军制，而是涉及选将、练兵、侦察、后勤、立营、布阵、行军、作战、赏罚等诸多方面，是对古代兵家练兵作战原则和方法的分类汇编。

卷十六：河北路、定州路、高阳关路、真定府路；

卷十七：河东路、麟府路、废垒；

卷十八：陕西路、鄜延丹坊堡安军路、邠宁环庆路、泾原仪渭镇戎德顺军路、秦陇凤翔阶成路；

卷十九：西蕃地理；

卷二十：益利路、梓夔路；

卷二十一：荆湖北路、荆湖南路、广南东路、广南西路；

卷二十二：北蕃地理、燕京州军、关口、幽州四面州军、西京州军、云州四面诸州、戎狄旧地、中京四面诸州、东京四面诸州、上京四面诸州、蕃界有名山川、奚、渤海、女真。

以上为边防七卷。主要讲北宋沿边地区“疆域之远近，城戍之要害”①，是北宋前期边防的地理、防区及驻军资料集。

后集：

卷一：上兵伐谋、不战屈人之师、用间、用谍、觇国、用敌人以为谋主、纵生口；

卷二：明赏罚、军政不一必败、军无政令必败、将帅和必有功、将帅不和必败、法贵必行、兵道尚严、临敌不顾亲、仁爱、士卒同甘苦、亲受矢石、抚士、得士心、得士死力、贵先见、知己知彼、料敌主将、料敌制胜、料敌形势；

卷三：方略、权奇、奇计、诡道、临事制宜；

卷四：将贵轻财、将贪必败、临敌易将、将骄必败、矜伐致败、不矜伐、将帅自表异致败、将帅自表异以夺敌心、均服、隐语、先锋后殿、击其后、退师；

卷五：出奇、伏兵、多方以误之、避锐、声言欲退诱敌破之、声言怠敌取之、称降及和因懈败之、卑辞怠敌取之、甘言怠敌以击之、捣虚、击东南备西北、声言击东其实击西、示形在彼而攻于此；

卷六：张大声势、先声后实、疑兵、察虚声、避实击虚、以寡击众、攻其必救、夜击、潜兵袭营、横击、掩袭、伪退掩袭；

卷七：持重、轻敌必败、戒轻举、坚壁挫锐、以逸待劳、矫情安众、军中虚惊、克敌安众心、辨诈伪；

卷八：御士推诚、与敌推诚、以恩信结敌人、知人、善用人、解仇用人、使过、示信、示义、以义感人、激怒士心、威棱伏众；

卷九：绝艺、挑战、势宜决战、临危决战、勠力必战、骁勇敢

---

① 《武经总要》前集卷十六《边防叙》。

前、陷阵摧坚、表里夹攻、乘胜破敌、乘机破敌、乘风雨破敌、散众；

卷十：兵贵有继、兵无继必败、兵多宜分军相继、救兵、力少分兵必败、分敌势破之、上速、示缓、示弱、示强、示闲暇、素教、素备、先设备取胜、戒不备；

卷十一：新集可击、半济可击、饥渴可击、心怖可击、奔走可击、气衰可击、粮尽可击、不得地利可击、天时不顺可击、不暇可击、不戒可击、将离部伍可击、挠乱可击、阵久力疲必败、攻不整、敌无固志可击、击不备、出不意、大阵动可败、击未成列；

卷十二：饵兵勿食、防毒、围敌勿周、穷寇勿逼、高陵勿向、佯北勿从、察敌进止、察敌逃遁、归师勿遏、死地勿攻、立奇功、军师伐国若中路遇大城须下而过、舍小图大、师不袭远、军胜重掠伏袭必败、击归堕、地有所不争；

卷十三：察敌降、招降、谕以祸福、纵舍、占候、至诚获神助、推人事破灾异、假托安众、下营择地、据险、先据要地、据水草、绝水泉、据仓廪、断敌粮道、伏归路败之；

卷十四：水战、济水、断船路、引水灌城、拥水误敌、火攻、用车、用骑、游骑；

卷十五：修城栅、攻城、守城、屯田、让功、辞赏。

以上为故事十五卷。按照不同的标目分类，选取历代战例加以说明，这些标目中提炼出的兵学概念、范畴和作战原则几乎涵盖了古代战略战法和治军的全部内容，是对宋以前兵学理论与丰富战争实践相结合的历史经验总结。

卷十六：天占、地占、五行占、太阳占、太阴占、陵犯杂占；

卷十七：日辰占、五星占、二十八宿次舍占、诸星占、星变占、风角占；

卷十八：云气占、气象杂占、行军灾异杂占、太乙占；

卷十九：太乙定主客胜负阳局立成；

卷二十：太乙定主客胜负阴局立成；

卷二十一：六壬占法、遁甲法。

以上为占候六卷。占候就是兵学中的阴阳之学，在古代兵学中占有很大比重。宋初禁兵书，这类内容即在重点被禁之列。由于占候之学是兵家专门之学，并非儒者所通习，《武经总要》中的这部分内容由司天监杨惟德等纂辑旧说而成。

《武经总要》是一部大型综合性兵书，对军事制度、选将用兵、步骑训练、行军宿营、古今阵法、战略战术、武器装备、军事地理、历代战例、阴阳占候等方面都有系统的论述，具有很高的军事学术价值。明人郑魏挺评价说："盖自有五兵以来，大而攻围之筹略、战守之法度，小而楼橹之规制、器械之形模，上下数千载间，增创沿革，靡不载。"①《四库全书总目》说它"前集备一朝之制度，后集具历代之得失"，约略概括了其内容特点。

《武经总要》是宋以前中国传统兵学的荟萃之作。它以"古兵法及本朝计谋方略"为主要内容，"古兵法"部分即撷取历代兵书的精要。前集卷八中约略透露了该书取材的大概：

> 今之秘府所存孙武书，惟十三篇，无图。其所言皆权谋之事，极为精密。《太公六韬》《黄石公三略》《穰苴法》《吴子书》，皆远古所存可观者。唐《李靖兵法》于近世最为详练，可举而行。杜佑采其条目，著于《通典》。其书亡虑数十家，悉浅近无取。

上述诸书，除未提及《尉缭子》，以及《李靖兵法》与《唐太宗李卫公问对》略有出入外，与后来所定"武经七书"几乎全部相同。从《武经总要》的内容中也可印证这一点，尤其是制度、故事两大门类中，对"七书"内容有集中的体现。《武经总要》从历代兵书中甄选出这七部兵书，是对其兵学价值的肯定，为嗣后"武经七书"的正式修订奠定了基础。此外，《武经总要》对于其他古代兵书的引用，也起到了保存散佚兵学资料的作用。如前述《李靖兵

---

① 《武经总要后跋》。

法》，在宋代已经亡佚，清人汪宗沂辑《卫公兵法》，即以《武经总要》所引佚文为重要参考。

注重对“本朝计谋方略”的记载是《武经总要》的一个重要特点。诚如宋仁宗在序中所说，“至若本朝戡乱边防御侮计谋方略，咸用概举”，“又若营阵法制，器械名数，攻取之具，守拒之用，并形图绘，悉以训释”。《武经总要》记述了宋初的战争方略、营阵之法和武器装备等，而且附有大量的插图，如宋太宗的“本朝平戎万全阵法”“本朝八阵法”“军行次第”“行为方阵方”等。尽管这些记载被《四库全书总目》批评为“其制弥详，其拘牵弥甚，大抵所谓检谱角抵也”，但它真实反映了宋代安营布阵的具体情况，至今仍不失为研究宋代兵学的宝贵资料。书中关于宋代边防的记述，《四库全书总目》谓之多得自传闻，“所言道里山川，以今日考之，亦多剌谬”①，钱大昕却认为，“《边防》一门，于河北、河东、陕、蜀、荆湖、两广沿边州军城寨镇铺四至道里了若指掌，且于契丹、西夏所设州军，皆访求而详录之，洵可为考地理之一助”②。书中对于庆历时期“赏格”“罚条”的记录等，也都对宋代军事史研究有重要参考价值。

《武经总要》中还保存了宝贵的军事科技史料。书中比较全面地记载了冷热兵器的种类、形制和制造方法，很多还附有图。在中国古代的四大发明中，指南针和火药都见载其中。如，书中首次详细记载了指南鱼的制作方法：“鱼法，用薄铁叶剪裁，长二寸，阔五分，首尾锐如鱼形，置炭中，火烧之，候通赤，以铁钤钤鱼首出火，以尾正对子位，蘸水盆中，没尾数分则止，以密器收之。用时置水碗于无风处，平放鱼在水面令浮，其首常③南向午也。”这是人类历史上第一次记载的用地球磁场进行人工磁化的方法。又如，《武经总

---

① 《四库全书总目》卷九十九《武经总要》提要。

② 《跋武经总要》，《嘉定钱大昕全集》（增订本）第九册，《潜研堂文集》卷三十。

③ “常”，原文作“当”，据文渊阁《四库全书》本及文意校改。

要》明确记载了三种火药配方。在前集卷十一“火攻”中记载了“毒药烟球”，在前集卷十二“守城”中，记载了火球“火药法”和“蒺藜火球”的制作方法。这三个火药配方是世界上最早公布的火药配方，标志着我国军用火药发明阶段的结束，[①] 说明宋代中国已经从冷兵器时代向火器时代跨出了一大步。

宋廷编纂《武经总要》的目的是为紧迫的军事斗争提供理论指导和战例借鉴。在宋代军事实践中，它也确实被当作权威的工具书被颁予前线将帅。神宗熙宁五年（1072），“诏赐王韶御制《攻守图》《行军环珠》《武经总要》《神武秘略》《风角集占》《四路战守约束》各一部，仍令秦凤路经略司抄录”[②]。南宋时期，大儒朱熹曾提议颁下《武经总要》等书，使举子讨论诵习，并立为科目。[③]《武经总要》的刊印和流传，促进了军事技术的研究、运用和交流，也促进了宋代兵学的发展和繁荣。

《虎钤经》

《虎钤经》，北宋许洞撰。关于许洞撰著《虎钤经》的背景及其际遇，我们在第二章中已经讲到。概括地讲，《虎钤经》是宋初禁兵书时期最具代表性的兵学著作，但由于时代风尚所趋，在当时并未引起重视，许洞仕途偃蹇，与他撰著这部书也不无关系。

许洞（约970—约1011），字洞天，苏州吴县人。他出身于官僚家庭，父亲许仲容官至太子洗马，著名学者沈括是他的外甥。许洞自幼性情豪放，喜欢射箭、击刺等武艺。年纪渐长，开始专心读书，尤其精通《左传》。宋真宗咸平三年（1000）中进士，被任命为雄武军推官。但是，桀骜不驯的性格使他的仕途很不顺利，入职不久，就得罪了上司，再加上私用公款，以至于被开除公职，罢归乡里。

---

① 王兆春：《中国火器史》第一章《火药的发明和初级火器的创制》，军事科学出版社，1991年，第12页。

② 《续资治通鉴长编》卷二百四十一，熙宁五年十二月乙亥朔。

③ 《学校贡举私议》，《晦庵集》卷六十九。

景德二年（1005），他将所著《虎钤经》二十卷进献朝廷，应“洞识韬略运筹决胜科”的制科考试，结果却“以负谴报罢”，只被安置了一个均州（今湖北丹江口西北）参军的职位。大中祥符四年（1011），宋真宗祀汾阴，许洞进献《三盛礼赋》，被召试中书，改任乌江县（今安徽和县乌江镇）主簿，不久去世。时年四十二岁。

许洞在当时颇有文名，龚明之《中吴纪闻》说他“平生以文章自负，所著诗篇甚多，当世皆知其名，欧阳文忠公尝称其为俊逸之士”，可见他在当时文坛是有一定名气的。《宋史》将他与黄夷简、卢稹、谢炎等一道，称为“浙右士之秀者”。① 除《虎钤经》之外，许洞还著有文集一百卷，《春秋释幽》五卷，《演玄》十卷，今均无传本。

关于《虎钤经》的撰著时间，学界曾一度流传错误的说法。许洞在自序中称，《虎钤经》一书“创意于辛丑之初，成文于甲辰之末”。“辛丑”是宋真宗咸平四年（1001），“甲辰”是真宗景德元年（1004），由此可知，该书的撰著历时四年，恰值他被罢官归吴中期间。清人曾钊校订本《虎钤经》，许洞自序中的“辛丑”误为“辛酉”，曾钊未予详考，在跋文中说：“考辛酉为太祖建隆二年（961），迄甲辰，真宗改元景德（1004），盖历三十八年。”② 事实上，即使按这个算法，从961年至1004年，也不是三十八年，而是四十四年。尽管存在明显错误，但因曾校本影响较大，此后的清刻、清抄本大多沿用此说，就连胡玉缙《四库全书总目提要补正》也据以反驳《四库全书总目》“积四年书成”的正确说法。许洞其人，也一度被误认为元朝人。明代茅元仪《武备志》、唐顺之《武编》及何良臣《阵纪》等都称他为元人。

《虎钤经》全书共二百一十篇，分为二十卷。前十卷论兵机、料敌、结营、立阵、治病等的理论和方法，后十卷为六壬遁甲、星辰

① 《宋史》卷四百四十一《文苑三·黄夷简传》。

② 参见胡道静：《沈括军事思想探源——论沈括与其舅父许洞的师承关系》，《社会科学》1980年第6期。

日月、风云气候等阴阳占候之学。

许洞在自序中自述撰著《虎钤经》的指导思想：

> 自古兵法多矣，然《孙子》之法奥而精，使学者难于晓用；诸家之法肤而浅，或用者丧于师律。浅深长短，迭为表里，酌中之理，诚难得焉。又观李筌所著《太白阴经》，论心术则秘而不言，谈阴阳则散而不备，以是观之，诚非具美。臣今上采孙子、李筌之要，明演其术，下撮天时人事之变，备举其占，或作于己见，或述于古人。名曰《虎钤经》。

由此可见，《孙子》和《太白阴经》是《虎钤经》的两个主要思想来源。与此相对应，《虎钤经》也具备两个鲜明特点。一是较强的理论性。许洞认为《孙子兵法》"奥而精"，研习者难以理解和运用，因此欲"明演其术"，也就是说，要推演孙子思想，使之具体化、通俗化。在《虎钤经》前半部分，这一点体现得十分明显。《虎钤经》前十卷主要探讨战争观、作战指导原则、治军选将思想、料敌之法、训练之法以及计时、辨向、人马医护等军事技术的内容，具有较强的理论性和较高的军事学术价值。二是浓重的兵阴阳色彩。《太白阴经》又名《神机制敌太白阴经》，唐李筌撰。李筌，号达观子，约生活于唐肃宗、代宗年间，是道兵家的代表人物。《太白阴经》存录了大量阴阳术数、奇门遁甲的内容。许洞不满于《太白阴经》"论心术则秘而不言，谈阴阳则散而不备"，希望对兵阴阳之说重新整理，"下撮天时人事之变，备举其占"。这部分内容主要体现在《虎钤经》的后十卷中。从现代科学的角度看，后十卷科学的成分少，迷信的成分多，并无多大的价值，但是，兵阴阳作为中国古代兵学的四大门类之一，对古代军事思想和实践都产生了重大影响，这也是不容否认的客观事实。现代学者释读出土文献，或研究方术之学，常常以《虎钤经》做参考，也说明其兵阴阳部分具有一定的思想史料价值。

作为宋初一部重要的私家兵学著作，《虎钤经》继承《孙子》

《太白阴经》等的兵学理论，或发挥成说，或自出心裁，一定程度上丰富和发展了古代兵学思想。

第一，《虎钤经》强调“人”在战争指导中的决定作用。在影响战争的三个最重要因素——“天”“地”“人”之中，许洞认为：“先以人，次以地，次以天。”“人者，天地之心也。苟心不正，虽有其表，将焉用乎？”（《三才应变》）又说：“观乎人事强弱利害有胜败之势者，事皆系于人也。”（《兵机统论》）正因为确立了人的主导地位，人谋才能成为决定战争胜负的关键因素，所有料敌、用人、示形、造势、用间等才得以展开。许洞用了一个形象的比喻来说明兵法与人的关系，他说：“兵法如车之载其物，则车之转者由轮也，及有车之用，则东西南北者由人也。”（《逆用古法》）

第二，《虎钤经》强调“变”对战争指导的重要意义。许洞说：“用兵之术，知变为大。”（《三才应变》）又说：“兵术万途，不可专一。”（《夺恃》）“兵家之利，利在变通之机。”（《逆用古法》）战场形势瞬息万变，应对之策也要随之变化，“苟以变合于事，事合于时，时合于理者，无强弱，无利害，则败势可以为胜，胜势可以为败也”（《兵机统论》）。如果不顾实际情况，盲目效仿古法，则无异于胶柱鼓瑟。他以“逆用古法”“逆用地形”为题，阐述了灵活运用兵法乃至反用兵法的问题。

第三，《虎钤经》对古代兵法的概念和范畴有新的阐发。如，《先胜》篇中，发挥了孙子的“先为不可胜，以待敌之可胜”思想，提出了“三和”“三有余”“三必行”等“先胜”的具体条件。《袭虚》篇中，提出了“因”“诱”两种“袭虚”之法。《夺恃》篇中，提出了“夺强以气，夺隘以动，夺勇以威，夺缓以诱”的观点。《任势》篇中，将“势”划分为五种“势之任者”：“一曰乘势，二曰气势，三曰假势，四曰随势，五曰地势。”三种“势之败者”：“一曰挫势，二曰支势，三曰轻势。”如此等等，都对前代兵书的思想有所补充、完善、总结和提升。

《虎钤经》也存在一些缺点，最主要的是缺乏实践性和创新性。从资料来源上看，书中兵学理论部分源自《孙子兵法》《吴子》等

“武经七书”以及《墨子》《淮南子》等古代典籍，虽然时有新意，但大多为综合、引申，原创内容并不多。书中具体军事知识、技术、兵阴阳等内容则多引自《太白阴经》《李靖兵法》等唐代兵书，更是谈不上创新。唯有飞鹗阵、长虹阵、重覆阵、八卦阵四种阵法为许洞所独创，他对此颇为自豪，认为比前人的阵法更完善，但是，这些既无实践基础又无实践检验的阵法，顶多是纸上谈兵的智力游戏，很难说有多大实用价值。正如《四库全书总目》所评价的那样，“其间亦多迂阔诞渺之说，不足见诸施行”①。

尽管《虎钤经》存在这样那样的缺点，但它汇集了丰富的古代兵学内容，在唐以前兵书散佚严重的情况下，更显示出重要的军事学术和史料价值。在编纂体例和思想内容上，明清的重要兵书如《武备志》《武编》等都或多或少受到它的影响，使之成为传统兵学发展中承上启下的重要环节。

第二节　兵法类上

《权书》

《权书》，苏洵著。苏洵（1009—1066），字明允，眉州眉山（今属四川）人。北宋著名文学家，与其子苏轼、苏辙并以文章名世，人称“三苏”。苏洵入仕较晚，二十七岁才发愤为学，因文名渐起，受到张方平、欧阳修等的举荐，嘉祐五年（1060）为秘书省校书郎，六年（1061）任霸州文安县主簿，曾与修太常礼书，编成《太常因革礼》一百卷。著有《嘉祐集》二十卷、《谥法》三卷等。

《权书》是苏洵的论兵之作，也是他的成名作之一。该文与他论时政的另两篇文章《衡论》《幾策》一道，被当时的文坛领袖欧阳

① 《四库全书总目》卷九十九《虎钤经》提要。

修进荐给皇帝，被赞“辞辩闳伟，博于古而宜于今，实有用之言”①。据传，这些文章一经流布于世，立刻在士人中引起了轰动，“一时后生学者皆尊其贤，学其文以为师法”②。

《权书》共十篇，前五篇主要讲用兵作战的理论问题，包括《心术》《法制》《强弱》《攻守》《用间》；后五篇是就历史上的军事人物和事件所做的评论，有《孙武》《子贡》《六国》《项籍》《高祖》诸篇。

苏洵在《权书》中对于《孙子》的态度颇堪玩味。他坦言《权书》是一部“兵书”，但又坚定地把自己和孙子等兵家区别开来，他说：“吾疾夫世之人不究本末，而妄以我为孙武之徒也。”③ 这一立场在《权书》中有鲜明的体现，书中多处援引孙膑、管子、范蠡等先贤的论兵言论，却无一处明确引证或赞同孙子之说，凡涉及孙子之处，也一概称“孙武”，而不以“子”称之。不惟如此，在《孙武》一文中，他甚至对孙子其人其书提出诸多非难。这些非难成为苏门及后儒质疑孙子的重要基础。

但是，如果我们对《权书》仔细研究，就会发现，《权书》实际上与《孙子》有着非常多的相合之处，有的是明显引用孙子言论并进行解说，有的是对孙子思想加以化用和引申，可以说，其论兵的主体思想基本上来源于《孙子》。④ 例如，对于将领的素质要求，苏洵提出，“凡将欲智而严，……智则不可测，严则不可犯”（《心术》），又说，“君子之道，智信难。信者，所以正其智也，而智常至于不正。智者，所以通其信也，而信常至于不通。是故君子慎之也”（《子贡》）。而《孙子》在开篇即明确提出，“将者，智、信、仁、勇、严也”（《计篇》），将“智”“信”“仁”“勇”“严”作为衡量将领能力的基本标准。苏洵突出强调“智”“严”“信”，明显

---

① 《荐布衣苏洵状》，《欧阳修全集》卷一百十。

② 《故霸州文安县主簿苏君墓志铭》，《欧阳修全集》卷三十五。

③ 《权书引》，《嘉祐集》卷二。

④ 参见魏鸿《〈权书〉与〈孙子兵法〉异同探论》，《军事历史研究》2006 年第 2 期。

是引用孙子之说，而其对于“智”“严”“信”的解释也大体不出孙子所论的范围。又如，《权书》说，“凡士欲愚”，“夫惟士愚，而后可与之皆死”（《心术》）。这种“愚兵”思想也与《孙子》如出一辙。《孙子》说：“将军之事，静以幽，正以治。能愚士卒之耳目，使之无知；易其事，革其谋，使人无识；易其居，迂其途，使人不得虑。帅与之期，如登高而去其梯；帅与之深入诸侯之地，而发其机，焚舟破釜，若驱群羊，驱而往，驱而来，莫知所之。聚三军之众，投之于险，此谓将军之事也。”（《九地篇》）无论“愚兵”思想本身是否可取，从孙子和苏洵的论述中，我们看不出二者有何不同。以上仅举两例，《权书》中明引或暗用《孙子》的地方还有很多，不一而足。

苏洵之所以痛恨别人把他当作“孙武之徒”，究其根本，是要标榜自己的儒家立场。他认为，《孙子》论兵是“常言”，而他的《权书》则是“用仁济义之术”，“仁义不得已，而后吾《权书》用焉”（《权书叙》）。也就是说，他所要论的是“不得已而为之”的儒家之兵，而不是将用兵作战视为当然的兵家之兵。在这样一种儒家立场的支配下，《权书》中确实有一些与传统兵书异趣的观点。

其一，“治心”说。

《权书》以《心术》为首篇，第一句话就说，“为将之道，当先治心，泰山崩于前而色不变，麋鹿兴于左而目不瞬，然后可以制利害，可以待敌”，足见他对“治心”的重视。《孙子兵法》也讲“治心”，称“以治待乱，以静待哗，此治心者也”（《军争篇》）。两者所讲“治心”在强调将领沉着冷静方面是一致的，但是，《权书》强调更多的是将领的个人素质与修养，而孙子所讲的是在具体的战争实践中的整肃和镇静。而且，《权书》将主观的“治心”立为“将道”之首，这也与《孙子兵法》“将者，智、信、仁、勇、严也”（《计篇》）的“五德”说有很大不同。苏洵在《孙武》篇中又讲到“治心”的具体方法，他说：“今夫外御一隶，内治一妾，是贱丈夫亦能，夫岂必有人而教之？及夫御三军之众，阖营而自固，或且有乱，然则是三军之众惑之也。故善将者，视三军之众与视一隶一妾无加焉，故其心常若有余。夫以一人之心当三军之众，而其中恢恢然犹有余地，此韩信之所以多多而益办也。故夫用兵岂有异术哉？能勿视其众而已矣。”原来，苏洵所讲的“治心”，与贱丈夫治家并没有什么两样，就是把“三军之众”当成“一隶一妾”而已。这种由“治家”而“治军”的逻辑充分体现出苏洵的儒生本色。

其二，“上义”说。

《孙子兵法》很少讲到“义”，全书之中，只有“非仁义不能使间”（《用间篇》）这样一个不太关键的地方出现了“义”字。而即便这个“义”字，在银雀山汉简本中也是没有的，如果按照汉简本，则《孙子兵法》无一“义”字。相反，孙子十分强调“利”的重要性，他说，“兵以诈立，以利动，以分合为变者也”（《军争篇》），“合于利而动，不合于利而止”（两见于《九地篇》《火攻篇》）。“利”是一切军事行动所追求的根本目的，也是衡量胜败得失的唯一指标，在仅五千余字的《孙子兵法》中，“利”字出现了五十一次之多，足见“利”在孙子思想体系中的重要地位。《权书》在义利关系的论述上表现出与《孙子兵法》截然不同的取向。苏洵旗帜鲜明地指出：“凡兵上义，不义，虽利勿动。”（《心术》）他没有就“义”的具体内涵加以解释，而是从儒家思想赋予“义”的含义推演，用兵之“义”大而言之是指战争的正义性质，小而言之则是指一般军事行动在儒学意义上的合理性。

苏洵主张“凡兵上义”，基于三点理由。第一，不义的行动即便在当时不能造成危害，“而他日将有所不可措手足也”（《心术》），也就是说，“上义”的原则着眼于战争的全局，有利于战争的最终胜利。第二，“夫惟义可以怒士；士以义怒，可与百战”（《心术》），“义”是激励士卒的精神动力，只有士兵为“义”所怒，才能提高战斗力。第三，将领可以利用“义”笼络一批亲兵。苏洵说：“古之善军者，以刑使人，以赏使人，以怒使人，而其中必有以义附者焉。不以战，不以掠，而以备急难。”（《法制》）“义”是固结将领与士兵的精神纽带，与“刑”“赏”“怒”一样，是将领治军的重要手段。

其三，“本正”说。

在《用间》篇中，苏洵借由对孙子“用间”诸法的评论，重点批驳了《孙子兵法》“兵以诈立”（《军争篇》）的观点。他说：“夫兵虽诡道，而本于正者终亦必胜。今五间之用，其归于诈，成则为利，败则为祸。且与人为诈，人亦将且诈我，故能以间胜者，亦或以间败。吾间不忠，反为敌用，一败也；不得敌之实，而得敌之所伪示者以为信，二败也；受吾财而不能得敌之阴计，惧而以伪告我，三败也。夫用心于正，一振而群纲举，用心于诈，百补而千穴败，智于此，不足恃也。”他认为，诈术是不足取的，因为你用诈，敌人也会用诈，会有很大的失败的危险。相反，“用心于正”则会“一振而群纲举”，最终取得胜利。

“治心”“上义”“本正”等观点都体现了鲜明的儒家色彩，也使《权书》与《孙子兵法》等传统兵书区别开来。客观上讲，这些思想也并非一无是处，比如“治心”，一个将领确实应该做到沉着冷静、处变不惊。又如“上义”，战争的正义性质确实会对战争的进程、结果产生重要影响，也确实会起到鼓舞士气的作用。再如“本正”，如果我们联想到荀子“仁人之兵，不可诈也”（《荀子·议兵》）的观点，从仁人之兵“三军同力”的角度理解，也是有道理的。但是，在《权书》中，“治心”“上义”“本正”等思想并未局限于战争观或治军层面，而是被推崇为用兵作战的根本原则，直接统御制胜之“术”，这就犯了一个根本性的错误，对兵学产生了消极影响。苏洵的地位越高，《权书》等著作的传布越广，这种影响也就越大。

首先，《权书》的儒学立场使其自身思想体系产生了诸多矛盾之处。例如，苏洵主张“本于正”，反对使用诈术，但他又化用孙子的“示形”理论，提出“吾之所短，吾抗而暴之，使之疑而却；吾之所长，吾阴而养之，使之狎而堕其中。此用长短之术也”（《心术》），这难道不是诈术吗？又如，他提出了“正”“奇”“伏”的攻守三道，其中的“奇”“伏”难道不是诈术吗？他又援引孙子的

“攻其所不守”“守其所不攻”，这不正是孙子“兵以诈立”的细目所在吗？再如，孙子讲“知彼知己者，百战不殆”（《谋攻篇》），而“五间”是“知敌之情”的重要手段。《权书》认为“五间”是诈术，主张弃而不用。那么，不由“五间”，何以了解敌情？而不了解敌情，又如何能有正确的决策？这些矛盾的存在，使《权书》的兵学思想在重要的环节上出现了致命的弱点。

其次，《权书》基于儒学立场对孙子其人其书的批评也对兵学产生了影响。苏洵虽然承认《孙子兵法》是兵学翘楚，说它“词约而意尽，天下之兵说皆归其中”，“其书论奇权密机，出入神鬼，自古以兵著书者罕所及”（《孙武》）。但是，他又对孙子提出责难，认为他只不过是“言兵之雄”，并不能在战争中很好地运用自己的兵学理论。因此，他得出结论说：“夫以武自为书，尚不能自用，以取败北，况区区祖其故智余论者而能将乎?”（《孙武》）加之他在《权书》叙文中标榜自己并非“孙武之徒”，这些议论都对传统兵学表现出明显的排斥和贬抑倾向。

作为文人论兵的代表作，《权书》在文人士大夫中广为流传，苏洵对孙子其人其书的批判也成为宋代兵学中一个日益被放大的声音。对苏洵有着知遇之恩的欧阳修评论《孙子兵法》说：“武之书本于兵，兵之术非一，而以不穷为奇，宜其说者之多也。……然武尝以其书干吴王阖闾，阖闾用之，西破楚，北威齐、晋，而霸诸侯。夫使武自用其书，止于强伯。及曹公用之，亦终不能灭吴、蜀，岂武之术尽于此乎？抑用之不极其能也?”① 这样的表述与《权书·孙武》所论何其相似！苏轼也继承了其父的论兵家学，认为孙武“智有余而未知其所以用智”②，又称其“知为吴虑而已矣。是故以将用之则可，以君用之则不可。今其书十三篇，小至部曲营垒刍粮器械之间，而大不过于攻城拔国用间之际，盖亦尽于此矣。天子之兵，

① 《孙子后序》，《欧阳修全集》卷四十二。
② 《孙武论上》，《苏轼文集》卷三。

天下之势，武未及也”[①]，进一步明确了《孙子兵法》可用于军事而不可用于政治的定位，与苏洵所称“夫孙氏之言兵，为常言也”（《权书引》）颇有相通之处。而深受苏轼赏识，参与过校订《孙子兵法》等“武经七书”的武学博士何去非也说，“武虽以兵为书，而不甚见于其所自用”（《何博士备论·魏论下》），足见苏洵的议论对当时及后人评判《孙子兵法》的影响之大。

《权书》与《孙子兵法》在立场上的对立，及其在内容上的融通与差异，具体而微地体现了宋代儒学与兵学的冲突与融合。一方面，苏洵等人试图与中国传统兵学切割，将儒学观念凌驾于兵学思想之上。这在宋代以儒学为主导的政治话语中无疑是成功的，在兵学理论上也有一定合理性。另一方面，《权书》等文人论兵之作，无论如何贬抑兵学，实际上都必须在传统兵学的理论框架内讨论兵学，因为《孙子兵法》等传统兵书所揭示的战争指导原则是规律性的，违背规律之论必然遭遇失败。由于苏洵等论兵的文人不能在儒学与兵学之间找到好的结合点，他们的论断就无法对军事理论加以有效的提升，也无法真正对军事实践产生积极的影响。从这样一个角度，我们也许可以加深对宋代兵学繁荣但军事“积弱”悖论的理解。

《翠微先生北征录》

《汉书·艺文志》将兵家之学分为四种：兵权谋、兵形势、兵阴阳、兵技巧。《孙子》是兵权谋的代表作，以讨论战略运筹理论为主，可视为传统兵学之“道”，兵阴阳、兵技巧则为兵家的专门知识和技艺，可视为传统兵学之“器”。汉代以降，兵阴阳、兵技巧虽然并未得到官方的足够重视，却在军事实践层面以及民间兵学研究者中不断延续和发展。从许洞《虎钤经》后十卷的记述，到石普之通阴阳、改良军器，再到《武经总要》对于军器、占候的记述，我们可以看到兵家专门之学在宋代存在和发展的一般线索。但是，宋代以文人为主体的兵学研究多局限于兵权谋、兵形势的层次，很少对

---

① 《孙武论下》，《苏轼文集》卷三。

阴阳、技巧之学精研深索，更少有人以兵学专家自诩。在这样一种背景之下，华岳及其《翠微先生北征录》[①] 堪称异类。

华岳（？—1221），字子西，贵池（今属安徽）人，因读书于贵池齐山翠微亭，自号翠微。据史料记载，华岳为武学生，轻财好侠。开禧元年（1205）叩阍上书，谏止韩侂胄北伐，因而被贬官入狱，谪发建宁（今福建建瓯）。韩侂胄兵败被杀后，得以获释，登嘉定十年（1217）武科第一名，为殿前司同正将，抑郁不得志。后以谋去丞相史弥远，事发入狱，杖死东市。[②] 著有诗文集《翠微南征录》和讨论军事问题的《翠微北征录》等书。

华岳非常推崇英雄豪杰。他说："立帝王之大业者在豪杰，扫天下之妖孽者在英雄。"（《平戎十策·再上皇帝书》）又说："英雄豪杰之去留，为社稷邦家之休戚。"（《平戎十策·取士》）他所谓的"英雄豪杰"，不是粗通兵书的书生学士，也不是"科目行伍之材""规矩准绳之士"，而是那些对"遁甲之术""料敌之法""安营之方""地势运用"等有深入研究的兵家。他说：

> 夫所谓英雄豪杰者，山林特起，拜为父师；江湖隽逸，视为标准；衣冠缙绅，足未尝蹑其门；王公大人，名未尝过其目。其所究心者，门屏、缶听、种冰、阱囤、飞灰、走雷、风篁、水栅、木柜、摇波、透石、远汲之制。其所筹算者，五福、大游、君基、臣基、天乙、地乙、四神、直符、小游、民基、青门、直使之诀。其所歌诵者，长庆人事、诸子秘传、张氏屠寇、九星营寨、诸家秘密之书。其所交游者，唐城、桐柏茶牙海狗，东邹、南偃、夹山、六安鸡鸣马嘶，羊岘、房陵、襄淮遗逸之士。其所畅望者，巢淮涟泗之浅深，可以通津之远近；淮汉荆襄之肥瘠，可以屯兵之多寡。其所素晓者，淮东多川泽，利舟

---

① 华岳撰，马君骅点校：《翠微南征录北征录合集》，黄山书社，1993 年。本书所引《翠微先生南征录》《翠微先生北征录》均出自该本。

② 《宋史》卷四百五十五《忠义十·华岳传》。

楫而不利步骑；淮西多山林，利步骑而不利舟楫。其所收集者，皆梁汉奇材，荆楚壮士，烟云楼阁、波涛楼橹、窟穴药石、风云占候之人物。其所计度者，山口、枞阳、东关、斥江、裕溪、马肠、九曲、狗溪、射阳、杨口、洲头、杨林之津要，以至荆襄之战地三十六，何地为险；淮南之山寨九十四，何寨为要。论至于此，则英雄豪杰之士，其视夫书生学士之流，岂不大有径庭也哉！（《平戎十策·再上皇帝书》）

华岳在权相韩侂胄主张北伐之时，以区区武学生的身份挺身而出，其鲜明的个性和敢作敢为的精神充分说明，他自己就是一位英雄豪杰。据他的自我陈述，他也的确是自己所称许的那种“英雄豪杰”。他说自己是“郊野散材，本非书生”（《治安药石序》），这与一般儒者论兵先言“非兵家”迥然有别。他说：

自丱角至今，日诵兵家之书，日习兵家之事，日求兵家秘妙之术，日访兵家先达子孙、名将后嗣家传世袭之论。凡事之有系于兵者，无不遍考；地之有关于兵者，无不遍历；器用服食、行阵衣甲之制有资于兵者，无不旁搜远采，以尽其底蕴；山林遗逸、英雄豪杰之士有精于兵者，无不端拜师承，以益其寡陋。以故一步一跬皆有定制，一分一毫皆有成法。耳闻目见者，非众所共读之文，口授心传者，非人所同得之学。卫公、武侯不传之妙，臣得其真，韩信、曹公不著之书，臣得其秘。不遇见知，未甘弃逐，于是易真实之兵为章句之士，变汗血之心为选举之学。（《平戎十策》）

由此可见，华岳的平生志趣及所学都与文人论兵者明显不同，他对兵学有浓厚兴趣和深入研究，是一位真正的兵学家。他非常希望自己能够成就一番功业，但由于怀才不遇，只能投身于“选举之学”。他自称“庆元己未，应补胶庠，侥幸前列；嘉泰辛酉，应举胄监，滥厕多士。或参或告，凡七八年”（《平戎十策》），庆元己未是宋宁宗庆元五年（1199），此后，他在武学的时间有七八年之久。武学生的特殊经历和身份使他对兵学有更深入的研究，对当时的军事问题也有更多观察和思考。

《翠微先生北征录》，又称《华岳翠微先生北征录》《翠微北征录》，今存本十二卷，包含《平戎十策》一卷、《治安药石》十一卷。《平戎十策》是华岳被羁押建宁两年后所写的奏疏。华岳认为，南宋军政存在“十弊”：一则取士而不得其实，二则招军而不尽其材，三则御骑者未得其具，四则陷骑者未有其策，五则得其地而反失其心，六则守其地而复无其备，七则恩威之不明，八则利害之不密，九则急务在财计而财计未丰，十则边计在马政而马政未备。“十策”就是针对“十弊”的除弊兴利之策，包括用人选将、人心士气、物资储备、作战方法、军马征调等诸多方面。《治安药石》标注写作时间为嘉定元年（1208）年，当略晚于《平戎十策》。《治安药石》取“治安不可无兵，犹膏粱不可无药石”之意，对军国大计、边防要务、破敌之技、将帅技能、武器装备、情报采探、御将之道、守边之策、足兵便民之策等“当世利害”做了详尽的论述，其中对六壬遁甲、相敌之术、攻守要地、武器装备等的论列尤为突出。

在兵学理论方面，可能是受到兵阴阳之学的影响，华岳颇为崇尚黄老兵学，他说：“兵法起于黄帝、风后、玄女，授受于鬼谷子、黄石公、少室山人，而富国强兵之事，尤详于《阴符》一经。故将忌三世，出于道书，至于纵横辟阖，亦莫不本于其说。”黄帝、风后、玄女都是传说中具有道家色彩的兵家，鬼谷子、黄石公、少室山人等是道家之通兵法者，其兵学论著带有明显的道家色彩。华岳推崇道家好生恶杀之说以及《司马法》“杀人安人，以战止战”的观点，认为“兵本于不杀，武在于止戈”，主张“兵不得轻举，谋不得妄发”。（《治安药石序》）华岳也很认同儒家的民心向背理论，他说：“夫用兵之策莫大于足兵，足兵之策莫患于扰民。扰民则心失，心失则怨起，怨起则衅生，衅生则吾舟中之人皆敌国矣。”因此，他主张“兴屯田以省支费，浚水道以便转输”，既节省民力，又保证军需。（《治安药石・足兵便民之策・省运》）不过，综观全书，

《翠微先生北征录》思想的核心仍在于传统兵家之学。华岳对传统兵学有深刻领悟，并有新的阐释和发展。如他论兵之“心”与“气”：“夫兵者，心也，战者，气也。心之不充，则临敌而无定见，气之不足，则遇敌而有畏心”(《平戎十策》)，正是基于《孙子》所谓“三军可夺气，将军可夺心”(《军争篇》)。又如他论正兵、伏兵、奇兵三者的关系，以为“伏生于奇，奇生于机，机生于正，奇正发于无穷之源”(《治安药石・将帅小数・搜伏》)，也是对《孙子》“奇正相生”思想的进一步发挥。如此等等，不一而足。

《翠微先生北征录》紧密结合当时军事形势立论，既是兵学论文，也是现实对策。在上《平戎十策》时，他希望宋宁宗能够将之下发三省执政、侍从、台谏等讨论，如果所言可取，“乞送枢省，遍牒诸路将帅，参酌行用”。《治安药石》所论“当世利害”都关乎现实军政，具有很强的针对性和实操性。

如，关于当时最重要的国是——和战问题，华岳的观点颇为辩证。在上书反对开禧北伐时，他的主要论据是韩侂胄及其党羽专权、贪腐，犹如外患侵入国家周身。[①] 在《治安药石》中，他总结历代中原王朝与夷狄斗争的历史，认为固守和议或者一味主战都不可取。他说：“臣尝遍观古今中国之所以待夷狄者矣，兵争之失在于士大夫逞忿恃兵，而讳言和议；和议之失在于士大夫惩已往之咎，而耻言用兵。故征伐者不至于困弊之极，则不复言和议；和议者不至于罢兵撤备为敌所误，则不复言征伐。二者胥失也。”在他看来，不应该讳言和议，也不能耻言用兵。战与和，都是对敌斗争的手段，需要根据实际情况灵活调整。他认为，在当时“内政未修”的情况下，应以“和议”为权宜之计，“今日之和，非真怯也，全吾仁以待他日可乘之机耳；非真畏也，养吾智以俟异时可投之隙耳”。(《治安药石・军国大计・和议》)

又如，对于边防问题，华岳反对放弃两淮的消极防御战略，主

---

① 《开禧元年四月二十七日上皇帝书》，《翠微南征录》卷一；参见《宋史》卷四百五十五《忠义十・华岳传》。

张力保两淮、荆襄前沿。他说："舍淮淝千里之险，而退守大江，则藩篱毁而门户可忧；弃襄汉万全之利，而归保岘城，则唇颊亡而齿牙何恃？……保淮则淮甸可全，而长江之险不被其平分；保汉则荆襄可守，而唐邓之区可行于掩袭。倘以为淮不可守而退守大江，不知江不可守则又将退守何地？倘以为汉不可守而退守襄阳，不知襄不可守则又将退守何所？"（《治安药石·守边待敌之策·禁涉》）在《治安药石·边防要略》中，华岳分列"山水寨""屯要""捷径"三篇，系统勾勒了边防体系的蓝图。他认为，靖康至绍兴年间的军事失利，多半是由于"山寨、水寨之不守"，他根据亲身考察地理形势的情况，列举可立山寨之处九十四，守山寨器具三十六种，可立水寨之处四十九，水寨守具三十九种。（《治安药石·边防要务·山水寨》）"屯要"是指重兵屯守要冲。"一国有一国之冲要，天下有天下之冲要"，"屯守之地，当其冲要，则一人之力可以敌万夫；非其冲要，则万夫之勇不足以敌一人"。他说："今日之形势，闽蜀之外，莫淮汉急也。"既有屯兵之处外，尚有疏漏之处，江淮地区在濠梁、历阳，荆襄地区则在随州、枣阳，应该在这些地区部署重兵屯守，"吾军进取，则留此以为劲捷之道，而取其有先人之便；贼军入寇，则设此以为掩袭之所，而避其有阚我之谋。则三边之形势可全，而淮汉之津可无潜涉之忧矣"。（《治安药石·边防要务·屯要》）"捷径"与"通衢"相对，是指隐蔽的捷近小路。华岳说："两军之所共知者，谓之通衢；吾军之所自知者，谓之捷径。则人所不测而不及关防，古人所谓以迂为直，以患为利，以逸待劳，以饱待饥；兵家所谓后人发，先人至，由不虞之道，攻其所不戒也。是故两军相对，两阵相形，知通衢而不知捷径，则在我之势十得二三；知通衢而能备捷径，则在我之势十得七八。故捷径之利，得之则我常得以袭人，失之则人常得以袭我。"华岳详细列举了淮西和荆襄地区的数条捷径，建议严密防守，"随其远近险易，多方措置，依兵家守隘断险成法修治。道狭则因山为险，守以强兵，必使我可出而贼不可入，故彼不得以袭我之虚；道阔则因涧为濠，守以强弩，必使我可往而贼不可来，故彼不得以蹑我之后"。（《治安药石·边防要务·

捷径》）从华岳关于边防的论述可以看出，他对边防要务有深刻的认识，对地理形势了如指掌，所提方案翔实具体、有理有据，绝非书生常谈。

在作战指导思想方面，《翠微先生北征录》有着丰富的内容，特点也很鲜明。

其一，华岳十分重视侦察敌情。他说："臣闻兵家之有采探，犹人身之有耳目也。耳目不具，则为废人；采探不设，则为废军耳。一身之聋瞽，徒能废吾之四体；而三军之聋瞽，则其所废者可胜计哉！"他批评当时朝廷和将帅对侦察工作的忽视，认为这是南宋用兵每每失败的重要原因。华岳指出，"国家承平以来，庙堂恶闻边备，将帅不买间谍。无事而修边防，则谓之引惹边事；有事而论形势，则谓之泄露兵机"，"贼将之姓名，贼技之能否，贼势之进退，贼情之勇怯，盖殆若异世之事耳"，他认为，只有招募间谍，设置烽候、递铺等，及时获取情报，才能确保边防安全，使"屯边之兵，无事得以休息，有事不至窘束"。（《治安药石·采探之法·采探》）除了"采探"之外，华岳还论述了"候望""聚探""关递""密辨"等侦察和情报传递的方法，十分细密周详。

其二，华岳对战术战法有十分详尽的叙述。针对金人的骑兵优势，《翠微先生北征录》详细论述了不同地形条件下的制骑战术，提出了以车御骑、以驾陷骑等作战方法①，对于制骑战术所用武器装备也有详细的叙述。对于攻守城作战，华岳并未具体论述攻守城的战法，而是详细阐述了如何在城外制敌的方法："伏筌之法""暗阱之法""触网之法""伏虎之法""反疑之法""远更之法""白阱之法""青阱之法""马拖之法""马筒之法"，等等。（《平戎十策·得地》）华岳还列举了行军作战的八种"将帅小数"——搜伏：针对九种伏兵的搜伏之法；反泄：即改变原有的号令方式，以达到保密目的，包括"反号召""反旗帜""反金鼓""反烽燧"四种；暗认：为防敌人冒充而设的暗号系统，通过事先约定好的旗号、金鼓、

---

① 参见该书《平戎十策·御骑、陷骑》《治安药石·破敌长技·陷骑》。

阵法的变化识别敌军或己军；潜易：偷偷更换将领或军队，达到迷惑敌人的目的；急据：迅速占领山、水、林等战略要地；分渡：分兵渡河之法；自认：迷路时的记认之法；就顺：占据优势的方法，分为“顺山”“顺水”“顺风”三种。

其三，在选任将领的问题上，华岳主张广开求贤之路，重赏有功之人，“因技以求材，因材以制用”（《平戎十策·招军》），并对将帅的技能、谋略、基本素质等提出了具体要求。他说：“忘命轻死者，士卒之事也；重命恤死者，将帅之事也。”将帅应该认识到自己的职责和使命，不以“斗智角力”为能，而是“招致谋夫策士，讲求不战之法”。他提出了“学战易，学不战难”的观点，强调将领“伐谋”“不战而屈人之兵”的重要性。华岳还指出，“人材之得失，系乎货财之聚散”，将帅应该不惜耗费重金去募勇士、谋士等人才。（《治安药石·戒饬将帅之道》）这些思想无论从儒家还是兵家角度看都是很新颖的。

此外，在武器装备方面，《翠微先生北征录》也有很详尽的记述。《治安药石》用很大篇幅讲“器用小节”，共记载了十三种武器装备：甲制、人甲制、马甲制、马军甲制、弩手甲制、弓制、弩制、弓箭制、弩箭制、鞍制、靴制、马枪制、叉枪制。这十三种器用是步兵和骑兵最常用的武器和防护装备。对于这些武器装备，华岳不但讲其形制，还讲其使用方法和优劣利弊。

总之，华岳武学生出身，既非典型文人，也非领军将帅，他的兵学体系以传统兵家专门之学为基底，杂糅兵、儒、道诸家，以实用为旨归。《翠微先生北征录》既是华岳兵学造诣的体现，又是他对南宋军事尤其开禧北伐的检讨。书中既有对战争观念、战略的观照，又有对战术战法的记述；既有兵法理论，又贴近军事实践，条分缕析，切实详明，体现了宋代兵学的较高水平，在宋代乃至中国兵学史上都是独树一帜的。

《翠微先生北征录》成书之后，长期湮没无闻，直到清黄虞稷等《宋史艺文志补》始见著录。关于该书卷数，《宋史艺文志补》著录为三卷，《瞿氏铁琴铜剑楼藏书目录》著录为十二卷，卢文弨《抱经堂志补》则著录为十一卷。现存版本主要有元抄本、清光绪二十八年（1902）刊本，后者出自铁琴铜剑楼藏本，收入《贵池先哲遗书》。

《行军须知》

《行军须知》①，作者不详。最早见于明正统四年（1439）李进刻《武经总要》附刊本，全称为《武经总要行军须知》。约在明初开始有单行本，今存明嘉靖三十五年（1556）贾应春刻本。这些《行军须知》版本均未明确注明撰者，撰著时代也存疑。明人李进在《武经总要行军须知序》中说："予尝读《行军须知》之书，观其编为附录。"这说明《行军须知》在明代以前就是以附录传世的。清孙星衍在《廉石居藏书记》中记载所见明刻本《武经总要》，称前集第十六、十八卷俱分为上下，合为二十二卷，全书后附《行军须知》二卷，书中有绍定四年（1231）赵休国跋，称全书共四十四卷，是则早在南宋绍定年间，《行军须知》已经附《武经总要》刊行。从书目记载来看，《行军须知》不见于宋元书目，明《文渊阁书目》始著录，清黄虞稷《千顷堂书目》著录《行军须知》二卷，并称"不著撰人并时代"。清卢文弨《补辽金元艺文志》将其著录为元代兵书。民国陆达节《历代兵书目录》《中国兵学现存书目》均袭用卢说。

经现代学者研究考证，该书并非元人著作，而是成书于北宋。版本目录学家王重民先生认为，该书"当撰于北宋仁宗或神宗之世"②。王若昭先生在此基础上，通过对文本所涉事件、地理、武器装备的细致分析，进一步研究指出，"《行军须知》一书约撰于北宋仁宗庆历八年后至皇祐六年（1048—1054）间，比《武经总要》的撰成时间估计晚十来年"。但是这一论断也有一处反例，在《行军须

① 《中国兵书集成》编委会编：《中国兵书集成》第五册，解放军出版社、辽沈书社，1988年。本书所引《行军须知》均出自该本。

② 王重民：《中国善本书提要·子部·兵家类》，上海古籍出版社，1983年。

知·守城》中有一段文字："今河东古太原城，宋决汾水而灌刘维元是也。"决汾水灌太原之事发生在宋太祖开宝二年（969）亲征北汉之时，如果该书为宋人所作，以"宋"称呼本朝，难以理解。王若昭先生认为，这则材料当为明人重刻时所改。① 全面考察书中各方面的材料，这一说似可成立，在没有新的更有力的反证之前，我们认为，《行军须知》成书于北宋仁宗时期的结论是成立的。

《行军须知》共十五篇，内容涵盖了行军作战指导的各个方面。《诫将》主要讲对将领品德、才干及言行的要求；《选士》主要讲选士的意义、原则以及对各种人才的使用之道；《禁令》主要讲扎营、行军的纪律禁令以及对违令者的处置；《选马》主要讲马匹的拣选、训练和养护；《讲武》讲军事训练的重要性及其方法；《明时》讲天时顺逆之理，在不同天候条件下的行军作战原则；《渡险》讲行军要点以及涉险渡隘之法；《安营》讲不同地理条件下的安营之法；《料敌》讲如何判断敌情以及不同敌情的应对方法；《布战》讲各种情况下布阵作战的原则和方法；《守城》讲守城的器械和战法；《攻城》讲攻城的器械和战法；《间谍》讲间谍的重要性及选用原则；《入伐》讲进入敌境作战的指导原则；《受降》讲受降的注意事项。

每篇之中，分为三部分内容：前有引言，概述要旨；其次论列历代兵法言论和战例，然后条列具体要求；最后加以总结，阐明主旨。以首篇《诫将》为例，引言共八百余字，曰："大兵革之兴，肇自黄帝，习用干戈，灭蚩尤于涿鹿，五千余年矣。天道周流，智伪并生，贤愚间出，乃至春秋、战国、秦、汉，迄于隋、唐，为将相著名于世者，始自伊吕，经今百代，有能建当时之功，扬后日之名，始终报国，全身保命，立庙像于世者，不及百人。将帅之用，统兵百万系一人，对仇敌于咫尺，决胜负于须臾，实为古今难事。故将之材不可不察也。夫将有勇而无谋者，有谋而无勇者，有恃己之能而不容众者，有温恭而内慢易者，有矜贵位而恶卑贱者，有性

① 王若昭：《〈行军须知〉考》，《清华大学学报》（哲学社会科学版）1987年第1期。

骄傲而耻下门者，有扬己之长而掩人之德者，有藏己之过［而］扬人之非者。《龙韬》之《论将》篇曰：……”其后引《六韬》《吴子》《黄石公三略》《尉缭子》《唐李问对》等论将德将才的内容。然后列出“诫将”二十一条。例如，第一条：“主将常察士卒饥饱劳逸，强弱勇怯，材伎动静之情，使之自然和同。《兵书》曰：‘兵贵其和，和则一心，用则无疑。兵虽百万，指呼如一。’《三略》曰：‘蓄恩（按：原文误作“思”，径改）不倦，以一取万。’又良将之养士，不以己身异他人之身，与己同，如手足相救，故能任职使，三军如一，胜可全矣。”这一条是讲将领要“和众”。第二条：“主将行军，不以己之喜而赐赏，不以己之怒而行诛。赏当有功，罚当有罪。《兵法》曰：‘赏不忌仇，罚不忌亲。’又云：‘赏一人，则万人喜，罚一人，则三军惧。’《六韬》曰：‘罚贵大，赏贵小。’穰苴斩庄贾，是伐大也。拔卒为将，是赏小也。又云：‘诛大为威，赏小为明，罚审为禁。’此乃行军之三要也。”这一条是讲赏罚的原则。其后各条讲将领的行为准则，十分丰富具体，甚至有“饮酒不可醉，醉后不可行刑，虑有所失”之类的内容。《诫将》篇最后，总结道：“右已上二十一条，为将之规矩模范耳。惟在存神立志，报国推功，深谋远虑，遇敌不可轻发。谋不深，事多轻发，即为敌所料，机事不成。《兵法》曰：‘不见其利，不可先兵。’”

综合分析全书内容，我们认为，《行军须知》应该是一部宋代的作战条令，目的是为将领行军作战提供理论指导和行为约束。这也可以从另一个角度解释，为什么它附《武经总要》刊行，而且并未标明时代和作者。《行军须知》辑录了大量前代兵书言论，以“武经七书”为主，也有《军谶》《太白阴经》《长短经》《便宜十六策》等其他兵书。书中也有一些战例列举，但占比不大，主要集中在《明时》《安营》《受降》等篇。

与其他兵书相比，《行军须知》具有几个明显的特点。

一是内容明确、具体，实用性强。全书围绕行军作战的主要问题立论，主体内容是各篇中的条目。这些条目中，除了《明时》篇中的一条长达四百余字外，其他都在十余字至百余字之间，简单明晰，易于记诵和查找。例如，《选士》篇中的几条：“有弓弩射远的中者为一等，可使偏攻开路，射其主将头目之人”；“有武艺出众力气壮者为一等，可使为奇兵，大将应急驱使”；“有过犯凶恶顽迹不顾死生少壮者为一等，可使昼则游奕，夜则伏路，守隘、破坚、入险，出为先锋，入为后殿”；“有攻医药、戎具、木匠、铁匠、杂手艺者为一等，可使军前缓急杂用。太公曰：‘选士二十八人，主百药、治金疮以全诸病……’”此篇条目要求将军队人员按照勇怯、强弱、专业技能等进行分类，务使他们承担最适合的任务，人尽其用。其他篇目中的条目也多类此，简单，明确，便于操作。

二是强调将领在战场上临机处置。《诫将》篇中有一条讲道：“军中行刑罚赏，若应急便于事者，不俟君命，即时而行。抚军临敌，纳土受降，不俟君命，在主将应之谋也。《六韬》曰：‘将授（按：当为“受”之讹）命于君，出师临敌，无天于上，无地于下，无敌于前，无君于后，皆在主将令也。’”另一条中说：“遇天子有制诏，或兴三军，时下不便于事者，不得漏泄于外。即时回奏。谓大战胜负未决，赏罚未定，意遏军兴，或彼军未退，欲拟抽军，狐疑士众，或改差将吏，人情未便之类，《兵法》曰‘君命有所不授（按：当为“受”之讹）’，谓不便于事是也。《汉书》云：‘惟闻将军之命，不闻天子之诏。’”其他篇中也多次重申这一原则。如《安营》篇结语中说：“右已上下营之法，诸家兵法广说多途，为将者或在我界，或在他境，临事变通，不可不密也。”《料敌》篇引语中说：“用兵之术，变化莫测，皆出于深谋远虑，见敌生机。”《布战》篇结语说：“右已上布阵作战之法，陈其大略，又在临时观敌众寡，军势勇怯。将士同心，天时顺，地利便，战必胜矣。”《守城》篇结语说：“右已上防城之法，虽是广设备御，昼夜无停，巧施谋策，详在主将变其虚实，临机应变，可以保全。”《攻城》篇说：“右已上破城之法，陈其大略，观古贤智攻其所守，审其所图，巧策多途，各有攸当也。”《入伐》篇也说：“右已上入境伐国之法，万里出师，成败未保，计在主将一人临事变通，全军为上，无令小失。”《行军须知》之所以一再强调将领要临事变通，是因为它所列举的条目无论如何详备，只能“陈其大略”，战场情况林林总总，瞬息万变，行军作战既要靠条令指导和约束，更需要将领根据战场形势灵活用兵。这也体现出《行军须知》贴合战争实践的特点，使它与文人论兵之作区别开来。

三是记载了一些宋代军事技术成就。《行军须知》虽然并未专门讲军事技术，但在《诫将》《明时》《安营》《布战》《守城》《攻城》诸篇对作战原则和方法的记述中，都涉及军事技术方面的内容，其中对火筒的记载，以及“用床子弩放火箭及火炮”等方法，可与火器史的其他资料相印证，具有较高的军事科技史料价值。对通信、保密、警戒、防奸等方法的记载也很详细具体，有很高的史料价值。

《行军须知》作为一部作战条令，在宋代流传和运用的情况不详，但在明清时期引起了较高重视。李进在序中说它“诫将选士，禁暴弭乱，镇边疆，威四夷，攻围战守，节制料敌，智勇明决，疾徐动静，奇正虚实，权变形势之方，靡不备载。是则深切著明，非他书可比”，认为它是“勘定祸乱之本要”，将领都应该学习它。李进还提到永乐初年李元凯曾刊印该书，显然该书在明初已经引起关注。明万历时，吕坤在《安民实务》中提出，将帅要“人人精晓”《行军须知》，明人唐顺之所撰《武编》、清人傅禹所辑《武备志略》等也多援引其说。

《百战奇法》

《百战奇法》① 是目前可见最早的一部专门论述兵学范畴的兵书。该书不见于宋代著录，最早著录于明《文渊阁书目》，现存最早刊本为明弘治十七年（1504）马思进刻《武经总要》附刊本，名曰《武经总要百战奇法》。李赞在该本序中说：“书亡作者姓氏。”由于作者不详，明清出现了各种伪托的题名和书目，情形十分复杂。明崇祯年间所刊兵法丛书《韬略世法》收录该书，名为《新编百战百

① 《中国兵书集成》编委会编：《中国兵书集成》第五册，解放军出版社、辽沈书社，1988 年。本书所引《百战奇法》均出自该本。

胜合法引证》，题为“宋谢枋得叠山甫编辑，明汪湛参订”，但邹复在序中指出，该书“未详作者姓氏……殆宋人手笔，张预、戴溪之流亚也”。明代余泗泉萃庆堂刻《决胜纲目》，实际上就是《百战奇法》，题为明人叶梦熊著。清代澼绕道人辑军事丛书《水陆攻守战略秘书七种》和清抄本军事丛书《帷幄全书十四种》，均收录该书，名为《百战奇略》，题为明刘基所作。此说为《历代兵书目录》《中国丛书综录》等广泛采信，影响较大。

当代学者对《百战奇法》作者的考辨始于二十世纪八十年代。关于清丛书本《百战奇略》，一种观点认为，为刘基隐居期间所作。[①] 另一种观点认为，该书并非刘基所作，而是澼绕道人根据明刘寅《武经七书直解》改编而成。[②] 这两种说法都囿于《百战奇略》本身及有限的相关史料，并未意识到《百战奇略》和《百战奇法》以及其他同名兵书之间的关联。军事史专家张文才先生通过对该书著录、流传、内容等的细密考证，指出该书作者并非刘基，该书也并非元代或明代兵书，而是宋人著作，原名《百战奇法》，清雍正以后始有《百战奇略》之名。张先生通过对书中所引战例时代及避讳情况的研究，认为该书成书于北宋英宗至徽宗期间。[③] 在诸多考辨文章中，张文有理有据，翔实可信，厘清了关于《百战奇法》成书的一些重要问题。但是，据以断定《百战奇法》为北宋著作，似嫌证据不足。那么，该书是否如明刊《韬略世法·新编百战百胜合法引证》所题，为南宋谢枋得所撰呢？谢枋得，字君直，号叠山，宝祐四年（1256）进士。宋末为江东制置使，临安陷落，起义兵于弋阳，兵败后遁迹民间。至元二十五年（1288），元廷诏访贤才，福建行省魏天祐强起之，次年至燕京，绝食而卒。[④] 谢枋得是南宋时期

---

① 郝兆矩：《刘基军事思想述评》，《浙江学刊》1984 年第 2 期；刘基撰，姚炜译注：《百战奇略·说明》，光明日报出版社，1987 年。

② 周大海：《〈百战奇略〉辨伪》，《浙江学刊》1985 年第 5 期。

③ 张文才：《〈百战奇略〉不是明代刘基的著作——兼与姚炜先生等商榷》，《军事历史研究》1989 年第 4 期。

④ 《宋史》卷四百二十五《谢枋得传》。

声名卓著的志节之士，后人的很多著作都伪托于他，该书是否确为谢枋得所撰，并无确切的证据，姑且存疑待考。

《百战奇法》广搜博采，从历代兵书中提炼出一百个条目，名为“百战”：计战、谋战、间战、选战、步战、骑战、舟战、车战、信战、教战、众战、寡战、爱战、威战、赏战、罚战、主战、客战、强战、弱战、骄战、交战、形战、势战、昼战、夜战、备战、粮战、导战、知战、斥战、泽战、争战、地战、山战、谷战、攻战、守战、先战、后战、奇战、正战、虚战、实战、轻战、重战、利战、害战、安战、危战、死战、生战、饥战、饱战、劳战、佚战、胜战、败战、进战、退战、挑战、致战、远战、近战、水战、火战、缓战、速战、整战、乱战、分战、合战、怒战、气战、逐战、归战、不战、必战、避战、围战、声战、和战、受战、降战、天战、人战、难战、易战、离战、饵战、疑战、穷战、风战、雪战、养战、畏战、书战、好战、变战、忘战。李赞在《武经总要百战奇法序》中说：“其命名立法，多出《孙武子》、武经七书，盖以《孙子》为经，百法若传。”该书始于“计战”，终于“忘战”，其中约有六十战源出《孙子兵法》，如“计战”出自《地形篇》“料敌制胜，计险厄远近，上将之道也”，“利战”出自《计篇》“利而诱之”，等等。其余约四十战取诸其他武经或儒家经传，如“信战”出自《六韬·龙韬·论将》“信则不欺”，“教战”出自《论语·子路》“以不教民战，是谓弃之”，如此等等。

在具体写作方法上，“合法引证”颇能概括《百战奇法》的特点。作者在每个条目之下，先阐述该“战”的含义，然后引《孙子》等经典兵书之语，最后引先秦至五代的经典战例相佐证。如“谋战”：“凡敌始有谋，我从而攻之，使彼计衰而屈服。《法》曰：‘上兵伐谋。’”继而引证春秋晋齐相争，晏子折冲樽俎的例子。这种体例使兵法理论与战例结合，互相发明，互相印证，易于为读者所理解接受，因此也受到后人肯定。明代王鸣鹤编《登坛必究》收录了该书的前五十战，并说：“《百战奇法》五十款，款下各附合于《孙子法》，且更以古人之行事证之，利害得失昭然于心目之间，殊足以启发后人，而战道略备矣。”① 《百战奇法》在明清时期流传较广，恐怕也与这一体例特点有关。

《百战奇法》所涉及的内容十分丰富，凡与战争胜负有关的因素，诸如战争观、战争方略、作战原则和方法、治军之道、后勤补给、军事地理等方面都有专条讨论。这些内容不但全面继承了传统兵学思想，而且有新的阐释和发展。例如，在“粮战”中，指出“凡与敌垒相对持兵，胜负未决，有粮则胜”。对于自己的粮道，要严加守护，对于敌人的粮道，则应派精兵抄袭，陷敌于被动。在“人战”中，主张“推人士而破妖祥”，破除迷信，稳定军心，等等，这些观点都颇有新意。该书还用大量篇幅论述了不同地形和气候条件下的作战方法，如，山战“须居高阜”，谷战“必依附山谷”，水战“须去水稍远”，泽战“必就地形之环龟”。在丘陵山地对敌骑兵作战，要使用步兵；在平原旷野对敌步兵作战，要使用骑兵和战车；在干旱天气对营于草莽山林之敌，可采取火攻；而在风雪天气作战，则要乘敌不备，“潜兵击之”，等等。

《百战奇法》将中国传统兵学的诸多概念和范畴加以归纳和提炼，并以丰富的战史材料相参证，使传统兵学理论的概念体系及其丰富的辩证法思想得到了集中体现。例如，《孙子兵法》强调“速战”，主张“兵贵神速”，《百战奇法》却立“缓战”一目，与“速战”相对：“凡攻城之法，最为下策，不得已而为之。所谓三月修器械，三月成距堙者，六月也。谓戒为己也，忿躁不待攻具而令士卒蚁附，恐伤人之多故也。若彼城高池深，多人而少粮，外无救援，可羁縻取之，则利。《法》曰：‘其徐如林。’”此篇所论仍为孙子思想，但是以“缓战”为题，提炼出了攻城作战与野战不同的特点，令人印象深刻。又如，《百战奇法》论“穷寇勿迫”：“凡战，如我众敌寡，彼必畏我军势，不战而遁。切勿追之，盖物极则返也。宜整兵缓追，则胜。”以“物极必反”的普遍原理解释“穷寇勿迫”

① 王鸣鹤编：《辑百战说》，《登坛必究》卷二十，《中国兵书集成》编委会编：《中国兵书集成》第二十二册，解放军出版社、辽沈书社，1990年。

的用兵原则，可谓切中肯綮。其他关于强弱、众寡、胜败、主客、奇正、虚实、轻重、利害、安危、饥饱、劳逸、进退、远近、分合等范畴的论述，也都具有这样的特点，这些范畴分为相对的两个篇目，但合而观之，既相互对立又相互转化的辩证关系是十分明晰的。可以说，《百战奇法》在兵学范畴研究方面迈出了重要的一步，明代揭暄《兵经百篇》、清代邓廷罗《兵镜或问》等都继承了这一路向。

不过，该书也存在一些明显的缺点。一是立目过于简单、繁碎，对兵学理论的系统深入阐述不足。二是有些篇题不够恰当，如“害战”，与“利战”相对，实际上讲的是要塞地区防御作战的战法；而“选战”，讲的是作战要有“选锋”，等等。三是有些兵法、战例选择不够精当，体例也有前后不够统一之处。

第三节　兵法类下

兵书注释之作是兵书中很重要的一类，它们不但是学者研讨兵学的重要载体，也是普及和传播兵学的重要媒介。兵书注作以“武经七书”注为主，“武经七书”注之中，又以《孙子》注为大宗。《孙子》注始于三国时期。著名政治家、军事家曹操是第一个为《孙子》作注的人。截至宋代，见诸记载的《孙子》注家主要有三国的王凌、沈友，南朝梁孟氏，隋萧吉、张子尚，唐李筌、杜牧、陈皞、贾林、孙镐，五代张昭、何延锡等。宋代“文人论兵”蔚然成风，掀起了一个兵书注释的高潮。现存的宋代《孙子》注释主要有梅尧臣、王皙、何氏、张预等的注作以及郑友贤的《十家注孙子遗说》，这些注释成果都汇集在《十一家注孙子》一书中。南宋施子美的《施氏七书讲义》则是对“武经七书”的全面注解。

关于这些兵书注作，第二章已经粗有论及，此处将详细探究它们的作者、成书时间、内容特点及其对兵学发展的意义和影响。

梅尧臣注《孙子》

梅尧臣（1002—1060），字圣俞，宋代著名诗人、学者。其诗一反唐末五代靡丽之风，以深远古淡为意，在宋代文坛上占有重要地位。但是，他的仕途并不顺利，初以叔父梅询恩荫入仕，长期担任州县官吏。皇祐三年（1051）召试馆阁，赐进士出身，后为国子监直讲，累官至尚书员外郎。曾预修《新唐书》，书成，未奏而卒。

《宋史》本传称梅尧臣“尝上书言兵，注《孙子》十三篇”①，这是关于他注《孙子》的确切记载。梅注《孙子》见载于《秘书省续编到四库阙书》《郡斋读书志》《通志·艺文略》等目录著作。在“十一家注”中，梅注排在王皙、何氏、张预之前，为宋代注家第一，根据史料考察，这一排序应该是符合历史实际的。刘敞在《送梅圣俞序》中称：“昔者，边鄙无事，士大夫耻言兵，圣俞独先注《孙子》十三篇献之，可谓知权矣。及其有事，士大夫争言兵，或因以取富贵，圣俞更闭匿不省利害，可谓知道矣。”② 由此可见，梅尧臣之注《孙子》当在宋夏战争爆发之前。欧阳修《与梅圣俞》书中有“孙书注说，日夕渴见，已经奏御，敢借示否”之语，《欧阳修全集》标注此信写于宝元二年（1039）③，《二梅公年谱》则系于康定元年（1040），是则梅氏之注作于宋夏战争大规模爆发前夕的宝元二年到康定元年之间，且在完成后进献朝廷。

梅尧臣身为一位文名甚高的儒家学者，何以会致力于寂寥的兵家之学呢？他曾在一首诗中自述：“我世本儒术，所谈圣人篇。圣篇辟乎道，信谓天地根。众贤发蕴奥，授业称专门。传笺与注解，璨璨今犹存。始欲沿其学，陈迹不可言。唯余兵家说，自昔罕所论。

① 《宋史》卷四百四十三《文苑五·梅尧臣传》。

② 《送梅圣俞序》，《公是集》卷三十五。

③ 《与梅圣俞四十六通·十》，《欧阳修全集》卷一百四十九。

因暇聊发箧，故牍尚可温。”① 身为一位儒家学者，而致力于寂寥的兵家之学，除了不务陈迹的治学理念，梅尧臣对兵学的喜好是一个更主要原因。欧阳修在《孙子后序》中称，梅尧臣“尝评武之书曰：‘此战国相倾之说也。三代王者之师，司马九伐之法，武不及也。’然亦爱其文略而意深，其行师用兵、料敌制胜亦皆有法，其言甚有次序。而注者汩之，或失其意。乃自为注，凡胶于偏见者皆抉去，傅以己意而发之，然后武之说不汩而明”②。梅尧臣虽然站在儒家的立场，认为《孙子兵法》不及王者之师、司马之法，但对其文字之精练、含义之深邃、战法之详备及文法之周密喜爱有加，这种喜爱之情正是促使他为《孙子》作注的主要原因。欧阳修说他“遗编最爱孙武说”③，当为不虚之论。

梅注共四百八十二条，在十一家注中属于条目较多的。其注有几个鲜明的特点。

一是文字简练，讲究对仗。如解《计篇》“将者，智、信、仁、勇、严也”句，曰：“智能发谋，信能赏罚，仁能附众，勇能果断，严能立威。”解“法者，曲制、官道、主用也”句，曰：“曲制，部曲队伍分画必有制也。官道，裨校首长统率必有道也。主用，主军之资粮百物必有用度也。”解“兵者，诡道也”句，曰：“非谲不可以行权，非权不可以制敌。”在这些注释中，整齐对仗的句式成为一个突出特点。又如，解《谋攻篇》“故上兵伐谋，其次伐交，其次伐兵”句，分别以“以智胜”“以威胜”“以战胜”释“伐谋”“伐交”“伐兵”，言简意赅，切中肯綮，文采斐然，反映出梅尧臣独特的语言风格和高超的修辞技巧。

二是少训诂，多通解。梅注中训诂文字、解释名物的内容不是很多，通观他的注释，对于文句大义的通解是占主流的注释方式。如解《作战篇》“久暴师则国用不足”句，曰：“师久暴于外，则输

① 梅尧臣：《依韵和李君读余注孙子》，《宛陵集》卷七，文渊阁《四库全书》本。

② 《孙子后序》，《欧阳修全集》卷四十二。

③ 《圣俞会饮》，《欧阳修全集》卷一。

用不给。”又如，解同篇“故杀敌者，怒也；取敌之利者，货也”两句，曰：“杀敌，则激吾人以怒；取敌，则利吾人以货。”这样的注释颇类今天的白话翻译。如果将其注释的某些部分摘录出来，基本上就是《孙子》的宋代翻译本。

三是约括其文，整体把握。梅氏比较注意分析段落大意及篇章意旨。如在《作战篇》“故兵贵胜，不贵久”句下，梅注曰：“上所言皆贵速也。速则省财用、息民力也。”又如，在《九地篇》“凡为客之道，深则专，浅则散”句下，梅尧臣先释句义：“深则专固，浅则散归。”然后对《孙子》在下文中重言“九地”进行分析：“此而下重言九地者，孙子勤勤于九变也。”即从《孙子》的章句安排出发，指明作者的用意是强调“九地之变”的重要性。据统计，在梅注中，这类解释段意、分析篇旨的注释达十余条，反映出梅注不拘泥于文字训诂，注重从段落、篇章的整体上把握《孙子》思想的特点。

王晳注《孙子》

王晳注《孙子》三见于宋人著录，一为《通志》，一为《郡斋读书志》，一为《文献通考》。《通志》所记很简略，且误“晳”为“哲”。《文献通考》袭用《郡斋读书志》之说，无所发明。唯有《郡斋读书志》记述较详：“右皇朝王晳撰，晳以古本校正阙误，又为之注。仁庙时天下久承平，人不习兵。元昊既叛，边将数败，朝廷颇访知兵者，士大夫人人言兵矣。故本朝注解孙武书者大抵皆当时人也。”① 很显然，晁公武认为王晳是在宋夏战争爆发后，朝廷留意兵学的情况下为《孙子》作注的。

《郡斋读书志》所谓“皇朝王晳”到底是何许人呢？从宋代一些目录著作中，我们可以探寻到一些线索。陈振孙《直斋书录解题》虽未著录王晳注《孙子》，却录有他的另一部著作《春秋皇纲论》五卷。陈氏在解题中称王晳为“太常博士……至和中人”，并称王氏

① 《郡斋读书志·后志》卷二。

还著有《春秋通义》十二卷。① 又，王应麟《玉海》载："至和中，太常博士王晳（按：'晳'字在古籍中或误为'皙'，或误为'哲'，以下引文不再一一注明）撰《春秋通义》十二卷，据三传注疏及啖赵之学，其说通者附经文之下，缺者用己意释之。又《异义》十二卷，《皇纲论》五卷二十三篇。"② 《宋史·艺文志》也著录有《春秋通义》《皇纲论》二书，但误"王晳"为"王哲"。由以上材料可知，王晳是一位经学家，著有一系列《春秋》学著作。这些著作中，《春秋通义》已佚，《皇纲论》今存于《四库全书》之中，《四库全书总目》称"宋王晳撰，晳自称太原人，其始末无可考"，又引陈振孙《直斋书录解题》，称其官太常博士，并据龚鼎臣《东原录》，以之为翰林学士。后人对王晳的认识多止于《四库全书总目》的内容，未予深考。

通过寻绎史料，我们可以钩稽出王晳的大致形象，他实际上是北宋中叶一位著名士人，以研究《春秋》名世，而且年寿颇高，历仕仁宗、英宗、神宗、哲宗四朝，与王安石、司马光、范纯仁、韩维等名臣均有交谊。

王晳，字微之，生卒年不详。宋仁宗年间已入仕，嘉祐中（1056—1063）曾任知池州等地方官。周必大在其《泛舟游山录》中记载，池州齐山"九项洞"，"嘉祐中因太守王哲易名集仙洞"。并注："哲与王介甫唱酬甚多，即撰《齐山记》者。"③ 这与《江南通志》所载"王哲字微之，嘉祐中以学士知池州，司马光有《齐山记》寄颂其美"的记载基本符合，可见这两处的"王哲"就是王晳。王安石《临川文集》中确有多首与王晳唱和之作，其中《次韵酬微之赠池纸并诗》④《和王微之秋浦望齐山感李太白杜牧之》⑤ 等

① 《直斋书录解题》卷三《春秋类·春秋皇纲论》。按：该书误"晳"为"哲"。

② 《玉海》卷四十。

③ 《全宋文》卷五千一百五十八。

④ 《临川文集》卷十一。

⑤ 《临川文集》卷十九。

诗显然作于王皙知池州期间。司马光所作《齐山记》屡被提及，似为当时名文，惜今已不传，但司马光文集中今存有《齐山诗呈王学士》，并注“皙字微之”①，当亦为与王皙的酬唱之作。

王安石《和王微之登高斋三首·一》中有“念君少壮辍游衍，发挥春秋名玉杯。书成不得断国论，但此空语传八垓”② 之句，是则王皙著成《春秋》学著作当在出守池州以前，这正与《玉海》《直斋书录解题》中称王皙为至和中人，以太常博士撰《春秋通义》的记载相吻合。此外，洪迈在《容斋随笔》中称，“予家藏王沿《春秋通义》一书，至和元年邓州缴进，二年有旨送两制看详，于是具奏者十二人皆列名衔”③。此处“王沿”当为“王皙”之误，据此，《春秋通义》的著成时间当在至和元年（1054）。

《春秋通义》似乎并未给王皙的仕途带来大的转机，如王安石所言“书成不得断国论”，韩维诗中也有“怜君壮岁多留滞，不尽鹏抟万里程”④ 的感慨，可见他在壮年时期未得显用，官位较低，这大约正是宋代史料中对他记载寥寥的原因之一。直到哲宗元祐元年（1086），朝廷才对他重新起用，苏轼在所拟制书中称，“凡我四朝之旧，经德秉哲，笃老不衰者，今几人哉？以尔好学守节，名在循吏，而久不治民，朕甚惜之。太行之麓，民朴讼简，守以安静，莫如汝宜”⑤。所谓“四朝之旧”指的是仁宗、英宗、神宗、哲宗四朝，“好学守节”是对他撰著《春秋通义》等著作及其德行的褒赞，“久不治民”则印证了“壮岁多留滞”之说。至于为什么偏偏到元祐党人上台以后才被重新任用，很可能是因他与新党政见不合而去位。《续资治通鉴长编》在元祐元年以后有三条关于王皙的记载，一为元祐元年（1086）十月，“知卫州王皙请以历赐有司，而不赐其人”⑥。

---

① 《温国文正司马公文集》卷四，《四部丛刊初编》本。

② 《临川文集》卷六。

③ 《容斋随笔·三笔》卷十二，“侍从两制”条。

④ 韩维：《和微之》，《南阳集》卷九，文渊阁《四库全书》本。

⑤ 《王皙可知卫州》，《东坡全集》卷一百六。

⑥ 《续资治通鉴长编》卷三百八十九，元祐元年十月丙戌。

二为元祐元年（1086）十二月，“中散大夫、集贤校理、判登闻鼓院王哲为鸿胪少卿”①。三为元祐四年（1089）七月，“中散大夫、集贤校理、蔡河拨发王哲为直秘阁、提举崇福宫”②。可见，在元祐元年至四年的一段时间内，王哲一度以耆旧硕德的身份重登政治舞台，但并没有什么突出的治绩。

对于王哲的年寿，韩维作《王微之龙图挽词二首》，其中有“九十年龄随化尽，所嗟不尽是君才”③ 之语，张耒《续明道杂志》称其善于调养，“年八十卒”④。二者记载有异。韩维晚年与王哲交谊甚好，且为其作挽词，所言当更为可信，“九十”可能是举其成数而言，王哲的实际年龄当在八十五岁至九十岁之间。韩维卒于元符元年（1098），王哲之卒当在此前数年。

从现存史料来看，王哲是一位治学广博的学者，不但是有名的《春秋》学家，而且对《易经》有深入研究，著有《周易衍注》四卷、《周易纲旨》二十篇⑤，还精通音律，王安石“唱酬自有微之在”⑥、韩维“每因误曲烦周顾”⑦ 等诗句都反映了这一点。他晚年转而习佛，韩维诗中有“白头学士耽禅习”⑧ 之句。史料中也透露出他对兵学的爱好，他在出守汝州⑨之时，曾仿效孙子“吴宫教战”，以女乐编成演习射箭的舞蹈，虽然这只是文人学士“聊以戎容

---

① 《续资治通鉴长编》卷三百九十三，元祐元年十二月庚寅。

② 《续资治通鉴长编》卷四百三十，元祐四年七月辛巳。

③ 《南阳集》卷十二。

④ 陶宗仪：《说郛》卷四十三下，文渊阁《四库全书》本。

⑤ 参见胡一桂：《周易启蒙翼传》中篇，文渊阁《四库全书》本；朱彝尊：《经义考》卷十八，文渊阁《四库全书》本。

⑥ 《送程公辟得谢归姑苏》，《临川文集》卷十七。

⑦ 《王微之龙图挽词二首》，《南阳集》卷十二。

⑧ 《予会宾答微之惠诗》，《南阳集》卷十一。

⑨ 按：王哲出守汝州具体时间不详，刘挚《忠肃集》卷十九有《九月十日赵韩王园同舍饯送王微之哲出守汝州即席次其韵二首》及《重送微之二首》，诗中有“旧德如公更几人”“春秋坠学应犹在，闻说新书胜玉杯”诸句，是则王哲知汝州当在晚年，其时又有新的《春秋》学著作问世。

娱樽俎”的别样娱乐方式，但也反映了他对兵学的特殊兴趣。李廌曾作诗为贺，称“汝阳使君如孙武，文章绝人喜军旅。要知谈笑能治兵，戏教红妆乐营女”①。李廌将他比作孙武，又称其“喜军旅”，可见他与孙子兵学有较深的关联，恰可以印证他为《孙子》作注一事。但是，从文人儒士们相互酬唱之作来看，这部分内容显然并非他平生志业的重点。

至于王皙作《孙子》注的时间，梅尧臣《宛陵集》中有一首《次韵和池守王微之访别》的诗，诗中说道：“君荣初出守，我老未东归。病眼生花早，苍毛似叶稀。往还从更少，谈笑暂相依。不及秋鸿翼，能随向楚飞。”嘉祐中，王皙出知池州，正当壮年，仕途欣欣向荣，而梅尧臣则已是病眼生花、鬓发苍苍的老人，显然是王皙的前辈，故王皙为《孙子》作注当在梅氏之后。再从王注的内容来看，《十一家注孙子》的辑者注明同于梅注者有十处，其他援引梅氏注说者也很多。如《行军篇》“黄帝之所以胜四帝”句，梅尧臣注中认为“四帝”当为“四军”之误。王注则曰：“四帝，或曰当作‘四军’。”所言“或曰”显系梅氏之说。因此，《十一家注孙子》本将其置于梅尧臣之后应该是正确的排序。晁公武称其作《孙子》注在宋夏战争爆发后，应该也是有所依据的。

王皙注共计三百四十七条，主要有以下几个特点。

一是题解篇旨。除《用间篇》外，王皙在每篇篇题之下都有解题。这些解题与李筌、杜牧、张预诸家不同，并非主讲各篇的次第之由，而是重在概括该篇的思想主旨。如《计篇》解题作：“计者，谓计主将、天地、法令、兵众、士卒、赏罚也。”《谋攻篇》解题则为：“谋攻敌之利害，当全策以取之，不锐于伐兵、攻城也。”指出该篇的核心在于全胜思想。

二是多字义训诂。这一点在“十一家注”中显得较为突出。其中既有单纯的文字训诂，如《计篇》“经之以五事”句注：“经，常也，又经纬也。”也有对军事概念、术语的解释，如解《计篇》“法

① 《汝州王学士射弓行》，《济南集》卷三。

者，曲制、官道、主用也”曰：“曲者，卒伍之属。制者，节制其行列进退也。官者，群吏偏裨也。道者，军行及所舍也。主者，主守其事。用者，凡军之用，谓辎重粮积之属。”还有一种训诂，重在点明字词的特殊寓意。如解《军争篇》“夜战多火鼓”的“多”字：“多者，所以震骇视听，使慹我之威武声气也。”讲的是“多”的作用。此外，王注中也有一些通解句义、分析篇章旨意的内容，但所占比重不大。

三是注重校勘。晁公武称王晳“以古本校正阙误，又为之注”，此说可能源于王晳单注本的序跋之类，应该是较为准确的。从王晳注文的情况来看，共有九则校语，其中七条校正文，两条校曹注，确为宋代注家中校语数量最多的。但是，这些校语中除了有一处校曹注者指出所据别本外，其他都是理校，并未体现出校以古本的印记。当然，也有一种可能，那就是，王晳“以古本校正阙误”，是注释之前的基础工作，其校记并未体现在注文之中，注中只是对没有版本依据之处提出了理校的意见。

何氏注《孙子》

何氏注见载于《郡斋读书志》：“《何氏注孙子》三卷，右不题姓氏，近代人也。”《文献通考》因其说。《崇文总目》卷六有“《孙子》二卷，何延锡注”，《通志·艺文略》亦载“《孙子兵法》……又三卷，何延锡注”。清人毕以珣作《孙子叙录》，直以何氏为何延锡。孙星衍在校定《孙子十家注》之时，也认为何氏即为何延锡，批评“十家注”本“或不知何延锡之名，称为何氏”。后来学者虽然对“何氏”的生平所知不多，但大多认为何氏名延锡，为宋人。①更有人据何延锡之名查究史料，认为何延锡为五代人，何氏注非宋注。②

---

① 参见于汝波主编：《孙子学文献提要》，军事科学出版社，1994年，第33页；李零：《〈孙子〉十三篇综合研究》，中华书局，2006年，第395页。

② 参见谢祥皓：《〈孙子十家注〉考辨》，《管子学刊》1996年第1期。

那么，《十一家注孙子》中的何氏是否为何延锡，《何氏注孙子》是否就是《何延锡注孙子》呢？对于这些问题，只能从何氏注本身寻找答案。经过对何氏注的深入研究，我们认为，前人之说存在很大偏差，起码可以在如下几个方面得到更明确的认识。

首先，何氏为宋人，并非五代人何延锡。五代确有一位叫何延锡的将领。他是南唐的兵马都监、四方馆使，在后周显德三年（956）周世宗征南唐之役中，在涡水之战中被赵匡胤部杀死。因为此事涉及赵匡胤的勋绩，所以《旧五代史·周书》《宋史·太祖本纪》均有明确的记载。如此说来，这位何延锡不曾入宋，是位不折不扣的五代时人，这一点应该是没有疑问的。史书中对其事迹的突出记载是他曾向南唐主建策，封滁河瓦梁口，以抵御后周的进攻。[①]由此可见，他并非一个不通韬略的赳赳武夫，为《孙子》作注也是有可能的。《崇文总目》和《通志》所载《何延锡注孙子》，可能就是他的遗作。《宋史·艺文志》“兵书类”还载有何延锡《辨解序》一卷，也应出自该人之手。

何延锡既然并未入宋，他的著作中就不可能出现大量五代史料。而在何氏注文中却有四处援引五代战例。一为解《势篇》“以正合，以奇胜”句，引后汉郭进定河北之例；二为解《军争篇》“穷寇勿迫”句，引后晋将领符彦卿、杜重威等阳城之战；三为解《火攻篇》“火攻有五”句，引后梁太祖朱温鱼山之战；四为《火攻篇》同上句，引后唐任圜伐蜀之战。四例之中，涉及后梁、后唐、后晋、后汉四朝，且明确称引“五代”。由此可见，《十一家注孙子》中的何氏显然是宋人，而非五代何延锡。此外，何氏注《行军篇》“黄帝之所以胜四帝也”句，称“梅氏之说得之”，这也是何氏为宋人，且注《孙子》在梅尧臣之后的一处佐证。

其次，《何氏注孙子》成书于《武经总要》之后。查考何氏注中所引战例，我们会发现，其中很大一部分源自《武经总要》。这方面的例证俯拾皆是，典型者如《地形篇》“兵无选锋曰北”句，何

① 王应麟：《通鉴地理通释》卷十二，文渊阁《四库全书》本。

氏注曰：

> 夫士卒疲勇，不可混同为一；一则勇士不劝，疲兵因有所容，出而不战，自败也。故《兵法》曰："兵无选锋曰北。"昔齐以伎击强，魏以武卒奋，秦以锐士胜，汉有三河侠士、剑客奇材，吴谓之解烦，齐谓之决命，唐谓之跳荡，是皆选锋之别名也。兵之胜术，无先于此。凡军众既具，则大将勒诸营，各选精锐之士，须趫健出众、武艺轶格者，部为别队，大约十人选一人，万人选千人，所选务寡，要在必当，择腹心健将统率，自大将、亲兵、前锋、奇伏之类，皆品量配之也。

而《武经总要》前集卷一"选锋"条则曰：

> 夫士卒疲勇，不可混同为一；一则勇士不劝，疲兵因其所容，出而不战，自败也。故《兵法》曰："兵无选锋曰北。"昔齐以伎击强，魏以武卒奋，秦以锐士胜，汉有三河侠士、剑客奇才，吴谓之解烦，齐谓之决命，唐则谓之跳荡，是皆选锋之别名也。兵之胜术，无先于此。凡军众既具，则大将勒诸营，各选精锐之士，须趬健出众、武艺轶格者，部为别队，大约十人选一，万人选千，所选务寡，要在必当，择腹心健将统押，自大将、亲兵、前锋、奇伏之类，皆品量配充。

比较以上两处材料，二者几乎全同，仅在极个别文字上小有出入。何注显然是全文引录《武经总要》，以致连"故《兵法》曰：'兵无选锋曰北'"这样与注释体很不协调的文句也未予裁剪。又如，何氏注《九地篇》多引《孙子》佚文，杨丙安先生认为这些引文与《通典》异，具有校勘价值，① 实则这些引文也出自《武经总

---

① 杨丙安：《宋本〈十一家注〉及其流变》，《孙子新探——中外学者论孙子》，解放军出版社，1990年。

要》。

以上这些材料表明，《武经总要》是何氏注《孙子》的主要参考资料，而《武经总要》撰成于庆历七年（1047）前后，《何氏注孙子》成书只能在此之后。这也从一个侧面说明了《何氏注孙子》不可能是《崇文总目》所著录的《何延锡注孙子》，因为《崇文总目》修撰于宋仁宗景祐元年到庆历元年（1034—1041）之间，早于《武经总要》。

再次，《何氏注孙子》撰成于“武经七书”颁定之前。之所以得出这样的结论，是因为在何氏所引据的兵书中，有《司马法》《尉缭子》《吴子》《六韬》（按：引文作“太公曰”）等书，却无《三略》《唐李问对》。何氏注《九地篇》引《卫公兵法》“兵用上神，战贵其速……”云云，并非《唐李问对》之文，很可能是引自《通典》，这说明他并未读到过“武经七书”。因此，何氏注《孙子》当在《武经总要》撰成之后，“武经七书”颁定之前，从庆历七年（1047）到元丰六年（1083）前后近四十年的时间内。

综上所述，何氏为北宋人，并非五代何延锡，其注《孙子》主要引据《武经总要》《通典》等书，书成于庆历至元丰年间，很可能如晁公武所说，是顺应宋夏战争爆发、朝廷颇访知兵者的形势而作。何氏注在南宋时已失其名，因而《十一家注孙子》所收、晁氏所录均题为“何氏”，但以其时去北宋未远，尚未至于误其为五代何延锡。《十一家注孙子》将其次于梅尧臣、王皙注之后，张预注之前，当是正确的次序。

何氏注共计一百六十八条，是梅、王、何、张四家中最少的一家，但其特点却很突出。

其一，援引战例、史料繁多。据统计，在何氏一百六十八条注释之中，所引史料、战例多达一百一十八则。其中多有解一语而引数例者，如《军争篇》“佯北勿从”句，引“长平之战”等五例，“锐卒勿攻”句，引“陆逊拒战刘备”等六例。这些史料和战例主要引自《武经总要》和《通典》，且大多为原文照录。引自《武经总要》者已如前所述，引自《通典》者亦复不少。如解《九地篇》

“投之亡地然后存，陷之死地然后生”句，引韩信“背水之战”等四个战例，即引自《通典》卷一百五十九“死地勿攻”条，连“齐神武兵少，天光等兵十倍，围而缺之，神武乃自塞其缺，士皆有必死之志，是以破敌也”的《通典》注文也全部照录。由于引例不做裁剪，何注显得颇为冗杂、琐碎。

其二，以句义通解为主，注意《孙子》思想的内在联系。如解《计篇》“佚而劳之”句：“孙子有治力之法，以佚而待劳。故论敌佚，我宜多方以劳弊之，然后可以制胜。”又如，解《军争篇》“故迂其途，而诱之以利，后人发，先人至，此知迂直之计者也”句：“迂途者，当行之途也。以分兵出奇，则当行之途，示以迂险，设势以诱敌，令得小利縻之，则出奇之兵，虽后发亦先至也。言争利，须料迂直之势出奇，故下云‘分合为变’‘其疾如风’是也。”引《孙子》他篇“分合为变”“其疾如风”，将《孙子》前后文贯穿起来，无疑有助于更好地理解《孙子》的分合、奇正、速战等思想。何氏注也时有解释篇章结构及作者意旨之语，如解《作战篇》“故兵贵胜，不贵久”句，曰：“《孙子》首尾言兵久之理，盖知兵不可玩、武不可黩之深也。”这类注释同样有助于读者把握《孙子》要义。①

其三，对一些重要问题有集中阐释。何注虽然条目不多，且多引战例，但是，对于一些重要的军事范畴或疑难之处却有深入讨论。如解《势篇》“奇正”，首先对奇正加以理论阐述，曰：“兵体万变，纷纭混沌，无不是正，无不是奇。若兵以义举者，正也；临敌合变者，奇也。我之正，使敌视之为奇；我之奇，使敌视之为正。正亦为奇，奇亦为正。”进而指出：“大抵用兵皆有奇正，无奇正而胜者，幸胜也，浪战也。”然后引韩信灭赵井陉之战与破魏之战两个战例，具体说明奇正的运用之理。最后引《尉缭子》“今以镆铘之利、犀

---

① 按：褚良才先生也注意到这一点，称何氏注重串解篇意章旨，“跳出前注多囿于训释字词之窠臼”，参见褚良才：《宋刻本〈十一家注孙子〉汇考》，《浙江大学学报》（人文社会科学版）2000年8月第30卷第4期。

兕之坚，三军之众有所奇正，则天下莫当其战矣”作为结语。这则注释内容丰富、结构严谨，在何氏注中显得较为突出。

又如，对于素有争议的“九变”问题，何氏也提出了自己的见解。他参考了十余家《孙子》注，发现它们均未对《孙子》以“九变”名篇，而文中自“圮地无舍”而下却列为“十事”的矛盾予以合理解释。因此，他“熟观文意”，在对《孙子》上下文做了全面研究之后，提出了自己的观点。他认为：“上下止述其地之利害尔，且十事之中，‘君命有所不受’且非地事，昭然不类矣。盖孙子之意，言凡受命之将，合聚军众，如经此九地，有害而无利，则当变之，虽君命使之舍、留、攻、争，亦不受也。”也就是说，“圮地无舍，衢地交合，绝地无留，围地则谋，死地则战，途有所不由，军有所不击，城有所不攻，地有所不争”为“九变”的具体名目，都是讲“地之利害”，而最后一句“君命有所不受”与地事无关，不在“九变”之列。他又引《孙子》其他内容为证：“况下文言‘将不通于九变之利者，虽知地形，不能得地之利矣’，其君命岂得与地形而同算也？况下之《地形篇》云：‘战道必胜，主曰无战，必战可也；战道不胜，主曰必战，无战可也。’厥旨尽在此矣。”这一解释有理有据，令人信服。

虽然像这类有深度的注释在何氏注中只占少数，却是何氏注的精华所在。这些条目充分显示出何氏关注《孙子》重要范畴和问题的旨趣，以及他对《孙子》所做的研究和思考，也为后人探究《孙子》本意提供了有益的参考。

张预注《孙子》

张预注《孙子》仅见于《通志·艺文略》著录。张预还撰有一部《十七史百将传》，《宋史·艺文志》《直斋书录解题》《郡斋读书志》《遂初堂书目》《通志·艺文略》均有著录。张预，字公立，《直斋书录解题》称其为清河（今属河北）人，今存明本《十七史百将传》则题为东光（今属河北）人，韩淲《涧泉日记》也称其为东光张预。

虽然史籍中关于张预生平的记载甚少，但是通过对一些史料的梳理，我们可以初步断定，他的《孙子》注当作于北宋徽宗时期。

南宋初年，大臣洪皓①曾出使金国，以不仕伪齐，被流放冷山（今黑龙江五常一带），金大臣陈王悟室礼敬之，使教授诸子。宋绍兴九年（1139），随悟室至燕京。后悟室为兀术所杀，洪皓遇大赦于绍兴十三年（1143）归朝，前后羁留金国达十五年之久。洪皓《鄱阳集》中有一首题为《次彦深韵》的诗，诗中写道："……乃公功业世无有，剑履应须尊上殿。冢嗣风流迈阿戎，眸子烂如岩下电。纱笼名姓鬼护持，阁画形容人健羡。先几顷献万言书，壮岁曾看《百将传》。济世雄图任屈伸，穷途绨句殊精炼。……"② 彦深是洪皓所教悟室诸子之一。悟室即完颜希尹，《金史》卷七十三有传，官至金尚书左丞相，金天眷二年（1139）封陈王。完颜希尹在金名臣中以"敏学"著称，曾创制女真文字。金军攻入汴京后，他留心文艺，独收北宋文籍而归，其中很可能就包含《十七史百将传》一书，洪皓称他"壮岁曾看《百将传》"，说明至迟在北宋灭亡之时，《十七史百将传》已经成书，并流布到金国地区。由此推断，张预之注《孙子》当在此前。

从张预注的内容来看，其中引《孙子》之处，多称"经曰"，如注《计篇》"实而备之"句："经曰：'角之而知有余不足之处。'有余，则实也；不足，则虚也。"解下句"强而避之"："经曰：'无邀正正之旗，无击堂堂之陈。'"除《孙子》以外，张注中对其他"武经"诸书也多所引述，这些都说明张预注《孙子》应该在《孙子》被立为官学，宋廷颁定"武经七书"之后。

张预在进献《十七史百将传》的表中称："学者观此，不独简

---

① 洪皓（1088—1155），饶州乐平（今属江西）人，字光弼，二十八岁登进士第，任宁海县主簿、秀州司录等职。建炎三年（1129），拜为大金通问使，并连升五级，擢为徽猷阁待制，假礼部尚书。至金后，羁留不遣。绍兴十二年（1142），金主生子大赦，不久被放归。其子三人——洪适、洪遵、洪迈均中进士，有"三洪文名满天下"之誉。《宋史》皆有传。

② 洪皓：《鄱阳集》卷一，文渊阁《四库全书》本。

而易习、明而易晓，……臣编此书，数年而后成，虽不足以补陛下教育武士之道，然臣惓惓之诚勤亦至矣。”① 这说明他撰著《十七史百将传》是配合朝廷“教养武士”的政策，此书是作为武学生的教材使用的。而宋代教养武士的高潮出现在宋徽宗时期。北宋神宗年间复立武学，仅限于中央太学，规模十分有限。徽宗时，蔡京当政，对选举制度加以改革，一度以学校贡举制取代科举，大兴州学、县学。与此相应，州县武学也得以快速发展。崇宁三年（1104），诏令在地方州学中别立斋舍，教养材武之士，“天下材武之士渐向学校”②。但由于武学需要添置鞍马、马房、训练场所以及延聘专业的武术教头等，所费甚多，崇宁时已不断有罢废之议，宣和二年（1120）十月，“尚书省言：‘契勘州县武学已罢，内外愿入京武学人，乞依元丰法试补入学举试人……’”③ 可见，宋徽宗崇宁至宣和的二十余年，是推广地方武学教育，“教养武士”之事大加更张的一个时期。张预序中所言“陛下教育武士之道”应该就是指这种状况，而他本人很可能是州县武学中的教谕之官，撰著《十七史百将传》、为《孙子》作注是出于职任所系。

张预注共计五百二十五条，在诸家中最多，特点也很突出。

一是广征博引。张注中援引战例及战争史料之处多达二百零六则，为诸家之最。④ 很显然，张注的这一特点与他著《十七史百将传》的经历密切相关。《十七史百将传》引《孙子》参校战史得失，张注《孙子》则以历代战例印证《孙子》之说，二者侧重不同，但使学者“知《孙子》之书不为空言，而古之贤将所以成立功名者岂

① 《十七史百将传序》，《中国兵书集成》编委会编：《中国兵书集成》第九册，解放军出版社、辽沈书社，1991 年。

② 章如愚：《群书考索·后集》卷二十九，文渊阁《四库全书》本。

③ 黄以周等辑注，顾吉辰点校：《续资治通鉴长编拾补》卷四十二，宣和二年十月己巳，中华书局，2004 年。

④ 按：褚良才《宋刻本〈十一家注孙子〉汇考》统计，张注引战例一百八十一例，可能是将重复者合并计算。

无法哉”[①] 的指导思想却是一致的。张注所引战例虽多，却与何氏注迥然不同，它既不是对类书不加裁剪地抄撮，也不是同类战例的简单堆砌，而是根据所注内容的需要，加以灵活的处理。如唐裴行俭讨突厥之战，三见于张注，一为注释《地形篇》“险形者，我先居之，必居高阳以待敌；若敌先居之，引而去之，勿从也”：“平陆之地，尚宜先据，况险厄之所，岂可以致于人？故先处高阳，以佚待劳，则胜矣。若敌已据此地，宜速引退，不可与战。裴行俭讨突厥，尝际晚下营，堑垒方周，忽令移就崇冈。将士不悦，以谓不可劳众。行俭不从，速令徙之。是夜风雨暴至，前设营所，水深丈余，将吏惊服。以此观之，居高阳不惟战便，亦无水潦之患也。”二是解《九地篇》“易其事，革其谋，使人无识”：“前所行之事，旧所发之谋，皆变易之，使人不可知也。若裴行俭令军士下营讫，忽使移就崇冈。初，将吏皆不悦，是夜风雨暴至，前设营所水深丈余，将士惊服，因问曰：‘何以知风雨也？’行俭笑曰：‘自今但依吾节制，何须问我所由知也！’”三为解同篇“犯之以事，勿告以言”：“任用之于战斗，勿谕之以权谋，人知谋则疑也。若裴行俭不告士卒以徙营之由是也。”三处注释都是先通解句义，然后引裴行俭迁营之事为证。第一处引文较详，突出裴行俭迁营的重要性，并得出新的认识：居高阳之地不仅对战斗有利，而且可以免除水潦之患。第二处简述，突出裴行俭“易其事，革其谋，使人无识”的为将之术。第三处与第二处类同，但对事件过程不做交代，只是简单提及。经过这样不同的处理，每一处引例都能很贴切地说明《孙子》正文，繁而不芜，博而切要。

除了大量征引战例之外，张注还广泛引用各类文献。对兵书的援引有《吴子》《司马法》等“武经”诸书及《太白阴经》《诸葛亮兵法》《曹公新书》等近二十种，其中对《尉缭子》的征引最多，达二十五处，其次是《唐李问对》，有十三处。此外，未注明出处的兵书引文也有不少。兵书之外，对其他文献的征引包括《诗经》

---

① 《十七史百将传序》。

《周易》《尚书》《左传》等儒家经典，《孟子》《荀子》《管子》《老子》等子书，对战例的征引大量采自《汉书》《后汉书》等正史。这些引文有助于全面深入通俗易懂地解释《孙子》思想。

二是灵活运用各种训诂手段。张注综合运用字义训诂、句义通解、理论阐发以及战例征引等多种训诂方法，对《孙子》文本进行全面的解析。如解《计篇》“将听吾计，用之必胜，留之；将不听吾计，用之必败，去之”，曰：“将，辞也。孙子谓：今将听吾所陈之计，而用兵则必胜，我乃留此矣；将不听吾所陈之计，而用兵则必败，我乃去之他国矣。以此辞激吴王而求用。”在这则注释中，先重点解词，“将，辞也”。然后通解句义，“孙子谓……”，云云。最后解释此语的特殊用意，认为是孙子激吴王而求用。再如，解《行军篇》“绝山依谷”句，先训诂字义，“绝，犹越也”，然后通解句义，“凡行军越过山险，必依附溪谷而居”，进而指出“依附溪谷而居”的好处，“一则利水草，一则负险固”，最后援引东汉马援讨羌的战例以证之。

三是融会贯通，整体把握。张注在篇、章、句等各个层次上都明显表现出对《孙子》思想的贯通性、整体性把握。

首先，每篇之下均有解题，阐释该篇主旨并解释各篇之间的逻辑关系。如《计篇》解题：“《管子》曰：‘计先定于内，而后兵出境。’故用兵之道，以计为首也。”《作战篇》解题曰：“计算已定，然后完车马、利器械、运粮草、约费用，以作战备，故次《计》。”《谋攻篇》解题则曰：“计议已定，战具已集，然后可以智谋攻，故次《作战》。”从这些解题可以看出，张预试图找出“十三篇”之间的内在逻辑关系，将《孙子》作为一个完整的思想体系来理解。

其次，张注很注意对《孙子》做段落的梳理，注文中解释段意、分析章旨之处明显多于梅、王、何诸家。如《计篇》“势者，因利而制权也”，先解句义：“所谓势者，须因事之利，制为权谋，以胜敌耳，故不能先言也。”其中以“权”为“权谋”之义，接着指出，“自此而后，略言权变”，这样，既揭示出“因利而制权”与下文“兵者，诡道也”所陈“十二法”的关联，又概括出了“诡道”的实质，即“权变”。

再次，在对具体文句的理解上，注重上下文以及不同兵书之间的相互印证。如解《计篇》“夫未战而庙算胜者，得算多也；未战而庙算不胜者，得算少也。多算胜，少算不胜，而况于无算乎？吾以此观之，胜负见矣”，先释“庙算”之意，继以通解句义，最后引《形篇》之语：“故曰：胜兵先胜而后求战，败兵先战而后求胜。有计无计，胜负易见。”对于《孙子》前后文貌似歧异之处，张注也多有辨析，如解《虚实篇》“胜可为也”：“为胜在我故也。《形篇》云‘胜可知而不可为’，今言‘胜可为’者何也？盖《形篇》论攻守之势，言敌若有备，则不可必为也，今则主以越兵而言，度越人必不能知所战之地日，故云‘可为’也。”这类注释有利于排解疑难，使读者对《孙子》思想做贯通深入的理解。同时，张注也很注意《孙子》与其他兵书相互发明。如《势篇》对“奇正”的解释，广引诸家之说：“奇正之说，诸家不同。《尉缭子》则曰：‘正兵贵先，奇兵贵后。’曹公则曰：‘先出合战为正，后出为奇。’李卫公则曰：‘兵以前向为正，后却为奇。’此皆以正为正，以奇为奇，曾不说相变循环之义。唯唐太宗曰：‘以奇为正，使敌视以为正，则吾以奇击之；以正为奇，使敌视以为奇，则吾以正击之。混为一法，使敌莫测。’兹最详矣。”先排比诸说，后加以断语，既全面，又深入。

总之，正如于汝波先生所指出的，张预注“集诸注之长，成一家之言，于《孙子》义旨多有发明，博而切要，文字亦好，堪为杜牧之亚”①。当然，张预注也难免有疏误之处。例如，《九地篇》“威加于敌，则其交不得合”，意为“对敌人施加威压，则诸侯不敢与敌结交”，张注却注为“诸侯惧而不敢与我合交”，显系误解。

郑友贤《十家注孙子遗说》

郑友贤，生卒年不详。宋本《十一家注孙子》所附《十家注孙

---

① 于汝波主编：《孙子学文献提要》，第33—34页。

子遗说》题为“荥阳郑友贤”，作者很可能出于荥阳望族之郑氏。关于该书撰著时间，郑友贤在《十家注孙子遗说序》中称：“十家之注出，而愈见十三篇之法如五声五色之变……”则此书当作于“十家注”刊布流行以后。该书见载于《通志·艺文略》，《通志》成书于绍兴末年，则此书的撰著时间大约在南宋绍兴年间。

郑友贤认为“十家之注”未能尽《孙子》之意，因而选取十家注“略而未解”的“微旨”数十事，“托或者之问，具其应答之义，名曰《十注遗说》”。也就是说，《遗说》可以视为《孙子》“十家注”的补遗之作。但是，《遗说》在形式和内容上都与“十家注”有很大不同。

首先，在形式上，它并非随文注释，而是以“或问”的方式提出问题，然后加以解答。这样的方式在“十家注”中也偶有出现，尤以张预注为多，共计六条。《十家注孙子遗说》则不同，它脱离开《孙子》本文，择取三十个重要议题进行集中讨论，从而开创了《孙子》注作的一种新体式。这种著述方式也许不是偶然的，如果我们较以当时的儒学研究，就会发现，它与朱熹的《四书或问》在命意与形式上完全相同，若易其名为《孙子或问》，也同样十分贴切。会不会是郑友贤受到了朱熹的启发？或者是朱熹受到了郑友贤的影响？笔者觉得未必没有这样的可能。

其次，在内容上，以探求《孙子》“微旨”为主要特色。郑友贤认为，《孙子》十三篇构成了一个缜密的思想体系。如《虚实篇》，“一篇之义，首尾次序，皆不离虚实之用，但文辞差异耳。其意所主，非实即虚，非虚即实，……虽周流万变，而其要不出此二端而已”，其余十二篇也与《虚实篇》一样，“其义各主于题篇之名，未尝泛滥而为言也”。具体到《孙子》的文句，郑友贤也认为，“武之文，固不汗漫而无据也”。从这一认识出发，阐发《孙子》的“微旨”成为《遗说》的主要旨趣。如第一条：“或问：死生之地，何以先存亡之道？”郑氏答曰：“武意以兵事之大，在将得其人。”这样的解说乍看起来不着边际，郑氏却自有其说：“将能，则兵胜而生；兵生于外，则国存于内。将不能，则兵败而死；兵死于外，则国亡于内。是外之生死，系内之存亡也。是故兵败长平而赵亡，师丧辽水而隋灭。太公曰：‘无智略大谋，强勇轻战，败军散众，以危社稷，王者慎勿使为将。’此其先后之次也。故曰：‘知兵之将，生民之司命，国家安危之主也。’”郑氏以战例、兵书、《孙子》本文相参证，从“死生之地”“存亡之道”两语的先后顺序引申出将领的重要性，确乎为前人所未发。

郑氏《遗说》对《孙子》微旨的“深求”也与儒家解经注重阐发微言大义颇有相通之处。宋代儒家之所以能够在传统经学的基础上创辟出理学的新天地，其主要方式就在于对儒家原典的重新诠释，甚至包括对经文的改易。虽然兵学与儒学不同，但这种探求“微旨”的方式无疑将郑氏的思想较多地渗透到《孙子》兵学体系之中。

郑氏作为文人、儒者，他对孙子兵学的态度也颇可玩味。他很推崇《孙子兵法》，认为堪比儒家之《易经》，“求之而益深”，“叩之而不穷”，“武之为法也，包四种，笼百家，以奇正相生为变。是以谋者见之谓之谋，巧者见之谓之巧，三军由之而莫能知之”。同时，他也敏锐意识到“先王之道”与“兵家者流”的区别。他说：“先王之道，兵家者流，所用皆有本末先后之次，而所尚不同耳。盖先王之道，尚仁义而济之以权；兵家者流，贵诈利而终之以变。《司马法》以仁为本，孙武以诈立；《司马法》以义治之，孙武以利动；《司马法》以正不获意则权，孙武以分合为变。”但是，郑氏并没有像一般的儒士那样，推崇“先王之道”，贬抑“兵家者流”，而是客观指出二者的不同：“盖本仁者，治必为义；立诈者，动必为利。在圣人谓之权，在兵家名曰变。非本与立，无以自修；非治与动，无以趋时；非权与变，无以胜敌。有本、立，而后能治、动；能治、动，而后可以权、变。权、变所以济治、动，治、动所以辅本、立。此本末先后之次略同耳。”在他的论述中，“先王之道”与“兵家者流”并无贵贱高下之分，只是遵从不同的逻辑理路而已。这种客观中立的立场在宋儒中是难能可贵的。

尽管郑氏《遗说》中某些观点颇有新意，但是也有一些与《孙子》原义不侔之处。如解“军争为利”“众争为危”的差别，认为

“‘军争’者，案法而争也；‘众争’者，举军而趋也。‘为利’者，后发而先至也；‘为危’者，擒三将军也”，显然是曲为之解、牵强附会。至于他从对《孙子》微旨的理解出发，对《孙子》文本提出的校改意见，如“善出奇者”之“奇”当为“奇正”，“方马埋轮”之“方”当为“放”等，也不尽可取。

施子美《施氏七书讲义》

施子美《施氏七书讲义》[①] 见载于南宋周应合《景定建康志》，题为《七书解》。由于施子美名不见经传，加之《施氏七书讲义》日刊本有江伯虎序，署为“贞祐壬午”，“贞祐”为金宣宗年号，有些学者便认为施子美是金人，《施氏七书讲义》是金武学上舍教本。[②] 笔者在阅读史料的过程中发现，这些判断存在明显错误。施子美不是金人，江伯虎的序也不可能题金朝年号。

关于施子美的生平，在江伯虎序中有这样的记述：“三山施公子美为儒者流，谈兵家事，年少而升右庠，不数载而取高第。为孙吴之学者多宗师之。今得其平昔所著《七书讲义》于学舍间，……于是锓木以广其传。”“三山”是福州的别称，“右庠”指武学。由此可知，施子美是福州人，曾经是武学生，并在青年时期早登科第，成为武举进士。南宋梁克家《淳熙三山志》的记载可以印证这一点，据该书，施子美为淳熙十一年（1184）武举进士，怀安人。[③] 怀安是当时福州的属县。另据《宋会要辑稿》记载，这一年的武举进士正奏名共四十三人，除第一、二名补保义郎外，其余补承节郎。[④] 据此，施子美当在登第之后补承节郎，从此踏上仕途。根据当时的

---

① 《中国兵书集成》编委会编：《中国兵书集成》第八册，解放军出版社、辽沈书社，1992年。本书所引《施氏七书讲义》均出自该本。

② 参见李零：《现存宋代〈孙子〉版本的形成及其优劣》，《〈孙子〉十三篇综合研究》；杨丙安、陈彭：《〈孙子〉书两大传本系统源流考》，《文史》第十七辑，中华书局，1983年。

③ 梁克家：《淳熙三山志》卷三十，文渊阁《四库全书》本。

④ 《宋会要辑稿·选举》一八之六。

一般情况，武举进士要么从军，要么从一些监当、库管之类的差事循序升迁，也有一些人担任武学教职。从江序称得其书于“学舍间”的情况来看，施子美很可能在武学中担任教职，且其讲义受到武学生们的欢迎，以至于“为孙吴之学者多宗师之”。总之，无论如何，身为南宋武举进士的施子美不可能是金人，这一点应该是确切无疑的。

至于为《施氏七书讲义》作序且予以刊刻的江伯虎，虽然在《宋史》中无传，却是当时一位知名人物。他是淳熙八年（1181）武举状元①，时值宋孝宗推行《武举贡举补官差注格法》，鼓励武举人从军，江伯虎以武状元身份率先从军②。但是，在下一次的科考中，他却参加了锁厅试，考中进士，从此脱离武职，进入文官行列。这一年，正是施子美参加武举考试的淳熙十一年（1184）。江伯虎虽然通过武举入仕，而后锁厅换文，走了一条为官的捷径，但其仕宦经历却并不显达，最终卒于泉州通判任上。③ 从以上这些材料可知，江伯虎是南宋人，他撰写的序不可能署金朝的年号。再者，“贞祐壬午”这一纪年本身也不成立。“贞祐”为金宣宗年号（1213—1217），“壬午”则为金宣宗元光元年（宋宁宗嘉定十五年，1222）。所谓“贞祐壬午”的纪年，根本就不存在。

从施子美与江伯虎的关系来看，二人不但同郡（江伯虎为永福人，亦为福州属县），同在淳熙十一年（1184）参加了科考，而且江伯虎在应武举的淳熙八年（1181），曾经与施子美的弟弟施子礼为同科进士。④ 根据这些线索，我们有理由相信，二人应该是相识而且有交往的。江伯虎之所以刊行《施氏七书讲义》，并为之作序，可能出于同乡之谊，也可能因为他与施子美一样，研习过兵学，参加过

① 《淳熙三山志》卷三十。

② 《宋会要辑稿·选举》一八之五。

③ 李心传撰，徐规点校：《建炎以来朝野杂记》甲集卷十三，中华书局，2000年。

④ 《淳熙三山志》卷三十。

武举考试。

既然我们对江伯虎、施子美有了一些了解，那么，《施氏七书讲义》为金武学上舍教本之说显然就是无根之谈了。退一步讲，金朝是否有武学存在还是一个问题。金朝确曾设立过武举，也曾以《孙子》《吴子》等兵书作为考试内容，但遍查《金史》，并无开设武学的记载。① 如果说，由于武举取士的拉动，《施氏七书讲义》曾在金地流传，这是完全可能的，江序中那个令人费解的“贞祐”年号或许便与这一情况有关。当然，这也只是一种推测，如果要做进一步确切的解释，还有待于新的版本或史料的发现。

《施氏七书讲义》是一部完全服务于武学教学和武举考试的兵书注作，其目的很明确，一是要让文化水平不高的武学生们读懂，二是要让他们理解“武经七书”的要义，以备科考之用。在通俗性和实用性的指向下，其形式和内容都颇有特点。

《施氏七书讲义》每篇之下都有解题，概述该篇主旨。正文分段注释，每段之下，先通解大意，然后对其中文句做具体解析，力求透彻明白地讲解文义。如解《孙子·计篇》首句“兵者，国之大事，死生之地，存亡之道，不可不察也”：

> 此言兵之所系为甚重，故人君之于兵有所不敢轻举也。踊跃用兵，州吁之所以毙；穷兵黩武，汉武之所以衰。兵其可以轻举乎？兵何以不可轻也？以其为国之大事，死生存亡之所系。《传》曰：“国之大事，在祀与戎。”充国曰：“兵势，国之大事。”则兵诚为大事也。兵之所以为大事，以其有死生，有存亡也。兵有胜负，则民有死生；兵有当否，则国有存亡。死生系乎民，故以地言；存亡系乎国，故以道言。赵之四十万众而坑于长平，此兵之为民之死生也；苻坚举国长驱，一败而丧国辱

① 金熙宗皇统年间（1141—1149）设立武举，至金章宗泰和年间（1201—1208）趋于完善，以《孙子》《吴子》等兵书大义为考试内容。参见《金史》卷五十一《选举志一》。

> 身，此兵之为国之存亡也。兵之所系如此其重，则人君之举兵，可不深思孰察而审计之乎？曰“察”云者，盖量敌而进，虑事而举，惧其或失也。此光武每发一兵，鬓发尽白者，盖重其事而不敢轻也。又云，“察”者，详视之谓也。唐魏元忠曰：“兵为王者大事，存亡系焉，将非其任，则殄人败国。”法言不可不察也凡七：五危言之；地形又言之；六者，败之道又言之；九地又言之；太公论置将亦言之；练士亦言之。诚以事之所系为甚重，故人之于事，必致甚审也。

这则注释综合运用了各种训诂手段，既有字义的训解、文句的串讲，又有史例的佐证、文献的征引，通过反复的讲解来说明战争的重要性以及《孙子》的慎战思想。全书的注释大体都是如此，不但广泛征引战例，而且将“武经七书”与《太白阴经》等兵书相互参证，对前人注说也多加胪举，在对比、分析的基础上阐明自己的观点。由于具备了广征博引、全面细致、通俗易懂等特点，《施氏七书讲义》可以说是宋代兵书注释的集大成之作。随着武学和武举成为定制，这一体例为后世注家广泛袭用，明刘寅《武经七书直解》、清朱墉《武经七书汇解》等都受到其直接影响。

宋代兵书注作的成就和特点

通过对以上六家现存宋代兵书注的考述，我们不难看出，这些注作都具有各自鲜明的特点，而当它们会归为一个整体的时候，又反映出了宋代兵书注作的总体成就和特点。

其一，注释方法、体裁不断完善，推进了兵书注释学的发展。在注释方法上，北宋注家或重训诂，或主通解，或多引例，各有侧重，但是到了北宋末年的张预，已经表现出了综合运用各种训诂手段、整体把握兵书思想的特点，在援引战例方面也达到了高潮。南宋时期，这一趋势继续发展，最终形成了以义疏为主，融汇各种注释方法于一体的《施氏七书讲义》。在注释体裁上，除了传统的单注本，南宋出现了《十一家注孙子》这样的大型集注本。郑友贤《十家注孙子遗说》引入了“或问体”，对《孙子》的重点问题做深入讨论，施子美《施氏七书讲义》则顺应武学、武举的需要，成为讲义体的开山之作。南宋陈直中《孙子发微》、王自中《孙子新略》及王彦《武经龟鉴》等书虽然今世无存，但从书名及一些序文的情况看，也当对传统“因句为解”的注释方式有所突破。这些新的注释体裁的出现使兵书注释学趋于丰富和完善。

其二，保存了重要的校勘资料。文献注释往往与版本、校勘相互依存，宋人兵书注作中保存了一些重要的校勘资料，不但有辑者的校语、注家的校语，注文中也反映出诸家底本间的差异。这些资料在“武经七书”成为定本、其他版本渐次消亡的情况下，显得尤为可贵，成为后世校理和研究兵书的重要依据。

其三，综合清理了前人的注释成果。宋代各注家均不同程度地继承和吸取了前代注家的成果，并对其进行辩证。如《十一家注孙子》中，梅尧臣注同于曹操注者五处，援引、申辩者三处，其他暗引曹注或与之类同者更多，与杜牧注、陈皞注、孟氏注同者亦有多处。王皙注对曹注的援引、赞同、引申、评论乃至辩驳之处更是多达四十余处。何氏注虽少，但称所见注“十余家”，当在注释中也融入了一些他家之说。张预对于曹操、杜牧注相左之处多是曹而非杜，且以“或曰”方式引他人注说达二十四条。郑友贤《十家注孙子遗说》在“十家注”的基础上成篇，不但对诸家注予以补遗，而且对其不当之处加以辩证。此外，《施氏七书讲义》对曹操、杜牧、五代张昭诸注都有较多的援引。

宋代注家对前人注释的综合清理使兵书注释之学形成了一个有继承、有发展，绵延不绝的传统，也使有关兵书文本歧异以及重要理论问题的讨论更为深入，推进了兵学理论的发展。不仅如此，诸注家所称引的若干旧注，如张预所引“或曰”，施子美所引张昭注，后世已佚，诸注客观上起到了保存文献史料的作用。

需要指出的是，宋代兵书注家虽然以前人注释为基础，但是，与儒学经典的注释传统相比，却显示出明显的差异。儒学经典的注释到唐宋时期进入了一个新阶段，注家不但解经典原文，也解汉人之注，并形成了“疏不破注”的基本原则。也就是说，对于原文以至汉人之注，都只能接着说，顺着说，即便有不同意见，也要委婉地表达。这固然反映出对原典及古注的尊重，但拘泥太过，也严重影响了学术的创新和发展。兵书注释则不然，并未形成“疏不破注”的传统。曹操是《孙子》的最早注家，又兼有大军事家的身份，他的注自然受到后世的高度重视。从诸家注的情况来看，他们大多以曹注为宗，有的还兼解原文和曹注，但是，并未出现“惟曹注是从”的情况，王皙、郑友贤等甚至多处予以辩难。这种不主一说、不定一尊的注释风格对于兵学理论的发展无疑是具有积极意义的。

宋代诸家兵书注作的共性特点也很突出。

其一，文字精练、晓畅。

梅尧臣注《孙子》文字简练、对仗工整，固然是宋代兵书注家中的佼佼者，其他注家虽较梅氏略显逊色，但也同样表现出文字精练、晓畅的特点。如王皙解《孙子·势篇》“故善战人之势，如转圆石于千仞之山者，势也”句：“石不能自转，因山之势而不可遏也；战不能妄胜，因兵之势而不可支也。”何氏解“虚实”，有“攻守之变，出于虚实之法。或藏九地之下，以喻吾之守；或动九天之上，以比吾之攻。灭迹而不可见，韬声而不可闻。若从地出天下，倏出间入，星耀鬼行，入乎无间之域，旋乎九泉之渊”之语，可谓文采斐然。张预解《孙子·计篇》“地者，远近、险易、广狭、死生也”句：“凡用兵，贵先知地形。知远近，则能为迂直之计；知险易，则能审步骑之利；知广狭，则能度众寡之用；知死生，则能识战散之势也。”不惟释义简洁，句式也十分整齐。其他如郑友贤注阐发微旨，议论横生；施子美注通俗易懂、明白晓畅，也都表现出较高的语言功力。

其二，战例的引用达于鼎盛。

战争理论是抽象的、概括的，战例是过去的战争，是具体的、多样的，以丰富的战例诠释兵书，有助于将抽象的战争原理形象化、通俗化，达到“简而易习、明而易晓”[①] 的效果。因此，援引战例很早就成为兵书注释的一个基本方法。唐代注家李筌、杜牧、陈皞等都很注意对战例的援引，尤以杜牧为突出。宋代注家中，初期的梅尧臣并不注重引用战例，这大约与梅氏之学以诗文见长有关。但是，从王皙到何氏到张预再到施子美，战例成为兵书注越来越重要的组成部分，尤其是张预、施子美之注，不但所引战例为数众多，而且简要贴切，将援引战例之法推向了高潮。援引战例之所以在宋代兵书注中达于鼎盛，一方面是因为《通典》《武经总要》等已经对各种战法、战例做了较为系统的梳理，便于注家参验，何氏注就主要凭借了这些资料；另一方面是因为武学和武举的发展，对于武学授课和武举子研习而言，战例是诠释军事思想的主要方法，这在客观上刺激了武学教材中战例的运用，《施氏七书讲义》就是一个明证。从注家个人来讲，张预花数年之功撰成《十七史百将传》，并将这些研究成果用于《孙子》注，也成就了宋代《孙子》注引例的高潮。

其三，内容诠解上“以儒解兵”。

宋代兵书注家都对兵学有浓厚兴趣，并有一定研究，因此，他们对传统兵学的接受程度远较正统儒家为高，但是，从根本上说，他们大都是“为儒者流，谈兵家事”，在注释中自觉或不自觉地“以儒解兵”，表现出明显的儒家倾向。如，对《孙子·计篇》“道”的解释，王皙认为“道”就是《孟子》所说的“人和”，谓“主有道”，则能“得民心”，张预以“道”为“恩信道义”，施子美则认为“道”当解为“德化”。又如，对于《孙子》“兵者，诡道也”的解释，王皙注为“诡者，所以求胜敌，御众必以信也”，张预注曰“用兵虽本于仁义，然其取胜必在诡诈”。他们虽然承认“诡道”在战争中的作用，同时又不忘强调“仁义”“信”的重要性。在这些注释之中，宋代注家以儒学思想阐释或修正兵家思想，对于儒学与兵学的深度融合起到了至关重要的作用。

---

① 《十七史百将传序》。

总的说来，宋代注家在兵书注释方面取得了较高的成就，也具有一些鲜明的特点，形成了中国古代兵书注释学的一个高峰。但是，诸家注释也存在一些明显的错误。例如，《孙子・火攻篇》“怒可以复喜，愠可以复悦，亡国不可以复存，死者不可以复生”句，本义是讲“慎战”，意为人的喜怒可以互相转换，但以一己之怒造成的人员的伤亡、国家的覆灭却是无可挽回的，王皙却解为“喜怒无常，则威信去矣”，殊为不得要领。又如，《孙子・军争篇》末“此用兵之法也”，本为总结之语，郑友贤却据一个错误的版本，认为是“此用兵之法妙”，并讲出一套“微言大义”来，实则“差之毫厘，谬以千里”。

宋代兵书注“以儒解兵”、注重引例等特点也产生了一些副作用。首先，儒家立场对兵书文义的确切诠释造成了一定的困扰。例如，《孙子・军争篇》“故兵以诈立，以利动，以分合为变者也”句，王皙解“诈”为“以迂为直，以患为利”，解“利”为“诱之”，并未将“诈”“利”等《孙子》的核心思想置于应有的位置，其根本原因还是其儒家思想在作怪。其次，引例的方法也产生了一定的负面影响。如张预解《孙子・谋攻篇》“拔人之城而非攻也”一句，列举了两种情况：一种是“或攻其所必救，使敌弃城而来援，则设伏取之”，以“耿弇攻临淄而克西安、胁巨里而斩费邑”为例证；另一种是“或外绝其强援，以久持之，坐俟其毙”，以“楚师筑室反耕以服宋”为例。这些引例固然都是“拔人之城而非攻”的具体方式，但是，将《孙子》思想简单归纳为几类战例，反而在某种程度上削弱了《孙子》的理论性、思辨性，无法体现其军事理论的深度和广度。诚如郑友贤所说，“十家之注出，而愈见十三篇之法如五声五色之变，惟详其耳目之所闻见，而不能悉其所以为变之妙”。长于引证，短于阐发，是宋代兵学注家的主要缺憾，也是古代兵书注作的通病。

第四节　史评类

《何博士备论》

《何博士备论》①，何去非著。何去非，字正通，北宋浦城（今属福建）人，生活于宋神宗、徽宗年间。他好学古兵法，长于论兵，神宗元丰五年（1082）以特奏名入仕，被任命为武学教授（元丰改制后称武学博士）。何去非在武学任教长达八年之久，其间，参与了著名的“武经七书”的校定工作，而且是最主要的编校者之一。《何博士备论》一书亦撰成于此时。元祐五年（1090），何去非出任徐州教授，在任八年以后，于绍圣四年（1097）转做地方官，历任知富阳县、沧州通判、司农司丞、庐州通判等，卒年七十三岁。其著作除《何博士备论》外，还有文集二十卷、《司马法讲义》三卷、《三略讲义》三卷，可惜今已失传。

《何博士备论》是我国历史上第一部军事史论集，它批评历代人物与事件，与苏洵的《六国论》等史论相近。因此，《四库全书总目》说它：“其文雄快踔厉，风发泉涌，去苏氏父子为近。苏洵作《六国论》，咎六国之赂秦；苏辙作《六国论》，咎四国之不救；去非所论，乃兼二意，其旨尤相近，故轼屡称之。”正由于与“三苏”文风相近，观点一致，苏轼对何去非十分赏识，称赞他说：“尝见其所著述，材力有余，识度高远，其论历代所以废兴成败，皆出人意表，有补于世。”② 苏轼于元祐四年（1089）荐举何去非换文资，又于元祐五年奏进《何博士备论》，荐何去非任馆职，但未能成功。

---

① 《中国兵书集成》编委会编：《中国兵书集成》第六册，解放军出版社、辽沈书社，1992年。本书所引《何博士备论》均出自该本。

② 《举何去非换文资状》，《东坡全集》卷五十五。

《何博士备论》在南宋尤袤《遂初堂书目》、陈振孙《直斋书录解题》及《宋史·艺文志》中均有著录，但各家所记篇数互有不同。据苏轼荐状，该书共有二十八篇，但今存本皆为二十六篇。篇目分别是：六国、秦、楚汉、晁错、汉武帝、李广、李陵、霍去病、刘伯升、汉光武、魏上、魏下、司马仲达、邓艾、吴、蜀、陆机、晋上、晋下、苻坚上、苻坚下、宋武帝、杨素、唐、郭崇韬、五代。每篇以一人或一朝为主，评其用兵得失，重点阐述某一兵学思想。如《李广论》，结合李广的治军事迹，对治军“爱”与“令”问题加以论述。又如《苻坚论上》，提出“兵以义举而以智克，战以顺合而以奇胜”的观点。再如《霍去病论》，论兵法的学习与运用问题，等等。

《何博士备论》是一部文人论兵的佳作，不但文采斐然，论述也颇有见地。在对待战争的态度上，何去非认为，战争是客观存在的，“兵有所必用”，“有所不必用”，关键要根据“顺逆之情”和“利害之势”来决定。“忘战”“恶兵”会丧权辱国，“乐战”“穷兵”也会有败亡之祸，“有以用而危，亦有不用而殆”（《汉武帝论》）。主张“兵以义举而以智克，战以顺合而以奇胜”（《苻坚论上》）。在战略决策上，他强调考虑根本“利害”，全面分析天下形势和民心向背。书中以六国为例，阐述了不要“战其所可亲，忘其所可仇”，要联合六国，共同抗敌的道理。以楚汉为例，说明“形势”和“民心”的重要，认为刘濞失败是因为政治上没有得到民心，军事上没有采纳“取梁”“据洛”的方略。在作战指导上，他反对侥幸取胜，主张打有把握之仗，“度有功而后动”；要“因事设奇，用而不穷”，出奇制胜；要集中兵力，识众寡之用。他说：“众而恶分则与寡同，强而易敌则与弱同。出于众强之名而居寡弱之实者，其将皆可覆而取也。”（《苻坚论上》）强能胜弱，弱也能胜强，所以胜败不在多寡，在有节制，使百万若使一人者胜。对于兵法的学习和运用，何去非主张“学法不泥法”“缘法而生法”“离法而会法”，他说：“盖兵未尝不出于法，而法未尝能尽于兵。”“法有定论，而兵无常形，一日之内，一阵之间，离合取舍，其变无穷，一移踵瞬目，而兵形易矣。守一定之书而应无穷之敌，则胜负之数戾矣。是以古之善为兵者，不以法为守而以法为用，常能缘法而生法，与夫离法而会法，顺求之于古而逆施之于今，仰取之于人而俯变之于己，人以之死而我以之生，人以之败而我以之胜，视之若拙而卒为工，察之若愚而适为智，运奇合变，既胜而不以语人，则人亦莫知其所以然。”（《霍去病论》）在军队建设方面，何去非强调加强纪律，不徇私情。他以汉将李广为例说明纪律的重要：“先王之政不求徇人之私情，而求当天下之正义。正义之立在国为法制，在军为纪律。治国而缓法制者亡，理军而废纪律者败。”“厚而不能令，譬如骄子不可用也。”（《李广论》）要求将帅要有智有勇，认为“智而无勇则遇勇而挫，徒勇而无智则遇智而蹶。智足以役勇，勇足以济智。然后以战必胜，以攻必取”（《杨素论》）。

何去非作为一位研兵、教兵、论兵的兵学专家，对于传统兵学及古代战史都有深入研究，《何博士备论》的识见和文采，突出呈现了宋人不囿成说、独立思考、别开生面的治学精神，也因此受到苏轼等文坛领袖的褒奖，在士林中产生了强烈的反响。然而，何去非却并不以兵事为荣，而是执意希望取得文官身份。这一方面说明，当时社会崇文抑武风气之炽烈，另一方面也说明，何去非的立场还是偏文人的，他对兵学的认同局限于书本和战史，不无一定的纸上谈兵色彩。

《酌古论》

陈亮（1143—1194），字同甫，原名汝能，号龙川，人称龙川先生，婺州永康（今属浙江）人。“为人才气超迈，喜谈兵，议论风生”，自称“十八九岁时，慨然有经略四方之志”①。隆兴议和，他以解头荐，但未中礼部试。乾道五年（1169），上《中兴五论》，奏入，不报。此后多次上书，论恢复大计，孝宗震动，欲予重用，但受到朝臣排挤，两度被罗织罪名入狱。绍熙四年（1193），再应进士

① 《中兴论跋》，《陈亮集》（增订本）卷二。

举，光宗擢为第一，未及用而卒。著有《龙川文集》三十卷、《龙川词》一卷、《补遗》一卷。

《酌古论》是对历史人物和事件的研究评论。陈亮作此书时正值青年，议论纵横，挥斥方遒，他在自序中坦陈，自己关注的重点在“伯王大略，兵机利害”。他说：

> 文武之道一也，后世始歧而为二：文士专铅椠，武夫事剑楯。彼此相笑，求以相胜。天下无事则文士胜，有事则武夫胜。各有所长，时有所用，岂二者卒不可合耶？吾以谓文非铅椠也，必有处事之才；武非剑楯也，必有料敌之智。才智所在，一焉而已，凡后世所谓文武者，特其名也。吾鄙人也，剑楯之事，非其所习；铅椠之业，又非所长；独好伯王大略，兵机利害，颇若有自得于心者。故能于前史间窃窥英雄之所未及，与夫既已及之而前人未能别白者，乃从而论著之；使得失较然，可以观，可以法，可以戒，大则兴王，小则临敌，皆可以酌乎此也。命之曰《酌古论》。①

陈亮认为，文武分途是后世的畛域之见，文人当有经世之才，武将当有料敌之智，二者在才智上是一样的。他所谓的“伯王大略，兵机利害”，既不是剑楯之事，也非铅椠之业，而是文武合一的产物。陈亮的这一立场与何去非一样，都有别于宋代主流论兵文人，因而，他们的兵学论著也较其他文人论兵之作更为深入、中肯。

陈亮在《酌古论》中共论及十九位历史人物：汉光武帝、刘备、曹操、孙权、苻坚、韩信、薛公、邓禹、马援、诸葛亮、吕蒙、邓艾、羊祜、崔浩、李靖、封常清、马燧、李愬、桑维翰。这些人中，苻坚以上为君主，韩信以下为功臣策士。通过对这些历史人物用兵得失的分析，陈亮提炼出了关于“伯王大略，兵机利害”的规律性认识，“可以观，可以法，可以戒，大则兴王，小则临敌”。这些篇

---

① 《酌古论序》，《陈亮集》（增订本）卷五。

章所论为“古”，但又无一处不着眼于“今”，流露出强烈的以古鉴今的旨趣。

《酌古论》第一篇为《光武》，开篇曰：“自古中兴之盛，无出于光武矣。”结合南宋立国的历史背景，选取东汉光武帝开篇显然是有寓意的。光武中兴，一般人认为，原因在于“光武料敌明，遇敌勇，豁达大度，善御诸将”，陈亮却认为，这只是光武中兴之一术，更重要的原因在于光武帝“有一定之略”：光武帝在昆阳之战后，将战略重心放在经营河北上，而不是按照常情，西取关辅以制天下。陈亮认为，光武帝这一战略十分英明：经略河北，可以取河内之地为根本，阻隔陇西隗嚣、巴蜀公孙述，也可以避免与山东赤眉过早正面交锋；待河北迅速平定，使邓禹、冯异相继入关，攻破兵锋已挫的赤眉军，又以耿弇平定齐地；待长安、洛阳巩固，命将讨平隗嚣、公孙述，最终统一天下。整个战略筹划“致之有术，取之有方，成之有次第”，“有一定之略，而后有一定之功”。相反，如果光武帝先据关辅之地，就会与隗嚣、公孙述、赤眉等混战，“燕赵未可以卒平，关辅未可以卒守，河北河内未可以卒保”，天下纷纷，不知何时才能统一。若采取这一错误战略，光武帝“料敌明，遇敌勇，豁达大度，善御诸将”等优点也就没有用了。

陈亮还指出，汉光武帝善于“服群叛，驱英豪”，甚至超过汉高祖刘邦，他举了两个例子。一是降服铜马贼之后，封其渠帅，单骑按行，示以赤心，使降者悉服，诸将安心。二是冯异镇守关中，有人说他威权太重，恐有异志，光武帝不但不信，而且将那些章奏交给冯异，以示对他的信任。通过对光武帝这些行事特点的分析，陈亮得出结论说：“天下之事，未尝无奇术，而人不能发之，光武发高帝之所未能为，而中兴之功远过古人者，虽天命，抑人谋也。”

《酌古论》讲成功的战略，也讲有缺憾或者失败的战略。《曹公》篇的分析较有代表性。陈亮在开篇首先提出了两个“术”的概念。他说：“善图天下者无坚敌，岂敌之皆不足破哉！得其术而已矣。夫运奇谋，出奇兵，决机于两阵之间，世之所谓术也。此其为术，犹有所穷。而审敌情，料敌势，观天下之利害，识进取之缓急，彼可以先，此可以后，次第收之，而无一不酬其意，而后可与言术矣。”“运奇谋，出奇兵，决机于两阵之间”，是世人通常所讲的“术”，但是，这个“术”服从于另一个更高层次的“术”，那就是“审敌情，料敌势，观天下之利害，识进取之缓急，彼可以先，此可以后，次第收之，而无一不酬其意，而后可与言术矣”。这两个“术”，约略相当于今天我们所讲的战略与战术。战略得当，即使局部有所失，也不影响全局；战略不得当，即便胜多败少，最终结果也不会好。这个认识是很深刻的。

陈亮指出，“夫所谓术者，当审敌之强弱难易而为之先后”，也就是说，战略决策的关键是形势判断，要根据敌人的强弱决定进攻的先后之序。他认为曹操平定北方时处理得很好，但平定北方后的战略则“得此失彼，虽能雄强于一时，卒不能混天下于一统”。他详细分析当时形势，指出曹操战略上的失误之处，主要是处理马超问题不当，致使侧后受到牵制，且未以汉中蜀地为重点而是南征荆州。陈亮提出了招抚马超—讨伐张鲁—平定蜀地—攻占荆州—平定江东的战略构想。其理论支撑有两个，一是对难易先后的不同理解，他说：“彼荀彧智谋百出，而不足以知天下之大计，徒见荆州四达，英雄之所必争，而巴蜀险阻，非图天下者之所急；及熙尚平，遂教之南征荆州，责贡之不入，而不知大略之士常留所必争者以饵敌，而从事乎不足急者以蹙之也。”二是对蜀、吴的战略分析，他用了一个形象的比喻：“盖蜀汉者，天下之右臂也；江东者，天下之左臂也。安有人断其右臂，而左臂能全乎！不知断其一臂而从其中以冲之，则两臂俱奋矣。此曹公所以南失荆，西失蜀，而孙刘争雄，天下分裂。”也就是说，曹操的战略失误是南征荆州，导致吴蜀结盟。陈亮最后总结说：“盖其失止于留马超，取荆州，而患之不可支卒至于此。故夫取天下之大计，不可以不先定也。……公巧于战斗而不能尽知天下之大计，故至此而失，亦卒无有以告之者，悲夫！”（《曹公》）

《酌古论》中的每一篇都是观点新颖的史论，同时也是角度独特的兵论。如评刘备，因关羽之死而伐吴，是忘大义而逞私忿；孙权遣使求和而不许，是怒敌；平地立营而无他奇变，是轻敌，“怒敌者危，轻敌者败”，丧师为必然。（《刘备》）又如，评孙权，能不惑流议，与刘备协力抗曹，其成功并非出于侥幸；曹丕称帝后，屈己称臣，也有深谋。（《孙权》）又如，论韩信，提出“常以多算胜少算，而未尝幸人之无算也”（《韩信》）；论邓禹，强调“善用兵者，识用不用之宜，而后能以全争于天下”（《邓禹》）。在唐代名将之中，陈亮选取了李靖、封常清、马燧、李愬四人，他认为李靖是天下奇才，善用奇兵，“自汉以来，识奇正之用者，孔明与靖而已”（《李靖》）。封常清轻敌偾事，以不教之兵当方锐之贼，河阳一失，使战局陷入被动。（《封常清》）马燧不能“因危而设奇，扼要害，张形势，以破敌人之交”，致使藩镇坐大。（《马燧》）李愬驭将有术，用三降将擒吴元济，临事制机颇合古英豪之术。（《李愬》）如此等等，都是通过对“伯王大略，兵机利害”的分析，总结历史上重大军事问题的经验教训，以资当世借鉴。从这个意义上说，陈亮的《酌古论》《中兴论》构成了一个系统，《酌古论》探讨历史，《中兴论》针对现实，二者相须为用。

第四章　宋代兵学论著（下）

第一节　将传类

《十七史百将传》

《十七史百将传》①，又名《百将传》《正百将传》等，张预撰。张预推崇《孙子》，曾为《孙子》作注，收入《十一家注孙子》中。（详见上章中“张预注《孙子》”）《十七史百将传》可以看作是对《孙子》另一种形式的疏解。张预在《十七史百将传》的序中说：“观历代史书，上下千余载间，将兵者所以成，所以败，莫不与武之书相符契。……因择古之所谓良将者，得百人，以其传集成一书，分为十卷，以太公为首，而其次皆以年代，题曰《百将传》。”他著《百将传》的目的，是以史例印证孙子思想，证明“《孙子》之书不为空言，而古之贤将所以成立功名者岂无法哉”②。

《十七史百将传》从历代史书中选取名将百人，上自周齐太公，下至五代刘词（明万历本《正百将传评林》“词”作“嗣”，《四库全书总目》则称“终于五代刘鄩”），具体卷目如下：

---

① 《中国兵书集成》编委会编：《中国兵书集成》第九册，解放军出版社、辽沈书社，1991 年。本书所引《十七史百将传》均出自该本。

② 《十七史百将传序》。

卷一：周齐太公、吴孙武、越范蠡、齐孙膑、齐田穰苴、魏吴起、秦白起、秦王翦、燕乐毅、赵李牧。

卷二：赵赵奢、赵廉颇、齐田单、汉张良、汉韩信、汉周亚夫、汉李广、汉卫青、汉霍去病、汉赵充国。

卷三：汉陈汤、汉冯奉世、汉邓禹、汉寇恂、汉冯异、汉岑彭、汉贾复、汉吴汉、汉耿弇、汉耿恭。

卷四：汉王霸、汉臧宫、汉祭遵、汉马援、汉班超、汉虞诩、汉皇甫规、汉张奂、汉段纪明、汉皇甫嵩。

卷五：汉朱隽、魏张辽、魏张郃、魏徐晃、魏李典、魏邓艾、魏司马懿、蜀诸葛亮、蜀关羽、蜀张飞。

卷六：吴周瑜、吴吕蒙、吴陆逊、吴陆抗、晋羊祜、晋杜预、晋王浚、晋马隆、晋周访、晋陶侃。

卷七：晋谢玄、燕慕容恪、秦王猛、宋檀道济、宋王镇恶、梁韦睿、梁王僧辨、陈吴明彻、魏崔浩、魏于谨。

卷八：齐斛律光、周宇文宪、周韦孝宽、隋杨素、隋长孙晟、隋韩擒［虎］、隋贺若弼、隋史万岁、唐李孝恭、唐尉迟恭。

卷九：唐李靖、唐李勣、唐苏定方、唐薛仁贵、唐裴行俭、唐唐休璟、唐张仁愿、唐王晙、唐郭元振、唐李嗣业。

卷十：唐李光弼、唐郭子仪、唐李抱真、唐李晟、唐李愬、唐马燧、唐浑瑊、唐王忠嗣、梁刘鄩、周刘词。

这些名将传略虽取自五代之前的史书，但在选材上却有所去取，“凡史辞泛漫而不切于兵者，一删去之；或非兵略可以资人之智虑者，间亦存焉。虽期便于观阅，然亦全其始末”①。通观全书，将传部分确实如此，叙述重点在于传主的用兵谋略和战法。如孙膑“围魏救赵”，减灶诱敌；田单诳称神师下凡，夜摆“火牛阵”；张良运筹帷幄，决胜千里；韩信背水而战，半渡而击，等等。南宋韩淲评价说：“东光张预作《百将传》，甚有旨趣，文落落不拘翦，殊得太

---

① 《十七史百将传序》。

史公笔法，但太史公篇篇有主意，而张预或有泛而无统者也，然纪载甚可法。”[①] 此论洵为确评。

《十七史百将传》在每传的写法上，一般是“传取数事，先以《孙子兵法》题其后，次以行事合之，参校其得失”。如《韩信传》，在叙述韩信用兵事迹后，评曰：“《孙子》曰，‘校之以计而索其情’，信料楚汉之长短；又曰，‘远而示之近’，信陈兵临晋而渡于夏阳；又曰，‘入深则专，十人不克’，信去国远斗，其锋不可当；又曰，‘置之死地而后生’，信使万人出，背水陈；又曰，‘不战而屈人之兵’，信暴其所长，燕从风而靡；又曰，‘半渡而击之，利’，信决潍水而斩龙且是也。”以《孙子》的六个作战原则评韩信用兵，既深化了对韩信用兵之术的分析，又使《孙子》的作战指导原则更加具体、形象、生动。

张预在进献《十七史百将传》的表中称：“学者观此，不独简而易习、明而易晓，……臣编此书，数年而后成，虽不足以补陛下教育武士之道，然臣惓惓之诚勤亦至矣。”[②] 这说明他撰著《百将传》是为了配合朝廷“教养武士”的政策，他很可能是州县武学中的教谕，撰著《百将传》也正是出于武学教学的需要。南宋淳熙十年（1183）前后，翟安道为《百将传》作集注，共计百卷。[③] 翟安道为武将，曾任步军都虞候、镇江都统制等职。《宋史 · 艺文志》著录“张预集注百将传一百卷”[④]，当为翟安道注本，因为以张预《百将传》的规模，不可能有百卷之多，而且《百将传》也并非“集注”体。《四库全书》存目收有“《百将传》一百卷”，《四库全书总目》中说：“宋张预撰，翟安道注。预字公立，东光人。安道字居

① 韩淲：《涧泉日记》卷下，文渊阁《四库全书》本。

② 《十七史百将传序》。

③ 按：关于翟注本的写作时间，参见李裕民：《四库全书宋人著作提要订误四十则》，载罗家祥主编：《华中国学》第三卷，华中科技大学出版社，2015年，第286—287页。

④ 《宋史》卷二百七《艺文志六》。

仁，安阳人。"① 可惜四库所著录的天一阁藏本今已残缺不全。今存宋刻本《张氏集注百将传》残本，散见于国内各大图书馆，国家图书馆藏本为卷五十四至五十八、六十四至六十八，共十卷，后收入《四库全书存目丛书》中。南京图书馆藏本共八卷，为卷五十九至六十三、八十九至九十一。从这些残本的情况来看，翟注大大扩充了张预《百将传》的内容，不但引史书、方志等注传文，而且在各传末"孙子曰"之后增加了"论"，如卷六十四《檀道济》传末，有"为将智勇兼全"论，引张凤之说；"有大功而见杀"论，引胡寅之说；有"君臣不知三略"论，引戴溪之说。翟注还引用了一些今已亡佚的兵书，如仁宗御制《神武秘略》、赵善誉《南北攻守类考》等。

《十七史百将传》是中国古代第一部将领评传集，开创了以战例分析为主的将传体，将史事记述与理论阐发融为一体，是兵书编纂上的一大创新。继张预之后，又有章颖的《南渡十将传》《六将传》《四将传》等兵书问世。后人对《百将传》的注、续、评、补等作也很多，翟安道注之外，还有明何乔新《百将传续编》、赵光裕《新刊官板批评正百将传》、张澡《正续百将传评林》（一称《正续百将传节评》）及黄道周等《新镌绣像旁批详注总断广百将传》，等等。其他如明冯孜《古今将略》、陈元素《注释评点古今名将传》等，也都受到张预《百将传》的深刻影响。

由于编纂得法、通俗易懂，《百将传》流传很广，得到将帅们高度评价。南宋初年，洪皓被羁留金国，其间所作诗中称金陈王悟室"壮岁曾看《百将传》"②，说明《百将传》当时已经流布到金统治区。明人称《百将传》为"军旅之龟鉴，而中兴之急务也"，"足为治乱持危之筌蹄，而为将者不可不知"③。戚继光在蓟镇练兵，将它

---

① 《四库全书总目》卷一百《百将传》提要。

② 《鄱阳集》卷一。

③ 明隆庆元年（1567）耿文光重修翁氏刻本《百将传》后序。

作为训练教材之一，要求部属研读，以培养将才。[①]

《兵筹类要》

《兵筹类要》[②]，南宋綦崇礼撰。綦崇礼（1083—1142），字叔厚，高密（今属山东）人，后徙潍之北海（今山东潍坊），世称北海先生。史称他妙龄秀发，聪敏绝人。重和元年（1118），登太学上舍第，调淄县主簿，建炎三年（1129）拜中书舍人，历官翰林学士，知绍兴府，退居台州。死后赠左朝议大夫。著有《北海集》六十卷，后散佚。清修《四库全书》时，从《永乐大典》中辑出诗、文、制诰、表、启等，厘为三十六卷，又以《兵筹类要》十卷次之，编为卷三十七至四十六。

綦崇礼的仕履主要为文学侍从之官，以文名著称，但从史料记载看，他在军事方面也颇有见解。他曾向高宗建言，“以浙西为根本，宜固江、淮之守，然后可以图兴复”。金军进攻川陕，他认为并非战败后的报复之举，而是欲争蜀地以动摇江浙，“今日利害，在蜀兵之胜负”。他知绍兴府之时，金军南下，朝野震动。他密疏于朝，得便宜从事，“于是缮城郭，厉甲兵，输钱帛以犒王师，简舟舰以扼海道”，维持了浙东的战备和稳定。[③] 可见，作为地方军政长官，他也是颇有干才的。《宋史·艺文志》著录有“《綦先生兵书》一十六卷”，注“并不知名”，不知是否与綦崇礼有关，鉴于綦姓很少见，这种可能性也是有的。

《兵筹类要》为綦崇礼在翰林院时所撰，他在《进历代兵筹类

---

① 戚继光撰，邱心田校释：《练兵实纪·杂集·储练通论上》，中华书局，2001 年，第 201 页。

② 《中国兵书集成》编委会编：《中国兵书集成》第六册，解放军出版社、辽沈书社，1992 年。本书所引《兵筹类要》均出自该本。按：关于《兵筹类要》一书，《宋史·艺文志·兵志》中著录有“余壹《兵筹类要》十五卷”，又有“余臺《兵筹类要》十五卷”，“壹”“臺”显系形近而讹，二书实为一书。该书与綦崇礼《兵筹类要》是否有关系，尚且待考。

③ 《宋史》卷三百七十八《綦崇礼传》。

要表》中自述著书缘起：

> 昔子建曰："兵者，不可预言，临难制变者也。"盖兵以正守，以奇胜，攻守备御，进退动静，不一而足，顾将臣方略何如，期于克敌而止尔。维古名将，《诗》《书》所传，载籍所纪，散漫难穷，学者病之。异时张预集古今将百人著于传而进之朝廷矣，然臣谓握兵制胜为王牙爪者，何世无之，独百人乎哉？矧遇敌制胜，契于事机，殆非一途，咸在所考。

綦崇礼撰著《兵筹类要》显然受到张预《十七史百将传》的启发和影响。有鉴于名将不以百人为限，他的目标是搜集较《十七史百将传》更为丰富的史料，"采择兵法，配以往事，参较得失，与夫前王所以将将之术，列之于篇"。

綦崇礼在进表中称，《兵筹类要》凡十万言，分百余门，但《北海集》本只有二十篇，约三万字，不到原书的三分之一。这二十篇的篇目是：廉正篇、至公篇、器识篇（志大意广附）、志气篇、忘身篇、忘家篇、诚感篇、族属篇、家资篇、誉望篇、知将篇、荐举篇、君命篇、礼貌将臣篇、内御篇（奉上附）、学古篇（不学古附）、儒学篇、镇静篇、决水篇、火攻篇。此外，《永乐大典》卷八千三百三十九中存有《善守篇》一篇，当为四库馆臣辑《兵筹类要》时所遗漏，因此，今传世《兵筹类要》共有二十一篇。

从以上篇目即可看出，虽然《兵筹类要》与《十七史百将传》都讲兵法和战例，但编纂方法并不相同，《十七史百将传》是以人分篇，《兵筹类要》是按内容分类。在具体写作方法上，《兵筹类要》每篇之中首论该篇主旨，如《志气篇》开头说："臣尝谓：将以志为主，以气为辅。志藏于神而为气之帅，气藏于肺而为体之充。苟气不足以发志，志不足以运气，则何以勇冠三军而威振邻敌？故曰：功崇惟志。又曰：志至焉，气次焉。知此则知所谓大勇矣。"继而扼要辑录相关史料，间引兵书理论作评，如《忘身篇》列举司马穰苴等的事迹后说："臣读《吴子》曰，'必死则生'，若穰苴、马援类能进此。”末尾则以“论曰”形式进一步阐明观点，如《学古篇》：“论曰：赵奢与子括论兵，奢不能难，亦不谓善。传称括自少学兵法。臣意，其法于法而不知法之所以为法者也；知法之所以为法，则心术内融，可与应机，可与成功，非特能言而已。必曰如是而合于古，如是而戾于古，鏖兵接战惟古之法，是按伯乐之图求骐骥于市也，以乡饮酒之礼礼军士也，君子病诸。”与《十七史百将传》相比，《兵筹类要》的这种体例主题突出，议论较多，显然更有便于表达作者的思想观点。

《兵筹类要》现存各篇，除《决水篇》《火攻篇》《善守篇》等讲作战问题外，其余各篇主要讲将领问题，这也正符合綦崇礼进表所谓“将将之术”，应该是作者着力的重点。綦崇礼认为，君主只有知将才能得将，“人君雍容帷幄，折冲千里，以其得人也。欲得人，在乎知人。其未得之则知其才，既得之则知其功，如是而后可以屈群策”（《知将篇》）。他还认为，“用贤之道，相易而将难”，贤将的德行往往不著于平素，而是崛起于卒伍、草野之中，所以应从战争中选拔将领，而非按资序升迁，“折冲御侮得其人则用之，不以资计而序迁”（《荐举篇》）。綦崇礼还主张君主要礼貌待将，他说：“盖君臣之道，施报而已，施之不尽而报之尽，未之有也。故礼貌大臣，所以尽其节，狎侮君子，则罔以尽人心。况夫将者，民之司命，时之安危，国之荣辱系焉，可不厚礼以责其效乎？”（《礼貌将臣篇》）他还认为，君主和将帅要相互信任，“君能制命为义，臣能承命为信”（《内御篇》）；君主要保证将帅的决策权，“兵机若神，应事立断”，如此，“虽近在朝廷，远在万里，莫不上令而下从，若合符节”（《内御篇》）。在将帅修养方面，他主张，将帅要廉正，“行师之道，以廉正为先”（《廉正篇》）；要有器度，“吞勍敌，著洪列者，以器度凝远为先”（《器识篇》）；要有志气，“将以志为主，以气为辅”（《志气篇》）；要有舍家为国的精神，“国尔忘家，公尔忘私”（《忘家篇》）；要保卫国家和民众，“将臣出万死一生之地，保人民，卫社稷”（《诚感篇》）；要爱护兵众，“古之善养兵者，相亲以恩，相结以诚，与之安，与之危，惟所用之往无不利”（《族属篇》），如此等等。

《善守篇》[①] 不见于《北海集》，为我们了解《兵筹类要》作战指导思想打开了一个窗口。在这篇文章中，开篇即说："臣尝闻孙子曰：'百战百胜者，非善之善也。'吴起曰：'战胜易，守胜难。'夫示以德，感以义，无智名，无勇功，而敌人悦服，是守胜之上者也。坚壁垒，严斥候，彼欲挑战而我不为动，彼欲旷日而食有不给，卒能以全取胜而敌人挫衄，是守胜之次者也。然则穀梁氏曰：'倍则攻，敌则战，少则守。'赵充国曰：'攻不足者守有余。'司马之伐公孙渊，语其使曰：'能战当战，不能战当守，而不战而守者，几于怯矣。'曰：'不然。可以战则战，可以守则守。'"然后列举了历史上的二十一个守御战例，分为三类战例，分别以兵书之语加以总结：

"臣读《孙子》曰，'善守者敌不知其所攻'，若吴起、李广类此。"

"臣读《孙子》曰，'善守者藏于九地之下'，若曹咎者不足以知此。"

"臣读《孙子》曰，'暴寇之来，必虑其强，善守勿应'，若李广、田豫类此。"（按：此语不见于今本《孙子兵法》）

《善守篇》最后，綦崇礼以"论曰"阐述了自己关于"守"的思想：

> 论曰：昔人谓战以守为名，所以误敌，守以战为名，所以夸敌。所谓守者，非特坚壁垒、严斥候而已。善守者使敌不能知，故欲傅城，则畏吾之突战，欲退走，则疑吾袭击，孰敢予攻乎？《尉缭子》曰："守法：一而当十，十而当百，百而当千，千而当万。"则且守且战，固足以却敌。观七国之叛，韩安国持重，张羽力战，故能捍寇而有梁；微羽之战，则安国能持重乎？夫战不必胜，不苟接刃。攻不必取，不苟劳众。故善守者将以有待也。彼战不能胜，守不能固，乃以退保为名。是区

---

① 《永乐大典》卷八千三百三十九《兵·兵守》，中华书局，1986 年。

> 区者，何足算哉！金起兵要兵权（按：此句疑衍）。凡守者，劲弩强弓，渠答楼橹，足薪备粮，所以守吾之城也。设险守厄，高城深池，列戍屯兵者，所以守吾之国也。不因虑而挠，不因事而慑，积力治心，静窈闲暇者，所以守吾之气也。不守吾之气，则无以全吾之城；不守吾之城，则无以保吾之国。凡若此者，皆守之谓也。然而所以守者，权也。守而用权，则所以守者，非徒守也，亦以攻也。所以自治而待时也。是则守者，攻之基；攻者，守之资。攻而不守，则无以隐其微；守而不攻，则无以发其机。敌攻则守，敌守则攻，不足则守，有余则攻，示之攻而实守，示之守而实攻，此权也，不可以一类求也。

綦崇礼认为，“守”并非简单地“坚壁垒、严斥候”，而是在没有必胜把握情况下的待时之举。他说：“守者，攻之基；攻者，守之资。攻而不守，则无以隐其微；守而不攻，则无以发其机。”这段话精辟地阐述了“攻”与“守”的辩证关系，“守”要与“攻”结合，守中有攻，使敌人不敢进攻，自治而待时，创造转守为攻的战机，这才是高明的“守”。綦崇礼将“守”分为“守吾之城”“守吾之国”“守吾之气”，提出“不守吾之气，则无以全吾之城；不守吾之城，则无以保吾之国”，立论也十分新颖。

尽管《兵筹类要》仅存二十一篇，但仍然可以看出明显的儒家思想倾向，如主张“杀身成仁”“舍生取义”，倡导忠君思想，等等。在兵学思想上，《兵筹类要》则博采众长。现存诸篇中，以“臣读《孙子》曰”形式引《孙子》语录二十则，其他暗引、阐发《孙子》之处亦有很多，但《孙子》之外，《吴子》《六韬》等兵书以及儒家经传都是重要的取材来源，这一点与《十七史百将传》一以《孙子》为准也有很大不同。

楼钥曾论綦崇礼之文“气格浑然天成，一旦当书命之任，明白洞达，虽武夫远人晓然知上意所在”①。《四库全书总目》也说他的

① 《宋史》卷三百七十八《綦崇礼传》。

诏命之文“明白晓畅，切中事情”①。《兵筹类要》虽非制诰之文，但同样表现出高超的写作水准，不但选材广泛，事例丰富，而且文字简练，不事铺陈。但是，该书也有一定的局限性。一是如《四库全书总目》所说，“纸上空谈，未必遽切实用”。二是有浓厚的天人感应思想，如在《诚感篇》中说：“庆忌以谗自刎，而彗星袭月。邹衍以忠见弃，而繁霜夏陨。刘昆向火叩头，而反风降雨。戴封积薪自焚，而大雨立至。天人之应甚于影响。”这些封建迷信思想是需要予以摒弃的。

《将鉴论断》

《将鉴论断》②，又称《将鉴博议》，或《历代将鉴博议》。《宋史·艺文志》著录有“戴溪《历代将鉴博议》十卷”。《四库全书总目》称：“明武定侯郭勋尝重刻之，前有正德十年达宾序，题曰《将鉴博议》，与宋版不同。考《永乐大典》，已引为《将鉴博议》，则其来久矣。”③ 盖《历代将鉴博议》为原名，《将鉴博议》为简称，《将鉴论断》为别名，《将鉴论断》与《将鉴博议》两个书名长期并传。

关于《将鉴论断》的作者及成书，尚有一些疑问。现存《四库全书存目丛书》本戴溪序及《四库全书总目》著录的宋麻沙本均题为宋戴溪少望撰。戴溪是南宋著名士人，《宋史》卷四百三十四、《南宋馆阁续录》等均载其事迹。戴溪（1141—1215），字肖望，或作少望，号岷隐，学者称岷隐先生，永嘉（今浙江温州）人。淳熙五年（1178），为别头省试第一，赐同进士出身。曾为湖南石鼓书院山长，所著《石鼓论语答问》颇负时誉。淳熙十五年（1188），叶適上书右相周必大，推荐名贤三十四人，戴溪名列其中。开禧北伐失败后，知枢密院事张岩督师京口，戴溪参议军事。后召为资善堂说书，由礼部郎中六迁至太子詹事兼秘书监。嘉定八年（1215），以

---

① 《四库全书总目》卷一百五十七《北海集》提要。

② 四库全书存目丛书编纂委员会编：《四库全书存目丛书》子部第三十册，齐鲁书社，1995年。本书所引《将鉴论断》均出自该本。

③ 《四库全书总目》卷一百《将鉴论断》提要。

龙图阁学士致仕。绍定间追谥文端。著有《春秋讲议》等。但是，戴溪《将鉴论断序》自署作于“绍兴辛酉中秋日”，这一时间与《宋史·戴溪传》的生平殊为不合。《四库全书总目》已经指出，“考沈光作《戴溪岷隐春秋传序》，称其字曰少望，则此书当为溪作。然溪以淳熙五年登第，开禧中尚官资善堂说书，而此书自序题绍兴辛酉，为高宗十一年，下距其登第之岁三十八年，距开禧元年更六十五年，溪不应如是之老寿，疑别一人，其名偶与溪字同也”。

戴溪曾参议军事，戴著有宋代书目著录，且翟安道注《十七史百将传》也曾引戴书，因此，《将鉴论断》为戴溪所著的可能性很大。但是，《四库全书总目》的疑问也确实不容忽视。笔者在检索史料的过程中，发现了另一部与该书颇为相似的《将鉴》。南宋包恢《敝帚稿略》中有《跋邓州通判饶公将鉴》① 一文，称饶廷直作《将鉴》，又名《将论》，共为百篇。文中说饶廷直在绍兴议和、割让邓州之际，坚守危城，以身殉职，是一位忠义之士。他所著《将鉴》“欲进而未果”，长期湮没无闻，直至近百年之后，才有同乡包恢为之表彰。据包恢所言，《将鉴》与《将鉴论断》一样，都是以儒家之“理”为论将标准，更重要的是，该书作成于绍兴辛酉（1141），恰好与戴溪序所题时间相符。这些暗合之处都说明该书似与《将鉴论断》有一定的渊源关系，但今存《将鉴论断》是否即为饶廷直所作，由于缺乏足够的史料依据，尚不能定论。

《将鉴论断》十卷，共百篇，收录自春秋孙武迄五代郭崇韬九十四人（按：《四库全书总目》著录的两淮盐政采进本收录九十三人，可能为误计）。全书卷目如下：

卷一战国：孙武、范蠡、田穰苴、孙膑、吴起、乐毅、田单、赵奢、廉颇、李牧、白起、王翦、蒙恬。

卷二西汉：张良、韩信上下、樊哙、周亚夫、卫青、霍去病、李广、李陵、赵充国、冯奉世、陈汤。

卷三东汉：邓禹、邓训、寇恂、冯异上下、贾复、吴汉、岑彭、

① 包恢：《敝帚稿略》卷五，文渊阁《四库全书》本。

耿弇、耿恭。

卷四东汉：王霸、臧宫、祭遵、马援、班超、窦宪、虞诩、皇甫规、皇甫嵩。

卷五三国：魏：张辽、司马懿上下、邓艾。蜀：诸葛亮、关羽、魏延。吴：周瑜、鲁肃、吕蒙、陆逊、陆抗。

卷六西晋：羊祜、杜预、王浚、马隆、周处。东晋：祖逖、周访、陶侃、谢玄。

卷七南北朝：秦：王猛上下。宋：檀道济、王镇恶。梁：韦睿。魏：崔浩上下、于谨。齐：斛律光。周：韦孝宽。

卷八隋：长孙晟、杨素、韩擒虎、贺若弼、史万岁。

卷九唐：李靖、李勣、李孝恭、尉迟恭、苏定方、薛仁贵、裴行俭、唐休璟、张仁愿、王忠嗣、李光弼。

卷十唐：郭子仪上下、李抱真、李晟、李愬、马燧、浑瑊。五代：梁：王彦章。唐：郭崇韬。

《四库全书总目》指出，《将鉴论断》“大抵多为南渡后时事而发，如第一条诋孙武之徒能灭楚，终于恃强以亡吴，盖隐以比金兵破汴之事；第二条称范蠡能复吴仇，为春秋大夫第一，则又隐激诸将恢复之心。而耿弇一条，窦宪一条，尤三致意焉”。作者在序中对撰写目的讲得更清楚，文中说：

> 三代而下，为将者计功不计德，任将者择才不择行，文武之道于是分裂，而仁义诗礼之师殆十未一二也。尝取春秋迄五季诸将行事得失之概，折衷以理而论述，凡一百篇，目曰《将鉴论断》。善可为法，恶可为戒，皎然明白，如指诸掌，所冀后人观往以知来，选而入之，推而广之，损其有余，抑其太过，而勉其不及。孝于亲而忠于君，勇于义而忠于礼，崇廉耻谦逊之风，杜乘争陵犯之衅，知柔知刚，知弱知强，可以养心，可以修身，可以利国，可以便民，可以保功，可以全名，可以居安，可以临危，可以守常，可以应变。进退去就，辞受取舍，无施不可，期于合理，不专诡诈，果敢驰骋行阵而已矣。至若

历代华戎之盛衰，用兵彼己之胜负，商榷评订，亦具载焉。噫！区区论述之意，欲以少补于世，世必有能辩之者矣。

由此可见，作者撰著《将鉴论断》的现实动机很强，目的是以古鉴今，有补于时事。该书选录将帅重在“善可为法，恶可为戒”，倡导将领忠、勇、廉、谦之德，因此，该书虽然在选目上与《十七史百将传》略同，但在形式和内容上却与《何博士备论》更为相近。可以说，《将鉴论断》是将传类和史评类兵书的结合体。例如，书中论李广用兵失纪律，即引《何博士备论》之说：“先儒以为，部伍、行阵、营屯、顿舍，与夫昼夜之谨严，符籍之管摄，皆谓之纪律，……其言信矣。”所谓“先儒”即指何去非，这段议论出自《何博士备论·李广论》。

《将鉴论断》的编纂体例是：“每人之下，皆以一语标目，评其得失，而反复论其所以然。”① 每将之下的标目起到总评作用，如评孙武“有余于权谋而不足于仁义”，评田穰苴“假权变守经常”，评李广“用兵失纪律”，评冯异“不伐其功”，等等。然后就是具体论述将领的成败得失，也就是所谓的“论断”。《四库全书总目》评价它说：“大旨主于尚仁义，贱权谋，尊儒者，抑武臣。”准确地概括了该书的主旨和特点。《将鉴论断》的儒学立场几乎表现在每篇之中，下面略举数例以见其大端。

例一，关于孙子和《孙子兵法》的评价。

《将鉴论断》第一篇即为《孙武》，作者首先肯定了《孙子兵法》的价值：“孙武之书十三篇，众家之说备矣。奇正、虚实、强弱、众寡、饥饱、劳逸、彼己、主客之情状，与夫山泽、水陆之阵，战守、攻围之法，无不尽也。微妙深密，千变万化而不可穷。用兵，从之者胜，违之者败，虽有智巧，必取则焉。可谓善之善者矣。”但是，接下来，作者话锋一转，变为对孙子及《孙子兵法》的批评：“然武操术，有余于权谋而不足于仁义，能克敌制胜为进取之图，而

① 《四库全书总目》卷一百《将鉴论断》提要。

不能利国便民为长久之计，可以为春秋诸侯之将，而不可以为三代王者之佐也。考其所言与其所行而知之。”孙子知权谋而不知仁义，致使他并未成就大功，“得不补失，利不偿害。虽曰善于用兵，而所以用之者，盖不由其道也”。这番议论揭橥了“权谋”与“仁义”的对立，与苏洵、苏轼等对孙子的批评如出一辙，显然为北宋以来贬抑兵学思想之余绪。作者以孙子为权谋的代表，又以《六韬》《司马法》为其对立面。文中说：“古者文武一道，伊尹之于鸣条，太公之于牧野，皆以大圣大贤而任将帅之事。其用兵也，以安民为心，以安社稷为心，非善战争也，非贪势利也，非幸功名也，以仁伐不仁，以义伐不义，而权谋亦寓夫仁义之间，如《六韬》《司马法》之所陈，本末先后自有序也。”这里对《六韬》《司马法》的褒扬显然是过当的，但这并不重要，重要的是，作者表达了崇“仁”尚“义”的思想，以“权谋亦寓夫仁义之间”为理想状态。通过对历史上将帅的归纳和比较，作者进一步得出结论，“辅以仁义者，必能善终如始”，“专任诈力者，往往及于祸败”。

例二，论将以“德”为先，以“功”次之。

《将鉴论断》卷四中《祭遵》篇标目为“有德之将”。文中说：“兵家之论将曰，功而已，安以德乎？儒家之论将曰，德为先，功次之。何谓之功？城守野战，有劳于国是也。何谓之德？爱人利物，尽忠于君是也。”作者认为，“上焉者，功德兼茂，其次者，德优于功。与其功有余而德不足，未若功不足而德有余也”。将领如果“功有余而德不足”，就会作威弄权，人主忌之，士庶怨之，不会有什么好下场。如果“功不足而德有余”，就会守礼循法，人主信之，士卒附之。作者认为，祭遵就是“德大于功”的典型，在东汉开国二十八将中，祭遵的战功并不卓著，德行却很好，为人廉约小心，克己奉公，厚待士卒，家无余财，因此，他得到光武帝的厚待，善始善终，极尽哀荣。

在《杨素》（卷八）篇中，《将鉴论断》说：“先儒有言曰：德胜才，谓之君子；才胜德，谓之小人。君子挟才以为善，小人挟才以为恶。挟才以为善者，善无不至矣；挟才以为恶者，恶亦无不至矣。”作者认为，杨素就是“才胜德”之人，虽然战功卓著，但是德行很差，媚上欺下，残忍暴酷，与上文所讲的祭遵恰恰相反。

对“功”（才）与“德”次第的认识是兵家与儒家的一个重要差异，“德”优先，就是忠诚优先，在忠诚的基础上，功才有意义。否则，功越高，危害越大。当然，在现实中，将领“德”高望重依然会遭到君主的猜忌，因此，“德”最要紧的还是“忠诚”“谨畏”“小心”，宋代选将偏重“循谨”者，正是这一思想的体现。

例三，对制胜之“本”的认识。

《将鉴论断》认为，战国时田单立下“再造齐国”的奇功，是“以少覆众、以弱取强”的典范。推求其战胜原因，一般认为，在于“纵反间”“立神师”“火牛阵”三事。但是，作者指出，这些都是“侥幸于一时，殆非致胜之术也”。作者从田单与鲁仲连的对话中领悟到了“制胜之本”。文中讲道：“单尝攻狄，三月不克，问计于鲁仲连。仲连对曰：‘将军之在即墨也，坐则织蒉，立则仗锸，为士卒倡：宗社亡矣。当此之时，将军有必死之心，而士卒无幸生之气，闻君之言，莫不挥泣奋臂而欲战，此所以破燕也。今将军东有夜邑之奉，西有淄上之娱，黄金横带，驰骋于淄、渑之间，有生之乐，无死之心，所以不胜也。’单于是厉气循城，立于矢石之所，援桴鼓之急，狄人乃下。”① 也就是说，制胜的根本不在于战略战术的安排，而在于人心、士气、决心等主观因素。因此，作者进而讨论了强弱胜负的辩证关系：“故夫国大而兵众者未必强，国小而兵寡者未必弱。强者未必常胜，弱者未必常败。国大兵强而狃于胜，则将军惰而士卒骄，忽于料敌而轻于使人。……国小兵弱而戒于败，则上下心专而力齐，虑深而难犯。”（卷一，《田单》）

例四，对君将关系的论述。

中国历史上，君权与将权的紧张关系一直存在，“狡兔死，走狗烹；飞鸟尽，良弓藏”，很多战功赫赫的名将都以惨死收场。《将鉴

---

① 按：此段文字，《四库全书存目丛书》本有讹脱，据国家图书馆藏明刻本残卷（存卷一至卷四）校对。

论断》显然注意到了这一点，很多篇章讨论的都是将领如何自保的问题。作者虽然也认为君主和将领要相互信任，但更多地还是主张将领要守“礼”，要忠于君主，要“不伐功”，要功成身退。在“武经七书”之中，《将鉴论断》极为推崇《黄石公三略》，也是出于这一原因。《檀道济》篇中说：“兵法传于今世者七家，惟《三略》最通于道而适于用。王用之则王，伯用之则伯，为将用之可以立功而保身，非孙吴比也。盖孙吴之书，知有权谲而已，可用之于危而不可用之于安，可用之于暂而不可用之于久，然其利近而效速，故后世谈兵者必先焉。若夫《三略》之书，则其旨远，其理深，人君惟光武知之，故能以神武定四方，又能以柔道理天下，能驾二十八将以成功，又能不任功臣以吏事，可谓圣君矣。人臣惟子房知之，故能以三寸舌为帝者师，又能辞三万户之封侯，能运筹帷幄，又能从赤松子游，可谓贤矣。”“《三略》之言曰：‘君无疑于臣，臣无疑于君，国定主安，臣以义退。’又曰：‘臣不可以无德，无德则无以事君。君不可以无威，无威则国弱。臣不可威多，威多则身蹶。’”《将鉴论断》认为，《三略》中的这两段话是“天下至言”，是处理君将关系的不二准则，历史上唯有光武帝和张良成功实践了这些原则，功成名就，进退自如。而宋文帝和檀道济却不懂这些道理，檀道济“卒以威名过重，见忌于时”，宋文帝则听信谗言，召而杀之。因此，作者告诫为将者，《三略》之书“不可不熟究其义，而用以立功，用以保身”（卷七，《檀道济》）。

《将鉴论断》纵论将帅得失，完全以儒家思想为准则，重点在于将道、将德。对于克敌制胜的将才，则秉持诸家成说，多为持中之论。如主张以强击弱，“善用兵者，必先料敌之强弱。强则避之，所以挫其锐也；弱则取之，所以乘其弊也。挫其锐而乘其弊，然后可以收其全胜之功。小而用于一阵，大而用于天下，莫不尽然”（卷二，《韩信》）。认为以弱敌强“非兵家之常法也”（卷二，《韩信》），“十围五攻，用兵之常法；以寡覆众，为将之奇功”（卷五，《张辽》）。主张重敌轻死，“何谓重敌？知彼知己，虑善以动，十则围之，五则攻之，少则能退之，不若则能避之是也。何谓轻死？有死之荣，无生之辱，受命之日则忘其家，临军约束则忘其亲，援桴鼓之急则忘其身是也”（卷二，《李陵》）。重视激发士“气”，“人之勇以力，力之奋以气。以匹夫而抗万乘，以一身而陵三军，岂惟力有所恃哉，必其气有所激也。盖气有所激，则此直而彼曲，视众如视寡，视强如视弱”（卷二，《樊哙》）。又说：“兵之所以战者，气也。气之所以激者，怒也。气以怒激，战以气胜。”（卷四，《王霸》）主张学习兵法，针对霍去病“顾方略如何耳，不必学古兵法”之说，指出“使去病之言为然，孙吴之书宜投诸火，何乃世传而代习邪?”同时又反对泥守兵法，认为，“兵法不可不学也，学兵法而不达其用，亦不可也”。（卷二，《霍去病》）总的说来，《将鉴论断》对于制胜之法的评述，多为泛泛之论，或引武经之语，或承前人成说，并无多少创新之处。

《将鉴论断》成书后，流传较广，《四库全书总目·子部·兵家类存目》著录的两淮盐政采进本为宋麻沙本，今已不得见。元代有至正乙巳（1365）重刻本，杨维桢为之作序，序言说：“今二百余年，而我右辖张公得其书于吴兴，以其论裁不谬于理，而深有警劝于人，命工录其本而锓诸梓，将以分示诸校。”可见该书在元代曾由官方刊行，并分发给将校。明代有武定侯郭勋重刻本《将鉴博议》，也有数种明抄本。明清时期，该书传到朝鲜，清康熙三十年（1691），朝鲜曾以元至正本翻刻。[1]

① 参见许保林：《中国兵书通览》，第340页。

第二节　兵制类

《历代兵制》

《历代兵制》[①]，南宋陈傅良撰。陈傅良（1137—1203），字君举，号止斋，温州瑞安（今属浙江）人，师从郑伯熊、薛季宣，为永嘉学派代表人物，学者称止斋先生。乾道八年（1172），登进士甲科。光宗绍熙三年（1192），除起居舍人，明年，兼权中书舍人，因数次进谏不被采纳，愤然辞官。宁宗时召为中书舍人兼侍读，不久又因“庆元党禁”而遭贬黜。从此读书讲学，不问朝政。嘉泰二年（1202）复官，进宝谟阁待制。陈傅良治学广泛，著述颇丰，除《历代兵制》外，还著有《止斋文集》《周礼说》《春秋后传》《左氏章指》《止斋论祖》《永嘉八面锋》等，与史学及时政相关的有《进读艺祖皇帝实录》《皇朝大事记》《皇朝百官公卿拜罢谱》《皇朝财赋兵防志稿》《建隆编》《西汉史钞》《备边十策》等。

《历代兵制》未见于宋代书志目录，曹叔远在《止斋文集序》中称陈氏撰有未脱稿《周汉以来兵制》，当为此书。今存本《历代兵制》共八卷，记述从周至北宋各朝兵制。卷一为周、春秋、秦，卷二为西汉、王莽、东汉，卷三为三国（后附《八阵图赞并序》）、两晋，卷四为南朝，卷五为北朝、隋，卷六为唐，卷七为五代，卷八为宋。《四库全书》在《史部·政书类·军政之属》中收录《历代兵制》，并对其中第八卷宋代部分大加褒扬，认为这部分记述尤为详尽，是陈傅良“切于实务”的表现。[②] 但是，据邓广铭先生考证，

---

① 《中国兵书集成》编委会编：《中国兵书集成》第七册，解放军出版社、辽沈书社，1992年。本书所引《历代兵制》均出自该本。

② 《四库全书总目》卷八十二《历代兵制》提要。

这部分内容并非陈傅良亲撰，而是取自王铚《枢廷备检》的序文。[①]据王铚之子王明清《挥麈录》记载：建炎四年（1130），王铚奉命编修《祖宗兵制》，高宗“连夕观之”，称其甚佳，赐名《枢廷备检》。原书二百卷，元时佚失，《挥麈录》尚保留其序言，以之与今本《历代兵制》卷八相对照，除有少量文字删改外，二者基本相同。很可能是后人在整理刊行《周汉以来兵制》之时，取《枢廷备检》之序增入的。

《历代兵制》的编纂体例是，先纂集史料，叙述各个时代兵制的内容、特点、发展沿革，然后以按语形式评价其利弊得失，或引用前人观点，予以辩证。如卷一，第一段叙述西周兵役制，然后用一段按语讨论此期兵制的问题。有时则连用数段按语，如卷二，记述西汉兵制情况后，用了三段按语讨论将无重权、西汉兵制优长以及南北军等三个问题。除了按语，《历代兵制》中还有陈傅良的原注，用以注明材料出处、注音释义，或者做补充说明，这可能是该书最初为“未脱稿”造成的特点。

陈傅良作为永嘉学派的重要人物，将永嘉学派注重实学的传统发展到了新的高度。叶適评价说，永嘉之学“至陈君举尤号精密，民病某政，国厌某法，铢称镒数，各到根穴，而后知古人之治可措于今人之治矣”[②]。《历代兵制》就是陈傅良“经世致用”之学的重要体现，目的在于以史为鉴，有助于“今人之治”。《四库全书总目》尽管未能甄别出书中羼入部分，但对于陈氏撰著《历代兵制》动机的评价仍是准确的：“盖傅良当南宋之时，目睹主弱兵骄之害，故著为是书，追言致弊之本，可谓切于时务者矣。”[③]

从《历代兵制》中，我们可以了解到陈傅良的兵制思想。

一、关注兵制与历代政权存亡的关系。陈傅良研究兵制的着眼

① 邓广铭：《陈傅良的〈历代兵制〉卷八与王铚的〈枢廷备检〉——为纪念陈援庵先生诞辰110周年而作》，《邓广铭全集》第九卷，河北教育出版社，2005年，第500—506页。

② 《温州新修学记》，《叶適集》第二册。

③ 《四库全书总目》卷八十二《历代兵制》提要。

点，在于分析其利弊得失，总结历史教训，在记述每一时代兵制时，他都会论及兵制对于政权的影响。如他评论东汉兵制说："自郡国罢材官、骑士之后，官无警备，实启寇心。""故夫汉之祸，光武之销兵为之也。"对于西汉兵制，他认为兵制是国家繁荣稳定的基础，"民有常兵而无常征之劳，国有常备而无聚食之费"，"终汉之世，上无叛将，下无骄兵"。隋朝之兴，陈傅良认为"皆府兵之政"，隋之灭亡，则因隋炀帝不行府兵制，"所取之兵，皆非府卫之制"。《历代兵制》探究兵制与政权兴亡的关系固然可取，但是，政权兴亡绝非一个因素所能决定的，正如岑仲勉先生所说："国家的兴亡夹杂着许多原因，专注重兵制之好歹，未免呆板地看问题。"①

二、主张寓兵于农，兵农合一。宋代实行募兵制，对于军事上的积弱，文臣士大夫多从军制上加以检讨。主流观点认为，恢复历史上兵农合一之制是强兵的必由之路。《历代兵制》也持这种主张。陈傅良对于西周的六乡六遂出兵之法、西汉的征兵制都给予了高度肯定，对唐代府兵制更是赞赏有加，引《新唐书・兵志》之说："府兵之制，居无事则耕于野，其番上者，宿卫京师而已。若四方有事，则命将以出，事解辄罢，兵散于府，将归于朝。故士不失业，而将帅无握兵之重，所以防微杜渐，绝祸乱之萌也。"认为，"自井田不复，兵制之善，莫出于此"。对于唐末府兵制的废弛，他深感遗憾，多次感叹："惜乎，后人之不能遵也。""岂立法之初有不善也！其节目次第，非可预为之图，亦在夫继之者有以维持而润色也。"尽管该书第八卷宋代部分并非陈傅良所撰，但他对于宋代募兵制的意见已经十分明显了。

三、主张"兵无专主，将无重权"。兵权的分配和制衡，是历代兵制的核心内容，也是关系军队和政权稳定的重要因素。陈傅良主张"兵无专主，将无重权"。他说："三代而上，兵权散主。有扈之师，六事咸在；牧野之战，三卿同出。……而二三大臣参互职掌。至于皇父整师，尹氏播令，程父出征，则兵无专主，将无重权，大

---

① 岑仲勉：《唐史余沈（外一种）》，中华书局，2004年，第332页。

略可考。是以兵满天下，居然无患。”他认为，“兵无专主，将无重权”是西周维护统治的关键，而春秋战国的混战则由于“兵多常聚，帅多世守”。他赞赏汉、唐的兵农合一制，也是因为西汉“因军设屯，事已则罢”，而唐代府兵散在军府，有事则朝廷命将，事毕则“兵散于府，将归于朝”。兵无专主，则将领与士兵不能固结；将无重权，则将领无法拥兵作乱。宋代军制正是遵循了这样的原则，通过分散将领的军权，达到中央军事集权的目的。

四、主张居重驭轻。中央与地方军队的关系是陈傅良关注的另一重要问题。他指出，“兵之所在，权实归之，是以在外则外重，在内则内重”，“外内轻重，群系于兵”。所谓居重驭轻，就是要保证中央军力能够有效控制地方，维护政权的集中统一。首先，要在兵力部署上“壮根本而严卫翼”，保持中央军在数量和质量上的优势。唐初关中之兵重于天下，宋代内外相制，保持京畿与地方兵力的平衡，都是基于这样的原则。其次，居重驭轻也与“兵无专主，将无重权”密切相关，后者是保证前者能够实现的前提。

《历代兵制》作为中国古代第一部兵制通史，对西周至宋以前的兵制史加以系统梳理，分析其利弊得失，将兵制研究提升到了一个新的高度。它与成书于此前的吕祖谦《历代制度详说》，约成书于同时的钱文子《补汉兵志》，此后撰成的章如愚《山堂考索·兵制》、王应麟《玉海·兵制》等一道，形成了中国古代兵制研究的小高峰。《历代兵制》展现出的陈傅良的兵学思想，对于研究永嘉学派及南宋兵学思想也有很高的学术参考价值。

第三节　城守类

《守城录》

《守城录》[①]，南宋陈规、汤璹撰。全书由三部分组成。第一部分是陈规所撰《靖康朝野佥言后序》一卷，作于绍兴十年（1140）陈规守顺昌之时。《靖康朝野佥言》为两宋之际夏少曾所作，记述靖康时金人攻汴京始末。陈规读后，痛感当时朝廷大臣和将帅捍御失策，针对《佥言》所述攻守之事，条列应变捍御之策，谓之《后序》。该文后被史家徐梦莘收入《三朝北盟会编》。第二部分是陈规所著《守城机要》一卷，记述陈规守御德安时的城郭楼橹之制及攻城备御之方。第三部分是《建炎德安守御录》二卷，为汤璹寻访陈规"守城遗事"所作追记，于绍熙四年（1193）表奏朝廷。《四库全书总目》中说："案规本传载：'乾道八年，诏刻规《德安守城录》，颁天下，为诸守将法。'《艺文志》亦别有刘荀《建炎德安守御录》三卷，而无璹书之名。疑荀所撰者，即乾道所颁之本，璹书上于绍熙时，距乾道已二十余年，或又据荀书而重加增定欤?"[②]《宋史·艺文志》中所载刘荀《建炎德安守御录》与陈规《守城机要》、汤璹《建炎德安守御录》之间的关系，现在已无从查考，但可以肯定的是，《守城录》中的三个部分，原本各自成帙，在南宋宁宗朝以后被汇编为一书。

陈规（1072—1141），字元则，密州安丘（今属山东）人。徽宗时，中明法科。靖康中，金军南下，荆湖地区盗起，他以德安府

---

① 《中国兵书集成》编委会编：《中国兵书集成》第七册，解放军出版社、辽沈书社，1992年。本书所引《守城录》均出自该本。

② 《四库全书总目》卷九十九《守城录》提要。

安陆县令摄守事，率军民固守德安。建炎元年（1127），除直龙图阁，知德安府，多次击败盗贼进攻，擢德安府、复州、汉阳军镇抚使。绍兴九年（1139），知顺昌府。十年（1140），金军攻城，与将领刘锜协力守城，挫败金兀术（完颜宗弼）数十万军队，取得顺昌大捷，高宗下诏褒奖，迁枢密直学士。宋金议和，移知庐州兼淮西安抚使，寻病卒。《宋史》本传称陈规"有《攻守方略》传于世"，今已不传。汤璹，字君宝，潭州浏阳（今属湖南）人，淳熙十四年（1187）进士，历任德安府教授、太学录、大理寺少卿等职。

陈规是宋代文人出身将领中的佼佼者，史书说他"自绍兴以来，文臣镇抚使有威声者，惟规而已"①。他卓越的守城战绩在南宋罕有其匹，尤其是顺昌保卫战的胜利，阻遏了金军主力南下，对宋金战局产生了十分重要的影响。《守城录》是陈规守城实践的记录和总结，《靖康朝野佥言后序》《守城机要》《建炎德安守御录》三者相互补充，相得益彰，不但记述了陈规守城的器械、方法、组织编制和战略战术，展现了南宋守城作战的真实图景，而且反映出陈规对战争的深入思考以及对作战规律的深刻认识。

一、主张积极防御的守城战术。陈规认为，势在人为，强弱胜负的变化取决于将帅如何措置。他说："治乱强弱，虽曰在天有数，未有不因人事得失之所致也。""势之强弱在人为。我之计胜彼则强，不胜彼则弱。……强者复弱，弱者复强，强弱之势，自古无定，惟在用兵之人何如耳。"守城作战也一样，要用各种方法创造可胜之势。真正的善守者不是一味死守，而是要做到"守中有攻"。他主张"城上觇望敌人空隙，稍得便处，即遣兵击杀。或夜出兵，使敌在外，所备处多，昼夜备战，无有休息"。他甚至还提出，在城内设险已备的情况下，引诱敌人入城，乘机歼灭。他与刘锜合力守顺昌之战就充分体现出积极防御的特点：先是在敌人引退时出兵邀击，使大量敌兵溺河而死，继而夜袭敌营，使敌人昼夜不得休息。金兀术亲率重兵攻城，宋军每日清晨坚壁不出，待中午时金军遭烈日暴晒，

---

① 《宋史》卷三百七十七《陈规传》。

气力疲乏，再派兵出击。按此方法，顺昌守兵不足两万，出战仅五千人，却使数十万金兵十损七八，败退而去。

二、主张革新城防旧制。陈规指出，城防设施要根据实际情况做调整，不能惮于改作。他说：“古人所谓利不百者不变法，功不十者不易器。以今城池之制观之，虽利不至于百，功不至于十，然自古圣人之法未尝有一定之制，可则因，否则革也。”他提出改革旧有城防体制，具体包括：拆除城门外的瓮城，改进门楼、吊桥等设施；收缩易攻不易守的四方城角，增筑便于掩护和还击的高墙，增强防御能力；改传统的一城一壕为三城两壕，即在外壕内侧修一道高厚的城墙，在大城内侧再挖一壕，壕里侧再筑一城，形成多重防御体系。

三、注重火器的运用。在火器广泛运用于战场的背景下，如何利用火器成为克敌制胜的重要因素。陈规指出：“凡攻守之械，害物最重，其势可畏者，莫甚于炮。”炮是攻城利器，也是守城利器，关键在于是否善于运用，“若攻城人能用而守城人不能御之，则攻城人可以施其能；若守城人能用，则攻城人虽能者，亦难施设”。《守城录》中讲了很多御炮之术和用炮之法。为了充分发挥炮的作用，他制定了新的用炮之法，改明置炮于城头为暗设于城脚，并在城头增设观察哨，指挥炮击敌人。他还指出，守城应该大小炮并用，不能忽视小炮的作用，“勿谓小炮不能害物，……又况大炮每放一炮，小炮可放数炮”。此外，他还亲自研制出竹竿火枪二十余支，这是我国最早的管型火器，在科技史上占有重要地位。

《守城录》虽然主要论述守城作战问题，但其中的作战方法无不根源于陈规对兵法的深刻理解。诚如他在《靖康朝野佥言后序》中所说：“规尝闻《孙子》曰：‘兵者，国之大事，死生之地，存亡之道，不可不察也。’又以为，‘兵者诡也，用无中形，诡诈为道。故能而示之不能，用而示之不用，近而示之远，远而示之近，攻其不备，出其不意，此兵家之胜，不可先传也’。然而有传之于家而达之于远，有利而无害，有得而无失者，不可不先传也。”他又说：“然用兵之道，以正合，以奇胜，善出奇者，无穷如天地，不竭如江海，千变万化，人孰能穷之？今止据金人攻城施设略举捍御之策，至于尽精微致敌杀敌之方，虽不惮于文繁，而有所谓真不可示人者未之传也，又况虽欲传之，有不可得而传者矣。惟在乎守城之人于敌未至之前，精加思索应变之术，预为之备耳。”《孙子兵法》的诡道思想、示形动敌、出奇制胜、避实击虚、激发士气、严格治军，等等，在陈规的守城思想和实践中都有生动的体现。但是，陈规也一再强调，他只能讲明“有利而无害”“有得而无失”的基本方法，具体的战术战法要据战场实际而定，更为关键的是，将领能否预做准备，精思应变之术。他说：“夫守城者，每见敌人设一攻械，而无数策以拒之者，未之思也。”

对于处于守势的南宋政权来说，守城作战是基本的作战方式之一。陈规在德安、顺昌等守城战役中的胜利，打破了金军攻城势不可挡的神话，树立了守城作战的样板。尤其是顺昌之战，成为南宋最重要的几次胜仗之一，“虏自言入中原十五年，尝一败于吴玠，以失地利而败；今败于刘锜，真以战而败，疑是外国借来神兵”①。顺昌之战的主将虽是刘锜，但在守城作战中起关键作用的还是陈规。在《守城机要》中，陈规总结守城作战经验，提出攻城备御之法四十余条，对火器条件下城防理论的发展做出了突出贡献。乾道八年（1172），宋孝宗诏刻《德安守城录》，“颁天下，为诸守将法”②，对当时的城防作战起到了重要的指导作用。

《守城录》对后世的影响也较大，乾隆皇帝曾为其题诗一首：“摄篆德安固守城，因而失事论东京。陈规屡御应之暇，汤璹深知纪以精。小县旁州或可赖，通都大邑转难行。四夷守在垂明训，逮迫临冲祸早成。”（《守城录》卷首）诗中认为《守城录》只可用于“小县旁州”，显然是拘泥于书中具体的守城之法，低估了陈规的军事思想。时至今日，《守城录》中的守城之法已经过时，但其中所蕴含的积极防御的守城思想仍有借鉴价值。

---

① 《三朝北盟会编》卷二百二，引汪若海札子。

② 《宋史》卷三百七十七《陈规传》。

第四节　方略类

战争方略是针对具体战争形势所做的战略判断和作战指导方略，是将兵学理论运用于具体战争运筹的产物。宋代持续紧张的边防形势与文人政治相结合，出现了大量的战略谋议文章，构成了宋代兵学文献的另一个重要方面。南宋时期，文人学士更密切地关注现实，战略谋议的发展尤为突出。辛弃疾《美芹十论》《九议》，陈亮《中兴五论》，倪朴《拟上高宗皇帝书》等堪称代表。这些文章紧密结合当时的军事斗争实际，无论是对敌情的分析判断、战略布局、策略运用，还是对建军、治军问题，乃至战争相关政治、经济问题的论述，都十分深刻而切实，标志着传统兵学理论与战争谋略的结合达到了一个新的高度。尽管囿于时局，这些建策多半未能付诸实践，没能起到“隆中对”“雪夜对”那样的作用，但其中对于兵学思想的阐释和发展、对于战局的真知灼见，战争方略中体现出的战略思维等，仍然具有借鉴价值。

辛弃疾《美芹十论》《九议》

辛弃疾（1140—1207），字幼安，号稼轩，历城（今山东济南）人。南宋著名将领和词人。绍兴末年，金主完颜亮死，中原豪杰并起，辛弃疾投耿京义军，为掌书记。绍兴三十二年（1162），耿京以其为先遣，奉表归宋。宋高宗命其以节度使印告召耿京，归途闻知张安国等杀害耿京，投降了金朝，遂率部直趋金营，俘张安国以归。其时，年仅二十三岁。归宋后历任建康府通判，知滁州，江西、湖南、福建、浙江东路等地安抚使等职①，在任期间招抚流亡者、训练军队、安定民生，颇有政声。辛弃疾胸怀恢复大志，提出了一系

① 《宋史》卷四百一《辛弃疾传》。

列建策，所著《美芹十论》《九议》[1] 等，系统阐述了对局势的判断以及用兵方略。辛弃疾文学造诣很深，其词以豪放著称，慷慨悲壮，笔力雄厚，与苏轼并称“苏辛”。

《美芹十论》又称《御戎十论》，是辛弃疾对恢复大计的系统筹划，作成于隆兴二年（1164），乾道元年（1165）进献朝廷。[2]《十论》分别为《审势》《察情》《观衅》《自治》《守淮》《屯田》《致勇》《防微》《久任》《详战》，从宋金双方实力的对比，宋廷应做的军事斗争准备，到战略要地的防御，解决粮饷的屯田之策，再到对于将领、士卒、归正人的团结之术，宋金之战的战略筹划，内容十分系统完备。因此，后世不仅以之为策略的样本，而且将它归入兵书之列。

《美芹十论》前三篇论金人之弊，阐明敌人可胜之形。《审势》

---

① 按：本节所引《美芹十论》《九议》均采用徐汉明校注：《辛弃疾全集校注》，华中科技大学出版社，2012 年。

② 按：关于《美芹十论》的确切作年，史料记载不同。《宋史》本传谓稼轩乾道六年（1170）入对延和殿，作《九议》《应问》三篇及《十论》献于朝；明黄淮、杨士奇编《历代名臣奏议》及唐顺之《右编》均题“宋孝宗时建康府通判辛弃疾进”，稼轩通判建康府在乾道四年至六年（1168—1170）；清辛启泰辑《稼轩集钞存》题“乾道乙酉进”，乙酉为乾道元年（1165）。现代学者对此亦有争论，邓广铭、刘浦江认为，《美芹十论》当为隆兴二年（1164）夏秋始作，乾道乙酉写完奏进（参见邓广铭：《〈美芹十论〉作年考》，《辛稼轩诗文钞存》，古典文学出版社，1957 年；邓广铭：《辛稼轩的归附南宋和〈美芹十论〉的奏进——纪念辛稼轩诞辰 850 周年》，《杭州大学学报》（哲学社会科学版）1991 年第 2 期；刘浦江：《辛稼轩〈美芹十论〉作年确考》，《古籍整理研究学刊》1990 年第 2 期）；蔡义江、吴熊和两位学者认为《美芹十论》作于乾道四、五年（参见蔡义江、蔡国黄：《辛弃疾〈美芹十论〉作年考辨》，《杭州大学学报》1979 年第 3 期；吴熊和：《辛弃疾〈美芹十论〉作年考辨》，《古典文学论丛》第一辑，齐鲁书社，1980 年）；辛更儒认为《美芹十论》作于隆兴二年（1164）十一月宋金议和之前（参见辛更儒：《〈美芹十论〉的确切作年再考》，《浙江学刊》1997 年第 2 期）。综观诸家论述，邓广铭、刘浦江、辛更儒诸先生之说更令人信服，《美芹十论》的撰著时间当为隆兴二年十一月宋金协议订立之前的宋金对峙时期，其进献朝廷的时间略在其后。《稼轩集钞存》所录《美芹十论》出自《永乐大典》，“乾道乙酉进”之说其来有自，故从其说。

分析宋金双方形势，认为金人虽有可畏之形，实无可用之势。由于金人实行残酷的民族压迫政策，民不堪命，军人怨愤，内部矛盾激化，徒为疑我之形，实不足虑。《察情》论察敌之情。辛弃疾认为，金人善用和战两种手段，“实欲战而乃以和狎我”，“实欲和而乃以战要我”，他分析敌情，认为金人“有三不敢必战，二必欲尝试”，唯其不敢必战，才会张大声势以要挟，希图侥幸得逞，不能为其“虚声诡势”所迷惑，失去制胜之机。《观衅》从民心向背角度论金内部形势，指出中原沦陷之民“怨已深，痛已巨，而怒已盈”，如朝廷有意恢复，必然激发起他们反抗金人统治的斗志，使其成为有力的内应。

《美芹十论》后七篇论宋廷之所当行，“所以求己之能胜”①。《自治》篇重点反驳了当时盛行的失败主义论调。辛弃疾说：“臣闻今之论天下者皆曰：‘南北有定势，吴楚之脆弱不足以争衡于中原。’臣之说曰：‘古今有常理，夷狄之腥秽不可以久安于华夏。’”他认为，所谓“南北有定势，吴楚之脆弱不足以争衡于中原”的观点是对历史的错误认知，三国吴、东晋、南朝、十国等被中原政权所灭，根源在于这些政权不能“自治”，“自治”且不暇，如何胜敌？他指出，宋金对峙的形势与历史上的南北形势大异，他痛斥失败主义论调“犹怀千金之璧，不能斡营低昂，而摇尾于贩夫；惩蝮蛇之毒，不能详核真伪，而褫魄于雕弓”。他提出了两条最重要的“自治”之策，“一曰绝岁币，二曰都金陵”。做这两件事的目的并非马上改变敌我形势，而在于振作士气，“内有以作三军之气，外有以破敌人之心”。他说：“今绝岁币、都金陵，其形必至于战。天下有战形矣，然后三军有所怒而思奋，中原有所恃而思乱。”只有展现出必战必胜的决心，才能成就恢复之功。

《守淮》提出了重点防御、守中有攻的守淮思路。辛弃疾认为，两淮地区的防御至关重要，“夫守江而丧淮，吴、陈、南唐之事可见也”。他总结之前两淮之战的教训，认为“备多力寡”是战事失利

---

① 《四库全书总目》卷一百《美芹十论》提要。

的重要原因。他说，“臣闻用兵之道，无所不备则有所必分，知所必守则不必皆备”，守淮必须“聚屯”，实行要地重点防御。他提出了“聚兵为屯，以守为战”的原则，主张择精骑十万，分屯于山阳、濠梁、襄阳三处，在扬州或和州置一大府以督之。敌人攻击一处，则以其他兵力援应，同时出兵攻击敌人虚弱之处，做到“虏来不足以为吾忧，而我进乃可以为彼患也”。这就是古人用兵的批亢捣虚、形格势禁之法。

《屯田》篇中，辛弃疾指出：“用兵制胜以粮为先，转饷给军以通为利也。必欲使粮足而饷无间绝之忧，惟屯田为善。”南宋一直有屯田的尝试，但成效不彰，辛弃疾建议以归正军民及州郡之兵屯田于两淮之间，“内以节冗食之费，外以省转饷之劳，以销桀骜之变”，一举多得。《致勇》讲鼓舞将士之勇，对于将帅和士兵要用不同的方法，“致将帅之勇，在于均任而投其所忌，贵爵而激其所慕；致士卒之勇，在于寡使而纾其不平，速赏而恤其已亡”。《防微》针对南宋以来的投敌通敌事件，提出笼络智勇之士，广开言路，优恤归正之民，谨防有才能之士投敌致患。《久任》主张任才以专，对于主政大臣、将帅等，应当“信之专，期之成”，不能因为 次胜败而轻易黜陟。这些篇章所讲都是加强军政建设的重要内容，“先为不可胜”，才能待敌之可胜。

《详战》是《美芹十论》的最后一篇，在前面儿论基础上，辛弃疾提出了“以海道三路之兵为正，而以山东为奇”的伐金方略。他从地理的险易、轻重出发，认为对于金国而言，“其形易，其势重”的地区在山东，“不得山东则河北不可取，不得河北则中原不可复”。但金人不识此大势，在山东地区的部署很简略，反而将重点放在了关中、洛阳、京师（按：指开封）等处。因此，辛弃疾提出，出兵川蜀、襄阳、淮西，分别对应金屯聚重兵之处，多为旌旗金鼓之形，佯为进攻，使敌人“无所不备则无所不寡”。同时以沿海战舰出击山东沿海登、莱、沂、密、淄、潍等州郡，吸引山东境内之兵。山东既为虚邑，民众必起而为乱。乘此机会，选一骁将，率兵五万，步骑相半，直取山东之地，然后传檄河朔，收复中原。在这一战略谋划中，海道、三路之兵为正兵，起到牵制、佯攻的作用，不必用精锐之师；山东之兵为奇兵，是进攻的主力，当配置最强的军队。

《详战》提出的战争方略是辛弃疾在深入研究敌我形势基础上，经过深思熟虑的成果。据《朱子语类》所载，早在张浚兴师北伐之前，辛弃疾就向他提出了这一建策，但未被采纳。①

乾道六年（1170），在上丞相虞允文的《九议》中，辛弃疾同样阐述了这一战略，所论更为具体：

> 然四路者非必以实攻也，以言耸之使不得去，以势劫之使不得休。何则？彼重之吾又重之，其信我者固也。然后以精兵锐卒，步骑三万，令李显忠将之，由楚州出沭阳，鼓行而前，先以轻骑数百，择西北忠义之士，令王任、开赵、贾瑞等辈领之，前大军信宿而行，以张山东之盗贼，如是不十日而至兖、郓之郊，山东诸郡，以为王师自天而下，欲战则无兵，欲守则无援，开门迎降唯恐后耳。然后号召忠义，教以战守，传檄河北，喻以祸福，天下知王师恢复之意坚，虏人破灭之形著，城不攻而下，兵不战而服，有不待智者然后知者。此韩信之所以破赵而举燕也。

在这篇中，辛弃疾以四路为正兵，以奇兵出沭阳攻山东的战略构想并没有改变，但对北伐将领的安排给出了具体建议，可见，他的方案更加成熟和细化。

《九议》的基本观点与《美芹十论》相同或相近，但也有一些《美芹十论》所未及者。《九议》开篇指出："战者，天下之危事；恢复，国家之大功，而江左所未尝有也。"欲求胜，当先定规模。所谓"定规模"，就是"小胜不骄，小负不沮"，从全局、长远着眼，通盘考虑恢复大计。他提出的建议主要有以下几点。

一、得智勇之士。辛弃疾说："恢复之道，甚简且易，不为则

---

① 黎靖德编，王星贤点校：《朱子语类》卷一百十，中华书局，1986年。

已，为则必成。然而某有大患：天下智勇之士未可得而使也。”他所谓的“智勇之士”与华岳所谓的英雄豪杰有相通之处，这些人有真才实干，特立独行，“以气为智勇，是真足办天下之事，而不肯以身就人者，叩之而后应，迫之而后动，度其上之人果足以有为，于是乎出而任天下之事，其规模素定，不求合于人者”。辛弃疾激切地指出，恢复中原，是为祖宗、为社稷、为生民的大事，并非君主和宰相的私事，明主当与智勇之人共图大业，“盖天下有英雄者出，然后能屈群策而用；有豪杰者出，然后能知天下之情”。因此，他建议虞允文“舒写胸臆，延访豪杰，无问南北，择其识虚实兵势者十余人，置为枢密院属官，有大事则群议是正而后闻，……此古人论兵决事之大要也”。

二、无欲速，审先后，能任败。辛弃疾指出：“论天下之事者主乎气，而所谓气者又贵乎平。气不平则不足以知事之情，事不知其情则败。今事之情有三：一曰无欲速，二曰宜审先后，三曰能任败。”欲速则不达，无论是“言和者欲终世而讳兵”，还是“论战者欲明日而亟斗”，都不是理性的态度，必须要做长远打算，谋定而后动。“审先后”是指系统筹划攻城、略地、训兵、积粟及命使、遣间等事，用兵如弈棋，巧用先后之着方能制胜。“能任败”是指不为一时成败所左右，坚忍成事。辛弃疾认为，这三点虽然不能决定胜负，但决定了用兵的气象，可以不为浮议所移，不为深间所窥。

三、攻其无备，出其不意。辛弃疾说：“举天下之大事而蔽之以一言，曰：‘攻其无备，出其不意。’是谓至计。”他认为，对金人应“骄之”，使其麻痹大意；“劳之”，使其疲于应付。总之，“兵以诈立”，要用各种手段欺骗敌人，“诈之不为不信，侮之不为无礼，袭取之不为不义，特患力不给耳”。

四、善用阴谋。辛弃疾对阴谋做了这样的解释：“胜兵先胜而后求战，败兵先战而后求胜。故善为兵者阴谋。阴谋之守坚于城，阴谋之攻惨于兵。心之精微，出而为智，行乎阴则谓之谋。”他认为，阴谋是取得“先胜”的手段，他所指的阴谋，主要有两个方面：一是“攻其腹心之大臣”，利用反间计，使金统治阶层相互残杀；二是

“间其州府之兵卒”，瓦解金的基层防卫力量。

五、富国之术。辛弃疾认为，恢复大计，不可能一战而胜，要为旷日持久的战争做准备，就必须讲求富国之术，培植国力。他提出了两点：一是惜费用，削减不必要的开支；二是宽民力，厚养其民，使民有余力。只有培植国力，深根固本，才能为持久战提供支撑。

六、和辑士众。辛弃疾看到南宋内部各派势力之间的斗争，为此忧心忡忡，他认为，“私战不解则公战废”，为了恢复大计，他建议朝廷调和各政治势力，“思有以和辑其心者，使之合志并力，协济事功”。

《美芹十论》和《九议》系统阐述了恢复中原的方略及相关军政问题，是辛弃疾军事思想的集中体现。这两组文章对宋金形势的分析，对战争方略的谋划，对治军、后勤等的论述，无一不展现出辛弃疾深厚的兵学素养。他主张“兵以诈立”，“攻其无备，出其不意”，基于双方众寡、强弱、形势、地理进行分析，知己知彼，杂于利害，提出避实击虚、奇正相生的用兵方略，主张“视卒如爱子”，“军赏不逾时”，不以一时成败处置将帅等，都是以兵学理论指导军事实践的典范。《九议》成文较《美芹十论》为晚，文中对于兵学理论的运用更显纯熟。例如，提出用兵方略之前，辛弃疾引论曰：“既谋而后战，战之际又有谋焉。吾兵与虏战，众寡不相敌也。使众寡而相敌，人犹以为虏胜，何者？南北之强弱，素也。盖天下之势有虚实，用兵之序有缓急，非天下之至精不能辨也。故凡强大之所以见败于弱小者，强大者分而弱小者专也。知分之与专，则吾之所与战者寡矣。所与战者寡，则吾之所以胜者必也。故曰：‘备前则后寡，备左则右寡，无所不备则无所不寡。寡者，备人者也；众者，使人备己者也。’又曰：‘出其所不趋，趋其所不意。’又曰：‘形之所在，敌必从之。’”由此可见，“众寡”“强弱”“虚实”“示形”“专分”“出其不意”等都是辛弃疾战略构想的理论基础。

不仅如此，辛弃疾还主张安抚归正军民，与中原民众的反抗斗争相呼应，主张宽民力，厚植国本，体现出政治家的胸怀和眼界。

他在知潭州兼荆湖南路安抚使任上整顿乡社，创置飞虎军，在知隆兴府兼江南西路安抚使任上赈济灾荒，政绩斐然，这些都说明他不但识见过人，而且实有干才，是“上马能杀敌，下马能草檄”的文武全才。

辛弃疾对恢复大业满怀热情，主张积极进取，他说：“明知天下之必战，则出兵以攻人与坐而待人之攻也，孰为利？战人之地与退而自战其地者，孰为得？均之不免于战，莫若先出兵以战人之地，此固天下之至权、兵家之上策而微臣之所以敢妄论也。”（《美芹十论·详战》）在《九议》中，他甚至对虞允文表示：“苟从其说而不胜，与不从其说而胜，其请就诛殛，以谢天下之妄言者。”如果他的方略不能成功，他情愿以死谢罪。行文之中，他对自己伐金方略的自信，希望朝廷采纳其说的恳切，跃然纸上，令人动容。他还说，不希望自己的建议不被采纳，而在失败后被人说成有先见之明。

遗憾的是，辛弃疾虽然在乾道六年（1170）受到了孝宗的召见，但因为他“持论劲直，不为迎合”①，他的意见并未被朝廷采纳，而是如他所不希望的那样，只是被后人认为“知言”而已。宋末刘克庄议论说：“辛公文墨议论，尤英伟磊落。乾道、绍熙奏篇及所进《美芹十论》、上虞雍公《九议》，笔势浩荡，智略辐辏，有《权书》《衡论》之风。其策完颜氏之祸，论请绝岁币，皆验于数十年之后。符离之役，举一世以咎任事将相，公独谓张公虽未捷，亦非大败，不宜罪去。又欲使李显忠将精锐三万出山东，使王任、开赵、贾瑞辈领西北忠义为前锋。其论与尹少稷、王瞻叔诸人绝异。呜呼！以孝皇之神武，及公盛壮之时，行其说而尽其才，纵未封狼居胥，岂遂置中原于度外哉！机会一差，至于开禧，则向之文武名臣欲尽，而公亦老矣。余读其书而深悲焉。”② 以辛弃疾的韬略和抱负，其无疑是南宋不可多得的将帅之才，却始终不得重用，不能展其所长，其论兵宏文甚至一度湮没无闻，最终以词人的身份垂名青史，这不

① 《宋史》卷四百一《辛弃疾传》。

② 刘克庄：《辛稼轩集序》，《辛弃疾全集校注》。

仅是辛弃疾的悲哀，更是南宋王朝的悲哀。

陈亮《中兴五论》

陈亮是浙东事功学派的代表人物，其《酌古论》已如前文所述。《中兴五论》是陈亮第一次科考失利后，于乾道五年（1169）上孝宗的进策。陈亮十分推崇苏轼，在行文上也着力效仿，《中兴五论》在思路与结构上都与苏轼的《策略五首》颇为相似。[①] 五论之中，《中兴论》[②] 为总纲，论“治国有大体”与“谋敌有大略”。《论开诚之道》论述君主任人之道，希望孝宗虚怀易虑，开心见诚，招徕天下英豪，共图大业。《论执要之道》希望孝宗“明政之大体，总权之大纲”，“操其要于上，而分其详于下”，不过多干涉具体事务。《论励臣之道》讨论上下同心、君臣勠力的问题，建议孝宗以报仇雪耻激励臣下。《论正体之道》论“君以仁为体，臣以忠为体”，构建理想的君臣关系。

《中兴五论》与四次“上孝宗皇帝书”一道，反映了陈亮的政治和军事思想，在军事思想方面，《中兴五论》的论述更为集中，其中尤以《中兴论》所论“谋敌有大略”为重点。

《中兴论》开篇论恢复中原的必要性、可能性和紧迫性。他说：“海内涂炭，四十余载矣。赤子嗷嗷无告，不可以不拯；国家凭陵之耻，不可以不雪；陵寝不可以不还；舆地不可以不复。此三尺童子之所共知。”陈亮和辛弃疾一样，都是恢复中原的坚定主张者，叶適在为陈亮所作墓志铭中说：“隆兴再约和，天下欣然幸复苏息，独同甫持不可。”[③] 陈亮认为，恢复中原有正当性、合理性、必要性。之前之所以无法实现，是因为金力量强大，但随着形势的发展，金出现了首领庸懦、政令日弛、君臣怠惰的局面，为南宋的恢复大业提

① 闵泽平：《南宋“浙学”与传统散文的因革流变》，浙江大学出版社，2014年，第70—71页。

② 《中兴论》，《陈亮集》（增订本）卷二。

③ 《陈同甫王道甫墓志铭》，《陈亮集》（增订本）附录一。

供了可乘之机。如果不早做准备，一旦金政局有变或为其他势力所取代，必将增加恢复的难度。此外，若中原迟迟不复，中原父老日以殂谢，新生代对宋王朝缺乏感情，也会增加恢复的难度，“纵有倍力，功未必半”。陈亮所讲的这些都是很现实的问题，也是他积极主张恢复的主要原因。十年之后，在淳熙五年（1178）的《上孝宗皇帝第一书》中，他更加尖锐地指出，如果南宋满足于偏安一隅，违背天地人心，偏安不可能久存。而中原地区，“苟国家不能起而承之，必将有承之者矣。不可恃衣冠礼乐之旧，祖宗积累之深，以为天命人心可以安坐而久系也。‘皇天无亲，惟德是辅；民心无常，惟惠之怀。’自三代圣人皆知其为甚可畏也”。因此，他批评通和之议，认为“通和者，所以成上下之苟安，而为妄庸两售之地”，建议孝宗与金人绝交，誓必复仇，“以励群臣，以振天下之气，以动中原之心”①。

为增强国力，做好恢复中原的准备，陈亮提出了改革政治、经济、军事等的举措，包括“清中书之务以立大计，重六卿之权以总大纲；任贤使能以清官曹，尊老慈幼以厚风俗；减进士以列选能之科，革任子以崇荐举之实；多置台谏以肃朝纲，精择监司以清郡邑；简法重令以澄其源，崇礼立制以齐其习；立纲目以节浮费，示先务以斥虚文；严政条以核名实，惩吏奸以明赏罚；时简外郡之卒以充禁旅之数，调度总司之赢以佐军旅之储；择守令以滋户口，户口繁则财自阜；拣将佐以立军政，军政明而兵自强；置大帅以总边陲，委之专而边陲之利自兴；任文武以分边郡，付之久而边郡之守自固；右武事以振国家之势，来敢言以作天子之气；精间谍以得虏人之情，据形势以动中原之心”。这些就是他所谓的“治国有大体”，只是并未具体展开论述。

接着，《中兴论》提出了“谋敌有大略”。陈亮说：“夫攻守之道，必有奇变：形之而敌必从，冲之而敌莫救，禁之而敌不敢动，乖之而敌不知所如往。故我常专而敌常分，敌有穷而我常无穷也。

---

① 《上孝宗皇帝第一书》，《陈亮集》（增订本）卷一。

夫奇变之道，虽本乎人谋，而常因乎地形。一纵一横，或长或短，缓急之相形，盈虚之相倾，此人谋之所措而奇变之所寓也。”这是他提出谋敌大略的理论依据，简单地说，就是不能只凭兵力，而是要有奇变之谋。陈亮认为，秦、齐为天下之两臂，如若进取，必先东举齐，西举秦，但这两个方向上，敌人都重兵固守。于是，他提出了批亢捣虚、形格势禁的“进取之道”。首先，重点经营襄汉，作为牵制力量。他说：“窃尝观天下之大势矣，襄汉者，敌人之所缓，今日之所当有事也。控引京、洛，侧睨淮、蔡；包括荆、楚，襟带吴、蜀。沃野千里，可耕可守；地形四通，可左可右。”襄汉具有如此重要的战略地位，当委任重臣，加强边防建设。襄阳既为重镇，均、随、信阳及光、黄等周边地区，当仿效宋太祖之法，给予守将较大的兵权和财权，“使之养士足以得死力，用间足以得敌情。兵虽少而众建其助，官虽轻而重假其权”，形成“列城相援，比邻相和”的防御体系。如果敌人进犯江、淮，就以荆襄之师率诸军进讨，袭取唐、邓诸州，进筑蔡州城，依托桐柏山，兴杂耕之利，为久驻之基。“敌来则婴城固守，出奇制变；敌去则列城相应，首尾如一。精间谍，明斥堠，诸军进屯光、黄、安、随、襄、郢之间，前为诸州之援，后依屯田之利。”其次，朝廷迁都建业（今江苏南京），筑行宫于武昌，造成意在夺取开封、洛阳的假象，吸引敌人加强防备，趁机西攻陕西，东取山东：“虏知吾意在京、洛，则京、洛、陈、许、汝、郑之备当日增，而东西之势分矣；东西之势分，则齐、秦之间可乘矣。四川之帅亲率大军以待凤翔之虏，别命骁将出祈山以截陇右，偏将由子午以窥长安，金、房、开、达之师入武关以镇三辅，则秦地可谋矣。命山东之归正者往说豪杰，阴为内应，舟师由海道以捣其脊。彼方支吾奔走，而大军两道并进以揕其胸，则齐地可谋矣。”再次，即便不东西并举，有襄汉的牵制力量在，敌人必不敢离京、洛而轻犯江、淮，可达到“乖其所之”的目的。若敌人进攻唐、蔡，则淮西之师起而禁其东，金、房、开、达之师起而禁其西，多方牵制敌人，掌握战争主动权。

在这一战略谋划中，陈亮根据出奇制胜的兵学原理，兵分三路，在荆襄地区示形动敌，造成欲取开封、洛阳的假象，吸引敌人兵势，然后东西两路乘间而发，进取山东、陕西之地，进而平定中原，这就是所谓“批亢捣虚、形格势禁之道”。这一战略设想与辛弃疾所论虽然在细节上有所不同，但二者都是对政治、军事、地理形势综合分析后得出的，都体现了“奇正相生”“避实击虚”的指导思想。不同的是，辛弃疾认为正面进攻的佯攻之兵不必作为重点，陈亮却将荆襄作为战略布局的枢纽，认为它“坐为东西形援”，“平居无事，则欲开诚布信以攻敌心；一旦进取，则欲见便择利而止，以禁敌势；东西之师有功，则欲制驭诸将，持重不进，以分敌形”，因此给予了格外的重视。

《中兴五论》虽然作成于陈亮青年时期，但其中对于历史经验的深刻认识，对用兵之法的独到领悟，对恢复大计的战略运筹等，都是很成熟的卓越之论。遗憾的是，他虽然“六达帝廷，上恢复中原之策”①，却直至晚年才得中状元，还没来得及就任便去世了。明人方孝孺评价说：“设用同甫，听其言，从其设施，则未必无成功，而卒不用者，天也。”②

倪朴《拟上高宗皇帝书》

倪朴，字文卿，浙东浦江人，居石陵村，故号石陵。尝应进士举，不第，“豪隽不羁，喜舞剑谈兵，耻为无用之学，必欲见之于事功”③。因执着于科举和事功，直到四十七岁尚未婚娶。加以性格桀骜，任性使气，难以容于乡里。淳熙中，为人所构陷，徙家筠州，后以赦归，困顿终身。倪朴与陈亮性情相近，交谊深厚，在陈亮的引荐下，与周葵、郑伯熊等浙东前辈学者均有交游。他对兵要地理有深入研究，遍览群书，考天下山川险阻、户口多寡，著成《舆地会元志》四十卷。又合古今夷夏绘为一图，挂于屋壁，手指心计，

---

① 《谢留丞相启》，《陈亮集》（增订本）卷十八。

② 《方孝孺读陈同甫上孝宗四书》，《陈亮集》（增订本）附录二。

③ 宋濂：《倪朴传》，《倪石陵书》附。

何地可战，何城可守。晚年虽知不能见用，著《鉴辙录》五卷，指陈御侮用策之失。可惜的是，这些兵学著作均已失传。绍兴末年，他撰成《拟上高宗皇帝书》的万言长文，备论灭金之策，受到永嘉学派先驱人物郑伯熊的极力褒奖，但以无路进献而罢。此文与其他一些文章流传下来，后人编为《倪石陵书》。

与辛弃疾、陈亮一样，倪朴坚定主张恢复中原，《拟上高宗皇帝书》首先批驳了失败主义论调。他说："今之进谋者，莫不曰：'彼强而我弱，彼众而我寡，彼大而我小，强弱不敌，众寡不斗，小大不战，事未可以先举。'夫弱不可以敌强，寡不可以敌众，小不可以敌大，是天下之常语耳，非所以为谋也。古之人谋人之国者，论其机会之可乘，形势之可败而已，初不在于他也。苟以强弱、众寡、小大而言，则秦并六国而强，胡为而丧？苻坚举百万之众，胡为而败？不知天下之理，大则易危，小则难倾，强则易挫，柔则难折，是故取大国易，取小国难，灭强敌易，灭小敌难。"他从正反两方面分析了宋金强弱之势，认为"金人之势，其可以必灭者有五"，"金不可以不灭，其说亦有五者，大抵以利害相反而言也"。其大意为，恢复中原是天意所在，民心所向，如果不及时进兵，中原老一辈凋零，新生代不知先王之德化，会增加收复的难度，这一观点与陈亮《中兴论》的见解是一致的。

基于对形势的分析，倪朴根据"因敌而制胜""避实击虚"等作战指导原则，提出了三种作战方案。其一，敌人未发，当先发制人。令诸将水陆并进，袭敌屯戍之所，夺其要害之地，"所谓'迅电不及瞑目，疾雷不及掩耳'也"。然后迁都江表，以壮诸将声援之势，则黄河以南，可传檄而定。倪朴认为，先发之策是"今日之至机"。因为自绍兴和议后，南宋一直处于弱势求和的地位，此时主动出击，可以出其不意、攻其不备。其二，敌师已动，则全面迎敌，正合奇胜。"使江淮之师堂堂之众出寿春、出盱眙、出涟水以迎其前；然后一军出荆襄、入陈蔡，绕出贼后以溃河洛；一军出陇蜀、入散关，据关陕以震两河，天下定矣。"其中江淮之军为牵制之师，荆襄、陇蜀两路为袭虚之众。倪朴引三国为例，诸葛亮的战略构想是利用吴蜀表里之势以图中原，荆襄一失，故不能取关中。南宋吴蜀一家，荆襄一地，为“牵缀贼势于淮南，使荆襄、陇蜀之众相表里捣其虚”的战略提供了条件。其三，敌锋甚锐，则列江而守，坚壁不战。“夫千里兴师，速战则利，相持则不利，延日持久，粮运不继，士心必危，师久而无攻，则粮竭而财匮，其众不自乱则必自溃，势之必然也，此不战而屈人兵之策也。”

以上三策，倪朴并不认为是上、中、下三策，而是根据不同形势的不同应对之法。三策之中，第二策最为重要，是一举而复中原之策。倪朴认为，恢复中原，非蜀兵不可。首先，蜀兵为进攻主力。他说：“蜀之于吴，相去万里，势若不相关，彼必不虞于我也。彼之意在东南，而吾之意在西北。吾得志于西北，则东南之兵不足虑也。用兵之法，不过虚与实而已。法曰：实而备之。又曰：进而不可御者，冲其虚也。敌之实，吾能备之，敌之虚，吾进而冲之，则何不利之有。且彼不与吾相持于东南，吾之西兵固不可以深入，惟其大兵大将举聚于东南，而吾西兵得以乘其虚而捣之。”蜀兵是冲敌之虚的奇兵，是克敌制胜的关键力量，因此当重点经营。其次，用兵之时，蜀兵亦分为奇正。“候彼国之众举皆东向，便乘间深入，正兵自凤州出散关，据凤翔以招秦陇，奇兵自兴元出斜谷，自洋州出洛谷，皆不盈七百里，入据长安，以向潼关。而又出荆襄之师，捣弘农、河洛以为之声援，若此，则中原可指日而复矣。”以蜀兵为奇兵，进占关中，恢复中原，是倪朴恢复大计的重点所在。

倪朴还提出了与战争密切相关的七个方面的建议，所谓“其事势相关不可缓者有七”，分别为顺天、立将、屯兵、强兵、防奸、安民、理财，一一加以阐明。“顺天”讲阴阳不和、旱涝灾害是因为岳飞蒙冤、张浚被黜，应该为岳飞申冤，复张浚之职，以顺应天意。“立将”认为当给予将领权柄，使之能统御部下、威爱士卒。“屯兵”讲兵力部署。倪朴认为，“分合为变”不仅可用于战阵，也可用以指导屯兵部署，他说：“战而不知分合之变，不可以战；守而不知分合之变，亦不可以守。……一分一合而后为变，不惟用于一阵之间为然也，散而守，合而攻，进而斗，退而处，皆不离乎此也。”

他认为，当时的屯兵部署，前后分离，形势孤立，属于“不知分合之变者”。他提出了具体的建议：“宜分诸道，各以重兵继其后，而为之声援，为之统率。谓如两淮屯兵，则一统于睢阳；沿江诸屯，则总于建业；上流委命于夏口；沿汉听令于襄阳。使之左则左，使之右则右，一处受敌，诸屯皆应，表里相维，纵横相合，号令相通，若一身之运臂指。攻其右则左应之，攻其左则右应之；敌击吾左，吾攻其右；敌击吾前，吾攻其后。攻其所必救，出其所必趋。使吾之守，敌不知其所攻；吾之攻，敌不知其所守。如此，则势虽分而实不分，地虽远而实不远，以守则固，以攻则克，然后为善之善者也。”总之，就是要形成可分可合、可攻可守、前后相应、表里相关之势。“强兵”认为兵强在于“气”，提出招募豪勇敢死之士，组成义兵，皆勿黥涅，优为之制，精加训练教养，使之成为有锐气的军队，进而带动原有官兵，增强其气势。这一意见试图通过兵制的调整改革，增加军队战斗力。“防奸”讲加强内部控制，主张加强保甲制，“等级而卒伍之”，遇有警急，则由州县长官统领平乱。“安民”反对当时迁都之策，认为当在出兵之时迁都，号召民众，鼓舞士气。“理财”主张藏富于民，“权其所取以优民，时其所用以省费”。“权其所取”指运用鬻官爵、卖度牒等权宜之计，“时其所用”指节省皇帝祭祀的虚文浮费，“停横恩以需有功，省滥赐以待将士”。倪朴的七项主张涵盖了政治、军事、经济等各个方面，均与恢复大业息息相关，是其用兵三策的基础和支撑。由此可见，倪朴不惟对用兵韬略有深入研究，对于治国理政也有独到见解。

倪朴以一介布衣而论国事，《拟上高宗皇帝书》虽然得到郑伯雄、陈亮等的赞赏，却无由上达圣听，更无从得以实现，只能作为学者立言的典范传诸后世。元人吴莱评其文，认为他论征讨大计，与陈亮不相上下，“当时之士，惟同父为能知之，先生亦惟寄示同父，而不遑以他及者也。然使先生之志且与同父获用于世，天下之兵蜂集蚁聚，胜负虽未可知，必也人心国论之既定于一，力守东南以为保障，专意西北以谋进讨。江淮、襄汉日以宁谧，秦凤、陕虢之间遗民襁负，义士壶箪，尚不为无补于万一者”[①]。明人宋濂在为倪朴所作传中也说：“朴以一布衣之微，非有爵号之荣，禄赐之厚，乃能赤心忧国，吐其耿耿，直欲叩帝阍上之。虽其书不能进，其视贾廷佐之二疏，陈亮之三书，俊快朗烈，照耀后先，如朴者，岂非人杰也哉！使朝廷用之，未必不能立奇勋，奈何奸恶秉轴，有志之士不获泄其忠愤之气，推是言之，亦不独人谋之不臧也。”[②] 倪朴空有才略，无缘施展，固然可惜。事实上，即便他的方略真的付诸实践，也未必就能成功，因为战略运筹与战略实践之间有着诸多复杂的影响因素。但是，从倪朴的文章来看，他对战略形势的判断，对灭金战略的规划，对宋屯兵、兵制、用将、财用等问题的意见，都切中肯綮，确乎体现了“愿出为当世有用之学，而不欲仅为儒者陈腐无实之空言”[③] 的特点，与辛弃疾《美芹十论》、陈亮《中兴五论》等一样，代表了南宋战争方略论述的较高水平。

① 吴莱：《石陵先生倪氏杂著序》，《倪石陵书》附。
② 宋濂：《倪朴传》，《倪石陵书》附。
③ 吴莱：《石陵先生倪氏杂著序》，《倪石陵书》附。

第五章　宋代兵学理论的发展

宋代兵学在先秦中国传统兵学基础上发展起来，其基本理论、概念、范畴、原则和方法等与传统兵学一脉相承，体现出高度的一致性。宋代社会经济的发展、政治军事制度的变革、学术思潮的流变、军事技术的进步，以及兵学家对军事实践的总结和提炼，等等，又为传统兵学命题注入了新的活力，形成了鲜明的时代性。宋代兵学在战争观、作战指导思想、治军思想等方面都有新的发展，将中国传统兵学推向了一个新的高峰。在这一过程中，兵学与儒学的冲突与融合进入了一个新的阶段，在“崇文抑武”的时代背景和“文人论兵”的风潮之下，儒学对兵学的影响渗透到兵学的各个层面，尤其是在战争观、战略思想层面，宋儒通过“以儒解兵”的方式沟通了兵学与儒学，实现了以儒学为主导的更深层次的“兵儒合流”。

第一节　战争观的儒学化

战争观是人们关于战争问题总的态度和看法，包括对战争的性质、目的、动因以及战争与政治、经济的关系等诸多方面的理性认识。先秦兵家并未对战争观做过系统的论述，但从兵书中的相关言论看，“功利主义”无疑是兵家战争观的核心①。如，孙子强调“非利不动”，主张“利合于主”，在战争实施上要求“因利而制权”，

① 吴如嵩：《孙子兵法新论》，解放军出版社，1989 年，第 6 页。

以“兵不顿而利可全”为最高目标，等等。《吴子》将战争起因归结为五种，“一曰争名，二曰争利，三曰积恶，四曰内乱，五曰因饥”，进而对战争性质进行分类，“一曰义兵，二曰强兵，三曰刚兵，四曰暴兵，五曰逆兵。禁暴救乱曰义，恃众以伐曰强，因怒兴师曰刚，弃礼贪利曰暴，国乱人疲、举事动众曰逆”。(《图国》)《吴子》还总结了影响战争的四个要素——道、义、谋、要：“夫道者，所以反本复始；义者，所以行事立功；谋者，所以违害就利；要者，所以保业守成。”(《图国》）从这些论述中，我们不难看出，孙子、吴子等兵家虽然也讲“禁暴救乱”之“义”，但他们对战争的认识体现出鲜明的功利主义和现实主义特点。先秦以降，儒家对兵家“尚利”不断提出批评，也成为兵儒冲突的一个重要论题。宋儒继承先秦儒家思想，一方面从王道、霸道之争的角度立论，以“仁义”为王道之本，以“诈利”为兵家之要，将“仁义”置于“诈利”之上，在思想文化领域确立了儒家战争观的主导地位；另一方面又以儒家思想诠释兵学概念，使兵家的战争观带有了明显的儒学化倾向。

一、“兵祥于吉人”与“武有七德”

对“兵”的重要性的认知是论兵的基础和前提，也是战争观的重要内容。《孙子兵法》开篇曰：“兵者，国之大事，死生之地，存亡之道，不可不察也。”(《计篇》）宋代学者在这方面有很多精辟的论述。宋真宗时，张知白上书说：“夫五行之中，金为兵；以五事配之，则金为义。兵之为用，实不可去也。乃知言弭兵者，罪莫大焉。”① 也就是说，兵是“义”最重要的实现方式。朱台符说：“农者，国之本也，其利在粟多；兵者，国之命也，其功在战胜。此二者存亡所系也。”② “兵”与“农”同等重要，农为国之本，兵为国之命，都关系到国家存亡。张方平的论述更为宏阔，他说：“故国之大事，在祀与戎；政之本经，惟文与武。礼乐制度，文之施也；禁

① 《上真宗论时政》，《宋朝诸臣奏议》卷一百四十六。

② 《上真宗应诏论彗星旱灾》，《宋朝诸臣奏议》卷三十七。

暴戢乱，武之用也。今朝廷所言大事，必曰军国，是知兵者，时之大务，邦之重柄。”① 既然“兵”如此重要，自然应该高度重视，加强军事力量。从这个意义上说，以兵为国之大事，兵关系国家存亡，是兵家与儒家的基本共识。

“兵者，不祥之器”，是老子的名言，也是中国文化对“兵”最重要的定性。这一观点对后世有着深刻的影响，“慎战”“反战”“厌战”等思想都可溯源于此。宋初的赵湘作《兵解》一文，对老子的命题做了较为辩证的讨论。他在文章中说：“黄老言：兵为不祥之器，有道者不用。后世闻之，以为兵者皆不祥，用之者皆无道也。呜呼！其亦不知道之甚者矣。兵之器，不祥于凶人而祥于吉人，故有道者当用之以治天下，非圣人用之以害天下。天下之人，暴乱之残贼者，必欲圣人之有兵也。”也就是说，不能笼统地说“兵”是“不祥之器”，对于凶人、无道者而言，用兵则不祥，对于吉人、有道者来说，用兵则祥。他举涿鹿之战、鸣条之战、牧野之战等为例，认为这几次战争不仅不是“不祥之器”，反而是圣人铲除暴君、拯救黎民的大仁大道之举，“彼三圣者，如不用兵，是不仁不道之莫大矣”。他又以孔子思想阐释这一观点：“孔子之圣，非欲为兵说，在春秋时，则曰：‘以不教民战，是谓弃之。’又曰：‘我战则克。’皆有道也。卫灵公问陈，则曰：‘军旅之事，未之学也。’是亦不祥于凶人也。”孔子“兵”论具有两重性。一方面，“非欲为兵说”，卫灵公问战阵，他答以“军旅之事，未之学也”，是因为卫灵公无道。另一方面，孔子又主张“教民以战”，自信“我战则克”，是因为有道者用之。赵湘进而质疑老子“不争而胜”的观点：“黄老之言，但以恬憺冲虚而为道，不争而为胜。彼时将杀天下之人，恬憺冲虚，其能制之乎？”他的结论是：“兵非不祥之器，有道者用之，无道者勿用。”② 赵湘的这篇《兵解》，对道家消极的兵论予以批驳，肯定有道之“兵”推动历史进步的价值，具有一定积极意义。

---

① 《武备论》，《乐全集》卷十三。

② 赵湘：《兵解》，《南阳集》卷五，《丛书集成初编》本。

关于“兵”的目的和作用，中国古代向有“武有七德”之说，“七德”指“禁暴”“戢兵”“保大”“定功”“安民”“和众”“丰财”①。宋初名臣田锡作了一篇《武有七德颂并序》，对“七德”做了新的阐释。他说：“兵者，利用也，生杀赏罚出于己，旌旗金鼓荣于目，摧坚破刚快于意，苟不以道德仁义主张牢笼，以彰明武德，则淫戾之过返诸己，而驱除之柄在于人也。”也就是说，因为“兵”以利为动，具有强大的破坏性，所以必须以武德相约束。所谓武德，就是圣人用兵的规范和准则：“以兵除害，所以见禁暴之德也；以顺为武，所以见戢兵之德也；有功而不伐，所以见保大之德也；克乱以筑京观，所以见定功之德也；所务不违民欲，所以见安民之德也；兴废继绝，所以见和众之德也；动不耗国，所以见丰财之德也。”田锡认为，基于武德的用兵，目的不是夺取土地和财富，也不是耀武扬威，而是禁暴除害、“威大国”、“怀小国”，维护统治秩序，“所加之兵，所临之国，非土地是贪，惟封疆是正；非玉帛是取，惟贡职是征；非威武是耀，惟凶慝是服；非震怒是逞，惟教告是明”。②在这一解释中，“武德”为道德仁义，与利益毫不相干，这与《左传》中楚庄王所言“七德”迥异其趣，透露出强烈的道德主义倾向。

二、慎战与义战

“慎战”是中国传统文化的重要思想。儒家、道家都主张“慎战”，但其出发点是道德主义。兵家也主张“慎战”，其出发点却是功利主义。《孙子》首句即曰：“兵者，国之大事，死生之地，存亡之道，不可不察也。”（《计篇》）《火攻篇》中说：“主不可以怒而兴师，将不可以愠而致战；合于利而动，不合于利而止。怒可以复喜，愠可以复悦，亡国不可以复存，死者不可以复生。故明君慎之，良将警之，此安国全军之道也。”也就是说，作为战争决策者，君主和将领要理智地对待战争，以是否“合于利”作为战争决策的依据，

① 杨伯峻编著：《春秋左传注》（修订本），宣公十二年，中华书局，1990 年。
② 田锡：《武有七德颂并序》，《咸平集》卷二十一，文渊阁《四库全书》本。

而不是凭一时愤怒贸然开战。只有“明君慎之”“良将警之”，才能达到“安国全军”的目的。由此可见，《孙子》“慎战”思想是基于对战争特质的深刻洞察，以及对利害冷静全面的考量。《吴子》也主张“慎战”，《图国》篇中说：“战胜易，守胜难，故曰，天下战国五胜者祸，四胜者弊，三胜者霸，二胜者王，一胜者帝。是以数胜得天下者稀，以亡者众。”多胜不代表有利，反而可能蕴含失败的危机。这里讲的也是利害。《司马法》说：“是故杀人安人，杀之可也；攻其国，爱其民，攻之可也；以战止战，虽战可也。”又说：“战道：不违时，不历民病，所以爱吾民也；不加丧，不因凶，所以爱夫其民也；冬夏不兴师，所以兼爱民也。故国虽大，好战必亡，天下虽安，忘战必危。”（《仁本第一》）这些论述都是客观理性地界定战争边界，从利害、存亡角度讨论战争，其中谈到的“安人”“爱民”“止战”也有道义的成分，但主要是对战争目的、性质和有限性的规制，而并非否定战争。

宋儒对“慎战”思想的论述明显地糅合了儒家的道德主义和兵家的功利主义。《论语》曰：“子之所慎：斋、战、疾。”（《述而》）朱熹在《四书章句集注》中释为“战则众之死生、国之存亡系焉”，这正是以《孙子》“死生之地，存亡之道”之语作解。可见，在“慎战”问题上，宋儒认为兵家思想与儒家思想别无二致。但是，这种认同其实也无形中消解了兵家与儒家战争观的不同。在宋儒对《孙子》的注释和解读中，我们可以更真切地观察到，“慎战”思想发生了微妙的变化。一方面，孙子“慎战”思想中“利”的原则被模糊了，由主动的“以利动”，变为被动的“不得已而用之”。如，张预释《孙子》“非危不战”为：“兵，凶器；战，危事。须防祸败，不可轻举，不得已而后用。”（《火攻篇》）又如，李廌专门撰写了一篇《慎兵论》，其中讲到运用武力的原则：“万一正不获意则权，必用武乃济，然后哀矜怆恻而用之以犯难，难平即止。”[①] 也就是说，用兵的目的不是“趋利”，而是“避害”“救乱”，要以哀矜

---

① 《慎兵论》，《济南集》卷六。

恻之心用兵，难平即止，这与《孙子》“合于利而动，不合于利而止”的原则显然不同。另一方面，孙子“慎战”思想的基础被由“利”置换为“义”。梅尧臣注《孙子》“合于利而动，不合于利而止”句说：“兵以义动，无以怒兴；战以利胜，无以愠败。”在这里，“义”直接取代了“利”，成为是否发动战争的先决条件。在解释“非利不动”一句时，他认为，“凡兵非利于民，不兴也”，“利于民”在《孙子》中并无明确的表述，显然是梅尧臣对《孙子》“利”的思想的引申，而按照儒家的逻辑，“利于民”也是“义”的表现。在这类诠释中，传统兵家“慎战”思想的基础发生了明显的偏移，由“重利”的功利主义演化为“重义”的道德主义。

三、“道”与“仁政”

战争与政治的关系是军事理论中的一个重要问题。德国近代军事学家克劳塞维茨说：“战争无非是国家政治通过另一种手段的继续。”① 这一观点被认为是界定战争与政治关系的经典论断。中国古代对于政治与军事的关系问题也有丰富的论述，而且大多认为政治决定着战争的性质和胜负。如《商君书》认为，“凡战法，必本于政”（《战法》）。《淮南子·兵略训》认为，“兵之胜败，本在于政”。《尉缭子》说：“兵者，以武为植，以文为种；武为表，文为里。……文所以视利害、辨安危，武所以犯强敌、力攻守也。”（《兵令上》）儒家更是以“仁政”为制胜的根本。《孟子》曰，“仁者无敌”（《梁惠王上》），“行仁政而王，莫之能御也”（《公孙丑上》）。《荀子》曰，“凡用兵攻战之本，在乎壹民”，“彼仁义者，所以修政者也。政修则民亲其上乐其君，而轻为之死”。（《议兵篇》）这些都是这一思想的经典表述。

兵家讨论政治与军事关系的主要范畴是“道”。在“武经七书”中，“道”除了指“战道”，也寓有“政道”之意。《孙子》将

---

① ［德］克劳塞维茨著，中国人民解放军军事科学院译：《战争论》第一卷“说明”，解放军出版社，1964年，第6页。

“道”列为“五事”之首：“道者，令民与上同意也，故可以与之死，可以与之生，而不畏危。”（《计篇》）与此“道”含义相近的用法，还有“善用兵者，修道而保法，故能为胜败之政”（《形篇》），“齐勇若一，政之道也”（《九地篇》）等。孙子所谓的“道”指统一民众思想、战斗力的方法，可以理解为与政治相关，但立足点仍然在于军政。《三略》论“道”说：“夫为国之道，恃贤与民。信贤如腹心，使民如四肢，则策无遗。所适如支体相随，骨节相救，天道自然，其巧无间。”（卷上）《六韬》论“道”曰：“凡人恶死而乐生，好德而归利，能生利者，道也。道之所在，天下归之。”（《文韬·文师》）这些兵学经典所谓的“道”都与儒家的“道”有一定差别。

秦汉以降，儒家对兵家“道”的解读经过了一个不断儒学化的过程。以诸注家对《孙子》“五事”之“道”的解释为例，曹操曰：“谓道之以教令。”显然以“道”为“训导”之“导”，“导”的内容是“教令”，并未表现出明显的儒学色彩。梁孟氏的解释已经开始杂糅“兵”“儒”两种立场。他一方面说，“道，谓道之以政令，齐之以礼教，故能化服士民，与上下同心也”，这俨然是儒家的口吻；另一方面又说，“故用兵之妙，以权术为道。……非以权数而取之，则不得其欲也”，这又是以“道”为孙子所谓之“诡道”。到了唐代，儒学化倾向更加明显。杜佑解为“德化”[①]，李筌解为“以道理众，人自化之”。李筌所著《太白阴经》，卷一有篇名为“主有道德”，也是以“道”为统治者的德化。杜牧、陈皞则径引《荀子·议兵篇》，解“道”为“仁义”。

宋代《孙子》注家在前人基础上走得更远，他们基本上都将孙子之“道”等同于儒家之“道”。梅尧臣解为“得人心”，王皙解为“人和”，何氏引《尚书》解为“抚我则后，虐我则仇”，张预则解为“恩信”。施子美认为，曹操将“道”解为“道之以教令”，不足以阐释孙子原意，杜佑解为“德化”才是正确的。总之，将兵家之

---

① 杜佑撰，王文锦等点校：《通典》卷一百四十八，中华书局，1988 年。

“道”理解为儒家的“仁政”是宋代注家的共识。

《孙子》注作之外，宋儒对兵家“道”的解说也遵循了同一思路。如，欧阳澈在一篇奏疏中将孙子之“道”解为“人和”。他说：“所谓道者何？孙武谓人和为道是也。孟子亦曰：‘天时不如地利，地利不如人和。’黄石公亦曰：‘得道者昌，失道者亡。’”① 在他的理解中，兵家与儒家所言之“道”并没有什么区别。李觏解“道”为“道德”，认为人君主道德，将领主诈力，“仁义者，兵之本也；诈力者，兵之末也”。如果君主的“仁义”与将领的“诈力”“用之得其所”则无敌，相反，如果君主不通“仁义”，而将领多“诈力”，则会“虽百战百胜，而国愈不安，敌愈不服也”。② 朱熹进一步确定了“道”在《孙子》思想中的无上地位。他说：“且如《孙》《吴》专说用兵，如他说也有个本原。如说‘一曰道。道者，与上同意，可与之死，可与之生。有道之主，将用其民，先和而后造大事’。若使不合于道理，不和于人神，虽有必胜之法，无所用之。”③ 至此，“道”不但被诠释为儒家的“仁政”，更被提升为孙子兵学思想的本原，“以儒解兵”达到了一个新的层次。

总之，儒家学者对兵家“慎战”“道”等思想的诠释形成了儒学认同、接受兵学的重要基础，同时也使兵家的战争观逐渐脱离了原有的含义，带有了明显的儒学化倾向。这一过程中，兵儒思想越来越密切地融合在了一起，而这种融合是以儒学为主导，且以一定程度上曲解传统兵学思想为代价的。

---

① 欧阳澈：《上皇帝第三书》，《欧阳修撰集》卷三，文渊阁《四库全书》本。

② 《强兵策第一》，《李觏集》卷十七。

③ 《朱子语类》卷八十四。

第二节　战略思想的发展

战略思想是关乎战争全局的指导思想，是对于战争准备、实施等的规律性认识，它源于军事实践，又反过来指导军事实践，是制定战略方针和作战指导原则的理论基础。不同国家、民族和文化，往往孕育出具有不同特点的战略思想。中国传统兵学的战略思想集中体现在《孙子兵法》中。孙子提出了“不战而屈人之兵”的“全胜”战略，主张在战略谋划上胜敌一筹，做到“庙算胜”（《计篇》）；在力量对比上争取优势，造成“以镒称铢”（《形篇》）的有利态势；在战争准备上周到细致，做到“先为不可胜，以待敌之可胜”（《形篇》）；在实行方式上重视伐谋、伐交；在作战行动上强调速战速决，“兵贵胜，不贵久”（《作战篇》）。这些战略思想是中国传统兵学体系的重要组成部分，也是中国传统兵学思想成熟的标志。宋儒对兵家战略思想的解读同样表现出“以儒解兵”的特点。

一、“不战而屈人之兵”的全胜思想

孙子说：“凡用兵之法，全国为上，破国次之；全军为上，破军次之；全旅为上，破旅次之；全卒为上，破卒次之；全伍为上，破伍次之。是故百战百胜，非善之善者也；不战而屈人之兵，善之善者也。”（《谋攻篇》）“全胜”思想在其他兵书中也有体现，如《六韬》中说：“全胜不斗，大兵无创，与鬼神通，微哉微哉。”（《武韬·发启》）又说：“故善战者不待张军，善除患者理于未生，善胜敌者胜于无形，上战无与战。”（《龙韬·军势》）《尉缭子》认为，国家富强，不出兵也可“威制天下”，“故曰：‘兵胜于朝廷。不暴甲而胜者，主胜也；陈而胜者，将胜也。’”（《兵谈》）总之，兵家所谓“全胜”，就是以最小代价谋取胜利，最大限度地趋利避害。

宋儒非常重视孙子的“全胜”思想，给予了很高的评价，但是，

他们对这一思想的理解却与《孙子》本意有所不同。《孙子》主张"不战而屈人之兵"，是为了"以全争于天下""兵不顿而利可全"，"不战"是手段，服务于"争""利""屈人之兵"的目的。宋儒对"全胜"的诸多阐释中，往往更多地强调"不战"，导致了对这一思想的扭曲和误读。

首先，"全胜"的基点由利害转为仁爱。李廌在《慎兵论》中将"不战"与"慎战"联系起来，他认为，《孙子》所谓"不战"是基于"不忍人"的爱人之心，是"慎于兵"的表现。梅尧臣、张预等注家也强调"不战"是因为"战则伤人"，也是从"爱民"的角度进行解释的。这样的解释固然也有道理，《孙子》主张"全胜"，可能确有不务多杀的意图，但是，从孙子思想整体来看，他的本意是以"不战"实现"屈人之兵"，利害的权衡是这一思想的基点。宋儒强调"不战"的仁爱动因，显然是基于儒家立场的理解。

其次，将"不战而屈人之兵"等同于"仁政制敌"。如李觏认为，"彼贫其民而我富之，彼劳其民而我逸之，彼虐其民而我宽之，则敌人望之若赤子之号父母，将匍匐而至矣。彼虽有石城汤池，谁与守也？虽有坚甲利兵，谁与执也？是谓不战而屈人之兵矣"①。这一论点显然脱胎于《孟子》"行仁政而王"的思想，是儒家战争思想的自然延伸。叶適则认为，"不战而屈人之兵"并非孙子"伐谋""伐交"所能致，只有夏禹、商汤那样的圣王才能"不战全争"。②也就是说，"仁政"是"不战而屈人之兵"的充分条件，而"不战而屈人之兵"是"仁政"的必然结果。这种解读使兵家"全胜"思想成了儒家"政胜必然战胜"逻辑的注脚，消解了战争谋划、战争准备、战争实践等军事活动的意义。

再次，将"不战而屈人之兵"与防御战联系起来。如尹洙认为，周密的战争准备可以使敌人无隙可乘，进而"不战而慑"。③南宋袁

① 《强兵策第一》，《李觏集》卷十七。
② 《习学记言序目》卷四十六《孙子》。
③ 《息戍》，《河南集》卷二。

夔在论及范仲淹守边时，认为他修筑城寨、加强战备，就是“不战而屈人兵者”。[1] 倪朴则将“不战而屈人之兵”等同于“深沟高垒”“不与之战”的防守之术。[2] 更有甚者，苏轼甚至将苟且偷安当成了“不战而胜”，称道高太后和哲宗“屈己以消兵，故不战而胜”。[3] 宋儒对“不战而屈人之兵”的这种理解显然与其在边防作战中处于守势的状况以及宋太宗以后的消极防御战略密切相关，表面上看，这样的解读似乎不无道理，但在此类议论中，《孙子》“全胜”思想所蕴含的积极主动的精神和高超的战略智慧，已经向实际化、庸俗化方向蜕变了。

当然，宋儒对“全胜”思想的理解也并非完全如此。如陈亮论将领用兵作战时说：“设奇以破之，伺隙而取之，曲折谋虑，常若有不可当者，而后可以全胜于天下。”[4] 也就是说，“全胜”是通过灵活机动的战术赢得的绝对战场优势。陈亮的这一见解更接近《孙子》思想，显然比一般儒家学者高出一筹。但总的来说，持这种观点的宋儒是极少数，而将“不战而屈人之兵”机械理解为“不战”，或者由此“贵谋而贱战”[5]，则是主流。

二、“先为不可胜，以待敌之可胜”的备战思想

“先胜”是《孙子》战略思想的重要内容。孙子在《形篇》中说：“昔之善战者，先为不可胜，以待敌之可胜。不可胜在己，可胜在敌。”又说：“故善战者，立于不败之地，而不失敌之败也。是故胜兵先胜而后求战，败兵先战而后求胜。”又说：“故胜兵若以镒称铢，败兵若以铢称镒。胜者之战民也，若决积水于千仞之溪者，形也。”简言之，“先为不可胜”就是在战前做好各种战争准备，不给

---

① 《历代名臣奏议》卷二百三十五。
② 《倪石陵书·拟上高宗皇帝书》。
③ 《上清储祥宫碑》，《东坡全集》卷八十六。
④ 《酌古论四·封常清》，《陈亮集》（增订本）卷八。
⑤ 《汉书》卷六十九《赵充国传》。

敌人以可乘之机，在力量对比上造成“以镒称铢”“胜于易胜”的有利态势。“先胜”不但是确保战争胜利的必要前提，也是实现“不战而屈人之兵”全胜战略的实力支撑。

“先为不可胜”的含义很广，包括了战争准备的方方面面，但是，具体从哪些方面进行准备，《孙子》却并无具体论列。从《孙子》的思想体系来看，起码包括“知战”“备战”两个方面。“知战”是对敌我形势的了解和比较，进而对战局做出准确的预判。《孙子·计篇》所讲五事七计——“一曰道，二曰天，三曰地，四曰将，五曰法”，“主孰有道？将孰有能？天地孰得？法令孰行？兵众孰强？士卒孰练？赏罚孰明？”《谋攻篇》中“知胜之道”的五个方面——“知可以战与不可以战者胜；识众寡之用者胜；上下同欲者胜；以虞待不虞者胜；将能而君不御者胜”，等等，都是“知战”的重要内容。“备战”是对战争的全要素准备，即孙子所说：“无恃其不来，恃吾有以待也；无恃其不攻，恃吾有所不可攻也。”（《九变篇》）具体而言，不但包括团结将士、严明赏罚、训练士卒、利用天时地利等，而且包括武器装备（军无辎重则亡）、后勤供给（无粮食则亡，无委积则亡）、方略谋划（众寡之用、攻守之策），等等。

宋代《孙子》注家自觉地将“先胜”与“知战”“备战”等思想串联在一起，丰富了对“先胜”思想的理解。如张预解“先为不可胜”为“知己”，解“以待敌之可胜”为“知彼”。王晳解“先为不可胜”为“修道保法”。何氏认为“胜兵先胜”要“先定必胜之计，而后出军”，强调“先谋”的重要性。这些解释对于全面、准确地理解《孙子》思想都有积极意义。

许洞《虎钤经》对《孙子》“先胜”思想做了全面的阐发，提出了三和、三有余、三必行之说。他说：

> 《孙子》曰：“胜兵先胜。”谓先定必胜之术而后举也。何谓必胜？许洞曰：先务三和，次务三有余，次务三必行。何谓三和？曰：和于国然后可以出军，和于军然后可以出阵，和于阵然后可以出战。国不和则人心离，军不和则教令乱，阵不和

则行列不整。不先务此三和之道，我其可战耶？何谓三有余？曰：力有余，食有余，义有余也。力无余则困于斗，食无余则怠于时，义无余则吏士怨。不务三有余之术，师其可动耶？何谓三必行？曰：必行其谋则奸机不成，必行其赏则好功者不爱其死，必行其罚则有过者不归咎。不能务三必行之道，人其可用耶？是以知善务和者公无私，舍小惠务大惠；善务有余者力诸事而不自怠；善务必行者兴勇断、去犹豫之谓也。举是九者，务令预定之于前，则万变千机，然后动乎其中矣，率此以御敌，未有不胜者也。故曰，胜兵先胜者，胜在我也。其在夫《易》曰：先天不违之义也。（《先胜》）

许洞所讲“三和”显然本于《吴子·图国》的“四和”之说，其他“三有余”“三必行”则是许洞个人的见解。他将这些因素归为不同的层次，全面概括了军队的物质准备、精神准备、智谋方略、严格治军等方面，不但使《孙子》的“先胜”思想具体化，而且有了新的发展。其发展主要表现在“义有余”的思想。如前所述，《孙子》并不强调“义”在战争中的作用，这也正是它被儒家学者所诟病的关键之处。“义战”是中国古代军事思想的重要范畴，早在先秦时期已有“师直为壮，曲为老”①“兵苟义，攻伐亦可，救守亦可。兵不义，攻伐不可，救守不可”② 等论述。儒家更是对“义战”格外重视，《孟子》所说的“以德行仁”“得道者多助，失道者寡助”③，都包含着“义”的成分。“义战”思想不断发展，到宋代，“以仁合众，以义济师”④ 已经成为学者普遍认同的观念。客观地讲，战争的正义性对于争取民心、鼓舞士气，取得战争的最后胜利

① 杨伯峻编著：《春秋左传注》（修订本），僖公二十八年。

② 许维遹撰，梁运华整理：《吕氏春秋集释·孟秋季第七·禁塞》，中华书局，2009 年。

③ 焦循撰，沈文倬点校：《孟子正义·公孙丑下》，中华书局，1987 年。

④ 刘敞：《我战则克赋》，《公是集》卷一。

有着至关重要的作用，对于构建战争伦理、节制战争也有着积极意义，是中华民族战争智慧的宝贵财富。许洞结合时代军事思想发展的特点，在对“先胜”的论述中加入“义有余”一项，是对《孙子》“先胜”思想的重要补充和发展。

宋儒对“先胜”思想多有肯定，每论及边防战备，常引“先为不可胜，以待敌之可胜”为说。如北宋时期，毕仲游曾说：“古今兵法累至数千万言，而其要切与可施于当今者，止于‘先为不可胜，以待敌之可胜。不可胜在己，可胜在敌’数言而已。”① 他据以提出了对西夏修筑城寨、坚壁清野、伺机进筑的方略。南宋绍兴四年（1134），吕祉升任知建康府，他在内殿奏对中说：“治道之要，先自治而后治人。兵家之法，先为不可胜，以待敌之可胜。”接着，他从形势、军政、守将、屯田、通货、省费、谨赏、民兵、斥堠、间探等十个方面论述了“先为不可胜”之法。② 辛弃疾《美芹十论》中说：“古之善用兵者，非能务为必胜，而能谋为不可胜，盖不可胜者，乃所以徐图必胜之功也。”（《察情》）宋儒诸如此类的议论还有很多，有些很有见地，但更多的是老生常谈。

值得注意的是，宋儒论“先胜”往往不局限于具体的战争准备，而是从政治的角度加以讨论，以“政胜”作为“先胜”的重要条件。如李觏认为，“先为不可胜”就是要“内自修”，而“自修”的内容则是“德、刑、政、事”③，主要指政治，而非军事。李焘在论及三国时期魏吴斗争时也持同样的观点，他说：“《孙子》谈兵之雄，而其法以‘知彼知己’为要。‘知己’欲其自治，‘知彼’欲其乘衅。彼己之势，自治为先。敌之力虽敝，而吾力不全，敌之政虽乱，而吾政未修，则方自忧之不暇，何暇以谋人？”④ 他所讲的“自治”，既包括了军事，也包含了政治。《孙子》虽然也讲“修道而保

① 《历代名臣奏议》卷三百三十三。
② 《建炎以来系年要录》卷六十八，绍兴三年九月壬戌。
③ 《庆历民言·敌患》，《李觏集》卷二十二。
④ 《六朝通鉴博议》卷三。

法”，讲“令民与上同意”，但其“先胜”思想的要旨在于增强军事实力，宋儒将之提升到“政胜”的高度，则反映的是儒家以政胜为战胜之本的观念。

三、“兵贵胜，不贵久”的速战思想

孙子说：“兵贵胜，不贵久。”（《作战篇》）孙子主张速战速决，反对旷日持久的战争，这一思想基于对战争与经济关系的深刻认识，他说：“凡用兵之法，驰车千驷，革车千乘，带甲十万，千里馈粮，则内外之费，宾客之用，胶漆之材，车甲之奉，日费千金，然后十万之师举矣。其用战也胜，久则钝兵挫锐，攻城则力屈，久暴师则国用不足。夫钝兵挫锐，屈力殚货，则诸侯乘其弊而起，虽有智者，不能善其后矣。故兵闻拙速，未睹巧之久也。夫兵久而国利者，未之有也。”在《用间篇》中，孙子以同样严肃的语气重申了这一观点：“凡兴师十万，出征千里，百姓之费，公家之奉，日费千金；内外骚动，怠于道路，不得操事者七十万家。”他以十万大军出征为例，各种战争准备“日费千金”，如果战争持续很久，势必“国用不足”“内外骚动”，百姓的正常生产和生活也会受到严重影响。从这个意义上说，即便持久战取得了胜利，对于国家整体而言也是弊大于利的。因此，尽管为了减轻用兵的经济负担，孙子提出了“因粮于敌”“掠乡分众”“胜敌而益强”等原则和方法，但他仍然以“兵贵胜，不贵久”作为战争指导的基本原则。

《孙子》的“速战”思想对于进攻战，尤其是脱离国境的远程作战而言，无疑是不二法则。吴如嵩先生指出，《孙子》的“速战”思想是其“纵深奔袭的战略突袭论”① 的重要内容，是非常富有洞见的。但是，并非所有情况都适合速战，对于防御战而言，往往是利于持久而不利速决，在敌强我弱的情况下，也不宜速战。这些都是主张进攻战略的《孙子》所不曾论及的。

事实上，古代兵家对持久战也有论述。《左传》曾引《军志》

---

① 吴如嵩：《孙子兵法新论》，第 37 页。

之言曰："先人有夺人之心，后人有待其衰。"[①] 范蠡尝言："古之善用兵者，因天地之常，与之俱行。后则用阴，先则用阳，……彼来我从，固守勿与。若将与之，必因天地之灾，又观其民之饥饱劳逸以参之，尽其阳节，盈吾阴节而夺之。"[②] 所谓"后发制人""待其衰""尽其阳节"，已经蕴含了持久战的思想。不过，"先""后"主要还是指对战机的把握，而非用兵久与速的问题。全面论述"速战"与"持久"关系的是唐代军事家李靖。他一方面肯定《孙子》"战贵其速"之说，另一方面又指出，若"敌将多谋，戎卒辑睦，令行禁止，兵利甲坚，气锐而严，力全而劲"，不可速战，而要"卷迹藏声，蓄盈待竭，避其锋势，与其持久"。[③] 速战与持久，并非截然对立的两个方面，而是在不同条件下的用兵之法。

宋代的边防作战以防御为主，显然并不具备战略上"速战"的意愿和条件。这一客观现实直接影响到宋儒对"速战"战略的理解和诠释。

《百战奇法》对"速战"与"持久"的适用原则做了如下区分：当敌人有机可乘之时，应快速进攻，即"若审知敌人有可胜之理，则宜速进兵以擒之，无有不胜"（《进战》）；当敌锋甚锐之时，则要持久，即"敌人远来气锐，利于速战，我深沟高垒，安守勿应，以待其敝。若彼以事挠我求战，亦不可动"（《安战》）。南宋倪朴在分析宋金斗争形势时也说，如果敌人"远来气锐"，应"列江而守"，深沟高垒，不与之战，通过相持使敌人粮竭财匮、兵众自乱，乃至"不战而屈人之兵"。[④]

袁燮进一步论述了"迟"与"速"的辩证关系，他说："夫少迟者，乃所以速，而速者，未必不愈迟也。""少迟"是指"敌众集矣，营垒固矣，气势盛而备御周"情况下"舒徐以待其衰"，暂时

---

① 杨伯峻编著：《春秋左传注》（修订本），昭公二十一年。

② 徐元诰撰，王树民、沈长云点校：《国语集解·越语下》，中华书局，2002年。

③ 《通典》卷一百五十四，引《卫公李靖兵法》。

④ 《倪石陵书·拟上高宗皇帝书》。

的迟是为了最后的速。反之，如果在条件不具备的情况下盲目速战，则会欲速不达。为了说明这一观点，他列举了西汉周亚夫平七国之乱，先坚壁不战以待敌困，后以劲兵追击等数个战例。① 袁燮之论实际上是对《孙子》“兵闻拙速，未睹巧之久”的反证，因为周亚夫等将领的成功恰恰是“久而巧”的。

叶適对“拙速”与“巧久”的关系讲得更为明确，他说：“兵闻拙速，未睹巧久，最为论后世用兵要处。然巧者能久，拙者不能速，古人久速，此书未深考也。……高宗伐鬼方、周公诛管蔡之党、齐桓楚庄图霸，皆最久。后世诸葛亮虽无功，亦能久暴师而不困。”他认为，之所以“巧者能久”，因为“巧”是建立在“行师有节、驻兵有制、于敌不厌、于我不勤”基础上的。② 尽管叶適所指既非防御战，又非敌强我弱情况下的持久战，其“巧者能久”的思想仍有一定借鉴价值，可以看作是对“速战”思想的补充和发展。

第三节　治军思想的新变

传统兵学的治军思想有着十分丰富的内涵。《孙子》提出“令之以文，齐之以武”（《行军篇》），“愚士卒之耳目”（《九地篇》），“将者，智、信、仁、勇、严也”（《计篇》），“将能而君不御者胜”（《谋攻篇》）；《吴子》提出“以治为胜”、“用兵之法，教戒为先”（《治兵》），将之“五慎”——理、备、果、戒、约（《论将》），以及“人有短长，气有盛衰”的“励士”思想（《励士》）；《六韬》中说：“凡用赏者贵信，用罚者贵必，赏信罚必，于耳目之所闻见，则所不闻见者莫不阴化矣。”（《文韬·赏罚》）《尉缭子》提出“杀之贵大，赏之贵小”（《武议》），“使民内畏重刑，则外轻敌”（《重

① 《历代名臣奏议》卷二百三十五。
② 《习学记言序目》卷四十六《孙子》。

刑令》)，等等，都是古代重要的治军原则。

宋代学者对于传统兵家的治军思想持认同态度，同时，他们论治军更多地受到儒学的影响，尤其是宋代理学兴起，以“理”“欲”“性”“命”“心”“气”“诚”“敬”等为探讨的核心，为宋儒论兵提供了新的思想资源，使他们的治军思想带有了鲜明的理学色彩。

一、治气

孙子说：“三军可夺气。”又说：“朝气锐，昼气惰，暮气归。故善用兵者，避其锐气，击其惰归，此治气者也。”(《军争篇》)《吴子》说“气有盛衰”(《励士》)，《尉缭子》说“气实则斗，气夺则走”(《战威》)。《孙膑兵法》讲到激气、利气、厉气、断气、延气(《延气》)，阐明了战争各阶段士气的特点。很显然，兵家非常重视“治气”，认为“气”之盛衰直接关系战争胜负。

宋儒对“治气”的诠释融入了儒家“气”“性”等观念。何氏注《孙子》说：“夫人情，莫不乐安而恶危，好生而惧死，无故驱之就卧尸之地，乐趋于兵战之场，其心之所畜，非有忿怒欲斗之气，一旦乘而激之，冒难而不顾，犯危而不畏，则未尝不悔而怯矣。今夫天下懦夫，心有所激，则率尔争斗，不啻诸、刿。至于操刃而求斗者，气之所乘也；气衰则息，恻然而悔矣。故三军之视强寇如视处女者，乘其忿怒而有所激也。”张预注不仅关注到激发士气，还提到了守吾之气、养吾之气、夺敌之气等问题。他说：“气者，战之所恃也。夫含生禀血，鼓作斗争，虽死不省者，气使然也。故用兵之法，若激其士卒，令上下同怒，则其锋不可当。”他引李靖之说，“守者，不止完其壁、坚其陈而已，必也守吾气而有待焉”，“所谓守其气者，常养吾之气，使锐盛而不衰，然后彼之气可得而夺也”。《将鉴论断》也认为，“治气”的关键在于激怒将士：“兵之所以战者，气也。气之所以激者，怒也。气以怒激，战以气胜，……善用兵者，养其气，蓄其怒，时出而用之，有所不战，战必胜矣。”(卷四，《王霸》)

苏轼认为，“气”是战胜的关键，“其战以气”，“气者，有所不战，而敌人莫不慑也”。[①]“勇”与“气”密切相关，“战以勇为主，以气为决”。无论将领还是战士，并非天生勇敢，也不可能人人勇敢，这就需要讲求“致勇之术”。他说：“致勇莫先乎倡，倡莫善乎私。此二者，兵之微权，英雄豪杰之士，所以阴用而不言于人，而人亦莫之识也。”“夫倡者，何也？气之先也。”他指出，勇与怯之间存在着微妙的转化关系，君主和将领要善于利用这种变化：“闾阎之小民，争斗戏笑，卒然之间，而或至于杀人。当其发也，其心翻然，其色勃然，若不可以已者，虽天下之勇夫，无以过之。及其退而思其身，顾其妻子，未始不恻然悔也。此非必勇者也。气之所乘，则夺其性而忘其故。故古之善用兵者，用其翻然勃然于未悔之间。而其不善者，沮其翻然勃然之心，而开其自悔之意，则是不战而先自败也。”他所谓“倡”，就是挑选军队中勇敢之人为倡导，带动其他人奋勇作战。他说：“致勇莫先乎倡。均是人也，皆食其食，皆任其事，天下有急，而有一人焉奋而争先而致其死，则翻然者众矣。弓矢相及，剑楯相搏，胜负之势，未有所决，而三军之士，属目于一夫之先登，则勃然者相继矣。天下之大，可以名劫也。三军之众，可以气使也。谚曰：‘一人善射，百夫决拾。’苟有以发之，及其翻然勃然之间而用其锋，是之谓倡。”那么，如何才能选拔出为全军“倡”的人呢？他说，“倡莫善乎私”，“天子必有所私之将，将军必有所私之士，视其勇者而阴厚之”。也就是说，君主或将领平时要留心有“异材”的勇士，以私恩相结交，可行无功之赏，也可赦免其罪，这样才能“愧其心而责其为倡”。[②]苏轼认识到军队中勇者的榜样作用，这一点值得肯定，但是否需要通过结以私恩的方式笼络勇者，是值得商榷的。

苏辙也很重视“气”。他说：“夫战胜之民，勇气百倍；败兵之卒，没世不复。盖所以战者，气也；所以不战者，气之畜也；战而后守者，气之余也。古之不战者，养其气而不伤。今之士不战，而

---

① 《策断三》，《苏轼文集》卷九。

② 《策别训兵旅三》，《苏轼文集》卷九。

气已尽矣。此天下之所大忧者也。”苏辙所论之“气”分为两个不同的层面。一方面是指外交上的信心和勇气。他论宋与契丹、夏等的关系，认为很多人惧怕夷狄，一味主张交欢纳币，“此适足以坏天下义士之气，而长夷狄豪横之势耳”。正确的做法应该是：“今诚养威而自重，卓然特立，不听夷狄之妄求，以为民望，而全吾中国之气。如此数十年之间，天下摧折之志复壮，而北狄之勇，非吾之所当畏也。”① 另一方面，则是指涵养己方士气。他说：“养兵者，君子之事也。故用兵之难，而养兵尤难。何者？士气之难伏也。举兵而征行，三军之士，其心在号令，而其气在战；息兵而为营，三军之士，其心在垒壁，而其气在御；陈兵而遇敌，三军之士，其心在白刃，而其气在胜。气之所在者，毒之所向也。”② 可见，“气”是行军作战的关键问题，养兵之难，难在养气。那么，当如何“养气”呢？他说：“方其未战也，使之投石超距以致其勇，故其后遇敌而不惧，见难而效死，何者？气盛故也。”③ 他所谓“养气”，主要是平时加强训练，提升士兵的军事技能，以期在战场上“遇敌而不惧，见难而效死”。这一思想与苏轼相比显然更为切实。至于如何在战场上运用气，他说：“古之善用兵者，惟能及其心之未倦而用其锐气，是以其兵无敌于天下。”④

宋神宗曾与臣下多次讨论“养气”的问题。北宋中期以后，军政废弛、士气不振的问题较为突出，宋神宗深感忧虑，王安石说：“忘战必危，好战必亡。当无事之时作士气，令不衰惰，乃所谓不忘战也。人心排下进上，若鼓旂明丽、器械精善、壮勇有技者在众上，即士气虽当无事之时，亦不衰惰也。”⑤ 王安石提出的武器装备要精良、以壮勇之士为表率，都是军政管理的重要方面，其中，“壮勇有

① 《进论五首·北狄论》，《苏辙集·栾城应诏集》卷五。
② 《进策五道·臣事上·第五道》，《苏辙集·栾城应诏集》卷七。
③ 《进策五道·臣事上·第三道》，《苏辙集·栾城应诏集》卷七。
④ 《进策五道·民政下·第五道》，《苏辙集·栾城应诏集》卷十。
⑤ 《续资治通鉴长编》卷二百三十四，熙宁五年六月癸丑。

技者在众上”与苏轼所言“致勇莫先乎倡”类同，只是王安石强调平时，苏轼重在战时而已。事实上，熙丰变法的诸多举措都是致力于建设一支严整善战、士气高昂的军队。王安石论保甲之效时曾说：“人情大抵好胜，先王能养其胜气，故可以使之征伐。”① 而他提出“养其胜气”的方法，便是请宋神宗善用手中的“义利之权”。

熙宁六年（1073），荆湖两江地区传来捷报，宋神宗与王安石等议论于朝堂，其中颇涉“治气”问题：

> 王安石言：“近得章惇书，辰州屡获首级，新附之民争先思奋，盖恐功在人后。”上曰：“近者，诸路士气甚振。凡兵以气为主，惟在朝廷养之耳。”冯京曰：“陛下赏之厚。”上曰：“庆历日，用兵赏非不厚，然兵势沮败，不能复振，此可为鉴也。”安石曰：“诚如圣旨。若令数败，即虽厚赏之，何能振其气？要当制置令勿败耳。”上以为然，因言李牧事，曰：“古人役不再籍，粮不三载，盖养士气，以一决成功。”安石曰：“此所谓其节短也。‘一鼓作气，再而衰，三而竭’，亦是意也。”②

这里面谈到了几个与“治气”相关的要素。一是厚赏。冯京认为厚赏是军民争先恐后的重要原因，但神宗举出反例，以庆历用兵厚赏但成效不彰为鉴。也就是说，厚赏不是“养气”的关键因素。二是胜以养气，打了胜仗自然士气高昂，所以要尽量避免打败仗。宋神宗和王安石都同意这一观点。要打胜仗，就需要谨慎，措置得宜，等等。三是一鼓作气，做好充分准备，争取一决成功。王安石引孙子“其节短”“一鼓作气，再而衰，三而竭”相印证，将兵书、战史中战役战术层面的“治气”引入了战略层面，颇有新意。

宋人论“治气”，还往往结合儒家“养气”理论，延及治军的其他层面。如，綦崇礼以“气”为将领修养的重要内容。《兵筹类

① 《续资治通鉴长编》卷二百四十一，熙宁五年十二月己卯。

② 《续资治通鉴长编》卷二百四十七，熙宁六年十月壬申。

要》中专列《志气篇》，他说："将以志为主，以气为辅。志藏于神而为气之帅，气藏于肺而为体之充。苟气不足以发志，志不足以运气，则何以勇冠三军而威振临敌？故曰：功崇惟志。又曰：志至焉，气次焉。知此则知所谓大勇矣。"这里所讲的"志""气"完全本于《孟子》，《孟子》说："夫志，气之帅也；气，体之充也。夫志至焉，气次焉。"（《公孙丑上》）《孟子》的"志气论"是宋代儒学发扬光大的要点之一，綦崇礼论"志气"则将其引申到了兵学领域。

二、治心

宋代虽然只是心学的发端时期，但以"心""性"为重点的讨论已很多，这对兵学的"治心"思想产生了很大影响。《孙子》说："将军可夺心。"又说："以治待乱，以静待哗，此治心者也。"（《军争篇》）何氏注曰："夫将以一身之寡，一心之微，连百万之众，对虎狼之敌，利害之相杂，胜负之纷揉，权智万变，而措置于胸臆之中，非其中廓然，方寸不乱，岂能应变而不穷，处事而不迷，卒然遇大难而不惊，案然接万物而不惑?"因此，"先须己心能固，然后可以夺敌将之心"。何氏将"治心"区分为两个方面——治己之心与夺敌之心，这实际上是拓展了孙子思想，将其引入了"治军"的范畴。张预注也遵循了相同的思路，他引李靖"攻者，不止攻其城、击其陈而已，必有攻其心之术焉"，认为"攻其心"的前提是"养吾之心"，"常养吾之心，使安闲而不乱，然后彼之心可得而夺也"。

《孙子》在《九地篇》中说："将军之事，静以幽，正以治。"这与"以静待哗"的"治心"之说颇有相通之处。綦崇礼《兵筹类要》专立《镇静篇》，阐述"静"的意义和作用。篇中说："苟镇静则事至不惑，物来能名，以安待躁，以忍待忿，以严待懈，虽恢诡万变陈乎前而不足以入其舍，岂浮言所能动，诈力所能摇哉？故士不敢慢其令，敌不能窥其际，近取诸身，则心安体舒，内外之符也。"所谓"静"就是"养吾之心"，以静制动。"静"和"心"一样，都是宋代儒学非常重视的概念，《大学》中说："知止而后有定，定而后能静，静而后能安，安而后能虑，虑而后能得。"由此可见，綦崇礼对“镇静”的解释完全是儒学化的。

苏洵更是将“治心”作为将道之首。他说：“为将之道，当先治心，泰山崩于前而色不变，麋鹿兴于左而目不瞬，然后可以制利害，可以待敌。”（《权书·心术》）而他所说的治心之法，则是“视三军之众与视一隶一妾无加焉，故其心常若有余。夫以一人之心当三军之众，而其中恢恢然犹有余地，此韩信之所以多多而益办也。故夫用兵岂有异术哉？能勿视其众而已矣”（《权书·孙武》），这显然是将儒家的修持之术引入了将帅修养中。秦观也以“治心”为用兵的关键，他说，“古之论兵者多矣，大率不过有四，一曰权谋，二曰形势，三曰阴阳，四曰技巧，然此四术者，以道用之则为四胜，不以道用之则为四败”，而他说的“道”则是“治心养气而已”。①

李觏讲“治心”，侧重于得士卒之同心。他说：“夫用兵之道，岂特武艺而已哉？先在治其心，次可用其力。”② 他认为，晋文公教战，使民“知义”“知信”“知礼”，这其实就是“治心”。后世将帅虽然不能达此境界，但如吴起亲为士卒吮疽，李广与士卒共饮食，也可视为“治心”之道。李觏对“治心”的阐释显然已经超出了《孙子》本义，引申到了团结民众、团结士卒，得士心以得死力的层面。

二、将之“五德”与将之“忠”

将领的才德、优点、缺点，都是关系战争胜负的重要因素，因此，在古代兵学中，对将德的讨论是治军思想的重要内容。《孙子·计篇》提出了“智”“信”“仁”“勇”“严”等“将之五德”，《九变篇》又提出了“将有五危”：“必死，可杀也；必生，可虏也；忿速，可侮也；廉洁，可辱也；爱民，可烦也。”1972 年山东临沂银雀山一号汉墓出土的竹简本《孙膑兵法》中，有数篇论及将道：《将义》提出了将领必须具备“义”“仁”“德”“信”“智”等品

① 《兵法》，《淮海集》卷十七。
② 《寄上富枢密书》，《李觏集》卷二十八。

质，《将德》提出将领应不轻敌、赏罚及时，《将败》列举了导致将领失败的种种缺点。《六韬》中有“五材十过”之说，“五材”指勇、智、仁、信、忠，“十过”包括：“有勇而轻死者，有急而心速者，有贪而好利者，有仁而不忍人者，有智而心怯者，有信而喜信人者，有廉洁而不爱人者，有智而心缓者，有刚毅而自用者，有懦而喜任人者。”（《龙韬·论将》）

孙子“将之五德”思想的排序有严谨的内在逻辑结构，反映了春秋末期的文化精神和政治生态。随着时代的变化，关于将领素质养成的诸多纲目的排序也在发生着微妙的变化。《六韬》的“五材”论，将“勇”置于首位，提出了“忠”的概念，正是战国时期君主专制的强化在将帅素质养成问题上的曲折反映。① 宋儒关于“将德”的讨论同样如此，不可避免地受到时代学术思潮和政治生态的影响。无论是孙子的“五德”，还是《六韬》的“五材”，总体上都与儒家思想多有相通之处，深得宋儒认可。李常甚至认为，孙子所论“五德”，唯有儒帅方能具备。他说：“孙子曰：‘将者，智、信、仁、勇、严也。’以是言之，非通儒学士知国体者，不足与知此。”在他看来，仁宗时的范仲淹、韩琦等文人帅臣才是“五德”的典范。② 田锡在将德中首推“仁”“信”，他说：“欲期将帅之臣，先本仁信之用。……先以仁信，次以智勇。勇则三军增气，智则谋虑必中。信则赏罚无党，仁则甘苦必共。信智未明，仁勇或亏。”③ 李清臣以“仁”“威”“勇”“智”“信”为将领的必备素质，认为将领“非仁不能以怀物，非威不能以戢士，非勇不能以震敌，非智不能以应变，非信不能以固结”。④ 其实，“仁”“威”“勇”“智”“信”即为孙子所谓“五德”，只是将“严”换成了“威”而已。由此可见，将

---

① 黄朴民：《“五德”兼备：孙子将帅素质论略说》，《燕山大学学报》（哲学社会科学版）2020 年第 3 期。

② 《上哲宗七事》，《宋朝诸臣奏议》卷一百五十。

③ 《将箴》，《咸平集》卷十三。

④ 李清臣：《议兵策上》，《宋文选》卷二十，文渊阁《四库全书》本。

“仁”这一道德要求置于“智”“勇”等才干之上，是宋儒对兵家将德要素排序的“拨乱反正”，也是他们关于“将德”的基本观念。

“五德”之中，宋儒对“智”讨论较多。徐积认为，孙子论“五德”以“智”为首，是因为“兵为最难，其形有常，而其变无常”①。战争变幻莫测，难以驾驭，因而也就更需要以“智”制胜。何去非也认为，“天下之事，莫神于兵，天下之能，莫巧于战”，唯有材智高明者才能独得用兵之妙。② 他将“智”“勇”“势”三者相较，认为“夫兵以势举者，势倾则溃，战以勇合者，勇竭则擒，唯能应之以智，则常以全强而制其二者之弊”③。李清臣对“智谋”的解释颇为新颖，他说：“知兵必胜之将，其大略盖出于智谋、仁义，而仁义施之阳，智谋藏之阴，阳明而无不知，阴潜而下不可见。至哉，知此者，其知所谓为将乎！故良将之材未易有也，有之而未易知也，知之而未易用也，用之而未易终也。非至君不能用将，非至将不能用兵，非至兵不能破敌，兵事将材之难如此。”由于智谋潜而难见，因此，选拔和任用真正的将才是很难的。他提出，君主要在平时垂意于将，通过各种方式考察和选拔优秀的将领：“当途以收之，当术以验之，投之以难而观其决，付之以事而观其应，问之以疑而观其虑，尝之以（故）［政］而观其材，愒之以险而观其忠，较之以气而观其勇，则将斯得矣。”④

宋儒对于五德之“严”也很重视。徐积论曰：“传曰：智、信、仁、勇、严，将之事也。则为将必须严，严则有威，有威则号令明，而人畏之。然威必素立，乃可猝然办事。”⑤ 何去非说：“正义之立，在国为法制，在军为纪律。治国而缓法制者亡，理军而废纪律者败。法制非人情之所安，然吾必驱之使就者，所以齐万民也。纪律非士

① 徐积：《论兵》，《节孝集》卷二十九，文渊阁《四库全书》本。
② 《何博士备论·霍去病论》。
③ 《何博士备论·魏论上》。
④ 《议兵策上》，《宋文选》卷二十。
⑤ 《语录》，《节孝集》卷三十一。

心之所乐，然吾必督之使循者，所以严三军也。”军队纪律严明，“以守则整而不犯，以战则肃而用命”。在“爱恤士卒”与“严格军纪”之间，何去非认为二者缺一不可，但是纪律更为重要。他说：“死恩者，私也；死令者，职也。”“恩”是私人情感，而“令”是职任所在，二者相较，严格纪律要比施以仁恩更为可靠。他论汉将李广之败，认为原因就在于他治军不用纪律。[①] 关于李广用兵，司马光在《资治通鉴》中表达了与何去非相同的观点，认为“为将者，亦严而已矣”[②]。他以《易》“师出以律，否臧凶”，以及《穀梁传》“兵事以严终”等为论据，在“严”的问题上进一步沟通了儒家与兵家思想。

宋儒“将德”思想的突出变化在于强调将领的“忠”节，这与宋代儒学纲常思想的发展密切相关。出于对唐末五代“三纲不立，无父子君臣之义，见利而动，不顾其亲，是以上无教化，下无廉耻”[③] 状况的反思，宋儒十分强调伦理纲常的重要性。朱熹认为：“天下国家之所以长久安宁，唯赖朝廷三纲五常之教有以建立修明于上，然后守藩述职之臣有以禀承宣布于下，所以内外相维，小大顺序，虽有强猾奸宄之人，无所逞其志而为乱。”[④] 简言之，纲常思想就是要求人们恪守“君为臣纲、父为子纲、夫为妻纲”的人伦之序以及“仁、义、礼、智、信”的道德戒律，在由家至国的各个层面达到“内外相维，小大顺序”的状态。

纲常思想影响到兵学，表现为对将领“忠”节的高度重视。将领兵权在握，行师用兵之际，难免威权独运，很可能成为皇权的威胁，因此，将领之“忠”就显得格外重要，对将领进行“忠君”的训导就成为儒生们的一种道德自觉。李廌《将材论》说：“事君皆以忠，而将之忠为大。盖方其用师也，上不制于天，下不制于地，

---

① 《何博士备论·李广论》。

② 《资治通鉴》卷十七《汉纪九》，武帝元光元年。

③ 《唐鉴》卷十一。

④ 《乞放归田里状》，《晦庵集》卷二十三。

中不制于人，将军之志自用矣。如之何？惟君是图而忘其身，惟国是忧而忘其家，故贵乎忠。忠则无二心故也。”并称：“惟信惟忠，乃为建立勋名之权舆，杜塞危疑之关键也。”① 綦崇礼《兵筹类要》也论及将领之“忠”。他说：“事君者国尔忘家，公尔忘私，惟无以家为者，然后可与语事君之忠。”（《忘家篇》）同样，他也以“忠”为将领成功的前提。他说：“人臣事上莫过乎忠，忠则不欺，故可以动人，可以感神。……矧将臣出万死一生之地，保人民卫社稷，则非忠以有格者，其能成功乎？”（《诚感篇》）

如前所述，“忠”的思想在战国兵书中已出现，《六韬》以之为将领的“五材”之一，“忠则无二心”，又以之为人君的“六守”之一，“付之而不转者，忠也”。（《文韬·六守》）意思是说，身负重任而能毫不犹豫去做，就是忠诚。很显然，宋儒所论之“忠”比《六韬》之“忠”更绝对、更重要。《孙子兵法》虽然没有明确讲到“忠”，但其“进不求名，退不避罪，唯人是保，而利合于主，国之宝也”（《地形篇》）之语却被宋代注家解释为“忠”。在发掘出了“忠”的意涵之后，《孙子》的将德思想在更深程度上为宋儒所认同，就连对《孙子》诈术大加挞伐的叶適也对此表示赞许②。对于将领“忠”节的强调，不仅表现在宋儒的言辞之中，而且体现在选将、用将实践中，宋代君主选任将领，无不以“忠”为首要标准。宋太宗就曾经亲书“五材十过”之说赐予潘美、田重进等边将。

四、将能而君不御者胜

军事斗争的特殊性要求将权必须集中和统一，这是军事自身的规律所决定的，古代兵家对此有十分明确的认识。《六韬》中说：“凡兵之道，莫过乎一。一者，能独往独来。”（《文韬·兵道》）又说，“国不可从外治，军不可从中御”，“军中之事，不闻君命，皆由将出”。（《龙韬·立将》）《尉缭子》说：“夫将者，上不制于天，

---

① 《济南集》卷六。

② 《习学记言序目》卷四十六《孙子》。

下不制于地，中不制于人。”（《武议》）《黄石公三略》引《军势》说：“出军行师，将在自专。进退内御，则功难成。”（《中略》）

《孙子》对将权专一的论述最为深刻而集中。《谋攻篇》中说：“故君之所以患于军者三：不知军之不可以进，而谓之进；不知军之不可以退，而谓之退，是谓縻军。不知三军之事，而同三军之政者，则军士惑矣。不知三军之权，而同三军之任，则军士疑矣。三军既惑且疑，则诸侯之难至矣，是谓乱军引胜。”也就是说，君主在不了解军情的情况下，不应过多地干涉军政、作战指挥，而应给予将领充分的临机决策之权。因此，《孙子》将“将能而君不御者胜”列为“知胜”的五个要素之一（《谋攻篇》），并提出了“君命有所不受”的著名命题（《九变篇》）。

宋代为了维护皇权的统一和稳固，推行“崇文抑武”治国方略，通过以文制武、将从中御等来控制将权。尽管文人是“崇文”的受益者，也是“抑武”的推动者，但“抑武”给军队建设和战争实践带来的严重影响不能不引起他们的重视。因此，“御将”问题成为宋代文人论兵的一大热点。

对于“将从中御”阐述得最为透彻的是李觏，他从军事斗争的特点和规律出发，指出军权为“利器”“威柄”，没有哪个君主愿意授予他人，但是，“任贤之道，不得不然也”。他说：“用兵之法，一步百变，见可则进，知难则退。而曰有王命焉，是白大人以救火也，未及反命而煨烬久矣。曰有监军焉，是作舍道边也，谋无适从，而终不可成矣。”也就是说，战争瞬息万变的特点决定了将领必须拥有临机应变之权，君主遥制或设置监军都是违背战争规律的，必然导致失败。他认为，“将能而君御”的根本原因在于君主对将领“知之不尽”“信之不笃”，“知之不尽，恐其不贤也；信之不笃，惧其不忠也”。①“恐其不贤”是对能力的怀疑，“惧其不忠”是对品德的不信任，这两点深刻地道出了封建君权与将权关系紧张的关键所在。

---

①《强兵策第六》，《李觏集》卷十七。

宋人对兵书中有关将权观点的解读也颇可见当时思想动态。张预注《孙子》“不知三军之权，而同三军之任”（《谋攻篇》）一句说：“近世以中官监军，其患正如此。”不过，宋人在解释《孙子》“将能而君不御”时也发生了一些微妙的变化，往往将其引申为“将能而君不御”“将不能而君御”。郑友贤《十家注孙子遗说并序》讲得最为明确，他说：“既曰‘将能而君不御者胜’，则其意固谓将不能而君御之则胜也。夫将帅之列，才不一概，智愚、勇怯，随器而任。能者，付之以阃寄；不能者，授之以成算。……《传》曰：‘将能而君御之，则为縻军；将不能而君委之，则为覆军。’”郑氏此说在宋代颇有同调。所谓“将不能而君御之则胜”实际上就是为“将从中御”辩护。也有人对“将能而君不御”之说全然否定，苏轼堪称代表。他说：“天下之患不在于寇贼，亦不在于敌国，患在于将帅之不力，而以寇贼敌国之势内邀其君。”意思是说，对君主而言，将领的威胁比“寇贼”“敌国”还大，“将能而君不御”不可行。相反，“天子之兵，莫大于御将”。苏轼认为，御将之术在于“开之以其所利，而授之以其所忌”①。也就是说，一手用胡萝卜，一手用大棒，恩威并施。苏轼所论虽有过激之处，却反映了封建专制政治下君将关系的实质。作为封建权力结构中的两大要素，君权与将权的关系直接影响着王朝政治的稳定，君主自然要挖空心思地考虑御将之术。苏轼的这一思想可能与其父苏洵有关。苏洵在《衡论》中专立《御将》一篇，认为将领分为“贤将”和“才将”，“御贤将之术以信，御才将之术以智”。御才将之术在于，“结以重恩，示以赤心，美田宅，大饮馔，歌童舞女，以极其口腹耳目之欲，而折之以威，此先王之所以御才将也”。以丰厚的物质示恩，同时折之以威，与苏轼所论的两手政策如出一辙。在《相论》中，苏洵又说：“为将者大概多才而或顽钝无耻，非皆节廉好礼，不可犯者也。故不必优以礼貌，而其有不羁不法之事，则亦不可以常法御。”② 对将领

① 《孙武论下》，《东坡全集》卷四十二。

② 《衡论》，《嘉祐集》卷四。

“不必优以礼貌”“不可以常法御”，这倒与宋代君主的驭将之术颇为符合。

在宋代文人官僚关于军政的讨论中，《孙子》“将能而君不御者胜”思想往往被当作批评时政的依据。端拱二年（989），宋太宗诏文武群臣上备边御戎之策，文臣们纷纷对“将从中御”提出批评。张洎指出，两次幽州之战的失利，“盖中国失地利，分兵力，将从中御，士不用命也”。王禹偁指出，“将臣患在无权”。田锡的批评最为尖锐，他说：“今之御戎，无先于选将帅。既得将帅，请委任责成，不必降以阵图，不须授之方略，自然因机设变，观衅制宜，无不成功，无不破敌矣。”又说：“今委任将帅，而每事欲从中降诏，授以方略，或赐以阵图，依从则有未合宜，专断则是违上旨，以此制胜，未见其长。”①

尽管大臣们从总结战争经验教训出发，对“将从中御”提出了批评，但在“崇文抑武”治国方略之下，这一状况并未得到根本改观。因此，太宗朝以后直至仁宗时期，对“将从中御”的批评仍旧不绝于书。至道三年（997），王禹偁在上真宗的奏疏中再次提出“将权不专”的问题，认为开宝以后“兵威不振，国用转急”，原因在于“所蓄之兵冗而不尽锐，所用之将众而不自专故也”。② 景祐元年（1034），富弼在上仁宗论武举武学的奏疏中指出：“且用兵之道，主于威而辅以权变。若不得专，则威挫而权变滞矣。且君不可制，况令阉寺之贱监督之！使举动不舒，羁于俯仰，而望其成功，虽甚愚者亦知其难矣。”③

庆历二年（1042），御史中丞贾昌朝在上仁宗的奏疏中论及“驭将帅”问题。他指出，宋太宗以来驭将不得其道，疑贰将帅，任用近幸、姻旧，将领之间相互牵制，主将号令不专，因而动则必败。他主张信任将帅，赋予将帅更大的权力：“请自今命将，去疑贰，推

---

① 《续资治通鉴长编》卷三十，端拱二年正月癸巳。

② 《续资治通鉴长编》卷四十二，至道三年十二月甲寅。

③ 《上仁宗论武举武学》，《宋朝诸臣奏议》卷八十二。

恩意，舍其小节，责以大效，爵赏威刑，皆得便宜从事。偏裨而下，有不听令者，以军法论。至于筦榷赋税，府库之物，皆得而用之。”① 庆历八年（1048），曾公亮在上仁宗的答诏中指出，“将从中御”在太祖、太宗两朝是可以的，因为当时的主政大臣“练知兵体”，下达的指令符合事机。而咸平以后，主政大臣不通边务，却仍沿用宋初“利病用舍，悉从中覆”之法，以致将帅难尽其才，造成孙子所谓“不知三军之事，而同三军之政”的局面。他认为，应该慎选将帅，试以行阵疆埸之事，“然后委其命而勿制，用其言而勿疑。此孙子所谓‘将能而君不御者胜’是也”。② 简言之，就是先选能将，然后放权。

宋神宗时期，王安石主政期间力矫“将从中御”之弊。熙宁六年（1073），王安石曾与宋神宗讨论驭将问题：“上曰：‘先朝何以有澶渊之事？’安石曰：‘先朝用将，如王超亦尝召对，真宗与之语，退以其语与大臣谋之。臣读史书，见当时论说终无坚决，上下极为灭裂，如此何由胜敌？又太宗为傅潜奏防秋在近，亦未知兵将所在，诏付两卷文字，云兵数尽在其中，候贼如此即开某卷，如彼即开某卷。若御将如此，即惟王超、傅潜乃肯为将，稍有材略，必不肯于此时为将，坐待败衄也。但任将一事如此，即便无以胜敌。’上以为然。”③ 由此可见，王安石对“将从中御”的批评十分尖锐，而且与宋神宗达成了共识。在这一思想的指导下，王安石在实践中极力维护将权的独立性，尤其对王韶开边给予了极大的支持。王韶受命之后，在统御和指挥上遇到很多矛盾，他曾担心地表示，“但恐临时制不在我，则无如之何”。王安石多次在朝廷上为他鼓呼，强调“不知三军之权，而同三军之任，则军疑，军事最恶如此”。④ “军旅之事，

---

① 《续资治通鉴长编》卷一百三十八，庆历二年十月戊辰。

② 《上仁宗答诏条画时务》，《宋朝诸臣奏议》卷一百四十七。

③ 《续资治通鉴长编》卷二百四十八，熙宁六年十一月戊午。

④ 《续资治通鉴长编》卷二百三十八，熙宁五年九月癸亥。

尤宜听于一。……喜惧恩怨不在主帅，即主帅之权分，而军政有所不行矣。”① 主张熙河之事专委王韶，“不如此，军政不一，上下更生衅隙，害国家边事”②。熙宁七年（1074），知河州景思立败于踏白城（今甘肃临夏西），西羌军队包围河州，一些朝臣乘机建议放弃河湟，神宗“为之旰食，数遣中使戒韶驻熙州，持重勿出。且谕高遵裕，令退保临江”。但是，王韶根据战场形势，决定批亢捣虚、出其不意，直趋定羌城，进逼宁河寨，大败西羌军。及至大捷，宋神宗赐手诏褒谕王韶：“将在军，君命有所不受，宁河之行，卿得之矣。”③ 宋神宗和王安石在“将权专一”上的共识成为熙宁开边成功的重要因素。

随着王安石被罢相，神宗主政，王韶被贬，“将从中御”再次成为宋代军政的重要特征，每当用兵，神宗“手札处画，号令诸将，丁宁详密，授以成算，虽千里外，上自节制”④。这一特征一直延续到南宋时期。薛季宣论高宗末年军政，仍以御将无方、“将从中御”为大弊。他说：“兵法：‘将能而君不御者胜。’故古之命将，筑坛推毂，而必付之以阃外之寄。今诸道将帅已有制置招讨之除，而进取之计尚每听中旨，金字牌旁午于邮传，而一进一退，殆莫知适从矣。”他慨叹道：“如此而望恢复之功，不亦难乎！”⑤ 薛季宣对历代兵制有深入研究，他对当时军政的观察和批评可谓切中肯綮。

终两宋之世，对将权的控制是“崇文抑武”治国方略的必然产物，尽管不断有官僚士大夫疾呼放权，然而皇帝和文官集团是不可能真正给予将领自主权的。皇权与将权、政治稳定与军事高效之间的矛盾一直没能得到解决，宋代军事上的失败也可部分归因于此。

---

① 《续资治通鉴长编》卷二百四十六，熙宁六年八月乙亥。
② 《续资治通鉴长编》卷二百四十七，熙宁六年九月辛丑。
③ 《续资治通鉴长编》卷二百五十二，熙宁七年四月丁酉。
④ 《续资治通鉴长编》卷三百五十三，元丰八年三月戊戌。
⑤ 《上宣谕论淮西事宜十》，《浪语集》卷十九。

五、愚士卒之耳目

愚兵思想被认为是中国古代兵学思想的糟粕，却被历代兵家视为一条重要的治军原则。其中一个很重要的原因就在于，愚兵与愚民是相通的。孙子说："能愚士卒之耳目，使之无知；易其事，革其谋，使人无识；易其居，迂其途，使人不得虑。"（《孙子·九地篇》）孔子说："民可使由之，不可使知之。"（《论语·泰伯》）二者本质上是一样的。在封建政治家看来，民众没有能力也没有必要了解政务的缘由，只要乖乖地照做就好了。在兵家的思想中，士兵只是将领利用和操纵的工具，无须知道军事行动的意图、决策、状况乃至行军路线，只能被当作"群羊"一样，"驱而往，驱而来"（《孙子·九地篇》）。

对于愚兵思想，宋代学者也有一些新颖的解说。何去非认为，面临大敌之时，将领表现出"必胜之气"与"至暇之情"，三军将士则会"气定而情安"，倍增斗志。将领的这种"伪喜伪安"就是愚兵，是对自己军队的诈术："故用兵之妙，不独以诈敌，而又以愚吾士卒之耳目也！"① 以此为"愚兵"，颇有运用心理学原理稳定军心之意。

陈造在一则策问中谈及愚兵问题，他说："将不智，无以愚其下，有以愚其下，则出入生死，惟吾所使。"他认为，那些孤虚、厌胜、风角、鸟占之类的军事占候之术都是"愚人之术"，智将以之愚兵，才会使部属听从指挥，出生入死。②

苏洵虽然极力否认自己是"孙武之徒"③，对《孙子》的"愚兵"思想却深以为然，并以将之"智"与"严"为兵愚的前提："凡将欲智而严，凡士欲愚。智则不可测，严则不可犯，故士皆委己

---

① 《何博士备论·魏论下》。

② 《武举策问十首》，《江湖长翁集》卷三十三。

③ 《权书引》，《嘉祐集》卷二。

而听命，夫安得不愚？夫惟士愚，而后可与之皆死。”①

愚兵思想建立在“战者，危事”的基础上，如果没有可以感召将士舍生忘死的理由，就只能采取欺诈和高压的手段。虽然宋代的“愚兵”言论多出自文人之口，但这一思想确在兵家思想中根深蒂固。结之以恩，迫之以威，愚之以术，是中国古代将领统兵的三大法宝。而宋代军队以募兵为主体的特点，又在一定程度上促进了愚兵思想的发展。

第四节　兵学概念、范畴和作战原则的阐发

兵学概念和范畴是兵学思想的核心，也是构建兵学体系的基石。中国古代经典兵书的篇题往往以重要概念和范畴为名。如《孙子兵法》十三篇中的“计”“作战”“谋攻”“形”“势”“虚实”“用间”等，都是十分重要的兵学范畴。《吴子》诸篇如“料敌”“治兵”“论将”“应变”“励士”，《六韬》之“盈虚”“赏罚”“兵道”“军势”“奇兵”等，也是如此。从兵学史的角度看，历代兵家不断总结与探讨兵学概念和范畴的过程，也正是兵学思想逐渐完善和深化的过程。

对兵学范畴和思想要义的归纳在唐杜佑《通典》中已有突出体现。杜佑编撰《通典·兵部》，基本思路是“捃摭与孙武书之义相协，并颇相类者纂之”，将“与《孙子》义正相叶者”用朱字书写，将“颇相类者”用墨字书写。《通典》原书朱墨粲然的格式今已无由得见，但从其类目来看，“料敌制胜”“间谍”“佯败引退取之”“兵机务速”“避锐”“出其不意”“击其不备”“先设备而胜”等，均直接取自《孙子兵法》等兵书。尽管如《四库全书总目》所批评的那样，其“所列诸子目，如分‘引退取之’（按：当为‘设伏引

① 《权书·心术》，《嘉祐集》卷二。

退取之'）、'引退佯败取之'（按：当为'佯败引退取之'）为二门，分'出其不意''击其不备''攻其不整'为三门，未免稍涉繁冗"①，但它将主要兵学概念、范畴、作战原则加以提炼、概括，并引相关兵书、战例为佐证，为传统兵学的体系化及深入发展提供了新的路径。

《武经总要》在《通典》基础上对兵学概念和范畴做了进一步的总结。《武经总要》后集中，"故事"十五卷的编纂原则是，"采春秋以来列国行师制敌之谋，出奇决胜之策，并著于篇。随其效应，依仿兵法，以分其类目"②，一共分为一百八十五门。立目如此众多，当然更难免"繁冗"之嫌，但较诸《通典》，它增加了"上兵伐谋""不战屈人之师""诡道""避实击虚"等重要类目，同时，它上承《通典》以兵法类史事的体例，存录了大量战例，成为后人理解和研究兵学思想的津梁。

对兵学概念和范畴的研究在《百战奇法》中取得了更大的突破。《百战奇法》列出了自"计战"到"忘战"的一百个条目，其中如强与弱、众与寡、虚与实、攻与守、奇与正、分与合、爱与威、主与客、劳与佚、利与害、远与近、整与乱等对立统一的范畴，既单独立目，又相互联系，较为全面地反映了传统兵学思想的主体内容。

兵书之外，宋人在各类文章和著作中对兵学概念、范畴以及作战原则的论述也十分丰富。这些论述尽管良莠不齐，多有不尽合理之处，仍然对于传统兵学思想的深化和发展有重要意义。

一、形势

"形""势"是兵学的重要范畴。《孙子兵法》中的《形篇》《势篇》，《孙膑兵法》中的《势备》《奇正》，《六韬》中的《军势》《奇兵》等篇，都是关于"形""势"的重要论述。

《孙子·形篇》专门论"形"。篇中讲"先为不可胜，以待敌之

---

① 《四库全书总目》卷八十一《通典》提要。

② 曾公亮：《武经总要后集序》，文渊阁《四库全书》本。

可胜”，讲“胜于易胜”，讲“胜兵先胜而后求战，败兵先战而后求胜。善用兵者，修道而保法，故能为胜败之政”，讲“地生度，度生量，量生数，数生称，称生胜。故胜兵若以镒称铢，败兵若以铢称镒”，只在篇末以比喻的方式描述了“形”的特点：“胜者之战民也，若决积水于千仞之溪者，形也。”《孙子》虽然没有对“形”下一个明确的定义，但是通观全篇，“形”显然是指实力的强弱。正如《势篇》所说：“强弱，形也。”

“形”在《孙子》中还与“名”连用，以“形名”的形式出现，如“斗众如斗寡，形名是也”（《势篇》），指的是作战指挥的信号系统。“形”也有形态、表象之意，如“兵形象水”、地形，以及制造各种假象迷惑敌人的“示形”之法，等等。

《孙子·势篇》专门论“势”。文中用了一连串的比喻来描述“势”：“激水之疾，至于漂石者，势也；鸷鸟之疾，至于毁折者，节也。是故善战者，其势险，其节短。势如彍弩，节如发机。”又说，“故善战人之势，如转圆石于千仞之山者，势也”。又说，“战势不过奇正，奇正之变，不可胜穷也”，“勇怯，势也”，“故善战者，求之于势，不责于人，故能择人而任势”。由这些表述可知，《孙子》所论之“势”以“奇正之变”为主要方式，决定着士兵的勇怯、战争的胜负。因此，有学者认为，“势”是《孙子》兵学体系的最高范畴，分数、形名、奇正、虚实等皆为其具体体现。①

《孙子》虽然并未以“形”“势”联称，但从其对“形”“势”所作的比喻来看，一为“决积水于千仞之溪”，一为“转圆石于千仞之山”，二者显然有密切的联系。一般而言，“形”指的是战争中客观、有常、易见的因素，“势”指的是战争中人为、易变、潜在的

---

① 刘庆：《〈孙子〉兵学范畴的历史考察》，《孙子探胜——第三届孙子兵法国际研讨会论文精选》，军事科学出版社，1992 年。

诸因素①，“形”是静态的，“势”是动态的②。

宋代学者对于“形”“势”有较多的探讨。王安石曾说：“孙武以为：‘治乱，数也；强弱，形也；勇怯，势也。’治军旅有方，则数无不可使治，形无所不可使强，势无所不可使勇。”对孙子“形”“势”的这一理解突出了将领的主观能动作用，所谓“人无勇怯，在所措置”③。

辛弃疾在《美芹十论》中讲道：

> 用兵之道，形与势二。不知而一之，则沮于形、眩于势，而胜不可图，且坐受其弊矣。何谓形？小大是也。何谓势？虚实是也。土地之广，财赋之多，士马之众，此形也，非势也。形可举以示威，不可用以必胜。譬如转嵌岩于千仞之山，轰然其声，巍然其形，非不大可畏也，然而堑留木拒，未容于直，遂有能迂回而避御之，至力杀形禁，则人得跨而逾之矣。若夫势则不然，有器必可用，有用必可济。譬如注矢石于高墉之上，操纵自我，不系于人，有轶而过者，抨击中射，惟意所向，此实之可虑也。（《审势》）

也就是说，“形”是客观存在的大小之形，可用以示威，却不可用以必胜；“势”则是对实力的运用，是运动的，也是主动的，在作战指导者的布设、操控之下，能够形成强大的现实战斗力。辛弃疾的这一分析揭示了形、势之间的差异，十分深刻而精到。

---

① 李零：《〈孙子〉十三篇综合研究》，第 29 页、第 34 页。

② 郭化若将军认为，“形”是“运动中的物质”，“势”是“物质的运动”，是主观指导上的出奇和造势（孙武撰，郭化若译注：《孙子译注》，上海古籍出版社，1984 年，第 120 页）；吴如嵩认为，“‘形’是静态的，而‘势’乃是‘形’的运用，是动态的”（吴如嵩：《孙子兵法新论》，第 62 页）；李零认为，“形是潜在的势，势是变化的形，两者是同一件事的不同侧面，相辅相成”（李零：《兵以诈立——我读〈孙子〉》，中华书局，2006 年，第 156 页）。

③ 《续资治通鉴长编》卷二百四十四，熙宁六年四月己亥。

宋人对于“势”最重要的阐述见于许洞《虎钤经》。《虎钤经》专立《任势》一篇，详细论述了“任势”之法。许洞首先指出：“兵之胜败，非人之勇怯也。勇者不可必胜，怯者不可必败，率由势焉耳。”他将“势”分为两种。一种是“可任之势”，有五，“一曰乘势，二曰气势，三曰假势，四曰随势，五曰地势”，“凡新破大敌，将士乐战，威名隆震，闻者骇惧，回其势而击人者，此之谓乘势者也；将有威德，部伍严整，士有余勇，名誉所加，慑如雷霆，此之谓气势者也；士卒寡少，盛其鼓，张其旗，为疑兵，使敌人震惧，此之谓假势者也；因敌疲倦懈怠袭击之，此之谓随势者也；合战之地，便其干戈，利其步骑，左右前后，无有陷隐，此之谓地势者也。用兵者乘此五势，未有不能追亡逐北以建大功也”。一种是“势之败者”，有三，“一曰挫势，二曰支势，三曰轻势”，“累战累北，吏士畏于战敌，此之谓挫势者也；将无威德谋虑，赏罚不当，吏士之心，率多离散，此之谓支势者也；吏士喧哗，不循禁令，部伍不肃，此之谓轻势者也。凡用兵有此三者，未有不败军杀将者焉”。

对“势”从态势角度加以分类，《淮南子·兵略训》中已经有“三势”之说：“有气势，有地势，有因势。将充勇而轻敌，卒果敢而乐战，三军之众，百万之师，志厉青云，气如飘风，声如雷霆，诚积逾而威加敌人，此谓气势；硖路津关，大山名塞，龙蛇蟠，却笠居，羊肠道，发笱门，一人守隘而千人弗敢过也，此谓地势；因其劳倦怠乱，饥渴冻暍，推其擿擿，挤其揭揭，此谓因势。”唐李靖又对《淮南子》之说加以引申，提出对待“因势”，“当潜我形，出其不意，用奇设伏，乘势取之矣”①。许洞显然是在继承《淮南子》和李靖思想基础上，进一步深化了对“势”的认识。

郑友贤更强调“势”的变动性。他说：“兵法之传有常，而其用之也有变。常者，法也；变者，势也。书者，可以尽常之言，而言不能尽变之意。‘五事’‘七计’者，常法之利也；‘诡道’不可先传者，权势之变也。守常而求胜，如胶柱鼓瑟，以书御马。赵括

---

①《通典》卷一百五十八。

所以能书而不能战，易言而不知变也。尽法在书之传，而势在人之用。”① 这一解释道出了“势”的本质属性——“变”，以及“势在人之用”的实践性特征。张预也认识到了这一点，他说：“盖兵之常法，即可明言于人，兵之利势，须因敌而为。”②

北宋李清臣讨论政治之“势”，与兵势也多有相通之处。他说：“君之所以安危，国之所以存亡治乱，令之所以行不行，势也。”是否善于运用势，是能否取得成功的关键。“理势循则行，忤则变，动则险，止则平，轻能重，缓能速。故物有至小而力不可胜即，事有至易而功不可胜原，发如毫芒针端而巨若丘阜，本在拱把而远际穷发者，势也。如户之运也，如车之驰也，如弓之圆也，如矢之激也，如衡以一权而举数倍之重也，水之注于卑泽也，原火之燎于风中也，兵之奋寡而走众也，人之乘高而制下也，势也。”李清臣以一系列形象的比喻揭示了“势”给事物赋能的作用，得势则小可以搏大，失势则强弱易位，大败于小。“故明者用势而暗者用于势”，无论是统治者还是统兵将帅，都要善于用势。善于用势就是要善于把握关键点，掌握主动权：“明者提至要之处，持其关钮，制其机枢，动静在我，开阖在我，弛张在我，一教一令，一赏一罚，必辅之以形势。故教之而行者易，令之而从者速，赏一而千万人劝，罚一而千万人惧，仁少而悦者多，义近而服者远，无他，理势为之也。”③ 李清臣的势论精辟地阐释了“势”的特点和规律，同样适用于兵势。

二、虚实

“虚实”也是兵学的重要范畴。《吴子》中说：“用兵必须审敌虚实而趋其危。”（《料敌》）《孙子兵法》中专立《虚实篇》，提出了“避实击虚”的著名作战原则。宋人对“虚实”的探讨充分体现了对作战理论的重视和探求。

---

① 《十家注孙子遗说并序》。

② 《十一家注孙子·势篇》张预注引。

③ 《势原策》，《宋文选》卷二十。

郑友贤在《十家注孙子遗说并序》中对《孙子兵法·虚实篇》做了详细的解说，他认为，《虚实篇》“一篇之义，首尾次序，皆不离虚实之用，但文辞差异耳”。他以“虚实”为中心，对篇中所涉及的诸范畴和思想要义逐句分析。如解“先处战地而待敌者佚，后处战地而趋战者劳”，以为“待敌者佚”为“力实”，“趋战者劳”为“力虚”。解“佚能劳之，饱能饥之，安能动之”为“彼实而我能虚之”，其中，“佚”“饱”“安”为实，“劳”“饥”“动”为虚。解“策之而知得失之计，作之而知动静之理，形之而知死生之地，角之而知有余不足之处。故形兵之极，至于无形”数句，以“策之”“作之”“形之”“角之”为“辨虚实之术”，而“得”“动”“生”“有余”为实，“失”“静”“死”“不足”为虚。对于该篇的核心思想——“避实而击虚”，郑友贤指出：“‘行于无人之地’者，趋彼之虚而资我之实也。‘攻其所不守’者，避实而击虚也。‘守其所不攻’者，措实而备虚也。‘敌不知所守’者，斗敌之虚也。‘敌不知所攻’者，犯我之实也。”《虚实篇》中涉及“虚实”之处只有“避实而击虚”一语，但是郑友贤通过分析，却清晰地揭示出《孙子》虚实论的丰富内容和不同层次，从知彼己之虚实，到调动敌人造成我实彼虚的状态，再到避实而击虚，几乎涵盖了作战指导的各个阶段。

张预对“虚实”的解读也是从《孙子》思想的内在逻辑出发，将“分数”“形名”“奇正”“虚实”“致人而不致于人”作为一个有机整体。《孙子兵法·势篇》曰：“凡治众如治寡，分数是也；斗众如斗寡，形名是也；三军之众，可使必受敌而无败者，奇正是也；兵之所加，如以碬投卵者，虚实是也。”张预解释说：“下篇曰‘善战者，致人而不致于人’，此虚实彼我之法也。引致敌来，则彼势常虚；不往赴彼，则我势常实。以实击虚，如举石投卵，其破之必矣。夫合军聚众，先定分数；分数明，然后习形名；形名正，然后分奇正；奇正审，然后虚实可见矣。四事所以次序也。”也就是说，彼虚我实之势是通过“致人而不致于人”实现的，“分数”“形名”“奇正”“虚实”在战争进行过程中逐次展开，更相递进，“虚实”是其中的最高范畴。

《虎钤经》论虚实，侧重讲“击虚”。许洞将“袭虚之术”归纳为二：一曰因，二曰诱。“因”指的是佯为正面应敌，别以精兵潜出虚地，或攻其堡垒，或断其退路，或焚其物资。“诱”指的是对我所欲取之要地，不予直接攻击，而是以盛兵攻其邻地，诱使敌兵来援，潜以精锐袭取目标。(《袭虚》)

三、奇正

“奇正”是中国古代兵学战术思想的核心范畴。《孙子兵法》说：“三军之众，可使必受敌而无败者，奇正是也。”又说：“凡战者，以正合，以奇胜。”“战势不过奇正，奇正之变，不可胜穷也。奇正相生，如循环之无端，孰能穷之?”(《势篇》)《孙膑兵法》说：“形以应形，正也；无形而制形，奇也。”(《奇正》)《尉缭子》说：“正兵贵先，奇兵贵后。”(《勒卒令》)曹操注《孙子》曰：“先出合战为正，后出为奇。”“正者当敌，奇兵从傍击不备也。”(《势篇》注释)《唐李问对》的阐述更为精辟，认为“奇正”并无“先后旁击之拘”，“吾之正，使敌视以为奇；吾之奇，使敌视以为正”，“以奇为正，以正为奇，变化莫测”，“善用兵者，无不正，无不奇，使敌莫测。故正亦胜，奇亦胜”(卷上)。

《唐李问对》的观点得到宋人的普遍赞同。张预解“奇正”，备举前人之说，认为唐太宗“以奇为正，使敌视以为正，则吾以奇击之；以正为奇，使敌视以为奇，则吾以正击之”，将“奇”“正”混为一法，独得“相变循环之义”，最为详备。郑厚在其《艺圃折衷》中将《唐李问对》的“奇正”说归纳为三个层次，并仿《孙子》句式说：“以正合，以奇胜，非善也；正变为奇，奇变为正，非善之善也；即奇为正，即正为奇，善之善也。”① 可见，《唐李问对》的观点已经成为宋人讨论“奇正”的共识。

宋人论“奇正”，除诸家《孙子》注释，尚有李廌《兵法奇正

---

① 余允文：《尊孟辨》卷下，文渊阁《四库全书》本。

论》、秦观《奇兵》等专文，《武经总要》中也专立“奇兵”一目，探讨奇正理论。宋人对“奇正”的阐释突出表现在以下几个方面。

首先，对“奇”“正”“伏”三者关系有更深入的讨论。曹操解《孙子·谋攻篇》“敌则能战之”，谓“当设伏奇以胜之”，引出了“伏奇”的概念。杜牧对此提出异议，他说：“夫伏兵之设，或在敌前，或在敌后，或因深林丛薄，或因暮夜昏晦，或因隘厄山阪，击敌不备，自名伏兵，非奇兵也。”也就是说，他认为“伏兵”是区别于“奇兵”的另一种兵力运用方法。对此争议，宋人出现了两种观点。一种赞成杜牧之说，以“伏”“奇”为二事。如苏洵在《权书》中所言，“正”“奇”“伏”为攻守“三道”，“兵出于正道，胜败未可知也；出于奇道，十出而五胜矣；出于伏道，十出而十胜矣”（《权书·攻守》）。另一种反对杜牧之说，以“伏”为“奇”之一法。这一观点以《武经总要》为代表。《武经总要》认为：“夫奇兵者，正兵之变也；伏兵者，奇兵之别也。奇非正则无所恃，正非奇则不能取胜。故不虞以击，则谓之奇兵，匿形而发，则谓之伏兵，其实则一也。”华岳《翠微先生北征录》中的观点与之相近。他虽然很重视“伏兵”，并将“用伏之法”总结为“九伏”，但他又说：“伏生于奇，奇生于机，机生于正，奇正发于无穷之源。”（《治安药石·将帅小数》）显然也是以“伏”为“奇”的延伸和具体化。

其次，将“奇正”与“示形”联系起来。孙子在《虚实篇》中提出了“形人而我无形”的观点，他说：“故我欲战，敌虽高垒深沟，不得不与我战者，攻其所必救也；我不欲战，画地而守之，敌不得与我战者，乖其所之也。故形人而我无形，则我专而敌分。我专为一，敌分为十，是以十攻其一也，则我众而敌寡；能以众击寡者，则吾之所与战者，约矣。”后人将《孙子》这一论述概括为“示形动敌”，要旨在于隐真示假，运用各种手段调动敌人，掌握战争主动权。①

李廌认为，“奇正之变”的目的是“多方误敌，乖其所之”，

① 吴如嵩：《孙子兵法新论》，第56—60页。

“使敌人前后不相及，众寡不相待，贵贱不相救，上下不相扶”，进而造成“我专而敌分”的态势，避实而击虚。① 《武经总要》也认为，“奇正”广泛体现于“示形”“造势”的各个方面：“至其出入诡道，驰骋诈力，则势有万变。故《兵法》曰：‘能而示之不能，用而示之不用，近而示之远，远而示之近，利而诱之，乱而取之，实而备之，强而避之，怒而挠之，卑而骄之，佚而劳之，亲而离之，饱而饥之，安而动之，攻其所不备，出其所不意。’此《兵法》之所以为神也。”（《前集》卷四，《奇兵》）要言之，用兵的“诡道”皆为“奇正”的具体运用。宋人的这些阐述深化了对“奇正”的理解，将“奇正”作为指导一切战役战术行动的普遍原则。

再次，宋人对“奇正”的理解与阵法密切相关。宋太宗朝以后，诸帝出于“将从中御”的需要，都对阵法抱有浓厚的兴趣。宋太宗每每赐予前线将领阵图，要求据以布阵接战，受到后人诟病。神宗也很重视阵法，他多次与大臣讨论阵法，并积极组织阵法的试验，掀起了宋代阵法研究的高潮。研究阵法必然涉及奇正。据《续资治通鉴长编》记载，神宗曾与王安石论司马、孙、吴及李靖团力之法。王安石认为，古人论兵无如孙武，《孙子》“奇正之变，不可胜穷”之说“粗能见道”。神宗也认为，“奇正”乃用兵之要，并以天地之道为喻：“奇者天道也，正者地道也，地道有常，天道则变而无常。至于能用奇正，以奇为正，以正为奇，则妙而神矣。”②

阵法固然可以体现“奇正相生”的思想，但诚如李廌所言，奇正之变“可以神遇而不可以智知，可以道运而不可以迹究”③，关键要靠指挥者的临机处置。宋神宗及文臣们希图通过优化阵法达到“奇正相生”、克敌制胜的目的，显然是舍本逐末。

---

① 《兵法奇正论》，《济南集》卷六。

② 《续资治通鉴长编》卷二百四十八，熙宁六年十二月庚辰。

③ 《兵法奇正论》，《济南集》卷六。

四、分合

《孙子》说："故兵以诈立，以利动，以分合为变者也。"（《军争篇》）又说："故形人而我无形，则我专而敌分。我专为一，敌分为十，是以十攻其一也。"（《虚实篇》）《孙膑兵法》说："能分人之兵，能按人之兵，则锱［铢］而有余。不能分人之兵，不能按人之兵，则数倍而不足。"（《客主人分》）分就是分散，合就是集中，分合之变，就是通过兵力调动和示形动敌等，在既定作战地点，形成我方兵力集中，敌人兵力分散的态势，从而以众击寡，避实击虚。作为兵力运用的外在表现形式，"分合"与"示形动敌""奇正""虚实""众寡""强弱"等都有十分密切的关系。

宋人对"分合之变"有较详细的阐发。何去非认为，"分合"要依众寡而定，也要视奇正而变。他说，"盖兵有众寡，势有分合，以寡而遇众，其势宜合，以众而遇众，其势宜分"，"众而恶分，则与寡同"。在某些特殊情况下，即使兵力寡弱也须分兵，因为"兵必出于奇而奇常在于分故也"，甚至一阵之中也有分合之变，他认为，《孙子》所言"善用兵者，譬如率然。率然者，常山之蛇也，击其首则尾至，击其尾则首至，击其中身则首尾俱至"，讲的就是阵法中的分合变化。①

由于宋代边防战略以防御战为主，宋人论"分合"更多地集中于边防问题。北宋边防总的兵力多，部署却很分散，敌人入侵之时，往往难以形成合力御敌，这是边防不利的重要原因。而从某支军队具体的兵力运用来看，将领不懂分合之变，或者受制于种种客观原因，难以快速有效地分合变化，也是一个突出的弊病。在宋人的论述中，这两方面的问题有时分而论之，有时则混为一谈。

宋太宗时，尹洙论北部边防，认为幽州之战失败的原因在于"兵不分"，"兵不分"则不能相互援应、乘间夹击。他说："原其弊，在兵不分。设兵为三，壁于争地，掎角以疑其势，设覆以待其

① 《何博士备论·苻坚论上》。

进。边垒素固，驱民以守之，俾其兵顿坚城之下，乘间夹击，无不胜矣。盖兵不分有六弊：使敌蓄勇以待战，无他枝梧，一也；我众则士怠，二也；前世善将兵者必问几何，今以中才尽主之，三也；大众傥北，彼遂长驱无复顾忌，四也；重兵一属，根本虚弱，纤人易以干说，五也；虽委大柄，不无疑贰，复命贵臣监督，进退皆由中御，失于应变，六也。兵分则尽易其弊，是有六利也。"① 尹洙所论为一次战争的"分合"，属于战争战略的层面，此论切中时弊，深得许多有识之士赞同。

在宋仁宗时的宋夏战争中，分合问题尤为突出。范仲淹曾指出，陕西四路之兵近三十万，却不能抵御夏军进攻，原因在于"以我分散之兵，拒彼专一之势，众寡不敌，遂及于败"②。欧阳修在英宗治平二年（1065）上书论西北边防，曾对庆历对夏战争加以分析，核心也是兵力分合问题。他说："臣视庆历御边之备，东起麟、府，西尽秦、陇，地长二千余里，分为路者五。而路分为州军者，又二十有四。而州军分为寨、为堡、为城者，又几二百，皆须列兵而守之。故吾兵虽众，不得不分，所分既多，不得不寡。而贼之出也，常举其国众，合聚为一而来。是吾兵虽多，分而为寡；彼众虽寡，聚之为多。以彼之多，击吾之寡，不得不败也。此城寨之法既不足自守矣。而五路大将所谓战兵者，分在二十四州军，欲合而出，则惧后空而无备，欲各留守备而合其余，则数少不足以出攻。此当时所以用兵累年终不能一出者，以此也。夫进不能出攻，退不足自守，是谓攻守皆无策者，往年已验之失也。"③ 欧阳修所言"兵分备寡"的情况，不仅是仁宗时对夏边防的症结，也是整个宋代边防的通病。欧阳修提出，改变这种局面的方式是进攻作战——"必用先起制人之术""先为出攻之计策"。从用兵作战角度讲，固然有道理，事实

---

① 《宋史》卷二百九十五《尹洙传》。

② 《范文正公政府奏议》卷下《奏陕西河北和守攻备四策》，《范仲淹全集》中册；参见《上仁宗和守攻备四策》，《宋朝诸臣奏议》卷一百三十四。

③ 《言西边事宜第一状》，《欧阳修全集》卷一百一十四。

上，范仲淹、韩琦等主持对夏战争时提出的“攻策”，主要也是要扭转分兵防守的被动局面。但是，造成“兵分备寡”的根本原因在于北宋一直奉行的消极防御战略。如果消极防御战略不调整，骑兵、后勤等问题不解决，进攻战略就不可能真正实现。

南宋倪朴对分合的论述就杂糅了边防部署和作战两个方面，他说：“一分一合而后为变，不惟用于一阵之间为然也，散而守，合而攻，进而斗，退而处，皆不离乎此也。”又说：“战而不知分合之变，不可以战；守而不知分合之变，亦不可以守。”他指出，江淮守军“屯兵之所，地之相去远者千余里，近者数百里”，“前后不相应，表里不相关，是不知分合之变者也”，因此，他提出对守军重新部署，使其号令相通，互相援应，“势虽分而实不分，地虽远而实不远，以守则固，以攻则克”。①

辛弃疾对南宋边防的分析同样关注到兵力分合，他说：“臣闻用兵之道，无所不备则有所必分，知所必守则不必皆备。何则？精兵骁骑，十万之屯，山峙雷动，其势自雄，以此为备，则其谁敢乘？离屯为十，屯不过万，力寡气沮，以此为备，则备不足恃。此聚屯分屯之利害也。臣尝观两淮之战，皆以备多而力寡，兵慑而气沮，奔走于不必守之地，而婴虏人远斗之锋，故十战而九败。”因此，他主张集中兵力屯守要地，要有足够兵力与敌人互为进退。（《美芹十论·守淮》）

总之，宋人对“分合”的讨论，小到一阵，大到一战，再大到边防部署，涵盖了战略战术各个层面，看似与《孙子》等兵书所论有所不同，但仔细分析，又无不本于兵家“分合为变”的基本原则，是宋儒结合军事实际与时势对兵学概念的新发展。

五、料敌之法

王安石曾说：“兵法以为无所不备，即无所不寡；能有所不备

---

① 《倪石陵书·拟上高宗皇帝书》。

者，知敌之情故也。今不料敌情，即岂免无所不备?"① "料敌"是制定正确战略战术的前提，历来为中国古代兵学所重视。《孙子》在《行军篇》中提出"相敌"之法，详细列举了观察、判断敌情的三十二种具体方法，并称："兵非益多也，惟无武进，足以并力、料敌、取人而已。"《吴子》专立《料敌》篇，条列了"不卜而与之战"的八种情形。《六韬》说："兵胜之术，密察敌人之机，而速乘其利，复疾击其不意。"(《文韬·兵道》)"夫欲击者，当审察敌人十四变。变见则击之，敌人必败。"(《犬韬·武锋》)并条列出敌人可击的十四种情况。《三略》说："用兵之要，必先察敌情，视其仓库，度其粮食，卜其强弱，察其天地，伺其空隙。"(《上略》)"料敌"之于作战的重要意义，正如《卫公兵法》中所说："统戎行师，攻城野战，当须料敌，然后纵兵。夫为将能识此之机变，知彼之物情，亦何虑功不逮，斗不胜哉?"(卷上，《将务兵谋》)

宋人对"料敌"的论述颇为丰富。《虎钤经》在很多篇中都论及"料敌"问题：《知奸》列举了察敌奸谋的七个方面；《候敌》详列了两军交战之前侦知敌将的十五种情况，以及其他判断敌情的十个方面；《料地》《料山》《料水》《料尘》《料敌阵》《料敌营》《料用天气》等分别对不同作战条件下的料敌之法详加论列；《十可击》《五不可击》对适宜或不适宜进攻的情况做了扼要的判断。《武经总要》不但立"料敌将""察敌形"二目，对料敌之法加以全面总结，而且在"故事"部分将敌人可击的各种情形列为条目，以战例证之。

辛弃疾《美芹十论》的前三篇《审势》《察情》《观衅》讲对敌情的观察和判断，其实也就是"料敌"。只是他讲的是战略层面的"料敌"，不是一般兵家所讲的战役战术层面。《审势》论敌人实力的强弱，主要从土地、财力、兵力、用人等方面考察。《观衅》讲寻求敌人可胜之机。《察情》更接近一般意义上的"料敌"，辛弃疾说："两敌相持，无以得其情则疑，疑故易骇，骇而应之必不能详，有以得其情则定，定故不可惑，不可惑而听彼之自扰，则权常在我，

---

①《续资治通鉴长编》卷二百四十一，熙宁五年十二月壬午。

而敌实受其弊矣。”他又说：“‘权然后知轻重，度而后知长短’，定故也。‘他人有心，予忖度之’，审故也。能定而审，敌情虽万里之远，可坐察矣。”也就是说，了解敌情，加以权衡和判断，才能不被敌人迷惑，掌握战争主动权。这一见解是十分深刻的。正是基于这样的方法论，辛弃疾通过分析和判断敌情，提出了对金作战的方略。

六、因敌制胜

战争是有规律可循的，而战争的表象又是千变万化的，用战争规律把握变动不居的表象，就要根据情况的变化采取相应对策，即所谓“因敌而制胜”。《孙子·虚实篇》曰：“水因地而制流，兵因敌而制胜。故兵无常势，水无常形，能因敌变化而取胜者，谓之神。”这一思想的要义在于“变”，而“变”是无法充分预估的，因此，孙子又说：“此兵家之胜，不可先传也。”（《计篇》）

如何以有常的兵法处置无常的兵形，不但关系到克敌制胜的战略战术问题，也涉及运用兵法的方法论问题。宋人认识到，“变”是战争最鲜明的特征。徐积尝言：“兵为最难，其形有常，而其变无常。”① 许洞《虎钤经》中说，“用兵之术，知变为大”（《三才应变》），“兵家之利，利在变通之机”（《逆用古法》）。何去非也说：“一日之内，一阵之间，离合取舍，其变无穷，一移踵瞬目而兵形易矣。”② 因此，根据战场形势的变化灵活用兵，是作战指导的基本原则。

关于兵法的学与用问题，何去非指出，不可泥守兵法：“守一定之书，而应无穷之敌，则胜负之数戾矣。”即便高明如孙子，也不可能“尽兵之用”，兵法中那些“不可先传”者需要将帅在战争实践中“自求之”。善于用兵的将领，应该做到“不以法为守，而以法为用，常能缘法而生法，与夫离法而会法，顺求之于古，而逆施之

---

① 《论兵》，《节孝集》卷二十九。

② 《何博士备论·霍去病论》。

于今，仰取之以人，而俯变之以己”。[①] 其中既包含了对兵法的灵活运用，也包括了对兵法的发展和创新。对于古人的成功战例，同样不可以泥守。他说：“事物之理，可以情通，而不可以迹系。通之以情，则有以适变而应乎圣人所与之权。系之以迹，则无以制宜而入乎圣人所疾之固。是以天下事功之成常出于权，而其不济常主于固。”[②] “权”是指灵活机变，因情用兵，“固”则是僵化教条，不知变通。《虎铃经》的观点与《何博士备论》略同。许洞认为，如果不顾实际情况，盲目效仿古法，无异于胶柱鼓瑟。他以“逆用古法”“逆用地形”为题，阐述了灵活运用兵法乃至反用兵法的问题。

南宋学者同样对活用兵法表现出通达的态度。綦崇礼认为，学习兵法，要掌握其实质和精髓，而不是刻板地唯古法是从。他说：“知法之所以为法，则心术内融，可与应机，可与成功，非特能言而已。”像赵括那样纸上谈兵的将领是“法于法，而不知法之所以为法”，就如同“按伯乐之图求骐骥于市”，必然招致失败。[③] 戴溪《将鉴论断》也说：“学兵法而不达其用，亦不可也。《孟子》曰：‘梓匠轮舆能与人规矩，不能使人巧。’规矩譬如兵法也，巧譬则兵法之用也。赵括读奢书传，取败长平，是犹良工之子守父规矩而未得其巧也。”（卷二，《霍去病》）

七、以寡胜众

“众寡”也是中国古代兵学的重要范畴。孙子在《谋攻篇》中说，“故用兵之法，十则围之，五则攻之，倍则分之，敌则能战之”，当己方兵力处于优势或者与敌方势均力敌之时，可以进攻或对战。而如果“敌众我寡”，“少则能逃之，不若则能避之。故小敌之坚，大敌之擒也”。《地形篇》中又说：“将不能料敌，以少合众，以弱击强，兵无选锋，曰北。”由此可见，以众胜寡是常态，而以寡胜众

---

① 《何博士备论·霍去病论》。

② 《何博士备论·邓艾论》。

③ 《兵筹类要·学古篇（不学古附）》。

则是非常之事。

如前所述，“众寡”与“分合”是密切相关的两对范畴。《孙子》曰：“故形人而我无形，则我专而敌分。我专为一，敌分为十，是以十攻其一也，则我众而敌寡；能以众击寡者，则吾之所与战者，约矣。”（《虚实篇》）也就是说，众寡不是静态的兵力多少，而是通过调动敌人形成“我专敌分”的相对优势，进而“以众击寡”，取得胜利。银雀山汉简本《孙子》与此处文字有异，作“我寡而敌众；能以寡击［众］”，其中“众”“寡”两字与传本互倒，结合下文“以吾度之，越人之兵虽多，亦奚益于胜哉”“敌虽众，可使无斗”诸语来看，《孙子》之意显然是在局部兵力对比上造成“以众击寡”之势，从而在总体上“以寡胜众”，二者是对立统一的关系。

宋人分析历代以少胜多的经典战例，总结出了“以寡胜众”的诸多条件和作战原则。归纳起来，主要有以下几点。

其一，力量的强弱和态势的优劣。兵力的众寡并不代表力量的强弱，如果敌众我寡，而我方战斗力较强或者处于有利态势，完全可能以寡胜众。宋代《孙子》注家在解《谋攻篇》“少则能逃之”句时，大都补充了“以少可以胜多”之意。王皙认为，“或兵少而有以胜者，盖将优卒强耳”。张预则指出，“少则能逃之”的前提是“将智勇等”“兵利钝均”，“若我治彼乱，我奋彼怠，则敌虽众，亦可以合战”。他又举例说：“若吴起以五百乘破秦五十万众，谢玄以八千卒败苻坚一百万，岂须逃之乎？”

其二，乘机出奇，谋略制胜。何氏解“少则能逃之”曰，“兵少固壁，观变潜形，见可则进”，就是说，兵少并不意味着一定要逃，若有可乘之机，便可主动出击。施子美注《孙子》“十围五攻”句说：“势可以治敌，则胜之以其势；不可以制敌，则胜之以其机。”意思是说，兵力较敌人多出十倍、五倍、一倍，可以凭借力量优势，以势胜敌；而兵力与敌人相当、较敌人少，或是实力悬殊，就要善于创造和利用战机。他又说：“少则彼众我寡，势不相敌，……则匿形藏迹，为奇设伏，而后可以胜之。”“匿形藏迹”并不是被动地逃跑，而是要隐蔽行踪，设伏用奇，争取胜利。他解“小敌之坚，大敌之擒”说：“寡不可以敌众，固也，而寡有时而可以敌众；弱不可以敌强，固也，然弱有时而可以敌强。是不可以常势论，必有谋之足以胜敌也。”从这些论述中，可见清楚地看出，施子美认为以寡敌众、以弱胜强的关键在于利用战机、出奇制胜。

《武经总要》之说也很有代表性，它对“以寡击众”之法进行总结，指出“夫以寡击众，利在于出奇也”，并将历代“兵家旧说”归结为三法：“一曰要之于险，二曰以整击乱，三曰以日之暮。将能明此者，则可以一击十，以千击万，虽敌人甚众，则其势易覆。”每种方法之下又分别列出若干不同情形。要之，在于利用便利条件出奇制胜。（《前集》卷三，《以寡击众》）

欧阳修也曾论及兵员的“众寡”问题，他说：“攻人以谋不以力，用兵斗智不斗多。”他举了昆阳之战、淝水之战等以少胜多的著名战例，来说明“前代用兵之人，多者常败，少者常胜”，认为“兵不在多，能以计取尔。故善用兵者，以少而为多；不善用者，虽多而愈少也”。[①] 欧阳修所谓“多者常败，少者常胜”，并非战争史的普遍规律，但他强调智谋“以少胜多”的作用，并借以反对仁宗时期不断增兵的做法，是有着积极的现实意义的。

其三，坚强的战斗意志。何去非认为，军队的战斗意志是影响战争胜负的决定因素。他说：“师不必众也，而效命者克；士无皆勇也，而致死者胜。”他又进一步指出，寡弱的一方易于造成“人人自致其死”的态势，而强大的一方反而难以做到人人效命。这是因为，“弱则思奋，而强则易懈”，乘其奋发之气而击懈怠之敌，则可以少胜多，以弱胜强。[②]

其四，示形动敌。从《孙子》本意来看，“以寡击众”和“以众击寡”是辩证统一的，其转换条件在于如何“示形动敌”。《百战奇法》的解释正是从理解《孙子》本意出发的。它认为，“示形”可以造成众寡的相互转化，由“以寡击众”变为“以众击寡”：“凡

---

① 《准诏言事上书》，《欧阳修全集》卷四十六。

② 《何博士备论·汉光武论》。

与敌战，若彼众多，则设虚形以分其势，彼不敢不分兵以备我。敌势既分，其兵必寡；我专为一，其卒自众。以众击寡，无有不胜。法曰：‘形人而我无形。’”（《形战》）这一解释可谓深得《孙子》之意，阐明了《孙子》对于众寡的辩证认识。

辛弃疾的观点与《百战奇法》类同，也是从《孙子》“形人”“专分”等思想出发，总结出以弱胜强之法。他说：“故凡强大之所以见败于小弱者，强大者分而小弱者专也。知分之与专，则吾之所与战者寡矣，所与战者寡，则吾之所以胜者必也。故曰：‘备前则后寡，备左则右寡，无所不备则无所不寡。寡者，备人者也；众者，使人备己者也。’又曰：‘出其所不趋，趋其所不意。’又曰：‘形之所在，敌必从之。’”①

总而言之，宋代学者从总结历代战争经验出发，对众寡、强弱等问题做了深入而辩证的讨论，得出了一些具有普遍规律性的认识，不但深化了对这一问题的研究，也使古代兵学“以弱胜强”命题的内涵更加全面、理性，这一点是值得充分肯定的。

尽管有人着重于“以寡击众”，但也有人坚持认为，这并非常法，还是应该遵守“十围五攻”的基本原则。如陈造认为：“兵法之常道，十围五攻，敌则战，少则逃尔。又曰：‘小敌之坚，大敌之擒。’如谢玄以至少之兵取胜劲敌，此古今幸胜，不可举以为法。”②《将鉴论断》虽然也认为“十围五攻，用兵之常法；以寡覆众，为将之奇功”（卷五，《张辽》），但仍一再强调，“善用兵者，必先料敌之强弱。强则避之，所以挫其锐也；弱则取之，所以乘其弊也。挫其锐而乘其弊，然后可以收其全胜之功。小而用于一阵，大而用于天下，莫不尽然”（卷二，《韩信》）；“夫寡不可敌众，天下之常理”（卷二，《李陵》）；“以弱敌强，如周瑜之于曹操，谢玄之于苻坚，是皆迫于不得已而斗，非兵家之常法也”（卷二，《韩信》）。

---

① 辛弃疾：《九议》，邓广铭辑校：《辛稼轩诗文钞存》，古典文学出版社，1957 年，第 37 页。

② 《上赵丞相札子》，《江湖长翁集》卷二十七。

八、夺恃之法

“夺恃”，就是夺占敌人所依恃的要地或者所占有的优势，达到击敌要害或者调动敌人的目的。《孙子·九地篇》中说：“敢问：敌众整而将来，待之若何？曰：先夺其所爱，则听矣。”曹操注曰：“夺其所恃之利。”“所爱”就是“所恃之利”。孙膑说：“夫解杂乱纷纠者不控捲，救斗者不搏撠，批亢捣虚，形格势禁，则自为解耳。”①“批亢”也是一种“夺恃”。孙膑“围魏救赵”的著名战例用的就是这一战法。

许洞《虎钤经·夺恃》探讨的就是“夺恃”问题。文中指出敌人所恃的四种情形：“敌之为梗，或以强，或以隘，或以勇，或以缓之谓也。”对这四种敌人“所恃之利”，应以不同方法夺之：

> 夺强以气，夺隘以动，夺勇以威，夺缓以诱。夫敌以力有余而加于人，我则以缓伺其力衰而乘之，此夺气者也。敌以险地壁守，或盈隘而阵，我虽士民丰逸，不可以强取。守者以利畅其心，否则以动则攻之；阵者以势逼其敌，否则俟动，随而冲之，此夺隘者也。关塞营垒，糗粮所扼，预于要路伏兵绝之，必力夺其辎重，故可使饥，此夺缓者也。人逸马良，恃强轻战，可据隘设伏，示弱以诱，此夺勇者也。

也就是说，敌人势强，当避其锐气，待其力衰而乘之；敌人据险，不可强取，当以利动之，以势逼之，伺机进攻；敌人利在持久，当以伏兵绝其粮道，夺其辎重；敌人强勇，当据隘设伏，示弱诱敌。许洞又说：“不知四夺，不足以语奇也。兵术万途，不可专一，先能夺其所恃，则彼力衰半矣。”在这里，“夺恃之法”已经不局限于对待众整之敌，而是“出奇”的重要方式，上升为作战指导的重要原则。

---

① 《史记》卷六十五《孙子吴起列传》。

《孙子》曰："故我欲战，敌虽高垒深沟，不得不与我战者，攻其所必救也。""攻其所必救"，就是进攻敌人的要害且空虚之处，是"批亢捣虚"，也是"夺恃"。辛弃疾在《美芹十论》中说："不恃敌之不敢攻，而恃吾能攻彼之所必救也。"（《守淮》）他据以提出守淮战略，运用的正是这一原则。

九、用间

了解敌情是克敌制胜的前提，而用间则是掌握敌情的重要手段。中国古代兵学十分重视运用间谍。《孙子兵法》专立《用间》一篇，提出五间之说："乡间者，因其乡人而用之。内间者，因其官人而用之。反间者，因其敌间而用之。死间者，为诳事于外，令吾间知之，而传于敌间也。生间者，反报也。"《虎钤经》将《孙子》的"五间"扩展为"八间"：以使者为间、以敌人为间、反求来言以为间、反以来人为间、以明间而为间、以内嬖为间、以谗人为间、以乡人为间。（《使间》）

宋儒中虽然有人将用间等同于用诈，或者认为是无关轻重的小伎俩，但当深入探讨军政问题之时，却不得不重视用间。用间牵涉的一系列军政和军事制度问题，又是文臣官僚们所重点关注的。

端拱二年（989），宋太宗诏文武群臣上备边御戎之策。王禹偁和田锡在对策中都谈及用间问题。王禹偁提出"行间谍以离之，因衅隙以取之"。他说："臣风闻契丹中妇人任政，荒淫不法，谓宜委边上重臣，募边民谙练蕃情者，间谍蕃中酋长，啖以厚利，推以深恩。蕃人好利而无义，待其离心，因可取也。"① 姑且不论他对萧太后治下契丹形势的判断是否准确，他对离间法的重视却是值得肯定的。田锡上书说："兵书曰：'事莫密于间，赏莫重于间。'狄中自有诸国，未审陛下曾探得凡有几国否？几国与匈奴为仇？若悉知之，可以用重赏，行间谍。间谍若行，则戎狄自乱，戎狄自乱，则边鄙自宁。昔李靖用间破突厥，心腹之人自离贰。募能往绝域刺名王、

---

① 《续资治通鉴长编》卷三十，端拱二年正月。

乱蕃部，使交相侵害，如汉之陈汤、傅介子之流，则不劳师徒，自然归化。此可以缓陛下忧边之心也。”① 田锡所说的“用间”其实是两个层次，一是明敌情，二是行离间，他从兵书、战史、边情等角度论用间，其认识更为全面和深刻。

宋儒对用间的讨论往往牵涉当代军政。宋太祖朝，采取先南后北的统一战略，为了维护北部边防，赋予边将充分财权，使他们能重金招募间谍，了解敌情。宋人对太宗朝以后“用间”的批评多以太祖朝为参照。其中，苏辙的论述堪称代表。他认为“夫祖宗之兵至少，而常若有余。今世之兵至多，而常患不足”，关键的差别就在于是否善于用间。他说：

> 兵法有之曰：兴师十万，出征千里，百姓之费，公家之奉，日费千金；内外骚动，怠于道路者，七十万家。而爱爵禄百金，不能知敌之情者，不仁之至也。故三军之事，莫亲于间，赏莫重于间。间者，三军之司命也。
>
> 臣窃惟祖宗用兵，至于以少为多，而今世用兵，至于以多为少，得失之原，皆出于此。何以言之？臣闻太祖用李汉超、马仁瑀、韩令坤、贺惟忠、何继筠等五人使备契丹，用郭进、武守琪、李谦溥、李继勋等四人使备河东，用赵赞、姚内斌、董遵诲、王彦升、冯继业等五人使备西羌，皆厚之以关市之征，饶之以金帛之赐，其家属之在京师者，仰给于县官，贸易之在道路者，不问其商税。故此十四人者，皆富厚有余，其视弃财如弃粪土，赒人之急如恐不及。是以死力之士，贪其金钱，捐躯命，冒患难，深入敌国，刺其阴计而效之。至于饮食动静无不毕见，每有入寇辄先知之。故其所备者寡而兵力不分，敌之至者举皆无得而有丧。是以当此之时，备边之兵多者不过万人，少者五六千人。以天下之大，而三十万兵足为之用。
>
> 今则不然，一钱以上，皆籍于三司，有敢擅用，谓之自盗。

---

① 《续资治通鉴长编》卷三十，端拱二年正月。

而所谓公使钱，多者不过数千缗，百须在焉，而监司又伺其出入而绳之以法。至于用间，则曰“官给茶彩”。夫百饼之茶，数束之彩，其不足以易人之死也明矣。是以今之为间者，皆不足恃，听传闻之言，采疑似之事，其行不过于出境，而所问不过于熟户，苟有借口以欺其将帅则止矣，非有能知敌之至情者也。敌之至情，既不可得而知，故常多屯兵以备不意之患，以百万之众而常患于不足，由此故也。

陛下何不权其轻重而计其利害，夫关市之征比于茶彩则多，而三十万人之奉比于百万则约。众人知目前之害，而不知岁月之病。平居不忍弃关市之征以与人，至于百万则恬而不知怪。昔太祖起于布衣，百战以定天下，军旅之事其思之也详，其计之也熟矣。故臣愿陛下复修其成法，择任将帅，而厚之以财，使多养间谍之士，以为耳目。耳目既明，虽有强敌而不敢辄近，则虽雍熙之兵，可以足用于今世。①

苏辙将北宋中期的“冗兵”问题归结为边将无财权，不能用间以“知敌之至情”，只能“多屯兵以备不意之患”，这一结论显然失之偏颇，但是他对“用间”重要性的认识，对“用间”需花费大量金钱以及需赋予边将充分财权的论述，切中当时军政之弊，令人印象深刻。

贾昌朝关于“用间”的意见与苏辙相似。庆历二年（1042），他在论边备的上疏中讲道：

其六曰明探候。古者守封疆，出师旅，居则有行人觇国，战则有前茅虑无，其审谨若此。太祖命李汉超镇关南，马仁瑀守瀛州，……筦榷之利，悉输军中，仍听贸易，而免其征税，召募勇士以为牙爪。故边臣富于财，得以养死力为间谍，外蕃情状，无不预知者。二十年间，无西北之忧，善用将帅，精于

① 《上皇帝书》，《苏辙集·栾城集》卷二十一。

> 觇候之所致也。今西鄙刺事者，所遗不过数千钱，但略涉境上，盗听传言，塞命而已，故敌情贼状与夫山川、道路险易之利势，绝而莫通。夫蹈不测之戎，入万死之地，觇伺微密，探索机会，非有重赂厚赏，孰肯自效乎？愿鉴艺祖任将帅之制，边城财用一切委之，专使养勇士为爪牙，而临战自卫，无杀将之辱；募死力为觇候，而坐知敌来，免陷兵之耻也。①

"用间"问题不但牵涉间谍的选任问题，而且涉及将权等更高层次的制度问题，各种因素相互牵制，颇为复杂。尤其事关将权，就更不是朝臣们的几声呼吁所能改变的。这也从一个侧面说明，北宋军事体制对将权的束缚对"用间"有很大的制约。

宋代边防要员的"用间"思想和实践也颇有可观之处。庆历元年（1041），签书陕西经略安抚判官田况在《上兵策十四事》中说："自古用兵，未有不由间谍而能破敌者也。昊贼所用谍者，皆厚其赏赂，极其尊宠，故窥我机宜，动必得实。今边臣所遣刺事人，或临以官势，或量与茶彩，只于属户族帐内采道路之言，便为事实，贼情变诈，重成疑惑。"鉴于这种情况，他提出建策，一是加大对间谍的奖赏力度，"有入贼界而刺得实者，以钱帛厚赏之"，二是重金招募刺客，刺杀元昊心腹。②

庆历末年，包拯任河北转运使之时，对河北的探候人制很不满意，着力进行整顿。第一，对探候人进行统一的登记管理。第二，加强机宜司的财政出纳制度，详细记录探候人所报事宜、支给何等财物、多久汇报一次，等等。第三，多求访有经验的探候人，罢废不谙事的新当差者。第四，只许探报敌人首领所在、将相任免、训练点集、转移粮草等大事，不许申报那些人皆可见的细碎之事。最后，包拯还提请朝廷"严赐约束，不得漏泄"。③ 这些举措有效改善

① 《续资治通鉴长编》卷一百三十八，庆历二年十月戊辰。
② 《续资治通鉴长编》卷一百三十二，庆历元年五月甲戌。
③ 《请择探候人奏》，《包孝肃奏议集》卷九。

了北部边防的侦察情报工作。

庆历年间的另一事件，也对间谍制度产生了很大影响。河北广信军间谍梁济世被契丹人发现，脱身归宋，但是，朝旨令河北沿边安抚司指挥广信军，不得收留。张方平认为，此事极为要切，如果间谍在敌国有危险，回来没生路，以后就不会有人愿意做间谍，如此则“边臣守将坐成聋瞽，朝廷先事制胜之术疏矣”①。他呼吁朝廷改变做法。此后，宋廷对于间谍的保护和奖励有了大幅提升，促进了谍报战的开展，一定程度上支持了宋的军事和外交斗争。②

十、穷寇勿迫

《孙子》提出“穷寇勿迫”，是针对追击败敌而言。如果追迫过急，使敌人走投无路，容易激发其殊死的斗志，反而不利。这是一条基于人情常理的作战原则。

《百战奇法》对“穷寇勿迫”思想加以补充，提出应该针对不同情况分别处置，“若旗齐鼓应，号令如一，纷纷纭纭，虽退走，非败也，必有奇也，须当虑之。若旗参差而不齐，鼓大小而不应，号令喧嚣而不一，此真败却也，可以力逐”（《逐战》）。也就是说，对于那些佯装败退，有设奇企图的敌军，应谨慎对待，也就是《孙子》所说的“佯北勿从”（《军争篇》）。而对于那些真正溃败的敌人，则应奋力追击，无须“穷寇勿迫”的顾忌。

《虎钤经》更是对败敌情形细加分析，归纳出可以追之者五，不可以追之者六。“彼无胜气，可追者，一也；步骑散乱，奔多颠蹶，不成部伍，二也；奔其乡里，赴其城壁，三也；辎重甲兵，散而不收，四也；主将已死，五也。”在这五种情况下，敌人已无反击之力，可以急追。“又若敌人虽败，锐气不减，一不可也；旧溪涧水流

① 《论广信军谍人事奏》，《乐全集》卷二十一。

② 杨军：《北宋时期河北沿边城市的对辽间谍战》，《军事历史研究》2006年第4期；陈武强：《北宋西北边防军事情报来源与间谍保障制度》，《甘肃高师学报》2011年第1期。

忽绝者，盗已过，二也；败军遁走，行伍不甚乱，旌旗不甚错，三也；吏士奔走不甚蹶踬，步骑不相参错，四也；敌败失道，左右山谷，前亦如之，五也；途穷食尽，吏士未甚散，六也。”（《追敌》）在这六种情况下，敌人可能依险设奇，或死地决斗，我当坚壁而观，见利而进，见害而退。许洞对败军之敌的这些分析综合了各种情况，较之于《孙子》的“穷寇勿迫”更为丰富、全面。

第六章　辽夏金元的兵学成就

宋辽夏金元时期是中国历史上多民族政权并存继逝的时期，也是中原农耕文明与北方游牧文明深度交融的时期。这一时期的兵学发展具有多元性特征，这种多元性来自不同的政权，也来自不同的民族文化背景。宋、辽、夏、金、元处于不同的社会发展阶段，有着不同的政治制度和历史文化传统，在兵学上呈现出不同的侧重和特色。这一时期的兵学发展又有明显的融通性。各政权之间的对峙和冲突，为各民族兵学提供了竞逐的平台，同时也提供了相互学习和借鉴的机会。各政权和平时期的友好交往和文化交流，又使各民族兵学思想相互影响、交流和融通，共同丰富和发展了中国传统兵学文化。

辽是契丹族建立的政权，所辖地域广阔，军事实力强悍，五代时期已有左右中原政局的能力，辽太宗时甚至一度攻占了后晋都城。西夏为西北党项族建立的政权，虽然建立较晚，但实力迅速发展，很快成为宋不可小觑的对手。辽、夏与北宋长期并立，三国之间的政治、军事和经济关系密切而复杂。金是辽治下东北女真族建立的政权，先后灭辽、北宋，占领中原地区，与南宋成对峙之局。元是蒙古族建立的政权，十三世纪初崛起于漠北，以强悍的骑兵东征西讨，先后灭西夏、金、南宋，成为中国历史上第一个少数民族建立的统一王朝。

辽、夏、金、元等少数民族政权都兴起于中国北方，以游牧、狩猎为主要生产方式，军事上擅长骑射，以骑兵野战见长。起初，受社会发展水平和文化基础所限，他们的兵学思想处于较为原始朴拙的状态。随着势力壮大和对外扩张战争，他们的骑射战法发展到了全新的高度，成为中国古代兵学独具特色的重要组成部分，也成为世界兵学史上的一朵奇葩。

在战争观念上，无论是契丹、党项，还是女真、蒙古，都以掠取财富、拓展生存空间为战争的重要驱动。成吉思汗曾经说："人生之乐，莫如歼馘仇敌如木拔根，乘其骏马，纳其妻女以备后宫，乃为最乐。"① 如果说对同族的战争还有血亲复仇等原因，那么，对异族的战争就是赤裸裸的侵犯和掠夺。北方民族行军作战之时，往往不备大量后勤补给，主要以掳掠足军用。战胜之后，则以掠取的财物和人口论功行赏，激励将士更勇猛地战斗。虽然在政权后期，为了实现对中原地区的长期占领，辽、金、元等朝统治者都有意识地限制了掳掠行为，但"以利为战"仍是其发动战争的根本动因。这种战争观念带来的巨大侵犯性和破坏力，给中原人民造成了深重的灾难。

契丹、党项、女真、蒙古等民族都受"神力天佑"观念的支配，崇尚自然和鬼神，相信冥冥之中有超自然的力量左右战争的胜负。他们一般通过占卜、梦兆、祭拜天地神祇等决定战争行止。辽国"凡举兵，帝率蕃汉文武臣僚，以青牛白马祭告天地、日神，惟不拜月，分命近臣告太祖以下诸陵及木叶山神，乃诏诸道征兵"②。金人出兵前常以梦为兆，据史书记载，完颜阿骨打在斡沦泺之战前，"方就枕，若有扶其首者三，寤而起，曰：'神明警我也。'即鸣鼓举燧而行"③。西夏"出战率用只日，避晦日。……笃信机鬼，尚诅祝，每出兵则先卜"④。蒙古军每当征伐前，都要祭天以及占卜吉凶，"凡占卜吉凶进退杀伐，每用羊骨扇以铁椎火椎之，看其兆坼，以决大事，类龟卜也"⑤。这些自然崇拜和宗教迷信一直在战争中起着重

① 洪钧：《元史译文证补》卷一上《太祖本纪释证上》。

② 《辽史》卷三十四《兵卫志上》。

③ 《金史》卷二《太祖本纪》。

④ 《宋史》卷四百八十六《夏国传下》。

⑤ 《蒙鞑备录笺证·祭祀》，《王国维遗书》第十三册。

要作用，给这些民族的兵学思想蒙上了一层蒙昧主义的色彩。

在建军治军思想上，北方民族政权兴兵之初都实行原始的军事民主制。契丹起兵之时，“有征伐，则酋帅相与议之，兴兵动众则合符契”①。西夏“每举兵，必率部长与猎，有获，则下马环坐饮，割鲜而食，各问所见，择取其长”②。“金国凡用师征伐，上自大元帅，中自万户，下至百户，饮酒会食，略不间别，与父子兄弟等。所以上下情通，无闭塞之患。国有大事，适野环坐，画灰而议，自卑者始，议毕，即漫灭之，不闻人声。军将行，大会而饮，使人献策，主帅听而择焉。”③ 蒙古出师之前，凡军马动员、作战方案诸事，均由部落联盟的议事会议“忽里勒台”讨论决定。在发展壮大的过程中，辽、夏、金、元受到中原政权的影响，逐步建立起了中央集权的军事体制，军事民主制受到严重削弱，但他们对将领临机指挥权的操控仍然远不如中原王朝严格，临战之时，将领常被赋予便宜从事之权，这对灵活机动的作战指挥是十分重要的保障。

在战略思想上，北方民族政权的共同特点是重进攻而轻防御。游牧民族的侵犯性，加之骑兵擅长机动和突击的特点，使辽、夏、金、元都以进攻战为主要方式。即便是在防御作战中，他们也注重发挥军队的机动性，以攻为守，积极创造条件争取主动。辽、金、元诸朝后期，为了维护边防安全，也在边疆地区屯田驻军、筑城戍守，但其防御思想与传统中原政权有很大不同，不以凭城固守为主要方式，而是配合各种战术袭扰，主动出击，甚至在野战中歼灭敌人。

在战术思想上，北方民族将古代骑兵战术发展到了一个新阶段。他们都以灵活机动、快速突击为原则，充分发挥军队的机动性和冲击性，在奔袭和追歼中取得出其不意的攻击效果。他们还善于利用各种战术手段欺骗敌人，或伏击，或奇袭，或佯败，或疲敌扰敌，

---

① 魏徵、令狐德棻：《隋书》卷八十四《契丹传》，中华书局，1973 年。

② 《宋史》卷四百八十五《夏国传上》。

③ 《大金国志校证》卷三十六《兵制》。

或断敌粮道，或绝其外援，待敌人力量消耗，再以精锐部队突击。这些战术原则不拘成法、奇诡多变，以鲜活的战争实践印证了“兵以诈立”“出奇制胜”等规律性作战指导原则。

善于学习先进民族的军事技术和战术战法，是辽、夏、金、元军队的共同点。虽然这些北方民族军队以骑射见长，相对步兵具有一定的先天优势，但军事技术和战法的进步依然是影响其扩张程度的重要因素。金军学习辽、宋的武器制造技术和攻城战法，尤其是将火器用于作战，攻坚能力迅速提升，因此能够占据中国北方地区。蒙古军重视武器装备的改进，积极仿制火药、火器，加强训练水军，学习水战战法，最终得以突破长江天堑，统一中国。

在频繁战争和长期和平交往中，华夏文明作为一种先进的文明形态，必然影响到辽、夏、金、元诸朝。这些北方民族政权不但仿效中原王朝建立起封建统治制度，而且在文化上出现了逐渐汉化的趋势。在这一过程中，兵学作为中华文化的重要组成部分，通过典籍流通、士人参政、民间文化交流等方式对辽、夏、金、元产生着影响，辽、夏、金、元的兵学思想和实践也反作用于中原兵学，使这一时期的兵学思想呈现出多元融合的独特风貌。

第一节　辽朝兵学

一、战略思想

辽朝的战略思想具有鲜明的进攻性特点，善于发挥骑兵快速机动的优势，集中强大兵力，给敌人以沉重打击。《辽史·兵卫志》记载，辽每南下攻宋，多在幽州北千里的鸳鸯泊点兵，取道居庸关、曹王峪、白马口、古北口、安达马口、松亭关、榆关等路入平州、幽州境。之后以幽州为大本营，发兵南下。“皇帝亲征，留亲王一人在幽州，权知军国大军。既入南界，分为三路，广信军、雄州、霸州各一。……各路军马遇县镇，即时攻击。若大州军，必先料其虚实、可攻次第而后进兵。沿途民居、园囿、桑柘，必夷伐焚荡。至宋北京，三路兵皆会，以议攻取。及退亦然。”“若帝不亲征，重臣统兵不下十五万众，三路往还，北京会兵，进以九月，退以十二月，行事次第皆如之。”大举兴兵之外，辽国也不时在春秋两季出动骑兵袭扰北宋边地，目的是破坏农业生产，“耗荡生聚，不令种养而已”。

在战略防御中，辽军也能后发制人，乘敌之隙，机动歼敌。这在宋初的两次幽州之战中体现得十分明显。高梁河之战中，在宋军围攻幽州的情况下，辽派兵驰援，大败宋军。岐沟关之战中，辽朝一面派耶律休哥阻击袭扰，一面由萧太后和辽圣宗领兵增援，最终击败宋东路军，扭转了战局。

辽朝中期以后，随着游牧经济向农耕经济的转变以及国防形势的变化，西北、西南、东边和南边的安全威胁此起彼伏，其不得不仿效中原王朝，在西北边境兴建边防备御蒙古，在东北边境修堡屯田防御高丽。这种防御战略的调整，一方面带来沉重的经济负担，另一方面也需要统筹进攻与防御、战略重心调整等问题，辽开始面临与中原王朝相似的战略困境，在战略思想上也与中原王朝逐渐接近。

重熙初年，辽兴宗诏问天下治道之要。萧韩家奴上书指出，国家东北、西北戍防造成了严重的经济危机，尤其是西北建可敦城，“开境数千里，西北之民，徭役日增，生业日殚。警急既不能救，叛服亦复不恒。空有广地之名，而无得地之实。若贪土不已，渐至虚耗，其患有不胜言者”。他认为，“国家大敌，惟在南方”，因此，他主张调整战略布局，将西北防线向内收缩，增强东北和南部的防御，同时，对西北各部族施行羁縻之策，“叛则讨之，服则抚之”。①从萧韩家奴的上疏中不难看出，辽中后期安全困境日益凸显，国防战略由进攻转为防御，主流战略思想与中原王朝反对拓地开边、加强边防建设、实行羁縻之策等渐趋一致。不同的是，辽对于防御设

① 《辽史》卷一百三《萧韩家奴传》。

施和方法的重视远不如宋，仍然试图在野战中决战取胜。

二、战术特点

《辽史·兵卫志》记述了契丹的野战之法：

> 敌军既阵，料其阵势小大，山川形势，往回道路，救援捷径，漕运所出，各有以制之。然后于阵四面，列骑为队，每队五七百人，十队为一道，十道当一面，各有主帅。最先一队走马大噪，冲突敌阵。得利，则诸队齐进；若未利，引退，第二队继之。退者，息马饮水粆。诸道皆然。更退迭进，敌阵不动，亦不力战。历二三日，待其困惫，又令打草谷家丁马施双帚，因风疾驰，扬尘敌阵，更互往来。中既饥疲，目不相睹，可以取胜。

也就是说，辽军善于根据敌军布阵的规模、地理形势、往来道路、救援及后勤补给路线等制定不同的方案。首先以骑兵四面分番冲击敌阵，如能冲散敌阵，则诸军并进。如第一波次不能冲散敌阵，则以第二波次继之。如果几番冲击都不能撼动敌阵，也不力战，而是拖延时间，使敌困弊，再以扬尘迷乱敌人，乘机进攻。由此可见，野战中骑兵进攻为主，同时辅以各种手段疲敌、误敌，是契丹野战战术的重要特点。

辽军作战，往往集中兵力，最大限度发挥骑兵的突击力。如《武经总要》所说，“夷狄用兵，每弓骑暴集，偏攻大阵一面，捍御不及，则有奔突之患”①。为了增强精锐骑兵的攻击力，一般以渤海人、汉人乡兵、奚族人为前驱，待敌疲，再以骑兵出击。如未遇大敌，则不急于乘马，待敌军靠近再上马攻击，“成列不战，退则乘之”②。

---

① 《武经总要》前集卷七《本朝常阵制》。

② 《辽史》卷三十四《兵卫志上》。

源于狩猎之法的诱敌、伏击、火攻、围歼等也是契丹的常用战法，“多伏兵断粮道，冒夜举火，上风曳柴”①。公元904年，耶律阿保机歼灭刘仁恭养子赵霸之战，采用的就是伏兵之法。辽太宗时的白团卫村之战、中渡桥之战用的则是“围而断粮”的战术。

契丹初兴之时，擅长野战，不善攻城。虽然后来攻城能力有很大提高，仍不以攻城为主要目标。遇到规模大且坚固的城池，往往引而过之，或者分兵抄掠，使之孤立无援，失去对其袭扰、阻击的能力。这种战术一方面是出于对攻坚战的有意回避，另一方面也服从于其整体的战略目标，达成快速深入奔袭的目的。澶渊之战中，辽军采用的就是这种战法。

三、与中原兵学的交流与融合

战争是一种特殊的交流方式。在与中原王朝的战争中，辽朝很注重学习中原先进的军事技术和战术战法。辽圣宗时，冲破关禁，设法获得宋朝的火炮制造技术和原料，并设立了“掌飞炮之事”的炮手军详稳司。辽中后期，在边防上仿效中原，在东部、西北部边境构建起边防城、边墙和烽火台等城防设施。在战术战法上，辽也积极学习中原的攻城战术。如，神册二年（917），辽太祖耶律阿保机率军进围幽州，卢文进授以攻城之法，“为地道，昼夜四面俱进，城中穴地然膏以邀之；又为土山以临城，城中熔铜以洒之，日死千计，而攻之不止”②。

兵书的撰著和传播是兵学思想交流的重要途径。虽然现存史料中鲜有汉族兵书在辽境传布的记载，但是，言兵者不止于兵书，经、史、子、集各类典籍中都有涉及兵学的内容，汉文典籍在辽的传播也就必然地带有兵学的成分。辽统治者很重视对汉文典籍的搜求，辽灭后晋时，曾“取晋国图书、礼器而北”③。辽初，东丹王耶律倍

---

① 《辽史》卷三十四《兵卫志上》。

② 《资治通鉴》卷二百六十九《后梁纪四》，后梁均王贞明三年三月。

③ 《辽史》卷一百三《文学传上》。

“令人赍金宝私入幽州市书，载以自随，凡数万卷”①，他还曾译有《阴符经》一书。此外，虽然宋廷一再申明禁书的律令，但实际效果并不明显，大量汉文图书在辽境内流布。宋哲宗元祐四年（1089），苏辙奉使辽国时，接待他的辽国官员就对他说，“令兄内翰眉山集，已到此多时”，又有人对他说，他父亲苏洵“所为文字中事迹，颇能尽其委曲”，还有人向他讨要服食茯苓的方剂，想必是苏辙所作《服茯苓赋》已经传到当地。此外，“其间臣僚章疏及士子策论，言朝廷得失、军国利害，盖不为少”。根据这种种见闻，苏辙认为，“本朝民间开板印行文字，臣等窃料北界无所不有”，而且有些书和资料很受欢迎，“贩入虏中，其利十倍”。② 由苏辙的言论，我们可以推断，随着宋、辽之间的长期和平，文化交流日益深入，中原兵书或带有兵学内容的各类典籍在辽的流通应该不是个别现象。

中原兵学对辽更重要的影响在于汉族士人和将领对军政的参与。耶律阿保机十分重视从中原汉俘及扣留的南朝来使中选拔汉族儒士。韩知古、康默记、韩延徽都成为他建功立国的智囊人物，被他列为佐命功臣。辽景宗即位后，重用汉族官僚，出现了韩德让与室昉、耶律斜轸“同心辅政”的局面。③ 辽圣宗时，韩德让更是权倾朝野，多次随圣宗、承天太后出征，议决军机。圣宗奉行“蕃汉并用”“惟在得人”④ 的用人政策，统和十二年（994）下诏：“诏诸部所俘宋人有官吏儒生抱器能者，诸道军有勇健者，具以名闻。”⑤ 此后，宋将康保裔、王继忠等被俘投降，成为辽主倚重的战将。

汉族士人和武将在辽朝或参谋军机，或率兵打仗，甚至担任枢密使等要职，必然将中原汉族兵学思想带入契丹，弥合契丹与汉族在兵学思想上的差异。这既有利于辽与中原王朝的政治军事外交，也有利于辽顺利统治所占领的汉族地区。如，辽太宗会同九年

① 《契丹国志》卷十四《东丹王传》。
② 《北使还论北边事札子五道》，《苏辙集·栾城集》卷四十一。
③ 《辽史》卷七十九《室昉传》。
④ 《辽史》卷十《圣宗本纪一》。
⑤ 《辽史》卷十三《圣宗本纪四》。

（946）伐后晋时，诸将肆行杀戮，汉官张砺进谏太宗说："今大辽始得中国，宜以中国人治之，不可专用国人及左右近习。苟政令乖失，则人心不服，虽得之，亦将失之。"① 辽太宗虽然没有采纳他的意见，但残杀掳掠激起了强烈反抗，辽军最终不得不北归。辽太宗总结这次失败教训说："我有三失，宜天下之叛我也！诸道括钱，一失也；令上国人打草谷，二失也；不早遣诸节度使还镇，三失也。"② 这一认识从侧面印证了张砺意见的正确性。

第二节　西夏兵学

一、战略思想

善于结盟是西夏战略思想的一个重要特点。西夏在立国的近二百年间，一直处于多国博弈的复杂局面中，西夏统治者始终十分注重联盟。起初，李继迁为了抗宋自立，主动依附契丹。终北宋之世，除元昊、谅祚时联盟一度破裂外，夏辽之间基本保持着稳定的联盟关系。金朝兴起后，乾顺转而臣服金朝，以事辽之礼事金。随着蒙古的兴起，西夏屡次遭到蒙古进攻。夏襄宗向金求援，金不予救援，西夏被迫与蒙古订立了城下之盟。德旺继位后，又由"附蒙攻金"转变为"联金抗蒙"。

由于国力较弱，西夏的联盟战略一般是联合强国对抗第三方，因此，《金史》说它"立国二百余年，抗衡辽、金、宋三国，偭乡无常，视三国之势强弱以为异同焉"③。但是，西夏在与强国的联盟中又并非一味附从，而是依据自身实力及形势的变化不断调整。如，

---

① 《辽史》卷七十六《张砺传》。

② 《资治通鉴》卷二百八十六《后汉纪一》，高祖天福十二年四月辛未。

③ 《金史》卷一百三十四《西夏传》。

与辽结盟，元昊不满于契丹因宋增岁币而背盟，不惜一战。又如，与金结盟，一方面以藩属的身份向金朝贡，另一方面又不满金划定的疆界，一有机会，便与金争夺领地。即便是在不得已附蒙期间，当蒙古要求出兵配合西征时，西夏也曾断然拒绝。

“避强击弱”是西夏战略思想的另一重要特点。西夏扩张领土的过程充分体现了这一点。在东有契丹，南有北宋，两大强国为邻的形势下，李继迁选定向较弱的西方发展，建立政权根基，他说：“西平北控河、朔，南引庆、凉，据诸路上游，扼西陲要害。若缮城浚壕，练兵积粟，一旦纵横四出，关中将莫知所备。且其人习华风，尚礼好学。我将借此为进取之资，成霸王之业，岂平夏偏隅可限哉!”① 其子德明“毕世经营，精神全注于此”②，逐步进占凉、瓜、沙、肃诸州。到元昊时，“自凉州尽有其地，则控制伊西，平吞漠北，从此用兵中原，无后顾忧矣”，最终开拓出“东尽黄河，西界玉门，南接萧关，北控大漠，地方万余里”的势力范围。③

灵活利用“战”“和”两种手段是西夏战略思想的又一特点。西夏对待宋朝，常常一面求和修贡，一面兴兵犯边。如延州之战前，“先遣人通款于雍”。好水川之战前，也曾向宋提出议和。正如李纲所言，“夏人狡狯多诈而善谋，强则叛乱，弱则请和，叛则利于虏掠，侵犯边境，和则岁赐，金缯若固有之。以故数十年来，西鄙用师，叛服不常，莫能得其要领，而且深谋远虑，常为积年之计”④。西夏与辽、金、蒙古的关系亦复如此，或结盟缔和，或举兵相向，均依形势而定，以其国家利益为核心。在宋人的官方语言中，即为“叛服无常”，而从西夏的立场看，恰是其得以立国近二百年的重要原因。

---

① 吴广成撰，龚世俊等校证：《西夏书事校证》卷七，甘肃文化出版社，1995 年。
② 《西夏书事校证》卷十一。
③ 《西夏书事校证》卷十二。
④ 李纲：《御戎论》，《梁溪集》卷一百四十四，文渊阁《四库全书》本。

二、战术特点

（一）集中兵力，并攻一路

在宋夏战争中，西夏往往能集中数万乃至数十万兵力突击进攻一路，这与北宋缘边兵分势弱的局面形成了鲜明的对比。从北宋臣僚关于宋夏边防的议论中，可以清楚地看到这一点。范仲淹曾说："臣等常计陕西四路之兵，总数几三十万，非不多也。然各分守城寨，故每岁战兵，大率不过二万余人。坐食刍粮，不敢举动，岁岁设备，常如寇至，不知贼人之谋，果犯何路。贼界则不然，种落散居，衣食自给，忽尔点集，并攻一路。故犬羊之众，动号十余万人。以我分散之兵，拒彼专一之势，众寡不敌，遂及于败。且彼为客，当劳而反逸；我为主，当逸而反劳。"① 宋神宗初年，宇文之邵分析仁宗时宋夏战争失败的原因，也以此为关键。他说："其患在于敌兵常合而我兵常分也。……今贼常以兵合击我散兵，而我常以不敌之众当其锋，此庆历之失也。"② 李纲也说："夏人每欲入寇，必聚兵于数路之会境，举国而来，号称百万，精壮居前，老弱居后，去则反是。故能深入吾地，破城寨，虏人畜，动辄如意。"③ 西夏军利用快速机动的优势，集中兵力，并攻一路，因此能够在决战中以专对分、以众击寡，取得成功。宋仁宗时期的三川口、好水川、定川寨三次大战都印证了这一特点。

（二）灵活机动，步骑并利

骑兵的机动性决定了西夏军队以运动战为主的特点。宋太宗以五路讨李继迁之时，麟府州独轮寨路都部署李重贵尝言："贼居沙碛中，逐水草牧畜，无定居，便于战斗。利则进，不利则走。今五路

---

① 《范文正公政府奏议》卷下《奏陕西河北和守攻备四策》，《范仲淹全集》中册；参见《上仁宗和守攻备四策》，《宋朝诸臣奏议》卷一百三十四。

② 宇文之邵：《上皇帝书》，吕祖谦编：《宋文鉴》卷五十三，文渊阁《四库全书》本。

③ 《御戎论》，《梁溪集》卷一百四十四。

齐入，彼闻兵势大，或不来接战，且谋远遁。欲追则人马乏食，将守则地无坚垒。”① 李重贵准确道出了西夏军队的战术特点：有利之时，迅速进击；失利之时，“不耻奔遁”②，待敌军人马乏食，再奋而反击。宋太宗、真宗、神宗年间数次进击失利都缘于此。

西夏军以骑兵为主，骑兵中尤以“铁鹞子”为劲旅。“铁鹞子”又称“铁林”，是一种重甲骑兵，“乘善马，重甲，刺斫不入，用钩索绞联，虽死马上不坠。遇战则先出铁骑突阵，阵乱则冲击之，步兵挟骑以进”③。“铁鹞子”装备精良，勇猛剽悍，作战时往往为先锋，是西夏军的主要突击力量。

西夏的步兵也十分骁勇，其中精锐步兵称为“步跋子”。宋徽宗政和三年（1113），秦凤路经略安抚使何常曾在上奏中说：

> 自古行师用兵，或骑或步，率因地形。兵法曰：“蕃兵惟劲马奔冲，汉兵惟强弩掎角。”盖蕃长于马，汉长于弩也。今则不然。西贼有山间部落谓之“步跋子”者，上下山坡，出入溪涧，最能逾高超远，轻足善走；有平夏骑兵谓之“铁鹞子”者，百里而走，千里而期，最能倏往忽来，若电击云飞。每于平原驰骋之处遇敌，则多用铁鹞子以为冲冒奔突之兵，山谷深险之处遇敌，则多用步跋子以为击刺掩袭之用。此西人步骑之长也。④

由此可见，西夏军队根据地形和战斗阶段的不同，以“铁鹞子”和“步跋子”有力配合，形成了强大的战斗力。

（三）设伏诱敌，抄截粮道

西夏军善用诈术，通过制造假象迷惑敌人。正如《西夏战史》所指出的，善于利用骑兵运动迅速的优势，声东击西，诱敌深入，

---

① 《武经总要》后集卷三《方略》。
② 《宋史》卷四百八十六《夏国传下》。
③ 《宋史》卷四百八十六《夏国传下》。
④ 《宋史》卷一百九十《兵志四》。

设伏聚歼，骚扰疲敌，是西夏军的主要战术。[①]《宋史》总结西夏战法，称其“用兵多立虚寨，设伏兵包敌”[②]。这一特点在元昊时期表现得尤为突出。三川口之战，夏军派人假传范雍指令，将刘平、石元孙引入包围圈。好水川之战，元昊以十万精兵伏于好水川口，派小股部队与宋军交战，诈败，诱使宋军追击入伏。定川寨之战，也以同样的战法将宋军引至定川寨，围而聚歼。

北宋进攻西夏，最大的困难是在沙漠戈壁上长途运输粮饷。宋太宗时，张洎即指出：“（李继迁）据平夏全壤，扼瀚海要冲，倏忽往来，若居衽席之上。国家若兵车大出，则兽惊鸟散，莫见其踪由；若般运载驰，则蚁聚蜂屯，便行于劫夺。”[③] 元丰时，沈括、种谔也上书指出：“我师度幕而北，则须赢粮载水，野次穷幕，力疲粮窘，利于速战，不幸坚城未拔，大河未渡，食尽而退，必为所乘，此势之必然也。”[④] 西夏人也充分认识到了这一点，从李继迁时期开始，便一直以抄截粮道作为对付宋军的重要手段。元丰四年（1081），宋神宗五路攻夏，西夏一位老将建言：“不须拒之，但坚壁清野，纵其深入，聚劲兵于灵、夏，而遣轻骑抄绝其馈运，大兵无食，可不战而困也。”[⑤] 西夏采用此策，果然使宋军挫败。西夏军的“抄截粮道”战术虽然与当时西北地区沙漠化有关，但是，面对同样的地理环境，西夏因而得利，北宋则因而受制，西夏骑兵的机动性以及战术的灵活性，无疑是更重要的决定因素。

三、西夏兵学著作及中原兵学在西夏的传播

受社会发展阶段和西夏文产生较晚的限制，西夏的兵学著作，见诸载籍的极少。但是，在西夏社会显然流传着一些独特的用兵之

---

① 王天顺：《西夏战史》，宁夏人民出版社，1993 年，第 84 页。
② 《宋史》卷四百八十六《夏国传下》。
③ 张洎：《乞弃灵州表》，《全宋文》卷五十七。
④ 《续资治通鉴长编》卷三百二十六，元丰五年五月丙午。
⑤ 《宋史》卷四百八十六《夏国传下》。

法。史书记载，德明“精天文，通兵法”，曾经根据天相和占卜决定军队进止。[①] 元昊也通兵书，常携《野战歌》《太乙金鉴诀》。[②]《野战歌》和《太乙金鉴诀》今已不传，不知具体所指，由名称推断，当为以歌、诀形式流传的作战、占卜类的兵书。

（一）西夏兵书《贞观玉镜统》

现存西夏兵书中，最为重要的是黑水城出土的《贞观玉镜统》[③]。《贞观玉镜统》刊行于西夏崇宗贞观年间（1101—1113），是一部由官方组织修订的军事法典。该书今仅存残卷，现存于俄罗斯科学院。

从残存的内容看，该书包括《序言》《政令篇》《赏功篇》《罚罪篇》《进胜篇》五篇，涉及西夏军政的各个方面。《政令篇》是有关军政的规章制度，《赏功篇》是关于各种军功的奖赏规定，《罚罪篇》是对各级将士触犯律条的处罚条例，《进胜篇》是关于各级将士立大功、奇功的奖赏规定。

《贞观玉镜统》中可见的西夏军官职衔很多，如将分正将、副将、正副行将、正副佐将，还有正首领、小首领。有些部门设帐将、押队、护卫、察军、游监、教监、应监，等等。这些职衔大多未见于汉文史籍或与汉文史籍称呼有异。《序言》中有“共命将职，有诏旨，行文书”[④] 等语，说明将领的选拔和任命有一套制度规定，经由共同任命，颁布诏书，授予印信，有正式、隆重的仪式。

《贞观玉镜统》体现了西夏依法治军的思想和实践。西夏重臣野利仁荣曾说：“惟顺其性而教之功利，因其俗而严其刑赏，则民乐战征，习尚刚劲，可以制中国、驭戎夷，岂斤斤言礼言义可敌哉！”[⑤] 可见，“教之功利”“严其刑赏”是西夏立国治军的基本思想。元昊

---

① 《西夏书事校证》卷九。

② 《宋史》卷四百八十五《夏国传上》。

③ 按：陈炳应译作《贞观玉镜将》，胡若飞译作《贞观将玉镜》，俄罗斯学者译作《贞观玉镜统》。

④ 陈炳应：《贞观玉镜将研究》，宁夏人民出版社，1995 年，第 66 页。

⑤ 《西夏书事校证》卷十六。

即位之后，"明号令，以兵法勒诸部"①，确立了严格治军的原则。

《贞观玉镜统》根据不同的军将等级详细规定了赏罚条目。例如，赏功的主要内容有：在战斗中杀敌一人以上者都可得赏，杀的人多，赏赐也多；但如果杀了敌人，后又战败的，就不能奖赏。俘获敌军人、马、甲胄、旗、鼓、金，总数百件以上者，可得赏，俘获越多，赏赐也越多，如此等等。奖赏办法是战利品与所失人、马、甲胄、旗、鼓、金等功罪相抵之后，分等级给予奖赏。罚罪的主要内容有：遇战，不敢战而逃者；在战斗中打败仗者；没有按规定的时间、地点进军、战斗、会合者；战争中不互相援助者；战争中弃失本部人、马、甲胄、旗、鼓、金，数量超过一定限度者；虚报俘获量、杀敌量和买卖首级者，等等。处罚的手段主要有处死、终身监禁、罚作苦役、杖刑和刺字、减免官职、罚马，等等。据学者研究，《贞观玉镜统》的赏罚规定与《武经总要》前集卷十四的内容相似，其主要精神也与宋治兵思想一致，但该书的规定较宋朝军律更详细、更完备，而且赏罚比较适中，有一定的灵活性和相对的合理性，具有较高的实用价值。②

（二）中原兵书在西夏的传播

在宋夏长期交往中，中原文化经典如《尚书》《诗经》《周易》《周礼》《春秋》《论语》《孟子》《列子》《左传》等都流传到了西夏，并有了西夏文译本。夏仁宗仁孝人庆元年（1144），在州、县设学校，同年在皇宫设小学。次年，又创立大汉太学，仁孝亲临太学祭孔，并封孔子为文宣帝，将西夏儒学推至高潮。体现儒家治国理念和经验的《贞观政要》也被译为西夏文，名为《贞观要文》。

儒家经典传入的同时，兵书也开始在西夏传播。据现存文献考察，现藏于俄罗斯的西夏黑水城文献中有《孙子兵法三注》《六韬》《黄石公三略》以及一份含有孙子传记的资料，英国国家图书馆收藏

---

① 《宋史》卷四百八十五《夏国传上》。

② 陈炳应：《西夏兵书〈贞观玉镜将〉》，《宁夏社会科学》1993 年第 1 期；李蔚：《略论〈贞观玉镜统〉》，《宁夏社会科学》1997 年第 5 期。

的西夏文献中有诸葛亮的《将苑》残片等。通过这些残章断简，可以窥见中原传统兵学在西夏流布之一斑。

《孙子兵法三注》，指的是曹操、李筌、杜牧三家注《孙子》。曹操、李筌、杜牧的《孙子注》是宋以前最重要的《孙子》注。三家合注本的出现当在五代或宋初。这三家注后来都收入南宋人汇辑的《十一家注孙子》中。

西夏本《六韬》为夏仁宗乾祐年间（1180 年前后）刻字司官刻本①，其中有两篇不见于今本“武经七书”，其他篇目内容也与“武经七书”本有所不同。很显然，西夏译本的祖本是此前或当时流传的另一个《六韬》版本。这对于深化对《六韬》的研究具有积极意义。

西夏本《黄石公三略》所据本是早于“武经七书”的古本，书中附有不知名作者的注释，其中多袭引古注，如《群书治要》《长短经》中保留的《三略》注等。②

西夏本《将苑》写卷藏于英国国家图书馆，是世界上现存最早的《将苑》版本，具有极高的文献价值。

这些西夏文译本兵书均为北宋官颁“武经七书”之外的版本，这一方面可能缘于宋对西夏的禁兵书政策，宋廷视西夏为长期敌对的政权，对儒经、佛经等之外的书籍多予禁止，对兵书的限制就更为严格。另一方面，“武经七书”的校订在宋元丰年间，有些译本或在此前已出现。宋朝官颁“武经七书”后，其他“七书”版本渐次消亡，西夏的兵书和兵书译本成为宝贵的兵学研究资料。

中原兵书或兵书译本的刊印、传播，促进了宋夏兵学的交流与融合，也必然给西夏兵学的发展注入新的活力。

---

① 贾常业：《西夏文译本〈六韬〉解读》，《西夏研究》2011 年第 2 期。

② 参见钟焓：《〈黄石公三略〉西夏本译文正文的文献特征》，《民族研究》2005 年第 6 期；《〈黄石公三略〉西夏译本注释来源初探——以与〈群书治要〉本注释的比较为中心》，《宁夏社会科学》2007 年第 5 期；《〈黄石公三略〉西夏本注释与〈长短经〉本注释的比较研究》，《宁夏社会科学》2006 年第 1 期。

（三）汉族士人对中原兵学思想的传播

除中原传统兵书的流传之外，中原兵学思想在西夏的传播还有一个重要渠道，那就是为西夏效力的汉族士人。从李继迁时开始，西夏就非常重视延揽汉族士人。银州人张浦就是其中著名的一位。他一生“事保吉、德明两世，忠诚练达，知无不言”①，西夏抗宋自立、联络豪右、结盟契丹、谋取西凉等重大战略行动都出自他的谋划。德明时，也积极笼络和重用有文才武略的汉人。宋灵州军校郑美投奔西夏，“德明用之持兵，朝廷终失灵武”②。

元昊继承了祖辈的做法，更加重视招揽汉族豪杰。富弼曾指出：“（宋）举子不第，贫贱无归，如此数人，自投于彼。元昊或授以将帅，或任之公卿，推诚不疑，倚为谋主。”③ 其中最著名的当属华州人张元、吴昊，他们科场失意后投奔元昊，受到元昊器重，“凡夏人立国规模，入寇方略，多二人教之”④。元昊建立官制，“以嵬名守全、张陟、张绛、杨廓、徐敏宗、张文显辈主谋议”⑤，六人之中，汉人竟占五人，足见元昊对汉族士人的重视。

夏毅宗谅祚也十分注意吸纳有才能的汉人，“每得汉人归附，辄共起居，时致中国物，娱其意，故近边蕃汉乐归之。掠秦凤时，俘汉人苏立，授以官，颇用事。（景）询，延安人，小有才，得罪应死，亡命西奔。立荐之，谅祚爱其才，授学士，日夜谋伺边隙”⑥。这些汉族士人为西夏建章立制，针对宋的弱点制定方略，给宋造成严重安全威胁。另外，这些人进入西夏统治阶层，不可避免地将中原王朝的政治和兵学思想带入西夏的政治军事决策中。

① 《西夏书事校证》卷九。

② 《续资治通鉴长编》卷一百二十四，宝元二年九月。

③ 《续资治通鉴长编》卷一百二十四，宝元二年九月。

④ 陈邦瞻：《宋史纪事本末》卷三十《夏元昊拒命》，中华书局，2015 年。

⑤ 《宋史》卷四百八十五《夏国传上》。

⑥ 《西夏书事校证》卷二十一。

第三节　金朝兵学

一、战略思想

金立国一百二十年间，基本贯彻了“北防南侵”的战略。在南方，相继攻灭辽和北宋，对南宋长期保持进攻态势。在北方、西北、西南方向，为防御蒙古等草原民族的侵扰，从金太宗时就开始修建界壕。经过世宗、章宗时近二十年的营建、增修，形成了东起嫩江、西至河套西曲之北，全长约七千公里的界壕。金界壕有北、中、南三条主线，一般由堑壕、墙体、马面戍堡和边堡组成，主要作用是防止蒙古骑兵奔冲。金廷派大量兵马驻守，并成立西南、西北、临潢和东北等路招讨司以资统辖，形成了多层次、网状式的边防布局。①

兴建界壕是金边防战略的重大事件，也是金边防战略与中原王朝趋同的重要表现。这一战略的确定，伴随着两种不同战略主张的博弈。金熙宗皇统七年（1147），陕西将领为稳定与宋疆界，建议修缮沿边城郭。行台尚书右丞相刘筈说，金军“利车骑而不利城守。今城之，则劳民而结怨”②，此议遂罢。金世宗时，北方频繁告警，朝廷欲修建界壕。大臣李石与纥石烈良弼都表示反对，他们说，“古筑长城备北，徒耗民力，无益于事。北俗无定居，出没不常，惟当以德柔之。若徒深堑，必当置戍，而塞北多风沙，曾未期年，堑已平矣。不可疲中国有用之力，为此无益”③，于是这个动议未被采纳。金章宗承安元年（1196），章宗召集六品以上官员集议边事，大

① 参见解丹：《金长城军事防御体系及其空间规划布局研究》，博士学位论文。
② 《金史》卷七十八《刘筈传》。
③ 《金史》卷八十六《李石传》，参见同书卷八十八《纥石烈良弼传》。

臣们仍对是否修建界壕莫衷一是。枢密使兼平章政事完颜襄认为，修城筑堡固然耗费巨大，却可为永久之利。他说："今兹之费虽百万贯，然功一成则边防固而戍兵可减半，岁省三百万贯，且宽民转输之力，实为永利。"他的意见最终占了上风，在他的主持下，界壕得以大规模兴建。①

刘筈等人反对兴建防御性的边防工程，是游牧民族进攻战略思想的反映，而章宗时完颜襄的意见却更接近中原王朝的边防思想。金界壕因绵延万里、防御为主，被后人称为金长城。但是，金界壕与中原王朝修筑的长城有所不同，它并不以完全阻止骑兵内侵为目的，而是试图阻滞敌人骑兵的进攻，为集结军队进行野战争取时间，体现了"以攻为守"的积极防御思想。在界壕的设计上，金吸取历代修筑长城的经验教训，改变了以往墙体顶部窄小，守军不能登城的状况，便于战时军队横向机动。沿界壕修建边堡也为即时传递军情和调动军队提供了便利。正因如此，金界壕收到了较好的防御效果，蒙古军攻金，往往避免正面突破界壕，而采取迂回作战的方式。

二、战术特点

金骑兵的基本战术是两翼包抄。如宋人石茂良《避戎夜话》所说："凡敌人遇我师，必布围圆阵当锋，次张两阵左右夹攻，故谓之三生阵。"② 吕颐浩也说："虏人遇中国之兵，往往以铁骑张两翼前来围掩。"③《金虏图经》也说："其临人敌也，必以步军当先，精骑两翼之，或进或退，见可而前。"④ 金军的左右两翼骑兵就是宋人所称"拐子马"。⑤

两翼包抄战术在具体应用时，因轻重甲骑兵编成不同而有所差

① 《金史》卷九十四《完颜襄传》。

② 《三朝北盟会编》卷九十八。

③ 吕颐浩：《上边事备御十策》，《历代名臣奏议》卷九十。

④ 《三朝北盟会编》卷二百四十四。

⑤ 参见邓广铭：《岳飞传》，生活·读书·新知三联书店，2017年，第451—453页。

异。一种全为轻甲骑兵，以高速冲击见长。一种为轻重甲骑兵配合，“每五十人分为一队，前二十人金装重甲，持棍枪。后三十人轻甲，操弓矢。每遇敌，必有一二人跃马而出，先观阵之虚实，或向其左右前后结队而驰击之。百步之内弓矢齐发，中者常多。胜则整队而缓追，败则复聚而不散。其分合出入，应变若神，人自为战则胜”①。郾城之战中，金军先以“拐子马”进攻岳家军，继以精锐的重甲骑兵“铁浮图”中央突贯，就是这种战术的典型运用。②

多梯次轮番作战是金骑兵战术的另一个显著特点。宋将吴璘曾总结金人作战特点：“金人有四长，……曰骑兵，曰坚忍，曰重甲，曰弓矢。”③ 坚忍不仅是指顽强的战斗力，更重要的是指其战术配置。他说：“璘从先兄有事西夏，每战，不过一进却之顷，胜负辄分。至金人，则更进迭退，忍耐坚久，令酷而下必死，每战非累日不决，胜不遽追，败不至乱。盖自昔用兵所未尝见，与之角逐滋久，乃得其情。盖金人弓矢，不若中国之劲利；中国士卒，不及金人之坚耐。”④ 由此可见，与西夏军队的一战定胜负不同，金军往往投入多梯次轮番作战，一方面可以弥补兵力的不足，另一方面可以多回合进攻，增强攻击效力。在宋金仙人关、郾城、颍昌诸役中，双方都是打了数十个回合，才分出胜负。

在攻城战方面，女真和契丹等游牧民族一样，起初并不善于攻城，以围困为主要战术。这种战术被称为“锁城法”。“‘锁城法’者，于城外矢石不及之地筑城环绕，分人防守。”⑤ 如，金军围太原，占领了太原周围的各个州县，使太原与外界完全隔绝。“锁城”九个月后，太原弹尽粮绝，最终被攻下。在围攻宋中山府时，金军

---

① 《三朝北盟会编》卷三。

② 王曾瑜：《尽忠保国——岳飞新传》，河北人民出版社，2007 年，第 266—267 页。

③ 《宋史》卷三百六十六《吴璘传》。

④ 《宋史》卷三百六十六《吴玠传》。

⑤ 《大金国志校证》卷四《太宗文烈皇帝二》。

也同样使用了“锁城”战法，城中绝粮，“人皆羸困不能执兵”①。在战争过程中，金人积极学习辽、宋的攻城战术，改进武器装备，尤其是将火器用于攻城，攻坚能力迅速提高。金天会四年（1126）第二次攻宋汴京时，金军已经具备了云梯、火梯、对楼等攻城器械，火器也显现出突出威力。后来进攻南宋时，已经形成了较完善的攻城战法。据陈规《守城录》所载，金军攻城每以洞子遮护士卒，运土运柴填塞壕沟，然后“广列垒石炮座，寻碑石、磨盘石、羊虎为炮”。“所列炮座百余，飞石如雨”，待城头楼橹被击坍塌，守堞将士立足不住时，“推对楼使登城。每对楼上载兵八十人，一对楼得城，则引众兵上”。② 金末与蒙古作战，火器进一步发展，创制出铁质外壳内装火药的震天雷，发挥了巨大威力，以至于宋人总结金军作战特点说，“金人攻城，长于用炮”“金人野战，长于用骑”③。

为了增强攻坚能力，金军还在攻城作战中使用重铠全装骑兵。如金军攻顺昌之战，完颜宗弼“所将攻城士卒，号‘铁浮屠’，又曰‘铁塔兵’。被两重铁兜牟，周匝皆缀长檐，其下乃有毡枕。三人为伍，以皮索相连，后用‘拒马子’，人进一步，移马子一步，示不反顾。以铁骑为左右翼，号‘拐子马’，皆是女真充之。自用兵以来，所不能攻之城，即勾集此军”④。在顺昌之战和蜀口诸战中，金军都较多地使用这种重甲兵实施强攻。

三、兵学发展及与中原兵学的深入融合

在辽、西夏、金三个北方民族政权中，金的立国时间虽然不是最长的，但由于它长期占据中原地区，与中原汉族文化的关系最为密切，金兵学与中原兵学的交流也更为频繁、深入。

金朝建立之初，十分注意搜寻宋、辽图书文籍。史书记载，金

---

① 《三朝北盟会编》卷一百一十六。
② 《守城录》卷一《靖康朝野佥言后序》。
③ 章谊：《再论舟师水战之利》，《历代名臣奏议》卷三百三十四。
④ 《三朝北盟会编》卷二百二，引汪若海札子。

攻辽中京时，太祖即诏令，“所得礼乐仪仗图书文籍，并先次津发赴阙”①。宋金战争中，每占领都会城市，金军都大力搜求图籍。金军攻陷宋汴京后，“索监书藏经，苏、黄文及古文书、《资治通鉴》诸书”②，还遣人收集图书雕版。在这些图书中，必然含有大量兵学文献。

汉族士人的私藏也是中原兵书传播的一个重要渠道。金熙宗时，因出使被扣留的宋臣宇文虚中被告谋反，有司审讯的结果是并没有得到罪证，诬告者便“罗织虚中家图书为反具”。宇文虚中自辩说：“死自吾分。至于图籍，南来士大夫家家有之，高士谈图书尤多于我家，岂亦反耶?”③ 最后宇文虚中与高士谈一并被处死。由此可见，居留金地的汉族士人家多藏书，在当时是普遍现象，而其中的兵书是最容易被指认为谋反之具的。

金朝武举制度的设立也促进了中原传统兵学的传播。金熙宗皇统年间（1141—1149），始设武举，一直延续到金朝末年。金武举借鉴宋制，以武艺和兵法为考试内容。章宗时的《武举格》规定，兵法“又问《孙》《吴》书十条，能说五者为上等”，“《孙》《吴》书十条通四，为中等”，“《孙》《吴》书十条通三，为下等”，而且规定，“凡不知书者，虽上等为中，中则为下”。④ 武举对兵学理论的重视，必然促进民间对兵法的研习。武举士子习学兵书的需要，又会推动兵书的刊印和流传。现存南宋施子美《施氏七书讲义》，就是金宣宗贞祐年间（1213—1217）刻本。从这一情况来看，金代“武经七书”的普及程度可能远远超出史料记载。

金朝立国不久就创立了女真文字，金世宗时，设立译经所，翻译汉文典籍。大定二十三年（1183）九月，译经所上所译《易》《书》《论语》《孟子》《老子》《扬子》《文中子》《刘子》《新唐书》等书，世宗对宰臣说：“朕所以令译五经者，正欲女直人知仁义

① 《金史》卷二《太祖本纪》。
② 《三朝北盟会编》卷七十三。
③ 《金史》卷七十九《宇文虚中传》。
④ 《金史》卷五十一《选举志一》。

道德所在耳。”世宗还以女真文《孝经》千部分赐诸卫亲军，用意显然是要亲军遵循孝道伦常。[①] 除了儒家经典，金人还将一些兵书翻译为女真文。据钱大昕《补元史艺文志》所记，有《女真字太公书》《女真字伍子胥书》《女真字孙膑书》《女真字黄氏书》等。《太公书》即《六韬》，《黄氏书》即《黄石公三略》，《伍子胥书》《孙膑书》不能确知其内容，但为中原古代兵书无疑。从金武举考试《孙》《吴》大义的规定来看，《孙子》《吴子》也当有女真文译本。金代全真教盛行，具有道教色彩的《阴符经》颇受重视，注家较多，如刘处玄《阴符经注》、侯善渊《黄帝阴符经注》、唐淳《阴符经注》等。

金朝中期以后，陆续有原创兵书论著问世。金章宗承安元年（1196），“国子学斋长张守愚上《平边议》三篇，特授本学教授，仍以其议付史馆”[②]。金末马饵升撰《北新子》十万言，“大略以谈兵为主。且曰：古人兵法非不尽，但未有《北新子》五十里火雨耳”[③]。所谓“五十里火雨”很可能是关于火器运用的方法。见诸载籍的金代原创兵书虽然不多，但史书记载的君臣言论中，蕴含着丰富的兵学思想。例如，金宣宗时，完颜弼建言“迁都南京，阻长淮，拒大河，扼潼关以自固”[④]，就是关于战略调整的重要兵论。这类军事建策很大程度上体现了中原兵学思维的影响。

与辽、夏等的兵学传播途径一样，汉族士人也是金与中原传统兵学交流的重要媒介。金朝统治者非常重视录用辽、宋人才。这些人帮助金朝建立起仿汉政权的政治制度，为金占领和统治汉族地区发挥了重要作用。他们在军事方面的作用虽然不如政治方面大，仍然不可忽视。如，金初，铁州人杨朴劝阿骨打“变家为国，图霸天

---

① 《金史》卷八《世宗本纪下》。

② 《金史》卷十《章宗本纪二》。按：后人为《金史》所补的各《艺文志》均作《平辽议》。

③ 元好问：《高永传》，《中州集》卷九，文渊阁《四库全书》本。

④ 《金史》卷一百二《完颜弼传》。

下，谋万乘之国”，为他勾画出“东接海隅，南连大宋，西通西夏，北安远国之民，建万世之镃基，兴帝王之社稷”的战略蓝图。① 又如，刘彦宗，辽名臣刘六符的同族，金军攻宋时，曾“画十策”。在金军攻入汴京前夕，提出“秋毫无犯，惟收图籍”的建策。时立爱，辽末士人，“从宗望军数年，谋划居多”。韩企先，辽名臣韩知古的后代，官至汉人宰相。金世宗评价他说：“丞相企先，本朝典章制度多出斯人之手，至于关决大政，与大臣谋议，不使外人知之，由是无人能知其功，前后汉人宰相无能及者。”因此，将他置于功臣画像之中。② 刘彦宗、时立爱、韩企先三人都是辽朝进士，具有很高的文化素养，他们受到金帝王的信任，参决军政大事，将中原兵学“秋毫无犯”“安存百姓”等战争观念传布给金统治者，促进了金政治和军事思想的转变。

金灭北宋，入据中原后，女真贵族逐渐汉化。金熙宗时，全面推行汉化政策，他本人自幼从原辽官韩昉及中原儒士研习儒学，“能赋诗染翰，雅歌儒服，分茶焚香，弈棋象戏”，“宛然一汉户少年子也”。③ 海陵王完颜亮也自幼嗜习经史，汉化程度很深。天德五年(1153)，他将都城由上京会宁府迁至燕京，并将女真强宗大族强行南迁，促进了金政权的封建化。金章宗性好儒术，即位后兴建太学，儒风日盛。流风所及，女真贵族竞以文雅相尚，将领中也出现了很多倾心汉文化的人。如完颜弼，“平生无所好，惟喜读书，闲暇延引儒士，歌咏投壶以为常”④。又如，完颜陈和尚，“雅好文史”，经历官王渥“授《孝经》《论语》《春秋左氏传》，尽通其义”。⑤ 女真统治阶级的汉化一方面一定程度上削弱了女真族的尚武传统，另一方面，也加速了中原兵学思想与金兵学思想的深入融合，使中原兵学

① 《三朝北盟会编》卷三。

② 《金史》卷七十八，诸人本传。

③ 《大金国志校证》卷十二《熙宗孝成皇帝四》。

④ 《金史》卷一百二《完颜弼传》。

⑤ 元好问：《赠镇南军节度使良佐碑》，《遗山集》卷二十七，文渊阁《四库全书》本。

思想得以在军政大略及作战指导中发挥影响。金朝君臣对于军政问题的讨论充分反映出这一特点。金章宗承安四年（1199），“上谓宰臣曰：‘人有以《八阵图》来上者，其图果如何？朕尝观宋白所集《武经》，具载攻守之法，亦多难行。’右丞相清臣曰：‘兵书一定之法，难以应变。本朝行兵惟用正奇二军，临敌制变，以正为奇，以奇为正，故无往不克。’上曰：‘自古用兵亦不出奇正二法耳。且学古兵法如学弈棋，未能自得于心，欲用旧阵势以接敌，疏矣。敌所应与旧势异，则必不可支。然《武经》所述虽难遵行，然知之尤愈不知。’”①

金章宗和夹谷清臣的这段对话，说明他们对中原传统兵学有较为深入的了解。他们关于用兵“奇正”的理论，既符合女真骑兵战术的实际，也与《孙子兵法》《唐李问对》中的论述相契合。金章宗虽然对宋代兵书中所载的各种阵法不以为然，但也认为了解总比不了解好。而他关于学古兵法如学弈棋，当自得于心，不能泥守古阵法的论述，也是十分深刻的见解。

第四节　蒙元兵学

蒙古部的祖先是中国境内东胡语系室韦的一支，唐朝时被称为“蒙兀室韦”。公元七世纪，蒙古部西迁至今日蒙古高原的克鲁伦河和鄂尔浑河流域。辽、金兴起以后，不断对蒙古各部用兵，并挑拨各部关系，使其相互争斗、自相残杀。公元十二世纪末，乞颜部铁木真崛起，迅速统一蒙古各部，控制了东起呼伦贝尔草原，西至阿尔泰山的辽阔地域。1206 年（宋开禧二年、金泰和六年），蒙古各部在斡难河畔举行忽里勒台大会，建立大蒙古国，推举铁木真为大汗，并上尊号为成吉思汗。

---

① 《金史》卷四十四《兵志》；参见同书卷九十四《夹谷清臣传》。

蒙古建国以后，继续东征西讨，铁蹄踏遍欧亚大陆，建立了中古时期世界上幅员最辽阔的大帝国。1218 年，蒙古击败乃蛮的屈出律，灭西辽。1219 年，成吉思汗率军西征花剌子模。1235 年，窝阔台汗派宗室长子、长孙西征，征服斡罗思，攻入奥匈帝国。1243 年，拔都建立钦察汗国，疆域东起也儿的石河（今额尔齐斯河），西包斡罗思诸公国。1252 年，蒙哥汗派旭烈兀西征，攻入美索不达米亚平原，攻陷大马士革，逼近埃及。1260 年，旭烈兀建立伊利汗国，东起阿姆河，西迄小亚细亚，北接钦察汗国，南至印度洋。钦察汗国、伊利汗国与阿尔泰山地区的窝阔台汗国、统领中亚和天山南北的察合台汗国并称四大汗国。在东方，蒙古于 1227 年灭西夏，1234 年灭金国，1271 年，改国号为大元，定都大都（今北京），1279 年，灭南宋，成为中国历史上第一个由北方少数民族建立的统一王朝。

蒙古骑兵崛起漠北，横扫亚欧，统一中国，在中国乃至世界军事史上写下了浓墨重彩的一笔。在长达一个多世纪的征战中，蒙古军将中国北方民族的骑兵战略战术发展到了极致，既与辽、夏、金多有相同之处，也体现出自己的一些突出特点。

一、战略思想

骑兵的快速机动性决定了它是一个善于进攻的兵种，蒙古军又是中国古代北方民族最剽悍的骑兵，其进攻性表现得尤为突出。因此，蒙古军一贯奉行积极进攻战略。蒙古立国初期，充分发挥骑兵冲击力强和远程快速机动的特点，在几百甚至几千公里的广阔地面进行大规模进攻作战，建立起横跨欧亚的四大汗国。元朝建立以后，除了对付东北、西北蒙古诸王的叛乱，镇压国内各地民众的反抗外，先后两次进攻日本、三次征安南、进军占城、攻入缅甸、远征爪哇，这一系列频繁的对外战争充分体现了蒙古军队的进攻性和侵犯性。

分进合击、远途迂回是蒙古军队进攻战略的主要形式。蒙古军灭金之役，按照成吉思汗遗言，三路进击，其中一路取道南宋汉中，迂回至金都汴京。蒙哥汗攻宋，一面分东、西两路正面进攻，抢夺南宋北部军事要地，另以一部从西面绕过四川，迂回至云南，然后北上合击鄂州。蒙古军第二次西征波兰、匈牙利，以一军迂回到东普鲁士、捷克，会师布达佩斯，这些都是大规模远途迂回战略的典型案例。

蒙古军队这一战略的形成得益于骑兵强大的机动性，而蒙古骑兵的机动性又与其马匹及后勤供给体制密切相关。蒙古骑兵非常重视战马的训练和保养，又有完善的“从马”制度，“凡出师，人有数马，日轮一骑乘之，故马不困弊”，保障了骑兵能够持续快速机动。蒙古军行军虽然也携带一些粮秣，但主要的后勤供给方式并非远途运输，而是以羊马随行，“食羊尽则射兔、鹿、野豕为食，故屯数十万之师，不举烟火”①，入侵他国则掳掠财物，因粮于敌，因此没有沉重的后勤负担，大大增加了军队的快速机动能力，使得分进合击、迂回包抄等战术行动演化为战略行为成为可能。

二、战术特点

（一）快速机动

蒙古骑兵能够充分发挥机动性强的优势，根据敌情变化快速分合。《黑鞑事略》② 叙述蒙古军野战之法：

> 其阵利野战，不见利不进。动静之间，知敌强弱。百骑环绕，可裹万众，千骑分张，可盈百里。摧坚陷阵，全借前锋，衽革当先，例十之三。凡遇敌阵，则三三、五五、四五，断不簇聚，为敌所包。大率步宜整而骑宜分，敌分亦分，敌合亦合。故其骑突也，或远或近，或多或少，或聚或散，或出或没，来如天坠，去如电逝，谓之鸦兵撒星阵。其合而分，视马棰之所向；其分而合，听姑诡之声以为号。自迩而远，俄顷千里。

由此可见，蒙古骑兵善于野战，以快速机动见长，根据敌情分

① 《蒙鞑备录笺证·粮食》，《王国维遗书》第十三册。

② 《黑鞑事略笺证》，《王国维遗书》第十三册。

合聚散，来去如电。郝经也讲到这一点，他形容蒙古军“聚如丘山，散如风雨，迅如雷电，捷如鹰鹘，鞭弭所属，指期约日，万里不忒”①。《孙子兵法》说：“故兵以诈立，以利动，以分合为变者也。”（《军争篇》）又说：“兵之情主速，乘人之不及，由不虞之道，攻其所不戒也。”（《九地篇》）蒙古骑兵神出鬼没，快速机动，能够出其不意，攻其不备，既能达成战术行动的突然性，又能够掌握战场主动权，集中优势兵力，击敌要害，还能发挥“其势险，其节短”（《孙子兵法・势篇》）的优势，增强军队的攻击力。

（二）轮番冲击，四面合围

元代学者郝经论蒙古军的作战特点说：“国家用兵，一以国俗为制，而不师古。不计师之众寡，地之险易，敌之强弱，必合围把矟，猎取之若禽兽然。”② 这段评论准确地道出了蒙古军队的战术特点。

蒙古军在作战时往往以骑兵轮番冲击敌阵，待敌阵乱，再四面合围。《黑鞑事略》中对此叙述较详：

> 其破敌则登高眺远，先相地势，察敌情伪，专务乘乱。故交锋之始，每以骑队径突敌阵，一冲才动，则不论众寡，长驱直入，敌虽十万亦不能支；不动，则前队横过，次队再撞；再不能入，则后队如之。方其冲敌之时，乃迁延时刻，为布兵左右与后之计。兵既四合，则最后至者一声姑诡，四方八面响应，齐力，一时俱撞。

由此可见，蒙古军的轮番冲击战术与金军颇为相似，但其“更迭驰突”的次数更多，冲击力也更强。

勒内・格鲁塞在《草原帝国》中对蒙古军轮番冲击战术也有具体描述，他说：“再加上难以捉摸的灵活性，其战术优势在当时是独一无二的。蒙古骑兵对自己的优势十分自信，他们的先头部队不时

---

① 郝经：《东师议》，《陵川集》卷三十二，文渊阁《四库全书》本。

② 《东师议》，《陵川集》卷三十二。

地由那些放完一排排箭后撤下来的梯队替换。直到敌人已经被引出阵地，或者是被这种远距离射击挫伤时，居中的重骑兵才出击，用长刀将敌人砍倒。”① 从勒内·格鲁塞的描述可以看出，蒙古军是以轻重骑兵配合使用，一般先由轻骑兵对敌阵多梯次轮流射箭，待敌阵混乱或被引出阵地，再以重骑兵发起冲锋，有时还会以骑兵从两翼及背后包围敌军。

（三）以诈术取胜

蒙古骑兵虽然彪悍，在战斗中却并不挟勇自恃，而是善用各种方式疲敌扰敌，以诈术取胜。正如美国学者杜普伊所说：“蒙古人跟好讲义气和面子的西欧骑士不同，他们不赞成欧洲人堂堂正正的打法，而喜欢运用计谋和策略。这一点使他们在作战时往往非常占先，减少了他们自己的损失，增加了敌人的伤亡。”② 郝经说蒙古军“得兵家之诡道，而长于用奇”③，道出了蒙古军战术的本质特征。

围攻敌人之时，蒙古军不时扰动敌阵，通过疲扰敌人消耗敌人力量，寻找战机：“相持稍久，敌必绝食，或乏薪水，不容不动，则进兵相逼。或敌阵已动，故不遽击，待其疲困，然后冲入。”④ 有时还会故意开围一面，诱使被困敌人外逃，颇合《孙子兵法》“围师必阙”之意。如果进攻兵力较少，更是常用各种诈术，或伪造人像立于马上，或以马匹拖木扬尘以壮声势，或驱畜群搅乱敌阵，或出偏师截敌粮草、援兵，等等。

佯败诱敌也是蒙古军的惯用战法。与敌人交锋之时，常故意示弱败退，引诱敌人追击，然后返而击之。如，哲别率军西征，在顿河草原与斡罗斯、钦察部十万大军遭遇，哲别以两千人佯败诱敌，然后将敌人分割包围，予以歼灭。在蒙古战史上，此类战例甚多。

---

① ［法］勒内·格鲁塞著，蓝琪译，项英杰校：《草原帝国》，商务印书馆，1988 年，第 318—319 页。

② ［美］T. N. 杜普伊著，严瑞池、李志兴等译：《武器和战争的演变》，军事科学出版社，1985 年，第 96 页。

③ 《东师议》，《陵川集》卷三十二。

④ 《黑鞑事略笺证》，《王国维遗书》第十三册。

正如《黑鞑事略》所说："或因喜败而巧计取胜，只在乎彼纵此横之间，有古法之所未言者。"

在攻城作战中，蒙古军也常常使用诈术。如《多桑蒙古史》所述："围攻之时，常设伏诱守兵出，使之多所损伤。先以逻骑诱守兵及居民出城，城中人常中其计。"又说："蒙古兵之毁敌城也，水火并用，或用引火之具，或引水以灌之。有时掘地道攻入城内，有时用袭击方法，弃其辎重于城下，退兵于距离甚远之地，不使敌人知其出没，亟以轻骑驰还，乘敌不备，袭取其城。"①《孙子兵法》说："凡战者，以正合，以奇胜"，"战势不过奇正，奇正之变，不可胜穷也"。（《势篇》）蒙古军并未学习过《孙子兵法》，但其作战指导却非常符合孙子思想，善于根据敌情变化灵活用兵，出奇制胜。这也从战争原理角度揭示了蒙古军取得巨大成功的原因所在。清代学者顾祖禹说："吾尝考蒙古之用兵，奇变恍惚，其所出之道，皆师心独往，所向无前，故其武略比往古为最高。"② 郝经谓之"得兵家之诡道，而长于用奇"③，都注意到了蒙古军战术的这一特点，并给予了高度评价。

三、中原传统兵学的低谷

元代政治与宋代最大的区别，在于元代以蒙古贵族为统治阶级，实行民族区隔和民族压迫政策，汉族成为被统治民族，失去了政治主导地位。元代统治者根据民族差异及征服时间的先后，将全国人民分为四个等级。第一等是蒙古人，包括蒙古各氏族和塔塔儿、蔑儿乞、札剌儿、斡亦剌等部。第二等为色目人，包括西北各民族、西域以及欧洲人，"色目"意为"各色各目"，有时也称为"诸国人"。第三等是汉人，指原金朝统治下的各族人民和较早被蒙古征服

---

① ［瑞典］多桑著，冯承钧译：《多桑蒙古史》，中华书局，1962 年，第 154 页。

② 顾祖禹撰，贺次君、施和金点校：《总叙二》，《读史方舆纪要》，中华书局，2005 年。

③ 《东师议》，《陵川集》卷三十二。

的四川、云南等地区的人。第四等为南人，指原南宋治下的各族民众。这四个等级在政治和法律上有严格的区别，蒙古人尤其是蒙古贵族，是元朝的统治者，享有各种优待和特权。色目人是蒙古人的重要辅助，以其语言和理财的优势，协助蒙古人治理国家、搜刮财富。汉人和南人地位最低，受到种种歧视和限制，严禁拥有兵器和马匹，不许田猎、习武、集会，等等。

从兵学研究群体来看，在宋代，文人是论兵的主体，在朝的文人官僚和在野的儒家逸士，共同构成了庞大的论兵群体，他们通过论兵积极参政议政、经世济民。而在元代，文人学士失去了政治舞台，汉族官僚在政治上的话语权被严重削弱。元朝建立之初，忽必烈为笼络汉人，任用了一批汉族官僚和名士，体现出较强的开放性和包容性，即便如此，元朝政府也规定，无论中央官还是地方官，“其长则蒙古人为之，而汉人、南人贰焉”①。汉人和南人多充任基层官吏，协助处理地方民政事务。汉族士人入仕的途径也很狭窄，这与宋代以汉族士人为官僚集团主体的状况形成了巨大的反差。宋朝继承唐制，科举是汉族士人入仕的主要途径，宰相几乎都是科举出身。北宋共开科 69 次，进士总计 19149 人，平均每年 114.7 人，南宋共开科 52 次，进士总计 20562 人，平均每年 134.4 人。② 这些进士作为从民间选拔的政治精英参与国政，成为宋代文人政治的基础。元朝前期一直没有举行科举，直到仁宗延祐二年（1315）才开始恢复科举，但科举制度规定，蒙古人、色目人与汉人、南人分两榜录取，蒙古人、色目人为右榜，汉人、南人为左榜，且规定南人不得登前三名（后期有所变化）。从 1315 年到 1366 年，共举行了 16 次科举考试，只取了 1139 名进士，平均每科录取 71.2 人，每年仅

---

① 宋濂等：《元史》卷八十五《百官志一》，中华书局，1976 年。

② 参见萧启庆：《元代进士辑考》，台湾“中央研究院”历史语言研究所，2012 年，第 29 页。

21.9人，除去其中蒙古人和色目人的右榜，汉族士人的录取人数少得可怜。① 即便是科举入仕，汉族士人也很难受到重用。据学者研究，在元代千余名进士中，官至三品以上者不过151人次，其中身居要职者寥寥可数，没有人担任中书、行省左右丞相之职，任平章的也不过一二人。其中汉人，尤其南人进士备受歧视，即使官至高位，也多为文学侍从。②

元代对儒生的利用主要在胥吏的层面。窝阔台汗十年（1238），窝阔台汗采纳耶律楚材的建议，会考中原儒生，将他们编为“儒户”，儒户身份世袭，可免除一定的赋税，在政府需要时从事书吏或其他吏役。据估算，元朝时南方原宋统治区的儒户约10万户，北方原金统治区的儒户为4000户，总户数不到登记户数的1%。③ 虽然儒户的待遇比普通民户高些，也有进入官府的机会，但他们承担的职务是受限的，即便才具优异，也很难升迁至官僚体制的高层。也就是说，儒士只是在基层管理的“术”的层面上为元政府效力，根本无缘在“道”的层面上参与国家和地方的治理。

从军事制度层面看，宋代武举和武学制度是兵学发展的重要助力。围绕武举考试的武经讲义的编制，武学教授和武学生对于兵学理论的研习，武举人及第入职后的军事实践等，都在各个不同的层面牵引了宋代兵学的发展。元代不设武举和武学，将领主要是军功世袭贵族，也就失去了传统兵学发展的又一重要平台。

元代的军事制度，是在蒙古军事制度的基础上发展起来的，虽然其间也杂糅了中原王朝制度文明的成分，但其建章立制的基本原则是对汉族人民的防范、压制和歧视，因此，在元代的军事机构中，汉人和南人很难处于枢要地位。忽必烈在其统治时期，改变传统上将军队分为左、右翼的领导体制，设立枢密院，作为全国最高军事

---

① 参见萧启庆：《元代进士辑考》，第29页。按：桂栖鹏《元代进士研究》一书中认为，元代共录取进士1200人，兰州大学出版社，2001年，第196页。

② 桂栖鹏：《元代进士研究》第一章《元代进士仕宦研究》，第4—48页。

③ ［德］傅海波、［英］崔瑞德编，史卫民等译：《剑桥中国辽西夏金元史》，中国社会科学出版社，1998年，第727页。

机构。在边疆要地和中原腹心地带，委派宗王出镇，建立行中书省、行枢密院，掌管地方军务。元成宗以后，由行省统军，行枢密院只是临时性的军事指挥机构。元朝设立枢密院，目的是加强中央集权，削弱宗王权力，更好地维护封建统治。枢密院的最高长官为枢密使，一般由皇太子兼任，实际掌权的知枢密院事绝大多数是蒙古人，也有少数色目人，整个元朝时期，知枢密院事、同知枢密院事二职，没有一个汉人担任过。元初，枢密副使还曾由史天泽、赵璧、张易等勋臣担任，后来也不再任用汉人。即便有汉人在枢密院中任职，也无法接触军队的数量和部署等军机要务。

从将领群体看，元代以武立国，但武将的主体并非传统兵学哺育下的汉族将领，而是精于骑射的蒙古将领。汉军、新附军将领在元统一战争中发挥了马前卒的作用，尚能得到一定重视，随着元朝统治的确立，其所统军队人数日益减少，地位逐渐降低。蒙古将帅虽然战功卓著，所向披靡，在兵学理论阐述方面却并无多大建树。尽管从兵学的本质上来说，蒙古骑兵的战术战法与中原传统兵学的原理高度一致，但在元代统治者的认知中，他们以骑射武功自傲，不屑于去探究中原传统兵学的奥义，语言和文化上的隔膜，也在客观上阻碍了他们与中原兵学的交流。

从以上政治军事制度可以看出，元代蒙古贵族牢牢掌握着政权，汉族作为被征服民族，处于被压迫、受歧视的地位，在军事决策层、高级将领群体中，中原传统兵学都缺少代言人，而作为宋代兵学研究主体的文人集团也已不复存在，因此，中原传统兵学陷入了低谷，相对于宋代兵学的繁荣，更是呈现出强烈的反差。

兵学由宋入元，由繁荣到寂寥，由兴盛到衰落，其中一个最直观的表现就是兵书数量大幅下降。在各类元代书目中，兵学著作非常少见，流传至今的就更是少之又少。雒竹筠《元史艺文志辑本》①

---

① 雒竹筠遗稿，李新乾编补：《元史艺文志辑本》，燕山出版社，1999 年。

中的“子部·兵家类”涵盖了大部分元代兵学著作①，现摘录如下：

武事要览（一作要略）　秦辅之撰
禽经一卷　赵孟頫撰
校正八阵图　吴澄撰
八阵图通释　程时登撰
用武提要二十卷　俞在明撰
三式风角用法立成十二卷　王颖撰
阵图杂辑十卷
火龙神器图法六卷
握机经传六卷
战寇神器二卷
剿寇阵图二卷
兵机便览十册
直说素书不分卷附音释
孙子释文　潘可大撰
孙子旁注　朱升撰
阵图新语
六壬行军指南一卷
六壬兵占二卷

在该书“兵家类”之外的其他部类，也载有一些兵书。如，卷第十一“子部·天文历算类”：

戎事类占二十一卷　李克家撰

① 按：该书据卢文弨《补辽金元艺文志》等著录了一些非元代兵书，如“子部·兵家类”《百战奇法》《行军须知》，“史部·传记类”《宋南渡十将传》，等等。

见诸《中国兵书总目》等其他目录著作的元代兵书还有：

神机制敌天书白猿经　王楚材序
黄帝阴符经心法三卷　胥元一注
黄帝阴符经夹颂解注三卷　王玠撰
大元马政记二卷　赵世廷等奉敕编
治世龟鉴一卷　苏天爵撰
新锲评释历代将鉴博议八卷　郭世臣撰
太乙统宗宝鉴十八卷　佚名撰
边臣近鉴　周祐撰
孙子握机纬十三卷　佚名撰

这些兵书中，大部分已经亡佚。从书目来看，以阴阳占候类、阵图类为主，其他方面的兵书很少，军事理论方面的尤其少。有些列入兵书类的书，其实并不能算作严格意义上的兵书，如苏天爵《治世龟鉴》，“所采皆宋以前善政嘉言，而大旨归于培养元气，其目凡六：曰治体，曰用人，曰守令，曰爱民，曰为政，而终之以止盗”①。这部书显然主要关于治道而非兵学，《四库全书总目》将之列入“子部·儒家类”。其他如郭世臣《新锲评释历代将鉴博议》，是对宋代兵书的注释和重印，并非原创。周祐《边臣近鉴》、秦辅之《武事要览》、俞在明《用武提要》、佚名《兵机便览》等，仅见诸钱大昕、卢文弨等学者所补元代艺文志诸书，不能确知其内容如何。

总的说来，在元朝灭南宋至1368年灭亡的近一百年中，以汉文化为主体的中原传统兵学遭遇了空前的低潮，不仅与此前的宋代判若霄壤，就是与南北朝、五代十国等分裂时期也无法相比。这确乎是一个不争的事实。

在元代兵书中，注释类兵书对中原兵学的继承性最为明显，这些兵书注作多产生于宋元或元明易代之际，内容上时有新见，但在

---

①《四库全书总目》卷九十三《治世龟鉴》提要。

当时流传不广，影响不大，也未能传诸后世。这类兵书可以看作宋代兵学的遗响和回声，考察它们的撰著情况，有助于深入了解元代中原兵学的状况及其特点。

《孙子释文》

《孙子释文》，潘可大撰。戴表元《剡源文集》卷八有《潘可大孙子释文序》一文，根据这篇序文可知，潘可大，名衍翁，天台（今属浙江）人，勤奋好学，“于书无所不观”，对《孙子兵法》情有独钟，“修辞而好焉”。这部《孙子释文》是潘可大年轻时所作，成书约在元朝初年。戴表元（1244—1310），字帅初，一字曾伯，自号剡源先生，奉化（今浙江宁波市奉化区）人。南宋咸淳五年（1269）入太学，咸淳七年（1271）进士。授建康府教授，迁临安教授，辞不就。后转都督掾，行户部掌故，国子主簿，未到任，会兵起，避兵四明山中，兵平归里。入元，曾任教授之职，《元史》卷一百九十有传。从戴表元的生平来看，他是宋末元初人，与潘可大交好。但是，有人认为《孙子释文》的作者是明末史可法的副将潘可大，实为无稽之谈。

戴表元虽然为潘可大的《孙子释文》写了序，但他本人对兵学并无好感。他在序文中说：“始余疑孙子教吴宫美人战阵非事实，太史公承袭所闻，括其奇载之耳。及言为将，西破楚入郢，北灭齐晋，事亦甚略。盖古有是人，盖言兵，不必其能自为兵也。而《孙子》十三篇遂行于世，后之能兵者，因其宗之。”在《读孙武传》一文中，戴表元同样坚持这种观点。他说：“或问戴子曰：‘子于田穰苴之斩庄贾，尝甚而非之。于孙子之斩吴王美人也，不尤甚乎？’曰：‘其迹似，其情非也。穰苴之将兵，苟恶人之监己，不如勿请。既请而从之，不待令而诛之，是欲借庄贾以威齐也。吴王以美人试武，武受而教之，再三不从而后诛之，则是欲售术于吴耳。然儒者多言孙武治兵无验，吾并疑试宫人非事实。太史公录穰苴事，以所闻适相类，故牵联书之欤？’”① 这一观点与宋儒怀疑孙子其人其书的论调如出一辙。

对于潘可大《孙子释文》一书，戴表元虽然出于朋友之谊，说了几句好话，但对于《孙子兵法》的“兵以诈立，以利动”之说，他却非常不赞同。戴表元说：“然而其书之要，曰：‘兵以诈立，以利动。’夫车马资粮之输，赏罚部伍之节，山川阴阳之宜，不待武之智而能及之也。必若以诈而立，以利而动，生人何罪焉？后世尊其人专徇其法，袭其实阳讳其名。凡轩辕氏之子孙，逮于兹累千百年，为血为肉，皇皇然终不能自必其命，非言之文者为之乎？于此复以文翼之，譬若惧火之熄而煽其炎，愈不知所终矣。”他嘉许潘可大的《孙子释文》，但刻意将其与《孙子兵法》的“诈利”之说区别开来。他说：“然潘之意，非翼《孙子》者，观其书所折衷，至称仁人之兵，主于除天下之害，其杀之也，所以生之。诸如此类，本《孙子》所未讲，而学《孙子》之家所未悉。持兵者得是说而行之，则为汤、武之举；谈兵者得是说而推之，则为伊、吕之佐。其心仁，其术慎，其于诈利也远矣。然则必若潘君之云，然后可以论《孙子》哉！故《孙了》犹或可废，而此书之意，不可以不传也。”②

从戴表元的序文中，我们还可以约略感受到当时普通上人对丁兵学的态度。戴表元说，潘可大“一日袖以过余曰：‘自吾为此书，朋友始而骇焉什四，中而疑焉什六，卒而非且笑焉什八矣。’”作为一个醉心兵学、痴迷于《孙子兵法》的青年学者，潘可大的兵学研究显然遭到了朋辈的不解和非议。我们无由得知世人对潘可大具体有怎样的评论，但这种状况起码说明，儒生研究兵学是很小众的行为，在价值观上也不为儒家主流所接受。

《孙子旁注》

《孙子旁注》，朱升撰。朱升（1299—1370），字允升，休宁

---

① 戴表元：《读孙武传》，李修生主编：《全元文》第十二册，卷四百二十二，江苏古籍出版社，1998 年。

② 戴表元：《潘可大孙子释文序》，《全元文》第十二册，卷四百一十七。

（今属安徽）人，后徙居歙（今属安徽）。至正四年（1344）中乡试，至正八年（1348）为池州路学正。后弃官归隐歙县石门，学者称枫林先生。明太祖下徽州，召问时务，授侍讲学士。洪武元年（1368）进翰林学士，明年请老，三年卒，年七十二。《明史》卷一百三十六有传。

《孙子旁注》一书，《千顷堂书目》《江南通志》《安徽通志》等均有著录。朱升在《孙子旁注序》中称，他被朱元璋“召侍军门”，从征十四年后著成此书，因此有人将它归为明代兵书。但是，朱升生于元大德三年（1299），卒于明洪武三年（1370），至正十四年（1354）到朱元璋军中履职之时已经五十六岁，他的主要生活年代在元代，且著成此书也在元末明初，因此，我们认为，将《孙子旁注》算作元代著作更为恰当。

朱升在《孙子旁注序》中说：

> 升生不辰，目击群雄，迭相胜负，有成丘止流之惨，深为此惧。伏承我圣皇应运，召侍军门，十有四年，剪除群雄，战胜攻取，机变妙于武子，阵法合乎武侯。是以不揆愚陋，搜辑见闻，间以己意，旁注十三篇，著演八阵图于卷末，使词义畅明，阵势明白，而无徒读其书之患也。

“旁注”是朱升独创的一种注释方法，“每于本文之旁，着字以明其意义。其有不相连属者，则益之于两旁之间。苟有不明不尽者，又益之于本行之外。学者读本文而览旁注，不见其意义之不足也”①。这种注释方法有鉴于科举讲义“混诵经注”“断裂经文”的弊病，以随文注释的方式诠解文本、阐明要义，随文注释不足，则在书页之上增设一栏，补充说明。朱升颇以此法自得，自称：“离而观之，则逐字为训，合而诵之，则文义成章，纲提目举，一览可知。

① 朱升撰，刘尚恒校注：《易经旁注前图序》，《朱枫林集》卷三，黄山书社，1992年。

其有训而未类，疑而未安者，必穷研极虑，不合乎圣经不止也。尝曰：旁注之作也，知其粗者，以为小学训诂之入门；悟其妙者，知为研精造道之要法。平生之所以有得于圣经之蕴者以此，此学道之大概也。”① 朱升用“旁注”法注释很多著作，“所注书有《易》《书》《诗》《周官》《仪礼》《礼记》《论语》《孟子》《大学》《中庸》《孝经》《小学》旁注，又有《书传辑》《书传补正》《老子》《孙子》旁注”②。

朱升亲身经历了朱元璋领导的元明易代战争，长期参与军事谋划，他对《孙子兵法》予以“旁注”，不但训释字义、解读文义，而且援引兵书战例，词约义丰，切中肯綮。如他注《谋攻篇》“识众寡之用者胜”一句，旁注：“用兵有以少胜众者，有以多胜寡者，在能善用之耳。”页面上方栏上表注：“《吴子》曰：用众务易，用寡务隘，亦识众寡之用一端。”如此等等，确实符合朱升自称的“词义畅明”。

《武经注》

《武经注》，解观著。光绪六年（1880）刊《江西通志》著录。解观（？—1361），初名子尚，字观我，后更名观，字伯中，吉水（今属江西）人。天历二年（1329）与其弟解蒙同中江西乡试，至顺三年（1332）再中乡试。至正初年，参与编修宋、辽、金三史。因上书请以宋为正统，与时论相忤，回归乡里。在虎丘山、金钗岭、广陵等地讲学，弟子甚众。至正十一年（1351）再举于乡，明年，试春官，为吴当所诋黜，遂不复出。至正二十一年（1361），陈友谅屡次延聘，拒不前往，江州破，死于战乱。

解观是明代著名士人解缙的叔祖，家学素有渊源，幼警敏嗜学，自天文、地理至兵、刑、历律，靡不深究，尤精于《易》，考宋史如指掌。著有《宋书》一千卷，天文星历一卷，地理若干卷，衍八阵

① 程敏政：《朱学士传》，《新安文献志》卷七十六，文渊阁《四库全书》本。
② 彭泽、汪舜民：《徽州府志·朱升传》，《朱枫林集》附录。

图，注《武经》，《刑书考》一卷，作《万分历》，推步如神。①

解观之《武经注》已佚，从他精通宋史，且对天文、地理、兵、刑、历律皆有研究的情况来看，该书很可能是一部颇有见地的著作。

《孙子》张贲注

张贲，约生活于元末明初，具体生平不详。明代刘寅《武经直解》引用《孙子》张贲注云："予少时避兵山谷间，受读于先人菊斋处士，亡其书已四十余年，今但能记其大略耳。"刘寅《武经直解》作成于明洪武三十一年（1398），前推四十余年，则张贲注《孙子》至迟成书于元至正十八年（1358）。《武经直解凡例》说："《孙子》张贲注论'道'字甚重，诸家说得极略。《军争》《九变》错简处，贲皆订正，今从之。其余篇内一句一字之误，并说见本条下。"

刘寅注《孙子》，所引前代注家有魏武、杜牧、张预、张贲等，数家之中，他对张贲注尤为推重。从刘寅所引注文来看，张贲对《孙子》的校注多有新见。如注《计篇》"法者，曲制、官道、主用也"："部曲有制，分官有道，使各主其用而不失其义。"校《虚实篇》，认为"作之而知动静之理"之"作"为"诈"，并注云："谓或诳之以言，或诱之以利，或示之以害，多方以诡道欺之，则敌之动静可知。"认为《九变篇》"绝地无留"之"无"应为"勿"，此句与《军争篇》"高陵勿向"等八句应相连属，合为"九变"，而《九变篇》中"圮地无舍，衢地合交""围地则谋，死地则战"乃《九地篇》之文。《火攻篇》"昼风久，夜风止"句之"久"字是古"从"字之误，等等。《孙子》张贲注虽然未能流传于世，但其部分观点通过刘寅的注作得以保存，影响至今不绝。

元代中原传统兵学虽然著述不丰，但在元末农民起义风起云涌之际，却能出现一批高水平的注作，而且在军事实践中发挥作用，这说明，在政治高压之下，传统兵学依然保持了顽强的生命力，并在某些群体中隐秘地传习着。从兵学文化的角度看，元代传统兵学

① 《宋元学案》卷九十二《草庐学案》。

虽然淡出了庙堂之学，却在民间得到了更为深入广泛的传播。在宋代，“朝为田舍郎，暮登天子堂”，通过读圣贤书，助皇帝治国平天下是儒生的政治理想，也是现实通路。到了元代，这一局面彻底改变，文人政治的土壤已经不复存在。一些著名儒士抱持民族主义气节，不愿接受元政府的招抚，宋亡后隐逸不出。更多的士人则转变了精神生活的重心，用情于诗酒唱和，或从事其他文艺活动。元代杂剧和散曲的繁荣就是其突出表现。这一现象促使兵学文化在更广泛的艺术形式中深化和延展。比如，元杂剧中，纪君祥、尚仲贤等以历代军事和政治斗争为题材，写成了《赵氏孤儿》《尉迟恭三夺槊》《昊天塔》《赚蒯通》等剧目。据《孙子书目汇编》记载，仅《孙武子教女兵》杂剧在元代就有两种。这些剧目中对军事事件、人物的描述，自然地体现着兵学文化的内容，并通过喜闻乐见的方式传播到广大普通民众中。

四、蒙元兵学的发展

蒙元时期，是中国北方游牧民族军事实践的鼎盛时期，蒙元兵学构成了中国兵学不可或缺甚至大放异彩的重要内容。从前文所列蒙元兵学的战略战术特点，可以清楚地看到这一点。遗憾的是，由于文化和语言的限制，蒙古将帅罕有兵学著作问世。据清昭梿《啸亭杂录》记载，清军蒙古族将领成衮扎布收藏有木华黎所著兵法，但是，所谓木华黎兵法目前并无传世本，我们无法判断这一说法的真实性。

尽管缺乏系统的兵学理论著作，但从《蒙古秘史》《圣武亲征录》《元史》《蒙鞑备录》《黑鞑事略》《世界征服者史》《史集》等史书所记战争过程及君臣言论中，成吉思汗、忽必烈等人的兵学思想仍然清晰可辨。现代学者如达林太等借此对蒙古兵学进行了深入探讨，撰写了《蒙古兵学研究——兼论成吉思汗用兵之谜》《蒙古民族军事思想史》《蒙古兵学》等著作①，成为蒙古兵学研究的重要成果。

虽然中原传统兵学与蒙元兵学具有不同的特点，但双方的交流与融合却一直存在。蒙元统治者在与金、南宋作战以及统治中原地区的过程中，不可避免地受到中原传统兵学的影响。在政略层面，蒙古立国初期，郝经《立政议》、许衡《时务五事》等对忽必烈的治国思想产生了重要影响，更有刘秉忠等“参帷幄之密谋，定社稷之大计”②。在战略层面，刘整等人的平宋方略是蒙古统一中国的关键因素。在战术战法层面，蒙元军队积极学习汉族的火器技术和水军战法，将中国古代兵学的进攻战略战术演绎到了一个新的高度。

元朝建立后，虽然其制度和文化与宋代有很大不同，但它也有一些新的时代特点，直接或间接影响到兵学的发展。

首先，元代文化具有鲜明的多元化特征。蒙古帝国幅员辽阔，横跨欧亚两大洲。元朝统一了中国，也空前扩大了中国的传统疆域。在广阔的地域内，东方与西方之间，中国的南方和北方之间，经济和文化交流都变得更加畅通和活跃。中国的商船与亚洲其他国家、欧洲国家频繁贸易，一直远达非洲海岸，瓷器、茶叶、丝绸、艺术品等各色商品远销世界各地。印刷术、造纸术、指南针和火药等科技发明通过阿拉伯人传入欧洲，西方人的天文、医学、建筑、工程技术知识等也传到中国。在国内，完善的站赤制度、运河的贯通、海运的开辟，构建起四通八达的交通网络，客观上促进了全国市场的形成、贸易的发展和多元文化的融合。元朝对境内各民族“因俗而治”“诸制并举”，推行多元宗教和文化政策，来自亚洲其他国家以及欧洲、非洲各国的人长期居住在中国，有些甚至在中国担任官职，最为著名的如意大利商人马可·波罗、摩洛哥人伊本·白图泰

① 参见达林太：《蒙古兵学研究——兼论成吉思汗用兵之谜》，军事科学出版社，1990年；《蒙古民族军事思想史》，军事科学出版社，1996年；《蒙古兵学》，内蒙古教育出版社，2003年。

② 《元史》卷一百五十七《刘秉忠传》。

等。多元文化交流中，虽然兵学文化不占主体，但指南针、火药等的西传，西方武器制造和工程技术的传入，等等，使中国和西方的兵学得以互相学习和借鉴，武器装备的变革引发的战略战术的变化，也一定程度上体现在兵学思想中。

其次，元朝统治阶层逐渐汉化，为中原传统兵学与蒙古兵学的沟通创造了条件。与辽、金相比，蒙元统治者的汉化程度相对较低，但在与汉族接触的一百余年间，不可避免地受到中原文化日益深入的影响。元朝建立以前，已经有一些文士出现在统治高层，如耶律楚材，曾经跟随成吉思汗西征，在窝阔台汗时期对蒙古国制度的创设起到了极为重要的作用。西夏名儒高智耀，夏亡后隐居贺兰山，被窝阔台访得，为窝阔台、蒙哥、忽必烈等讲述儒术治天下的道理，对元初采用汉法起到了一定作用。忽必烈采用汉法，身边聚集了一批汉族士人，如刘秉忠、张文谦、窦默、许衡、姚枢、郝经等。这些儒家知识分子处于权力核心，参与元初各项制度的创设，也促进了蒙古贵族的汉化。蒙古贵族中，也不乏重视中原文化的人。伯颜攻陷临安，即将宋皇室的“经史子集、禁书、典故文字及书画、纸笔墨砚等物”北运，它们成为元皇室藏书的基础。蒙古人炮手军总管克哷氏实实岱从征江南，所至唯取图书。① 有的北方官员在南方任职，也往往搜集图书，如张炤曾在镇江路购得图书文籍多达八万卷，“以万卷送济南府学资教育”②。赵秉正则“出橐中金购书万卷，辇致其家，以其副分遗顺德、怀孟、许三郡学官，北方之士赖焉”③。

随着教育和科举的发展，蒙古统治阶层越来越多地受到汉文化的影响。忽必烈即位之前，就曾命蒙古贵族子弟十人从赵璧学习儒

① 程钜夫：《故炮手军总管克哷君碑铭》，《雪楼集》卷二十二，文渊阁《四库全书》本。

② 《元史》卷一百七十《张炤传》。

③ 苏天爵：《元故少中大夫江西湖东道肃政廉访使赵忠敏公神道碑铭》，《滋溪文稿》卷十，文渊阁《四库全书》本。

书，赵璧“始以国语译《论语》《大学》《中庸》《孟子》诸书而教授焉，然后贵近之从公学者始知圣贤修己治人之方矣”①。后来，忽必烈采纳许衡的建议，在京师设置蒙古国子学，教学体制基本遵循朱熹的教育思想。元仁宗爱育黎拔力八达得名儒李孟师传，深受儒家影响，恢复科举制度，重用儒士。元顺帝时脱脱当政，大兴国子监，蒙古国子监、国子监和回回国子监的生员多达三千多人。顺帝时还置宣文阁，选任名儒讲授经史，主持翻译《贞观政要》等书，教育蒙古贵族子弟。元代科举取士，蒙古人和色目人的“右榜”也要考四书五经，用汉文答卷，这也促进了汉文化在蒙古人和色目人举子中的研习。因此，元代蒙古人和色目人中涌现出不少熟悉汉族文化和经典的知识分子。据学者考证，元代谙熟汉族士大夫文化的蒙古人共一百一十七人，在儒学、文学及艺术等方面都有相当高的造诣。② 如木华黎的七世孙朵儿直班，字惟中，熟读理学书籍，为顺帝讲学，采集先儒名言，著《学本》《君道》《臣职》《国政》四卷，顺帝赐名为《治原通训》。阿鲁威，字权重，号东泉，善词曲，曾将《资治通鉴》《世祖圣训》等翻译为蒙古文。畏兀儿人廉希宪是元代建立中书省后的首任右丞，他熟习经史，忽必烈称之为“廉孟子”。畏兀儿族翻译家安藏曾将《尚书》《贞观政要》《资治通鉴》等书译为蒙古文。西域板勒纥城人察罕精通多种文字，曾译蒙古文的《脱必赤颜》（《圣武开天记》）、《纪年纂要》、《太宗平金始末》等为汉文。

元代蒙古贵族对于汉文化的倾慕和学习，是蒙古文化与汉文化交流与融合的产物。从语言文字的习得，到经史著作的研习，再到诗词文章的写作，儒家典籍中反映的兵学思想也潜移默化地产生影响。即便是不通汉字的蒙古人，也有机会通过译著了解中原兵学，

---

① 虞集：《中书平章政事赵璧谥议》，《道园学古录》卷十二，文渊阁《四库全书》本。

② 萧启庆：《元代蒙古人的汉学》，《蒙元史新研》，台湾允晨文化实业股份公司，1994 年。

如蒙古学者翻译的《贞观政要》《资治通鉴》等著作，就包含了大量中原传统兵学思想。

虽然中原传统兵学在形式上与蒙元兵学差异巨大，蒙古贵族的汉化也并未体现为新的兵书著作及理论体系的诞生，但是，从根本上说，中原传统兵学和蒙元兵学遵循的是相同的战争规律。蒙元骑兵战术深刻诠释了进攻作战的一般规律，与《孙子兵法》的思想高度契合，实现了中华兵学文化在更高层次上的发展与融合。正如民国将领万耀煌将军所言："中国兵学至孙子而集理论之大成，至元太祖成吉思汗而呈实践上之巨观。此二人者，遥遥相距千祀，一则援笔以言，一则仗剑以行，卒以造成历史上中国军威震铄欧亚之伟业，发扬数千年中国兵学蓄精养锐之奇辉。"①

---

① 转引自都古尔扎布《从对孙子与成吉思汗的研究谈当前军事理论研究的几点认识》，载中国人民政治协商会议内蒙古自治区委员会文史资料委员会编印《蒙古族古代军事思想研究论文集》第一集，1989 年，第 6 页。

第七章　宋辽夏金元军队建设思想与实践

第一节　宋代的军事集权与分制

宋朝建立以后，为了避免唐末五代“将专于兵”的弊病，通过一系列建章立制，将兵权集中在以君主为核心的朝廷手中。中央军事集权的另一面是对将权的分散与剥夺，君主集权，将领分权，通过权力制衡实现中央集权，是宋代军事统御体制的重要特点。兵权的集中与分制，表现在宋代军制的方方面面，贯穿了各个不同历史时段，从根本上影响着宋代军事的走向及国运的盛衰。

一、宋初收兵权的努力

唐代中期至五代十国，藩镇割据是社会大动荡的根源。要革除藩镇之弊，建立长治久安的政权，就必须加强军事集权，这是宋初君臣在总结历史经验教训中得出的共识。

宋太祖与谋臣赵普就曾讨论过这一问题：

> 初，上既诛李筠及重进，一日，召赵普问曰：“天下自唐季以来，数十年间，帝王凡易八姓，战斗不息，生民涂地，其故何也？吾欲息天下之兵，为国家长久计，其道何如？”普曰：“陛下之言及此，天地人神之福也。此非他故，方镇太重，君弱臣强而已。今所以治之，亦无他奇巧，惟稍夺其权，制其钱谷，

收其精兵，则天下自安矣。”语未毕，上曰：“卿无复言，吾已喻矣。”①

宋太祖与赵普心领神会之事就是加强军事集权，改变“方镇太重，君弱臣强”的局面，其具体方法就是赵普所说的“稍夺其权，制其钱谷，收其精兵”。

建隆二年（961），宋太祖“杯酒释兵权”，以优厚的俸禄为条件，和平解除了石守信、高怀德、王审琦等禁军高级将领的兵权，将禁军控制在自己手中。开宝二年（969），又通过“后苑之宴”削夺了王彦超、郭从义等一批藩镇将领的兵权，使节度使逐渐成为武官的虚衔。“收兵权”是建立“君强臣弱”体制的开始。

“收兵权”的同时，宋太祖也加强了对地方的控制。一方面，采取选任文官知州事，设置通判、转运使等方法，将地方的政权、财权从藩镇中剥离出来。另一方面，选拔藩镇军中的精锐补充中央禁军，“数遣使者分诣诸道，选择精兵。凡其才力技艺有过人者，皆收补禁军，聚之京师，以备宿卫。……诸镇皆自知兵力精锐非京师之敌，莫敢有异心者”②。以上措施正是赵普所谓的“制其钱谷，收其精兵”，通过这些举措，从根本上铲除了藩镇割据的人力、财力基础。

二、分权制衡的统兵体制

宋代立国后，“以防弊之政，为立国之法”③，建立起以枢密院—三衙为核心的统兵体制。这一统兵体制的核心思想就是分权制衡：地方分权，中央集权；臣僚分权，皇帝集权。

枢密院的设置始于唐代中期，唐朝有左、右内枢密使，由宦官

---

① 《续资治通鉴长编》卷二，建隆二年七月戊辰。

② 司马光撰，邓广铭、张希清点校：《涑水记闻》卷一，中华书局，1989年。

③ 邓广铭：《宋朝的家法和北宋的政治改革运动》，《邓广铭治史丛稿》，北京大学出版社，1997年，第125页。

等担任，其职掌承受表奏，将君主的批示付与中书、门下施行。唐末以后，枢密使逐渐变为专管军事。五代时期，枢密使的权力进一步增强，不但主管军政，而且主征伐。宋朝承五代之制，以枢密院为总理全国军务的最高机构，“掌军国机务、兵防、边备、戎马之政令，出纳密命，以佐邦治。凡侍卫诸班直、内外禁兵召募、阅视、迁补、屯戍、赏罚之事，皆掌之。以升拣、废置揭帖兵籍；有调发更戍，则遣使给降兵符”①。枢密院与中书省对持文武二柄，号为“二府”，具有相互牵制的作用。北宋时期，虽然在战事紧张时，出于统一决策的需要，枢密院有时会与中书省联署办公，也曾有宰相兼任枢密使的情况，但枢密院与中书省的独立事权和相互制约，一直是基本政治架构。宋神宗熙宁五年（1072），郭逢原上书，请合枢密院与中书为一，专任王安石，“疏奏，上甚不悦”②。可见，兵权与政权合于权相一人，是宋神宗十分忌讳的问题。元丰改制时，又有人提出废枢密院，以军政归兵部，宋神宗说：“祖宗不以兵柄归有司，故专命官统之，互相维持，何可废也?”③ 宋神宗的言论清楚地表明，枢密院与中书、兵部等“互相维持”、分权制衡，是必须坚守的重要原则。

三衙是殿前都指挥使司、侍卫亲军马军都指挥使司和侍卫亲军步军都指挥使司的简称。宋初，沿袭五代之制，中央禁军分为殿前司和侍卫亲军两支。至宋真宗时，侍卫马步军一分为二，与殿前司并称三衙。宋太祖在解除禁军高级将领兵权后，殿前都点检、副都点检，侍卫亲军都指挥使、副都指挥使、都虞候等高级军职长期空缺，或以低级职位权摄，因此，三衙虽然规格较高，但统兵将领地位日益降低，大大减弱了将权对皇权的威胁。禁军分戍各地或者出征作战，三衙将领并不直接统兵，而是打破原有建制，另外委派“率臣”统兵，事毕则各自归建。

---

① 《宋史》卷一百六十二《职官志二》。
② 《续资治通鉴长编》卷二百三十五，熙宁五年七月。
③ 《宋史》卷一百六十二《职官志二》。

枢密院—三衙统兵体制充分体现了分权制衡原则。在这套制度下，兵权一分为三：枢密院有调兵之权，却并不掌管军队；三衙掌管军队，却无调兵之权；率臣带兵驻防作战，由皇帝临时任命。枢密院、三衙、率臣之间分权制衡，都要听命于皇帝，从而实现了君主对军权的集中控制。这一体制被时人认为是破解唐末五代战乱魔咒的要诀，受到高度肯定。北宋名臣范祖禹曾说："天下之兵本于枢密，有发兵之权而无握兵之重，京师之兵总于三帅，有握兵之重而无发兵之权，上下相维，不得专制，此所以百三十余年无兵变也。"① 北宋末年的李纲也认为，"枢密掌兵籍、虎符，三衙管诸军，率臣主兵柄，各有分守"，是维持军政的"万世不易之法"。②

枢密院—三衙统兵体制的分权制衡也带来一些问题，在战时和地方统兵体制之中体现得尤为突出。禁军出戍或征战，皇帝临时委任将帅，统领三衙各指挥，同一军中往往出现多位统兵官。这些统兵官虽有级别之异，但并无严格的隶属关系，可以起到分散军权、相互制约的作用。但这种体制也造成了军事指挥的混乱和低效，成为制约宋军战斗力的重要因素。宋仁宗时，贾昌朝说："陕西四路，自部署而下，钤辖、都监、巡检之属，军政必相参，谋之未成，事已先漏，彼可则我否，上行则下戾，虽有主将，不专号令，故动则必败也。"③ 蔡襄在上奏中也说："今之都部署及统帅之名，其钤辖、路分都监、都同巡检等并是佐属裨校，各以宾礼相接。主帅等威既不尊异，向下官署更无节级相辖之理。及至出军，首尾不能相救，号令不能相通，所以多败也。"④

宋神宗时改行将兵法，军队分为军、将、部、队四级，一定程度上严格了隶属关系，改变了兵将不相知的局面。正如《文献通考》

---

① 范祖禹：《论曹诵札子》，《范太史集》卷二十六，文渊阁《四库全书》本。
② 《宋史》卷一百六十二《职官志二》。
③ 《续资治通鉴长编》卷一百三十八，庆历二年十月戊辰。
④ 蔡襄：《请改军法疏》，《蔡忠惠公集》卷十九，哈佛大学哈佛燕京图书馆藏本。

所说："神宗即位，慨然更制，部分诸路将兵，总隶禁旅，使兵知其将，将练其士卒，平居训厉搜择，无复出戍，外有事而后遣焉，谓之将兵。"① 但是，将兵法施行后，原有的禁军编制并未废弃。② 如司马光所说："又每将下各有部、队将、准备差遣、指使之类一二十人，而诸州总管、钤辖、都监、监押员数亦如旧，设官重复，虚费廪禄。"③ 至于其他在京禁军和不系将禁军，情况更是无所改观。如何在防范将领专权与统一高效指挥之间求得平衡，成为宋代军政建设一直难以解决的问题。

三、内外相制的兵力部署

为了维持政权稳定，宋初禁军的部署奉行内外相制的原则。宋神宗对这一要旨领悟颇深，他说："艺祖养兵止二十二万，京师十万余，诸道十万余。使京师之兵足以制诸道，则无外乱；合诸道之兵足以当京师，则无内变。内外相制，无偏重之患，天下承平百余年，盖因于此。"④ 不惟如此，内外相制还贯穿于兵力部署的更多方面。《历代兵制》卷八中说："京城之内，有亲卫诸兵，而京城之外，诸营列峙相望，此京城内外相制之兵也；府畿之营云屯数十万众，其将、副视三路者，以虞京城与天下之兵，此府畿内外之制也。非特此也，凡天下之兵，皆内外相制也。"

所谓"内外相制"，就是保持京城内外、开封府畿内外以及各地驻军的兵力制衡，避免因一方坐大而引发动乱。这一原则不仅在宋初的制度设计中明确体现，在宋朝历代政治实践中都得以奉行不悖。王曾瑜先生对宋仁宗时期禁军驻防情况进行统计，研究发现，禁军主要屯扎在北方，南方驻军相对较少，甚至有很多州没有禁军，这

---

① 《文献通考》卷一百五十三《兵考五》。

② 参见王曾瑜：《宋朝军制初探》（增订本）第四章《北宋后期军制》第二节《北宋后期的禁兵》，中华书局，2011 年，第 126 页。

③ 司马光：《乞罢将官札子》，《司马文正公传家集》卷五十二，哈佛大学哈佛燕京图书馆藏本。

④ 《续资治通鉴长编》卷三百二十七，元丰五年六月壬申。

体现的是居重驭轻的原则。就北方而言，开封府界驻军最多，即便因为宋夏战争，西北地区驻军增加，开封的兵力也比北方任何一路都要强得多，足以“内外相制”。就三衙兵力分布而言，殿前司的禁军主要屯驻在开封及其附近，马军和步军都指挥使司的禁军分布范围较广。由于三衙禁军的分布是插花式的，很多州府往往同驻三衙或马、步司的禁军，实际上也起着相互制约的作用。总之，宋代的兵力布局，处处体现着内外相制、分权制衡的原则。①

自宋太祖朝开始，禁军还实行更戍之法。除了殿前司的捧日和天武两军外，“自龙卫而下，皆番戍诸路，有事即以征讨”②。《文献通考》中说：“五代承唐藩镇之弊，兵骄而将专，务自封殖，横猾难制。祖宗初定天下，惩创其弊，分遣禁旅，戍守边地，率一二年而更，欲使往来道路，足以习劳苦，南北番戍，足以均劳佚，故将不得专其兵，而兵亦不至骄惰。”③ 这段话讲了更戍法的两个好处，这两点也是宋人所普遍认同的。一是使“将不得专其兵”，避免将领与士兵、驻军与地方之间建立紧密的关系。富弼曾指出，太祖“尽削方镇兵权，只用文吏守土。及将天下营兵，纵横交互，移换屯驻，不使常在一处，所以坏其凶谋也”④。二是使“兵亦不至骄惰”，利于训练和控制部队。如司马光认为，更戍法可使将士“均劳逸，知艰难，识战斗，习山川”⑤。沈括也说，宋太祖“制更戍之法，欲其习山川劳苦，远妻孥怀土之恋，兼外戍之日多，在营之日少，人人少子，而衣食易足，……盖使之劳力，制其骄惰，故士卒衣食无外慕，安辛苦而易使”⑥。

由此可见，更戍法对于控制军队的意义远远大于其军事实践价

① 参见王曾瑜：《宋朝军制初探》（增订本）第二章《北宋前期和中期的禁兵》第二节《禁军的分驻和更戍》。

② 《文献通考》卷一百五十二《兵考四》。

③ 《文献通考》卷一百五十三《兵考五》。

④ 《上仁宗乞选任转运守令以除盗贼》，《宋朝诸臣奏议》卷一百四十四。

⑤ 《乞罢将官札子》，《司马文正公传家集》卷五十二。

⑥ 《梦溪笔谈校证》卷二十五。

值。将士免于骄惰，易于驱使，的确有利于军事集权和统御。至于士兵在营之日少，减少子嗣，则可以减轻军费供应负担，这也是一个附带的好处。但是，“将不得专其兵”也有很大的副作用，引起时人的批评，“议者以为更番迭戍，无益于事，徒使兵不知将，将不知兵，缓急恐不可恃”①。事实上，早在宋太宗时期，这一弊端已经显现。端拱二年（989），张洎上书分析第二次北伐失败的原因，就指出了“元戎不知将校之能否，将校不知三军之勇怯”② 的问题。即便朝议纷纷，更戍法仍然实行了百余年之久，原因恰恰在于，统治者将“兵不知将，将不知兵”作为防范武将专权、维护军事集权的重要手段。如宋祁在《庆历兵录序》中说：“然兵无常帅，师无常镇，权不外假，力不他分。此其所以维万方，慑四夷，鼓行无前，而对天下者也。”③

四、南宋时期的军事集权

南宋的军制④在北宋将兵制的基础上发展而来，军队内部层级较少，利于高效管理和指挥。但南北易代之际，军队重建、战事扰攘，武将的权势有了很大提升，北宋严守的以君主为核心的中央军事集权体制遭到破坏。如何有效掌控兵权，实现兵权的君主集权，成为南宋王朝站稳脚跟后的一大重要议题。南宋军制的演变过程，同时也是宋廷试图重新牢固掌握兵权的过程。

南宋初年，三衙禁军事实上已不存在，宋廷设御营司以统诸将，以宰相和执政大臣任御营使和御营副使。但事实上，兵权为统兵将帅所掌握，御营司对军队缺乏真正的掌控力。建炎三年（1129）苗（傅）、刘（正彦）兵变的发生，更加凸显出这一问题。因此，苗、

---

① 《文献通考》卷一百五十三《兵考五》。

② 《续资治通鉴长编》卷三十，端拱二年正月癸巳。

③ 《全宋文》卷五百一十六。

④ 本节述南宋军制，参考王曾瑜：《宋朝军制初探》（增订本）第五章《南宋前期至中期军制》、第七章《南宋中期至后期的军制演变》。

刘兵变虽然依靠韩世忠、张俊等武将得以平定，但宋高宗对武将的疑忌也由此根深蒂固，削夺大将兵权的欲望越发强烈。正如清人王夫之所说："宋氏之以猜防待武臣，其来已夙矣。高宗之见废于苗、刘而益疑，其情易见矣。"①

建炎四年（1130），御营军改为神武诸军。韩世忠、张俊统辖的御前五军改为神武军，辛企宗统辖的御营五军改为神武副军，刘光世的御营副使军改为御前巡卫军。神武诸军中，韩世忠任神武左军都统制，张俊任神武右军都统制。绍兴二年（1132），杨沂中为神武中军统制，神武中军实际上成为宋高宗的宿卫亲军。神武前军和神武后军的番号屡有变化，绍兴三年（1133），岳飞军改为神武后军，岳飞任统制。此外，吴玠因屡立战功，成为川陕军区的主帅。

御营军改为神武诸军的同时，宋廷采纳宰相范宗尹的意见，在宋金交界的淮南东、西路，京西南、北路，荆湖北路和陕西部分地区设镇抚使，整编这些地方的抗金力量和地方武装。从建炎四年起，宋廷先后设立二十镇，任命了三十九个镇抚使。② 镇抚使掌管当地府、州、军的政权、兵权和财权，实际上是"稍复藩镇之法"。尽管宋廷以之为特殊时期的权宜之计，也采取了一些防范和牵制措施，如限制辖区，通过分化、众建等削弱镇抚使权力，等等，但这一制度毕竟带来了藩镇割据的风险，尤其是以豪酋、溃将为镇抚使，在朝臣中引起了激烈的争议。绍兴三年以后，逐渐罢废各镇。

绍兴五年（1135），宋廷将神武诸军改为行营护军。韩世忠军为行营前护军，岳飞军为行营后护军，刘光世军为行营左护军，吴玠军为行营右护军，张俊军为行营中护军。五大帅同时担任宣抚使、招讨使之职，拥有自己的精锐亲军、亲信部将和各级参谋人员。他

---

① 王夫之著，舒士彦点校：《宋论》卷十，中华书局，1964年。

② 按：南宋设镇抚使问题，参见黄宽重：《南宋地方武力——地方军与民间自卫武力的探讨》第四章《宋廷对民间自卫武力的利用和控制——以镇抚使为例》，国家图书馆出版社，2009年。关于镇抚使的统计，王曾瑜《宋朝军制初探》（增订本）认为是三十五位，参见王书第164页。此处采黄宽重之说。

们权势很大，威信很高，以至民间常以岳家军、韩家军等指称他们的军队。这种状况对于抗金作战是好事，对于皇权专制却是坏事。五代军阀混战的历史记忆、宋初抑制武将的祖宗之法以及苗、刘之变的痛切经历，促使宋高宗及文臣们不断想方设法改变这一局面。

一方面，与金军、伪齐对抗，稳固政权，需要有能力的将领，另一方面，又要提防将领权势过大、功高震主，宋高宗一度处于比较矛盾的状态。绍兴三年（1133），宋高宗曾对辅臣说："议者多言诸大将不宜益兵。汉高祖定天下，诸将兵至十数万，未尝以为疑，故能成功。今刘光世、韩世忠兵才各五万，张俊不满三万，议者已患其多，此不知时宜也。"① 绍兴六年（1136），宋对伪齐作战获胜，宋高宗对宰相赵鼎说："刘麟败北，朕不足喜；而诸将知尊朝廷，为可喜也。"② 但是，即便有些将领表现出"尊朝廷"的姿态，他们手中的军权仍使高宗寝食难安，将帅的功劳越大、权力越大，高宗的疑忌之心也就越重。绍兴七年（1137）的"淮西之变"，成为宋高宗"收兵权"道路上的一个重要事件。

宋高宗对功勋卓著的岳飞一度十分器重，绍兴七年初，单独召见岳飞，委以中兴北伐之事，表示除张俊、韩世忠军队外，其余军队并受岳飞节制。尤其是淮西宣抚使刘光世所统行营左护军五万二千余人，将交由岳飞统率，作为北伐的重要基干力量。高宗在给淮西军将领王德的手诏中说，"兵家之事，势合则雄"，令王德听从岳飞节制，以雪国家之耻。③ 但是，时隔不久，宋廷解除刘光世兵柄，却并未将军队交给岳飞，而是以文臣兵部尚书、都督府参谋军事吕祉节制该军。吕祉不谙军事，将领不服，内部矛盾激化。绍兴七年八月，副都统制郦琼、王世忠等发动叛乱，杀死吕祉，率四万余众

---

① 《建炎以来系年要录》卷六十八，绍兴三年九月戊辰。

② 《建炎以来系年要录》卷一百六，绍兴六年十一月癸酉。

③ 岳珂编，王曾瑜校注：《鄂国金佗稡编》卷一，《高宗皇帝宸翰卷上》，《鄂国金佗稡编续编校注》，中华书局，1989 年。

投降伪齐，是为“淮西之变”。“淮西之变”的发生，根本原因是朝廷处置不当，不愿意将军权交予岳飞，同时也与秦桧开始主和议，宋高宗北伐意愿减弱有关。这一过程中，岳飞不满于宋高宗和张浚等的出尔反尔，愤而辞职，又反过来加重了宋高宗的疑忌，坚定了他夺兵权的决心。

“淮西之变”的次年，岳飞以防御地面辽阔，要求增兵，宋高宗表示：“上流地分诚阔远，宁与减地分，不可添兵。今日诸将之兵，已患难于分合。末大必折，尾大不掉，古人所戒。今日事势虽未至此，然与其添与大将，不若别置数项军马，庶几缓急之际，易为分合也。”① 所谓“难于分合”，并非出于军事上的考虑，而是顾忌岳飞兵权扩张，尾大不掉。这年五月，兵部员外郎张戒入对，论及“将权太重”的问题，宋高宗对张戒说：“若言跋扈则无迹，兵虽多，然聚则强，分则弱，虽欲分，未可也。”② 由此可以看出，宋高宗并非不懂兵分势弱的道理，夺权分兵无异于自毁长城。而且当时诸将并无明显的跋扈之迹，贸然削兵权也不合适。针对这一棘手问题，张戒提出了“擢偏裨”的削兵权之“术”。所谓“擢偏裨”，就是通过提拔各大帅的属将，分散大帅军权，“吴玠既失，而曲端受死；杨沂中建节，而张俊势分，自然之理也”③。这一主张隐蔽而巧妙，正中宋高宗下怀，张戒也因此被擢升为监察御史。

宋高宗很清楚，尽管有些削兵权之“术”可以采用，但“削兵权”最重要的前提是与金议和。因此，秦桧上台后，随着宋金和议的推进，宋廷也加快了“削兵权”的步伐。绍兴八年（1138）末，和议初成，秦桧便“欲撤武备，尽夺诸将兵权”④，因参知政事李光力争而作罢。绍兴十一年（1141）四月，金军刚刚北撤，决定议和，宋高宗就迫不及待地采取了行动。他以论功行赏为名，将岳飞、韩

---

① 《建炎以来系年要录》卷一百一十八，绍兴八年二月壬戌。

② 《建炎以来系年要录》卷一百一十九，绍兴八年五月戊子。

③ 《建炎以来系年要录》卷一百一十八，绍兴八年三月甲辰。

④ 徐自明撰，王瑞来校补：《宋宰辅编年录校补》卷十五，中华书局，1986年。

世忠、张俊等召至临安，以韩世忠、张俊为枢密使，岳飞为枢密副使，剥夺了他们的兵权。七月，又解除了刘锜的兵权。这实际上是宋朝的又一次“杯酒释兵权”。

解除诸大将兵柄后，宋廷对军制做了新的调整，罢淮西、淮东、京湖三宣抚司，取消各行营护军番号，“分命三大帅军中列校，使各统所部，自为一军。更其衔曰统制御前军马，凡其所统，升黜赏罚，得专达之”①。自川陕地区至长江沿岸，先后设立十个都统制司，加上三衙三支军队，共十三支屯驻大军，成为南宋的正规军。沿边十支屯驻大军，寓有分散兵力、防范武将坐大之意。而重建三衙三军，则是为了加强首都临安的防御，与御前诸军形成内外相制之势。屯驻大军的统兵官为都统制，乾道三年（1167），设立副都统制，主要目的是防止主将专权。宋孝宗坦陈：“江上诸军各置副都统一员，令兼领军事。岂惟储他日统帅，亦使主将有顾忌，不敢专擅作过。”②

南宋中期以后，兵制演变依然沿着君主集权和将领分权的路径行进，主要表现在两个方面。一是恢复和加强了以文制武体制。一般以文臣担任宣抚使、制置使等，逐渐剥夺了各屯驻大军都统制的指挥权。宋孝宗至宁宗前期，以文臣节制、监督武将的举措并不能很好地贯彻，各军都统制仍有很大权力。开禧北伐失败后，宋廷逐步加强制置使、安抚制置使、宣抚使等统兵体制，削弱武将兵权。二是在各屯驻大军之外，创设各种名目的新军。南宋初年，出于维护地方治安或增强边防的需要，增设了各种名目的新军，如楚州武锋军、潭州飞虎军、扬州强勇军，等等。开禧北伐失败后，屯驻大军的腐败无能显露无遗，另募新军之风更盛，有些军队的规模和实力很强，逐渐取得了与正规军相似的地位，同时也使兵权更加分散。

南宋军制的调整，虽然起到了防范武臣专制的作用，但在这一过程中，又出现了一些文臣独相，兼任枢密使之职，统揽军政、民政、财政的局面，这同样对皇权造成了威胁。宋理宗时，牟子才曾

---

① 熊克：《中兴小纪》卷二十九，文渊阁《四库全书》本。
② 《宋会要辑稿·职官》三二之四〇。

说："首蜀尾吴，几二万里。今两淮惟贾似道、荆蜀惟李曾伯二人而已，可为寒心。"① 在皇帝无法掌控军权的情况下，权相对皇权的威胁似乎较悍将为小，但从军事的角度看，削夺将权必然损害军队的战斗力，加速王朝的危亡。正如叶適所指出的："收藩镇之重势，而人主聚兵以自将为名，竭天下之力以养之。及人主不能自用，而柄任已不专于诸将矣，则四顾茫然，无所统一。于是内则常忧其自为变，而外不足以制患。"② 在削兵权与御外侮之间，南宋终究没能成功地取得平衡。

第二节　宋代募兵制的发展与变革

中国历史上的募兵之制由来已久，最早可以追溯到战国中期。《秦律杂抄》所载的"冗募"，研究者即认为是"募集的军士"③。秦汉时期的大规模军事行动，往往采用募兵。如汉武帝"募天下死罪击朝鲜"④，汉元帝为击西羌而"发募士万人"⑤，等等，都是临时募兵。东汉光武帝罢黜郡国兵，募兵成为重要军事力量，但由于豪强势力膨胀，东汉募兵带有很强的私兵属性，逐渐向世兵制发展。唐前期行府兵制，遇重大战事，亦别行募兵之法。如唐太宗征辽东时，"发天下甲士，招募十万，并趣平壤，以伐高丽"⑥。安史之乱后，府兵制废坏，募兵制成为唐末五代的主要兵役制度。

宋代继承唐末五代募兵制，将藩镇主导的私兵转变为国家募兵，

---

① 《宋史》卷四百一十一《牟子才传》。
② 《兵总论一》，《叶適集》第三册。
③ 睡虎地秦墓竹简整理小组编：《秦律杂抄释文注释》，《睡虎地秦墓竹简》，文物出版社，1990年，第88页。
④ 《汉书》卷六《武帝纪》。
⑤ 《汉书》卷七十九《冯奉世传》。
⑥ 《旧唐书》卷三《太宗本纪下》。

成为中国历史上第一个全面实行募兵制的朝代。募兵制的兴衰利弊，与宋代的战争胜负、国运盛衰密切相关，宋廷对募兵制的反复争论以及变革的努力，也对宋及后世的军制产生了重要影响。

一、宋代募兵制的特点

宋代军队分为禁兵、厢兵、乡兵和蕃兵四种。禁兵是“天子之卫兵”，主要负责驻守京城、戍防边疆要地以及出征作战。厢兵是“诸州之镇兵”，由军事素质相对较差的兵员组成，“虽或戍更，然罕教阅，类多给役而已”①，主要职责是军事营建、后勤，维护地方治安，处理官衙吏务，等等。禁兵和厢兵是宋代军队的主体，都采用募兵制。乡兵和蕃兵由内地或边疆居民征籍而成，也有一部分采用招募制。

宋代募兵制的第一个特点是国家募兵。唐末五代，募兵由大小军阀主导，军队是他们割据称雄的工具。诚如苏辙所言：“昔唐季五代之乱，其乱果何在也？海内之兵，各隶其将，大者数十万人，而小者不下数万，抚循鞠养，美衣丰食，同其甘苦而顺其好恶，甚者养以为子，而授之以其姓。故当其时，军旅之士，各知其将，而不识天子之惠。君有所令不从，而听其将。而将之所为，虽有大奸不义，而无所违拒。故其乱也，奸臣擅命，拥兵而不可制。”② 因此，宋代实行募兵制，最重要的就是矫正唐末五代将领专兵之弊，实行国家募兵，将募兵牢牢掌握在皇帝手中。

宋代募兵制，“凡召募、廪给、训练、屯戍、拣选补之政，皆枢密院掌之”。每有募兵，一般经由三衙将帅或朝臣提议，枢密院、中书商议决定，皇帝下旨，由地方长吏、都监等进行招募。遇有战事，则由朝廷派遣专员负责募兵。“凡召募兵者，所在设旗给赏，长吏、都监专视之，遣吏部送阙下，至则军头司覆验等第引对，使坐隶诸

---

① 《文献通考》卷一百五十二《兵考四》。
② 《进策五道·臣事上·第四道》，《苏辙集·栾城应诏集》卷七。

军。其自下军而升入上军者，自上军而入诸班直者，皆临轩亲阅。"① 对于兵员的标准，朝廷也有统一规定。一开始是挑选强壮士卒，定为"兵样"，后来则以"等杖"代替。在严密的制度约束下，募兵不再是将领的私兵，而是天子亲兵。如李清臣所言："举天下之卒，凡可以胜甲荷戟者，名之曰'禁兵'，则皆天子之卫，非人臣所得而有也。……补一小校，汰一羸老，必奏籍于中而俟上命，以消杀四方之异志。故天下兵柄外不在藩镇，内不在强臣，不委宦臣，不倚近戚，利权重器在天子拱把之中。"②

宋代募兵制的第二个特点是养兵弭乱。募兵脱离农业生产，成为职业军人，具有兵民分离的性质。宋统治者最初并未意识到这有什么问题，反而有意利用这一特性。《宋史·兵志七》中说："召募之制，起于府卫之废。……国初因之，或募土人就所在团立，或取营伍子弟听从本军，或募饥民以补本城，或以有罪配隶给役。取之虽非一途，而伉健者迁禁卫，短弱者为厢军，制以队伍，束以法令。当其无事时，虽不无爵赏衣廪之费，一有征讨，则以之力战斗，给漕挽，而天下犷悍失职之徒，皆为良民之卫矣。"③ 在土人、营伍子弟、饥民、罪隶等四个兵源群体中，饥民是宋代募兵制重点收编的对象。每遇灾荒之年，就会出现大量流离失所的饥民，"不收为兵，则恐为盗"，因此，"一遇凶岁，则州郡吏以尺度量民之长大而试其壮健者，招之去为禁兵，其次不及尺度而稍怯弱者，籍之以为厢兵。吏招人多者有赏，而民方穷时争投之"。④ 这类荒年募兵的例子不胜枚举，如，宋真宗时，潭州饥荒，官府"募兵置籍，强梁亡赖者悉拘于军"⑤；宋仁宗皇祐年间，河北发生水灾，农民流入京东者三十

① 《文献通考》卷一百五十二《兵考四》。
② 《议兵策中》，《宋文选》卷二十。
③ 《宋史》卷一百九十三《兵志七》。
④ 《原弊》，《欧阳修全集》卷六十。
⑤ 王禹偁：《潭州岳麓山书院记》，《小畜集》卷十七，文渊阁《四库全书》本。

余万，安抚使富弼募以为兵，“拔其尤壮者得九指挥”[①]，等等。南宋时期，募饥民防盗仍然是一个重要思路。吴儆在《论募兵》一文中说：“饥岁莫急于防民之盗，而防盗莫先于募民为兵。盖饥困之民不能为盗，而或至于相率而蚁聚者，必有以倡之。闾里之间，桀黠强悍之人不事生业，而其智与力足以为暴者，皆盗之倡也。因其饥困之际，重其衣食之资，募以为兵，则其势宜乐从。桀黠强悍之人既已衣食于县官而驯制之，则饥民虽欲为盗，谁与倡之？是上可以足兵之用，下可以去民之盗，一举而两得之。”[②] 饥民之外，其他失去生产资料的游民也是募兵的对象。如，江南初定之时，大力裁汰南唐李氏所度僧众，至于十减六七。胡旦建策：“彼无田庐可归，将聚而为盗。”[③] 于是，将这些人悉数黥为募兵。

将失业农民、流氓无产者、有罪配隶等失职犷悍之徒收入军队，一方面消除了社会动乱的隐患，另一方面可对这些人进行军事管理和训练，使之成为保卫国家的职业军人，可谓一石二鸟。宋太祖就曾宣称：“可以利百代者，惟养兵也。方凶年饥岁，有叛民而无叛兵；不幸乐岁而变生，则有叛兵而无叛民。”[④] 在他看来，募兵制使兵和民两个集团的动乱无法联动，从而降低社会动乱风险，维护国家长治久安。宋神宗对募兵制的这一深意颇有领会，他说：“禁军无赖乃投募，非农民比，尽收无赖而厚养之，又重禄尊爵养其渠帅，乃所以弭乱。”[⑤] 在元丰五年（1082）的一段论述中，他讲得更为明确：“前世为乱者，皆无赖不逞之人。艺祖平定天下，悉招聚四方无赖不逞之人以为兵，连营以居之，什伍相制，节以军法，厚禄其长，使自爱重，付以生杀，寓威于阶级之间，使不得动。无赖不逞之人既聚而为兵，有以制之，无敢为非，因取其力以卫养良民，各安田

① 《宋史》卷一百八十九《兵志三》。

② 吴儆：《论募兵》，《竹洲集》卷二，文渊阁《四库全书》本。

③ 《宋史》卷四百三十二《儒林二·胡旦传》。

④ 晁说之：《元符三年应诏封事》，《嵩山文集》卷一，《四部丛刊续编》本。

⑤ 《续资治通鉴长编》卷二百六十二，熙宁八年四月甲子。

里，所以太平之业定，而无叛民，自古未有及者。”[①]

宋代募兵制的第三个特点是终身制。五代虽然实行募兵制，“为兵者不复知农耕之事，惟坐而待食，仰给县官”[②]，但是，五代政权更迭频繁，募兵并无终身制问题。宋代则不然，终身制成为募兵制的重要特征。一般而言，青壮男子二十岁从军，至于六十一岁可减为剩员，至七十岁则停放为民（各时期各级别减为剩员及停放时间不同，此为大略）。

宋代募兵终身制有多方面的原因。一是军人多为失职犷悍之徒，只有将这些人管制在军队中，才能达到“弭乱”的目的。终身制是朝廷“养兵之利”的必然代价。二是募兵从军后一切“仰给于官”，如果放令为民，生计无法保障，会造成新的不安定因素。如苏轼所说：“夫既已募民而为兵，其妻子屋庐既已托于营伍之中，其姓名既已书于官府之籍，行不得为商，居不得为农，而仰食于官，至于衰老而无归，则其道诚不可以弃去，是故无用之卒，虽薄其资粮，而皆廪之终身。”[③] 宋代因裁军造成兵变的情况并不少见，每次议论裁军，对兵变的顾虑都是一个重要的掣肘因素。三是宋代厢军承担着大量劳役，尽管其中相当一部分与用兵作战关系较为疏远，却为军队和官僚机构运转所必需，逐渐出现了专业化的趋势，无法裁撤不用。在这些因素的综合作用下，兵员易进难退，募兵终身制成为宋代兵制的一个显著特征。

二、宋代募兵制造成的问题

宋代募兵制虽然在前代基础上有所发展和完善，但是，随着时间的推移，这一制度本身固有的矛盾逐渐暴露出来。至北宋中期，冗兵、冗费以及军队战斗力疲弱等诸多问题已经变得十分突出。

一是国家财政不堪重负。在募兵的四个主要来源中，除了罪犯

---

① 《续资治通鉴长编》卷三百二十七，元丰五年六月壬申。

② 尹洙：《制兵师》，《河南集》卷二十三。

③ 《策别训兵旅二》，《苏轼文集》卷九。

刺配具有强制性外，其他均遵从自愿原则，这就需要提供较为优厚的待遇。宋初募兵，除了“招军例物”——粮食、薪饷、武器装备之外，还有各种定时或不定时的赏赐，“凡三岁大祀，有赐赉，有优赐。每岁寒食、端午、冬至有特支，特支有大小之差。亦有非时给者。戍边，季加给银、鞋。邠、宁、环、庆缘边艰于爨汲者，两月则给薪水钱，苦寒或赐絮襦裤。役兵劳苦，季给钱。戍岭南者，增月奉。自川、广戍还者，别予装钱。川、广递补卒或给时服、钱、屦。屯兵州军，官赐钱宴犒将校，谓之‘旬设’，旧止待屯泊禁军，其后及于本城”①。募兵一旦从军，便不再从事农业生产，衣、食、战具等皆“仰给于官”。更重要的是，不仅募兵本人，募兵的家属也由国家供养。随着募兵数量不断增加，军费开支成为国家财政的沉重负担。

宋太祖朝初期，军队规模为22万左右②，养兵费用尚不突出。据有的学者研究，当时的军费开支相当于每四税户（主户）养一名士兵。但是，到了宋太祖晚年，军队数量增加至37.8万，平均要八税户养一名士兵。③ 其时，宋太祖已经意识到了冗兵的问题，他提出迁都洛阳，即部分导源于此。他说，“吾将西迁者无它，欲据山河之胜而去冗兵”，他很担心，如果不迁都，“不出百年，天下民力殚矣”。④

宋太宗朝，两次对辽用兵，兵员倍增，至道年间已增至66.6万，军费开支占到了国家财政收入的四分之一。至道三年（997），王禹偁已经提出“去冗兵”。他说：“冗吏耗于上，冗兵耗于下，此所以尽取山泽之利而不能足也。”⑤

宋仁宗宝元、庆历年间，宋夏战争爆发，新增募兵近40万，军

---

① 《文献通考》卷一百五十二《兵考四》。

② 《续资治通鉴长编》卷三百二十七，元丰五年六月壬申。

③ 马玉臣、杨高凡：《“易进难退”的兵制与北宋前期之冗兵》，《烟台大学学报》（哲学社会科学版）2003年第2期。

④ 《续资治通鉴长编》卷十七，开宝九年四月癸卯。

⑤ 《续资治通鉴长编》卷四十二，至道三年十二月甲寅。

队数量达到125.9万，军费开支接近国家税入的一半。冗兵、冗费成为官僚士大夫讨论的热点，“忧世之士屡以为言”①。皇祐元年(1049)，枢密使庞籍与宰相文彦博奏曰：“今公私困竭，上下皇皇，其故非他，正由养兵太多尔。若不减放，无由苏息。”② 至和二年(1055)，谏官范镇上书说：“夫取兵于民则民稀，民稀则田旷，田旷则赋役重，赋役重则民心离。”③ 他甚至认为，“朝廷之忧不在四夷，而在冗兵与穷民也”④。

宋英宗时期，虽然兵员有所削减，但由于人均军费增加，军费开支负担更重。治平年间任三司使的蔡襄说：“今天下大患者在兵，禁军约七十万，厢军约五十万，积兵之多，仰天子衣食，五代而上，上至秦汉无有也。……臣约一岁总计，天下之入不过缗钱六千余万，而养兵之费约及五千。是天下六分之物，五分养兵，一分给郊庙之奉、国家之费，国何得不穷？民何得不困？”⑤ 在另一篇文中，他又说：“一岁所用，养兵之费常居六七，国用无几矣。”⑥ 虽然蔡襄前后两处表述不尽一致，但养兵之费占到国家财政收入的百分之七十左右，国家财政窘迫却是千真万确的。

宋代实行募兵制，本意是兵民分离，以民养兵，以兵卫民，但发展到后来，竭尽民力已无法供养规模庞大的军队。诚如宋仁宗时范镇所言：“今夫官所以养民者也，兵所以卫民者也。养民卫民者，反残民矣。”⑦ 北宋中期以后，冗兵造成的巨额军费开支已经成为一大难题，以至于宋神宗发出“穷吾国用者，冗兵也”⑧ 的浩叹。

二是军队战斗力疲弱。宋军在仁宗时期已经显出疲弱之态。至

---

① 《宋史》卷一百八十七《兵志一》。
② 《续资治通鉴长编》卷一百六十七，皇祐元年十二月壬戌。
③ 《上仁宗论益兵困民第二状》，《宋朝诸臣奏议》卷一百二十。
④ 《上仁宗论益兵困民》，《宋朝诸臣奏议》卷一百二十。
⑤ 《国论要目·强兵篇》，《蔡忠惠公集》卷十八。
⑥ 《论兵十事疏》，《蔡忠惠公集》卷十八。
⑦ 《上仁宗论益兵困民》，《宋朝诸臣奏议》卷一百二十。
⑧ 《宋史》卷一百九十六《兵志十》。

和中，范镇在奏疏中说：“今河北、河东养兵三十余万，五十年矣。……禁兵三十余万，皆仰县官。就三十余万中，半皆老弱怯懦。老弱怯懦之人，遇敌则先自败亡。非独先自败亡，适所以为骁壮者之累。”① 吕景初也说：“比年招置太多，未加拣汰。……况羸疾老怯者又常过半，徒费粟帛，战则先奔，致勇者亦相牵以败。”② 如果说范镇和吕景初都是文人官僚，他们的说法可能较为夸张，那么，亲历边任者的言论应该更为可信。嘉祐七年（1062），时为权陕西转运副使的薛向称：“陕西之兵，厢、禁军凡二十五万，其间老弱、病患、伎巧占破数乃过半。”③ 尹洙也说：“计今四方厢、禁诸军，殆至百万，其不可用者且半，则冗食耗国，固可知矣。”④ 薛向、尹洙都曾在西北边疆任职，对军队的情况很了解，从他们的言论中，可见当时军队疲弱的情况何其严重。军队既疲弱又骄惰，在战场上必然遭遇败绩。北宋在对辽、夏战争中胜少负多，就是这一情况的恶果。

军队战斗力疲弱，固然有拣选不严、训练不精、军政腐败、军纪废弛等多方面的因素，但募兵终身制无疑是一个重要原因。苏轼说：“及至后世，兵民既分，兵不得复而为民，于是始有老弱之卒。”⑤ 养兵终身，导致军队的拣选和更新受到很大的限制，如苏轼所言，一名男子勇锐强壮的时间不过二十年，却要终身在军中服役，不但徒然耗费资粮，也会使军中累积越来越多的老弱之卒。一旦遇到战事，势必败北。战败之后，又不得不招募更多的兵员，兵员越来越多，国家的财政负担越来越重，军队中的老弱之徒也越来越多，从而形成恶性循环。

三是军队不稳定。从统治者的本意来说，将失职犷悍之徒收入

① 《上仁宗论益兵困民第三状》，《宋朝诸臣奏议》卷一百二十。

② 吕景初：《论兵冗用度乏》，《历代名臣奏议》卷二百二十。

③ 《续资治通鉴长编》卷一百九十六，嘉祐七年二月癸卯。

④ 《制兵师》，《河南集》卷二十三。

⑤ 《策别训兵旅二》，《苏轼文集》卷九。

军队，既可“弭盗”，又可“足兵”，是一举两得的妙策。从预防社会动乱的角度讲，这一政策有成功之处，宋代并未发生其他朝代那样的大规模农民起义。但是，从军队建设的角度讲，这一做法却隐含着深刻的矛盾，影响到军队内部的稳定。失职犷悍之徒被定义为良民的对立面，“难以练，易以骄”，唯有严格的军政管理才能有效震慑。这在“纪纲尚立，威令尚行”之时尚可，如范仲淹在陕西建立的一支龙猛军，“皆是招收前后作过黥配底人，后来甚得其用，时人目范公为龙猛指挥使”①。然而，一旦军政废弛，军队很容易失去控制，非但不能被倚为中流砥柱，反而会成为祸患的来源。如宋真宗咸平三年（1000），“契丹犯境，闻龙猛兵士三二千人诈作契丹，掳劫河北”②，与此同时，四川又有王均兵变，叛兵达十余万人。正如《文献通考》所说：“自募兵之法行，于是择其愿应募者，而所谓愿应募者，非游手无藉之徒，则负罪亡命之辈耳，良民不为兵也。故世之詈人者，曰黥卒，曰老兵，盖言其贱而可羞。然则募兵所得者，皆不肖之小人也。夫兵所以捍国，而皆得不肖之小人，则国之所存者，幸也。纪纲尚立，威令尚行，则犹能驱之以亲其上、死其长，否则溃败四出，反为生民之祸，而国祚随之矣。可胜慨哉！”③

失职犷悍之徒应征，主要是为了谋求生计，罪隶充军，则具有强迫性质。因此，募兵普遍存在雇佣兵心态，其依违向背往往以所得利益多少而定。如范仲淹曾说：“新招者，聚市井之辈，而轻嚣易动，或财力一屈，请给不充，则必散为群盗。”④ 欧阳修也曾指出：“兵之得赏，不以无功知愧，乃称多量少，比好嫌恶，小不如意，则群聚而呼，持梃欲击天子之大吏。”⑤ 这样一支因利而聚的军队势必不稳定、不可靠。张方平曾质疑宿卫亲兵的可靠性，认为“募置之

① 《朱子语类》卷一百三十三。

② 《续资治通鉴长编》卷四十六，咸平三年三月。

③ 《文献通考》卷一百五十四《兵考六》。

④ 《上仁宗答诏条陈十事》，《宋朝诸臣奏议》卷一百四十七。

⑤ 《本论上》，《欧阳修全集》卷六十。

法则异于古，皆惰游无根蒂，莫容其身者，乃来应募"[①]。苏辙也对京师防卫表示过担忧，他认为，京师士卒"趑趄难制"，"不知战而狃于赏，令之稍急，则瞋目攘臂而言不逊，此甚可恶也。且京师，宗庙禁闱之所在，而使不义之徒周环布列于其左右，而尚何以为安?"[②] 募兵作为侍卫亲兵不可靠，守卫京师不可靠，保卫边防当然也不可靠，而这种不可靠的状态必然随着王朝衰落而加剧，甚至成为加速王朝灭亡的力量。

三、王安石变法前救弊的尝试

随着募兵制弊端的出现，关于募兵制改革的讨论也越来越多。王安石变法之前，宋廷进行了一些救弊的尝试。募兵制最显然的弊端是冗兵，因此最初的解决思路是裁汰军队。自宋真宗时期开始，裁军之议便不绝于书。大臣们普遍认为，兵在精而不在多，只要遴选得力的将领，加强训练，并不需要广为招募。真宗初即位，王禹偁就提出了"减冗兵"的问题，主张"经制兵赋，如开宝中"。[③] 庆历年间，朝廷为裁军问题多次争论，韩琦、范仲淹、张方平、文彦博、庞籍等都曾提议裁汰冗兵。[④] 裁军之议也遇到一定阻力，主要是担心引发兵变。宋神宗初期，陈升之提出将禁军中四十岁以上疲弱者裁减衣粮。这一提议遭到吕公弼的反对，理由是"于人情未安，且事体甚大，难遽行也"。司马光也担心"人情惶惑，大致愁怨"。[⑤]

募兵制的问题，并非单单裁军所能解决，更何况，裁军并不能顺利持久地施行，即便一时裁减了军队，一旦边防紧张或者遇荒年，又会大量招募新兵，军队规模依然会膨胀。因此，文臣官僚们纷纷提出改革军制的主张，几乎所有的高级臣僚都参与过这一讨论。

---

① 《续资治通鉴长编》卷一百六十三，庆历八年三月甲寅。

② 《进策五道·臣事上·第五道》，《苏辙集·栾城应诏集》卷七。

③ 《宋史》卷二百九十三《王禹偁传》。

④ 参见游彪、张国英：《北宋军队拣选制度研究》，《暨南史学》第七辑，广西师范大学出版社，2012 年，第 485 页。

⑤ 《文献通考》卷一百五十三《兵考五》。

作为对募兵制的反动，兵制改革的思路不约而同地转向兵农合一之制。有的儒家学者认为，西周井田制基础上的六军之制是最理想的制度。程颢、张载等都积极倡导此说，张载还曾身体力行进行井田制的试验。但是，更多的人认识到时代已经变化，不可能回到三代之制。他们认为，在历史上的兵民合一之制中，隋唐府兵制最为理想。如黄裳所言："府兵之制，无事则耕，番上则卫，有事则战。故其既事，将归于朝，兵复于府，介胄戎器，敛藏于库。将不擅权，士不失业，此府兵之利也。"① 毕仲游也说："惟唐府兵之制，无事则耕于野，有事则出于征，事办辄罢，兵散于府，将归于朝，而天下无宿兵之费。"② 总之，府兵制既可规避募兵制耗费巨大的弊端，又有时代相近的经验教训可资借鉴，成为北宋中期募兵制改革的主流意见。

即便同样认可府兵制，宋人的兵制改革思想也不尽相同，其主要差别在于是否实行府兵制所依托的均田制和租庸调制。毕仲游、苏舜钦等认为，应当仿唐府兵制，以授田为基础。③ 这种意见与"复井田"一样，缺少可实现的现实基础。因此，另一种意见逐渐成为主流，即实行类似府兵制的民兵制。如吕陶说："天下皆知兵之为弊，而欲救之者必曰复府兵也。府兵之法，废坏已久，臣愚窃知其不可复矣，田不足以处兵，而兵不可使之耕也。然有近于府兵者，可举其法而用之，三路之民兵是也。"④ 也就是说，最可行的是民兵制，兵出于农，但不以均田为前提。

宋人对民兵的重视首先表现在边防实践中。在与西夏、辽的军事对峙中，禁军战斗力弱的问题很快暴露出来。相反，以沿边当地

---

① 黄裳：《策问・禁卫之兵》，《演山集》卷四十六，文渊阁《四库全书》本。

② 毕仲游：《论兵不可长亦不可略》，《历代名臣奏议》卷二百二十一。

③ 毕仲游文见《历代名臣奏议》卷二百二十一，苏舜钦文见《全宋文》卷八百七十八。

④ 吕陶：《请讲民兵之法疏》，《历代名臣奏议》卷二百二十一。

居民为兵源的土兵[1]却表现出较强的战斗力。边防将帅普遍认识到土兵较禁军更有优势，加强土兵建设成为北宋朝廷比较一致的意见。咸平三年（1000）春，真宗下手诏访知开封府钱若水备御边寇、剪灭蕃戎之策。钱若水提出了五个备边之策，其中之一就是“募乡兵”。他说：“夫今之所患，在不知敌情。望陛下召边民为招收军，给与粮赐，蠲其赋租。彼缘两地之中，各有亲族，使其怀惠，来布心腹。彼若举兵，此必预知之，事苟预知，则百战百胜矣。”[2] 景德年间，陈贯曾谏言，禁军久不识战，“莫若募土人隶本军，又籍民丁为府兵，使北兵捍狄，西兵捍戎，不独审练敌情，熟习地形，且皆乐战斗，无矫心”[3]。可见，重视土兵以及设立府兵的思路在真宗时已初具雏形。仁宗天圣六年（1028），时任河北转运副使的王沿提议以河北强壮逐渐代替就粮禁军。[4] 景祐四年（1037），张方平上《刍荛集》，其中《民兵》篇论发展乡军，同时削减禁军数量。[5]

宝元年间，宋夏战争爆发，夏竦出任边帅，提出“募土人为兵，州各一二千人，以代东兵”[6] 的主张。这一提议已得到朝廷批准，却遭到知河中府、龙图阁直学士杨偕的反对。双方展开了激烈的争论，最终以夏竦的失败而告终。[7] 夏竦增募土兵之议并非改变既有军制，而是使兵员本地化，解决“东兵”战斗力不强的问题。这一增募土兵之议虽然搁浅，但在战争实践中，土兵的优势越来越受到重视，不断有人提出加强土兵的建议。康定元年（1040），同知枢密院事陈执中提出“广土兵，减骑卒”[8]，与此同时，知制诰王拱辰出

---

① 按：在宋人的论述中，土兵有时指弓箭手、强壮等乡兵，有时指就地招募的就粮禁军。为行文方便，此处不做区分，依所引文献称述。

② 《续资治通鉴长编》卷四十六，咸平三年三月。

③ 《续资治通鉴长编》卷五十九，景德二年三月甲寅。

④ 《续资治通鉴长编》卷一百六，天圣六年七月乙未。

⑤ 《武备论·民兵》，《乐全集》卷十三。

⑥ 《宋史》卷二百八十三《夏竦传》。

⑦ 按：夏竦与杨偕的争论参见《续资治通鉴长编》卷一百二十五，宝元二年记事。

⑧ 《续资治通鉴长编》卷一百二十六，康定元年三月庚申。

使契丹还，“见河北父老，皆云契丹不畏官军而畏土丁”，也建议增募土兵。于是，朝廷命河北添补强壮。①

扩充乡兵，或从土人中招募禁军，可以一定程度上提高军队战斗力，但无助于解决募兵造成的财政困境。因此，有人主张从兵制上加以改变。尹洙就是兵制改革的倡导者。早在宋夏战争之前，尹洙就提出了在西北置府兵的主张。他说：“为今之计，莫若籍丁民为兵，拟唐置府，颇损其数。唐上府千二百人，中府千人，下府八百人。料京兆西北数郡，上户可十余万，中家半之，当得兵六七万。今边鄙虽有其制，然极塞数郡，民籍寡少，不足备敌。质其赋无他易，赋以帛名者不易以五谷。畜马者又蠲其杂徭。民幸于庇宗，乐于隶籍。农隙讲事，登材武者为什长、队正，盛秋旬阅，常若寇至。以关内、河东劲兵傅之，尽罢京师劲旅。”② 尹洙所谓“拟唐置府”，就是将沿边居民组织起来，政府免除其赋役，按比例征兵，农隙讲武，以备战斗。这实际上是对原有乡兵之制的扩展和规范，与唐代“府兵”并无多少相同之处，主要目的是兵农合一，降低养兵费用。宋夏战争爆发后，尹洙进一步提议招募土兵。他说：“方今之宜，莫若于秦、晋、赵、魏、齐、鲁之间置土军三十万，度州县版籍丁民之数而分其部伍，择闾里富强武力之人而列为将校。每岁农隙，督之讲肄，举汉世故事，命郡将临试。……无事则俾之力田，有警则发之御寇，县官无尺帛斗粟之费，而享富国强兵之利矣。”③ 尹洙作为西北前线的一位重要官员，他的主张代表了一批边帅的意见，产生了一定的影响。

庆历二年（1042）是北宋兵制变化较大的一年。因西夏战事紧张，韩琦提出拣刺土兵。他说：“拣刺土兵，人皆知为当今之利，顾无敢发明者，虑生事己有责耳。”韩琦的主张与夏竦一样，都是从土兵中拣刺禁军。在增兵方式上，既采用“籍民为兵”的征兵法，又给予“招军例物”和其他募兵制的待遇。这次拣刺土兵的规模较大，

① 《续资治通鉴长编》卷一百二十七，康定元年四月乙巳。

② 《息戍》，《河南集》卷二。

③ 《制兵师》，《河南集》卷二十三。

从弓箭手中拣刺保捷军一百八十五指挥。① 陕西的原有乡兵保毅军也增加至三十一指挥。

这一年兵制的另一重要变化是在河北、河东等地建立义勇军。义勇仍属乡兵，从强壮及民丁中选取，涅手背，每年分两番训练。② 义勇军规模较大，庆历初，河北路共计十八万九千二百三十人，河东路共计七万七千七十九人。庆历四年（1044），韩琦与范仲淹上书说："今河北所籍义勇，虽约唐之府兵法制，三时务农，一时教战。然未建府卫之官，而法制不行，号令不一。须别选知州、知县、县令可治兵者，并增置将校，使人人各知军中之法，应敌可用，斯则强兵制胜之本矣。"③ 显然，在他们的构想中，按照"府兵制"的模式对义勇加以规范化，建官立制，加强训练，义勇将成为一支至关重要的武装力量。

治平元年（1064），又籍陕西义勇。从主户及乡兵中征兵，共得义勇十五万六千八百七十三人。④ 这次拣刺义勇也出自韩琦的提议。韩琦在上疏中说："三代、汉、唐以来，皆籍民为兵，故其数虽多而赡养至薄，所以维制万方而威服四夷，又非近世所蓄冗兵可及也。唐置府兵，最为近古，天宝已后，废不能复，因循至于五代，广募长征之兵，故困天下而不能给。今之义勇，河北几十五万，河东几八万，勇悍纯实，生于天性，而有物力资产、父母妻子之所系，若稍加简练，亦唐之府兵也。……河北、河东、陕西三路，当西北控御之地，事当一体。"⑤ 可见，陕西义勇的建立虽然比河北、河东晚了二十年，但仍是韩琦"府兵制"布局的一部分，与河北、河东一体，形成沿边防御的重要军事力量。尽管这次籍义勇遭到司马光的强烈反对，但"帝弗听。于是三路乡兵，唯义勇为最盛"⑥。

---

① 《续资治通鉴长编》卷一百三十八，庆历二年十月。
② 《续资治通鉴长编》卷一百三十八，庆历二年十月庚戌。
③ 《续资治通鉴长编》卷一百四十九，庆历四年五月壬戌。
④ 《宋史》卷一百九十一《兵志五》。
⑤ 《续资治通鉴长编》卷二百三，治平元年十一月乙亥。
⑥ 《宋史》卷一百九十《兵志四》。

宋夏战争结束后，范仲淹主持庆历新政，提出了改革兵制的设想。庆历三年（1043）九月，范仲淹上《答诏条陈十事》，其中第七事即为“修武备”，主张在京畿地区仿行府兵制，加强京师防卫：“请约唐之法，先于畿内并近辅州府召募强壮之人，充京畿卫士。得五万人以助正兵，足为强盛。使三时务农，大省给赡之费；一时教战，自可防虞外患。”范仲淹认为这是“强兵节财之要”，可在京畿率先推行，然后推行到全国。① 从范仲淹简要勾勒的设想来看，他的长远目标是构建全国性的兵农合一之制，部分替代募兵制。但是，这一主张却遭到主政大臣的一致反对。在庆历新政的各项主张中，“独府兵，辅臣共以为不可而止”②。这也说明，募兵制虽然存在诸多问题，但大规模兵制改革在当时尚未形成共识。

总之，宋神宗即位前，关于募兵制改革的议论已有很多，也采取了一些措施，但一直没有大的成效。正如苏轼所说：“五六十年之间，下之所以游谈聚议，而上之所以变政易令以求强兵者，不可胜数矣，而兵终不可强。”③ 王安石熙宁年间推行变法，最终使募兵制改革有了实质性的进展。

四、王安石变法与兵制改革

王安石对募兵之弊有着充分认识。他认为，募兵制是“五代乱亡之遗法”④，“恃募兵以为国，终非所以安宗庙、社稷。今五代之弊根实未能除”⑤。宋神宗对此也颇为认同。《续资治通鉴长编》记载了熙宁四年（1071）朝议的一段对话：“上言：‘久远须至什伍百姓为用，募兵不可恃。’安石曰：‘欲公私财用不匮，为宗庙社稷久长计，募兵之法诚当变革，不可独恃。’”⑥ 在熙宁年间推行变法中，

---

① 《上仁宗答诏条陈十事》，《宋朝诸臣奏议》卷一百四十七。

② 《续资治通鉴长编》卷一百四十三，庆历三年九月丁卯。

③ 苏轼：《思治论》，《经进东坡文集事略》卷十一，《四部丛刊初编》本。

④ 《续资治通鉴长编》卷二百三十八，熙宁五年九月己酉。

⑤ 《续资治通鉴长编》卷二百二十九，熙宁五年正月丁未。

⑥ 《续资治通鉴长编》卷二百二十一，熙宁四年三月甲午。

王安石将兵制改革置于优先地位。他说："天下困敝，惟兵为患，若措置得兵，即中国可以富强，余皆不足议也。"① 反之，"倘不能理兵，稍复古制，则中国无富强之理"②。

王安石兵制改革的主要措施就是发展民兵制。一方面加强陕西、河东、河北等地乡兵建设，另一方面大力推行保甲法。

对宋仁宗以来发展乡兵的做法，王安石给予肯定和支持。熙宁初，朝廷就义勇上番问题展开讨论。陈升之、吕公弼、文彦博等抱有疑虑，王安石强力辩驳，他对神宗说："陛下若欲变数百年募兵之弊，则宜果断，详立法制。不然，无补也。"熙宁三年（1070），蔡挺奏请按照府兵遗法，以义勇番戍③，王安石因进呈蔡挺奏议，向神宗进言："募兵未可全罢，民兵可渐复，虽府界亦可为。至于广南，尤不可缓。"④ 在王安石的支持下，蔡挺的建议得到批准，陕西泾、渭、仪、原四州义勇分番教阅，随后行之诸路。其时，三路义勇共计四十二万三千五百人。元丰四年（1081），开封府和五路义勇并改为保甲。⑤

保甲法是王安石兵制改革的主要内容。推行保甲法最初是为了维护京畿治安，但王安石的深层用意却是"宿兵而藏诸用"⑥，使保甲与募兵相互补充，强兵节财。他曾对神宗说："今所以为保甲，足以除盗，然非特除盗也，固可渐习其为兵。既人人能射，又为旗鼓变其耳目，渐与约免税，上番代巡检下兵士，又令都、副保正能捕贼者奖之，或使为官，则人竞劝，然后使与募兵相参，则可以消募兵骄志，省养兵财费，事渐可以复古。此宗庙长久计，非小事也。"⑦

---

① 《续资治通鉴长编》卷二百三十一，熙宁五年三月甲申。

② 《文献通考》卷一百五十三《兵考五》。

③ 《宋史》卷一百九十一《兵志五》。

④ 《续资治通鉴长编》卷二百一十三，熙宁三年七月丙申。

⑤ 《宋史》卷一百九十一《兵志五》。

⑥ 《上五事札子》，《临川文集》卷四十一。

⑦ 《续资治通鉴长编》卷二百二十一，熙宁四年三月丁未。

熙宁三年（1070）十二月，宋廷颁布《畿县保甲条制》："凡十家为一保，选主户有材干、心力者一人为保长；五十家为一大保，选主户最有心力及物产最高者一人为大保长；十大保为一都保，仍选主户有行止、材勇为众所伏者二人为都、副保正。"① 后来，保甲的编制陆续有所变化，改为五户为一保，二十五户为一大保，二百五十户为一都保。在开封府、河北、河东、陕西等地，保丁农闲时分番教阅，历时一月至四月不等。熙宁五年（1072），保甲开始在各地巡检司上番，在巡检管辖下"教习武艺"，"出入巡警"②。熙宁七年（1074），"诏义勇、保甲令三路提举官详定教阅武艺阵队法"③。元丰二年（1079），行"府界集教大保长法"④。大保长教成之后，转充教头，对保丁进行"团教"。据元丰四年（1081）统计，开封与五路教阅的保甲人数达六十九万人之多。⑤

保甲法的施行一直受到保守派官僚的抵制，宋神宗去世后，司马光为首的保守派上台，主张罢废保甲。保甲虽未完全废止，但组织训练日渐松弛。宋哲宗、徽宗时努力恢复保甲制，实际效果并不理想。如李纲所言："十余年来，降指挥以免教阅，其法遂废，而保甲不知兵，徒有其名而已。"⑥

保甲法的失败标志着北宋募兵制改革的失败。那么，是不是说民兵制劣于募兵制，或者说募兵制是历史必然，民兵制是开历史倒车呢？在保甲法实施之前，宋神宗曾"与执政反覆相论难义勇、弓社、民兵等事者数矣"⑦。在保甲法推行的过程中，也不断有反对意

---

① 《续资治通鉴长编》卷二百一十八，熙宁三年十二月乙丑。
② 《续资治通鉴长编》卷二百三十七，熙宁五年八月壬辰。
③ 《续资治通鉴长编》卷二百五十七，熙宁七年十月壬辰。
④ 《续资治通鉴长编》卷三百一，元丰二年十一月癸巳。
⑤ 参见王曾瑜：《宋朝军制初探》（增订本）第四章《北宋后期军制》第三节《保甲的上番和教阅》，第155页。
⑥ 《乞籍陕西保甲京东西弓箭社免支移折变团结教阅札子》，《梁溪集》卷六十三。
⑦ 《续资治通鉴长编》卷二百一十八，熙宁三年十二月乙丑。

见和辩难之声。《宋史·兵志六》存录了关于保甲法的主要争论，从这些争论中，我们可以探知保甲法思想和实践的脉络，进而理解募兵制变革的利弊得失。

各方争论的焦点，主要集中在以下几个方面。

一是保甲法是否妨农。

从兵农相分到兵农合一，宋神宗担心民兵制影响农业生产。熙宁三年（1070），他与王安石就此做过讨论："上曰：'民兵虽善，止是妨农事，如何?'安石曰：'先王以农为兵，因乡遂寓军旅。方其在田，什伍已定，须有事乃发之以战守，其妨农之时少。'"① 王安石虽然否定了民兵"妨农"之说，但事实上，保甲法给百姓造成的负担还是很重的。熙宁七年（1074），司马光上书，批评朝政六大阙失，其中第五点就是"团结保甲，教习凶器以疲扰农民"②。元丰八年（1085），司马光上书乞罢保甲，首要理由就是保甲妨农，"农民半为兵也"，"三路耕耘收获稼穑之业，几尽废也"。他还指出，推行保甲法的过程中，各级官吏的侵渔也加剧了保丁的负担，"事既草创，调发无法，比户骚扰，不遗一家。又巡检、指使，按行乡村，往来如织；保正、保长，依倚弄权，坐索供给，多责赂遗，少不副意，妄加鞭挞，蚕食行伍，不知纪极。中下之民，罄家所有，侵肌削骨，无以供亿，愁苦困弊，靡所投诉，流移四方，襁属盈路"③。司马光所言或许有过当之处，但从当时史料记载及臣僚奏议反映的情况来看，保甲法对百姓生活和生产造成的影响是很大的。

究其根本，宋代民兵制与府兵制有很大不同，府兵制与均田制和租庸调制相须为用，均田制被破坏后，府兵制也难以为继，宋代实行民兵制则以不改变土地和赋役制度为前提。关于新兵制是否需要依托租庸调制，宋神宗曾与王安石有过讨论："帝谓府兵与租庸调法相须，安石则曰：'今义勇、土军上番供役，既有廪给，则无贫富

---

① 《续资治通鉴长编》卷二百一十八，熙宁三年十二月乙丑。

② 《续资治通鉴长编》卷二百五十二，熙宁七年四月甲申。

③ 《续资治通鉴长编》卷三百五十五，元丰八年四月庚寅。

皆可以入卫出戍，虽无租庸调法，亦自可为。'"① 王安石认为，义勇、土兵等的粮食、军资都由国家供应，并不需要依托租庸调制。此说看似有道理，实际上却势必加重百姓负担。正如苏辙所言："三代之民，受田于官，官之所以养之者厚，故出身为兵而无怨。今民买田以耕，而后得食，官之所以养之者薄，而欲责其为兵，其势不可得矣。盖自唐以来，民以租庸调与官，而免于为兵。今租庸调变而为两税，则两税之中兵费具矣。且又有甚者，民之纳钱免役也，以为终身不复为役矣。今也既已免役，而于捕盗则用为耆长、壮丁，于催税则用为户长、里正，于巡防则用为巡兵、弓手，一人而三役具焉，民将何以堪之。"②

王安石对保甲法的巨大阻力并非没有认识，他说："大抵保甲法，上自执政大臣，中则两制，下则盗贼及停藏之人，皆所不欲。"但是，他固执地认为，普通百姓是支持保甲法的，即便有斩断手指以躲避为保丁的人，也是个别现象。③ 王安石认为，既然要变法，大利之中就不能没有小害，因而，他对保甲法给民众造成的负担不以为意，认为只要"以势驱之，人不得已，久之自听服，习以为常尔"④。这就使得保甲法建立在民情汹涌的基础上，很难取得成功。

二是保甲法是否可恃为战守。

实行保甲法，能否达到强兵的目的，是宋神宗考量的重点。他曾有所疑虑，认为"民兵未可恃以战守"，王安石的回答是："唐以前未有黥兵，然可以战守。臣以为募兵与民兵无异，顾所用将帅何如尔。"⑤ 王安石的意见并非没有道理，无论是募兵还是民兵，并非军队战斗力强弱的唯一决定因素，然而，保甲等民兵要形成战斗力，

---

① 《宋史》卷一百九十二《兵志六》；参见《续资治通鉴长编》卷二百二十三，熙宁四年五月癸巳。

② 《论时事状三首·自齐州回论时事书〈画一状附〉》，《苏辙集·栾城集》卷三十五。

③ 《宋史》卷一百九十二《兵志六》。

④ 《续资治通鉴长编》卷二百三十五，熙宁五年七月己亥。

⑤ 《续资治通鉴长编》卷二百一十八，熙宁三年十二月乙丑。

也并非只需选用优秀将帅即可，而是牵涉选练教阅、军纪军法、后勤保障等一系列的问题。王安石对此有清醒的认识，因此，他主张“详立法制，令本末备具”。宋神宗也认为，当“预立条制，以渐推行”①。从熙宁三年（1070）开始，保甲法逐渐推行，法制不断调整完善，但遗憾的是，终北宋之世，保甲一直没能作为正规军使用，充其量承担“守城”“馈运”等差使。《文献通考》说保甲法“徒足以困百姓，而实无益于军实”②，也是较为客观的评价。

三是保甲法能否节财。

北宋实行保甲法的目的之一是减兵节财，如王安石所说：“精训练募兵而鼓舞三路之民习兵，则兵可省。”③ 他为宋神宗算过一笔账，减正兵六千人，可募保甲十万余人，每年还能节省十万贯的钱粮。④ 熙宁六年（1073），宋神宗再次提出财用问题，王安石说：“保甲、义勇，乃须计置减募兵，以其粮米供之，如府界罢四千兵，所供保甲之费，才养兵所费之十三。”⑤

武装保甲等民兵的费用自然比募兵低得多，但是，以民兵取代正兵需要一个过程，而在这个过程中，原有的正兵不能裁减，民兵又需不菲的花费，国家总的军费支出是增加的。因此，宋哲宗初年，司马光这样批评道：“朝廷时遣使者遍行按阅，所至犒设赏赉，靡费金帛，以巨万计。此皆鞭挞平民铢两丈尺而敛之，一旦用之如粪土。”⑥ 南宋叶適的评论更为切要，他说：“至于绍圣以后，则又甚矣。保甲复治，正兵自若，内外俱耗，本末并弱。大观、政和中，保甲之数至六七十万，二法皆弊，名具实亡，故军制大坏，而士卒不能被甲荷戈，平民相挺，化为盗贼。”⑦

---

① 《宋史》卷一百九十二《兵志六》。

② 《文献通考》卷一百五十三《兵考五》。

③ 《宋史》卷一百九十二《兵志六》。

④ 《续资治通鉴长编》卷二百三十三，熙宁五年五月丙戌。

⑤ 《续资治通鉴长编》卷二百四十六，熙宁六年八月丁酉。

⑥ 《续资治通鉴长编》卷三百五十五，元丰八年四月庚寅。

⑦ 《兵总论二》，《叶適集》第三册。

四是民皆习兵的风险。

民兵制与募兵制的根本差异在于寓兵于民，普通民众皆可习兵。对于这一点，封建君主和臣僚有着不同认识。司马光认为："夫兵者凶器，圣人不得已而用之。国家承平百有余年，四夷顺服，戴白之老不识兵革，一旦畎亩之人，忽皆戎服执兵，奔驱满野，见者孰不惊骇？耆旧叹息，以为不祥。"[①] 他以百姓习兵为不祥，主要是担心百姓有能力反叛。王安石则认为，应该使民"尽习兵"[②]。他说："民所以多僻，以散故也。……保甲立，则亦所以使民不散，不散，则奸宄固宜少。"[③]"民散则多事，什伍之则无事。"[④]"保甲须渐令严密，纵使其间有浮浪凶恶人，不胜良民之众，即不能为害。"[⑤] 官僚士人中也有人持这种意见，如苏轼就主张"平民皆习于兵"[⑥]。

从理论上讲，保甲法的功用之一即为防奸除盗、维护统治秩序，但是，在政权稳定的时候，这套制度尚能维持，一旦社会失序，民皆习兵的保甲制很可能从维护统治的工具变为覆亡王朝的利剑。宋神宗末年，保甲变乱的情况时有发生，就部分印证了这一点。司马光在乞罢保甲法的奏疏中说："设保甲、保马本欲除盗，乃更资盗也。""夫夺其衣食，使无以为生，是驱民为盗也；使比屋习战，劝以官赏，是教民为盗也；又撤去捕盗之人，是纵民为盗也。"[⑦]

再者，民兵制使"百姓习兵"，意味着消解募兵制兵民分离的"百代之利"，这与宋代祖宗之法的立意是相背离的。王安石变法失败后，史书这样评价他主导的兵制改革："太祖皇帝惩唐末、五代之乱，始为军制，联营厚禄，以收才武之士。宿重兵于京师，以消四方不轨之气，番休互迁，使不得久而生变，故百余年天下无事。虽

---

① 《续资治通鉴长编》卷三百五十五，元丰八年四月庚寅。
② 《续资治通鉴长编》卷二百三十八，熙宁五年九月己酉。
③ 《续资治通鉴长编》卷二百四十六，熙宁六年八月己卯。
④ 《续资治通鉴长编》卷二百三十，熙宁五年二月甲寅。
⑤ 《续资治通鉴长编》卷二百三十三，熙宁五年五月丙戌。
⑥ 《策别安万民五》，《苏轼文集》卷八。
⑦ 《续资治通鉴长编》卷三百五十五，元丰八年四月庚寅。

汉、唐盛时，不可以为比。养兵之费，一出于民，而御戎捍寇，民不知有金革之事。安石曾不深究，而轻议变易，苟欲以三代之法行之于今，盖不思本末不相称，而利害异也。世议不以为然，后卒改焉。”①“本末不相称”“利害异”，指的就是“百姓习兵”这把双刃剑可能威胁统治秩序的一面。

从以上几点来看，保甲法存在诸多问题，客观上也并没有达到强兵节财的目的，但是，这些也并不能说明募兵制优于民兵制。因为一种制度的好坏，不能单从理论上讲，还要看它是否有合理的制度设计，能否很好地贯彻实施。宋仁宗庆历二年（1042），河东、河北征籍义勇，苏舜钦评论道：“议者纷揉，莫可适从。欲蠲其租役，则国用不充；给之利器，恐因而生变。告令不一，措置乖方，条教虽下，而莫能循守。始令自卫疆土，既而驱之向敌矣；始令农隙以讲［武］，既而黥墨之矣。人情不聊，远近骚动。”②保甲法较征籍义勇范围更广、难度更大，面临的问题也更为复杂。正如王安石所说，保甲法关系“大利害”，“得其人而行之则为大利，非其人而行之则为大害。缓而图之则为大利，急而成之则为大害”，“苟不得其人而行之，则搔之以追呼，骇之以调发，而民心摇矣”。③保甲法的失败确实有“非其人”的问题。一方面，政局变化，王安石下台，宋神宗去世，以司马光为首的保守派全面否定变法。另一方面，保甲法推行过程中，各层官吏、保长、保正等对保丁过度劳扰，苛酷盘剥，也招致保丁不满。

保甲法之所以最终失败，与宋神宗的态度也有直接关系。作为兵制变革的主导者，宋神宗曾认为，“以耒耜养生，以弧矢防患，生民之道如此而已”④，这是他支持民兵制的思想基础。但是，他又肯

① 《续资治通鉴长编》卷三百一，元丰二年十一月癸巳。

② 苏舜钦：《复府兵论》，《全宋文》卷八百七十八。

③ 《上五事札子》，《临川文集》卷四十一。

④ 《续资治通鉴长编》卷二百七十五，熙宁九年五月癸酉。

定募兵制维护统治秩序的作用，称赞募兵制是“弭乱”之法①，使“无赖不逞之人既聚而为兵，有以制之，无敢为非，因取其力以卫养良民，各安田里，所以太平之业定，而无叛民，自古未有及者”②。这又使他不能彻底地推行民兵制。因此，在王安石去位后，在何种程度上实行民兵制，民兵制如何与募兵制相参为用，成为随各方政治力量博弈而不断变化的问题。尤其在元丰年间，保甲法推行中暴露出一些问题，民间小规模起义此起彼伏，苏辙甚至认为土崩之势已成③，在这种情况下，民兵制已经缺少从容发展的土壤了。

第三节 宋代选将育将思想与武举武学

宋代推行“崇文抑武”治国方略，对武将的防闲和压制是“抑武”的重要内容，不但形成了日益深固的社会观念，而且有一套严密的制度性安排。但是，“有文事者，必有武备”，要维护国家和政权的安全，须臾离不开武将群体。因此，宋代皇帝和文臣们希望培养和选拔出符合他们理想的将领：既武勇超群，又谋略过人；既有军事才干，又忠诚可靠。这一选将育将思想推动了武举武学的发展变化，也对宋代的军队和国防建设产生了深刻影响。

一、“儒将”思想与“以文制武”

宋代立国以后，培养和选拔什么样的将领，如何培养和选拔，成为皇帝和文人官僚们关注的重要问题。事实上，从宋初开始，对勇武之士不定期地荐举考拔一直存在，对武艺的考核是其中最重要的内容。但问题在于，按照这种方式选拔将领，得到的多是有武勇

① 《续资治通鉴长编》卷二百六十二，熙宁八年四月甲子。
② 《续资治通鉴长编》卷三百二十七，元丰五年六月壬申。
③ 《论时事状三首·陈州为张安道论时事书》，《苏辙集·栾城集》卷三十五。

的粗人，与五代的悍将不会有什么区别，显然不符合宋廷控制武将以图久安的目的。因此，文人士大夫们的想法不约而同地转向选拔和任用儒将。

宋真宗即位之初，时任左正言、直史馆的孙何提出了“参用儒将”的建议。他说：“臣远祖武有言曰：‘将者，人之司命，国家安危之主。’”他指出，“历代将帅，多出儒者”，如东汉的邓禹，三国的诸葛亮，西晋的羊祜、杜预，唐代的郭元振、狄仁杰、裴度，等等，这些儒将的共同特点是“皆有尊主庇民之功，善始令终之德，一时武臣未有出其右者”。在孙何看来，宋代当时的将领恰恰相反，“为将者又多武人崛起，军候稍迁，恩不足以怀杂虏，威不足以御群校，鲜有司马之兵法，韩信之谋画，亚夫之持重，关羽之勇敢。或逗留而玩寇，或险果而轻敌”。因此，他建议真宗“洞开城府，妙选公卿”，从文官中选择儒将，委以专权，“勿俾武人擅其权，勿使中使挠其事，阃外之漕挽一以付之，境内之租赋、榷利一以与之”。①对于孙何的建议，真宗“览而善之”②，即便真宗对“委以专权”的观点未必赞同，但任用儒将的意见显然是符合皇权需要的。孙何以孙子后人自居，多次重申这一主张。他说：“简择将帅，则莫若文武之内，参用谋臣。”③“伏乞于中外文武臣僚中，以将将之术，采赫赫之名，取其文武相资，智勇兼备者，盛其礼，重其权。使受命之初，可以耸动人听；出疆之日，可以震慑虏庭。”④由这些言论可见，文武兼资、智勇双全是孙何认可的儒将标准。

咸平二年（999），赵安仁也提出了与孙何类似的主张。他指出，当时军队数量多，但立功少，是因为“主将之无智略”，应该选用郤縠、杜预那样的“儒学之将”，这些人“洞究存亡，深知成败”，且

---

① 《上真宗乞参用儒将》，《宋朝诸臣奏议》卷六十四。按：该文撰写时间，《宋朝诸臣奏议》系于咸平元年，孙何时为右司谏。《续资治通鉴长编》卷四十二系于至道三年九月壬午，孙何时为左正言、直史馆。此从后说。

② 《续资治通鉴长编》卷四十二，至道三年九月壬午。

③ 《续资治通鉴长编》卷四十五，咸平二年十二月。

④ 《上真宗论御戎画一利害》，《宋朝诸臣奏议》卷一百三十。

"识君臣父子之道，知忠孝逆顺之理"，他主张从"有材武、知兵法"的士人中选取儒将。① 赵安仁强调的是儒将另外两个方面的特质：一是思想认识较深刻，能洞悉历史发展大势，胜败存亡之理；二是懂得忠君，思想可靠。这两个方面不是才干问题，而是主要关乎"识"和"德"。

总之，至北宋中期，选择既具有儒家政治理念，忠君爱主，又知兵法、懂韬略的儒将已经成为流行的政治观念。在宋初的政治实践中，朝廷也已开始注重从文臣中选任武职。雍熙四年（987），宋太宗下诏，"举文臣中有武略知兵者"，许换为武秩，"以侍御史郑宣、司门员外郎刘墀、户部员外郎赵载并为如京使，殿中侍御史柳开为崇仪使，左拾遗刘庆为西京作坊使"②。不过，咸平三年（1000），当真宗下诏于在京朝官中选任武职时，田锡提出了疑议，他说："盖见往年朝臣中求武勇者，得刘墀、郑宣等数人，刘墀以易州陷没契丹，郑宣卒无劳效。今又朝臣中求人，臣虑朝臣中武勇者少，设使有武勇，多不愿在武职。"可见，田锡对太宗朝从文臣中选任武职的效果并不满意，而且认为，鄙武之风日胜，文臣中很少有人愿就武职。他提出："若求骑射之艺，勇猛之人，兵法中自有选求之法，便求得人，但要有智谋者指使之而已。所谓获兔者犬，指踪者人也。况善用兵者，人无勇怯，以智略使之，则怯者有勇。"③ 这实际上是将有智略的帅臣和有武勇的将领分别开来，以将领为鹰犬，以帅臣为指踪之人。

后来成为陕西文帅之一的夏竦更明确地阐述了将帅二分的观点。他说：

> 任文儒则惧其畏懦，任英武则防其跋扈，任刚勇则虑其寡

---

① 《上真宗答诏论边事》，《宋朝诸臣奏议》卷一百三十。

② 《续资治通鉴长编》卷二十八，雍熙四年五月乙丑；参见《宋史》卷四百四十《文苑二·柳开传》。

③ 《续资治通鉴长编》卷四十六，咸平三年三月。

> 谋，任庸鄙则恐其败事。是则幅员万里，殆无将业，岂其选任，殚乏良规？但赳赳之夫，良多客气，既昧今古，孰知成败？春秋郤縠为将，敦诗说礼；战国孙吴论兵，文动辞采。汉兴曹参、赵充国、祭遵、卢植，魏晋诸葛武侯、杜预、羊祜，唐李靖、郭元振、裴度，或立战功，或为名将。观其武略，抑资文术。以是而观，可否自分。前事元龟，后之法则。但能精选文臣，材兼智勇，若多识前贤事迹，必资通变机筹。授之斧钺，临事可裁。然后旁选英雄，列为裨佐。以勇佐谋，舒急相济，谋者足以制敌，勇者足以冠军。二者有方，则师律正矣。①

这种二分之法，将儒将定格为儒帅，从文臣中选择“材兼智勇”之人为统帅，以武勇之人为将，这样就可以“以勇佐谋”，“谋者足以制敌，勇者足以冠军”。事实上，宋仁宗时的宋夏战争中，以文人为帅臣，以武将管军的“以文制武”体制，遵循的正是这一思路。

二、“以兵书育将才”思想与武举武学的初创

“以文制武”，是以“儒帅”统御武将，“儒帅”势必倾向于培养和选拔儒将，“儒将”思潮的发展为武举和武学的设立做了重要的思想准备。

宋真宗时期，朝廷中开始出现恢复唐武举制的议论。咸平三年（1000），朝廷曾详定武举入官资序故事。② 虽然这一制度最终并未施行，但这一时期，朝廷对被荐举武人的考核，已经将“策论”作为重要内容。杨亿文集中存有《咸平五年九月试武举人策一道》，其自注曰：“奉旨撰，试武举人王关。”③ 这说明对于武举人的选拔不单单较其武勇，也要考察其策论水平。景德二年（1005），宋廷恢复制科，其中“洞明韬略运筹决胜”“军谋宏远才任边寄”两科即为

---

① 夏竦：《进策·论将帅》，《文庄集》卷十三，文渊阁《四库全书》本。
② 《续资治通鉴长编》卷四十七，咸平三年四月乙丑。
③ 《武夷新集》卷十二。

将帅之选，考核方法是“试以制策，观其能否”①。

宋仁宗初年，国家和平日久，武备渐显废弛。一些有识之士意识到了军队建设上的潜在危机，发出了兴办武举、预储将才的呼声。范仲淹的论述最具代表性。他在天圣三年（1025）上书指出，真宗以来，开国宿将日渐凋零，新生代将领未经战阵，如果再发生澶渊之战那样的战争，后果将不可逆料。因此，范仲淹提出两点储备将才的建议：“先命大臣密举忠义有谋之人，授以方略，委之边任。次命武臣密举壮勇出群之士，试以武事，迁其等差。壮士蒙知，必怀报效，列于边塞，足备非常。”而选拔壮士的方式就是恢复武举。他说：“至于尘埃之间，岂无壮士！宜复唐之武举，则英雄之辈愿在彀中。”② 这两条建议显然是针对不同层次的军事人才，第一条针对统管边疆事务的帅臣，第二条则是通过武举选拔战将。

两年之后，范仲淹在丁忧期间所作《上执政书》中，进一步阐明了自己的观点。他深刻指出，“兵久不用，未必为福”，急需扭转承平日久造成的松懈麻痹，大力加强武备，其中最重要的就是“育将材”。他认为，应该改变“孙吴之书，禁而废学”的状况，通过多种途径培养通兵书、懂韬略的将才。首先是针对将门子弟，“可于忠孝之门搜智勇之器堪将材者，密授兵略，历试边任”；其次是对民间的壮士，“宜设武举，以收其遗”；再次是对朝廷中有才识的臣僚，“可赐孙吴之书，使知文武之方”。③

天圣七年（1029），宋仁宗下诏设立武举：“又置武举，以待方略智勇之士。其法，皆先上艺业于有司，有司较之，然后试秘阁，中格，然后天子亲策之。若武举，则仍阅其骑射焉。”④ 在这次的武举考试规定中，主要是考核策论和武艺。策论以时务边防及经史所言兵事为问目，武艺则主要是步射和骑射技能。与唐代武举相比，策论是一个新的考核项目，并被置于重要地位。宝元三年（1040）

---

① 《续资治通鉴长编》卷六十，景德二年七月甲子。

② 《范文正公文集》卷九《奏上时务书》，《范仲淹全集》上册。

③ 《范文正公文集》卷九《上执政书》，《范仲淹全集》上册。

④ 《续资治通鉴长编》卷一百七，天圣七年闰二月壬子。

规定，武举考试“以策问定去留，弓马定高下”①。这一规定后来为治平武举格所重申，成为宋代武举的重要准则。“以策问定去留”，就是将策论作为武举的首要条件，策论优者入，策论劣者淘汰。这就要求应举之人读经通史，善写文章，能对军事问题做符合儒家价值观的判断和分析，体现了宋初以来遴选“儒将”的思想主张。

天圣武举设立之后，兵书之禁并未解除。景祐元年（1034），时任绛州通判的富弼给宋仁宗上了一份奏议，对制科、武举等遴选武将的制度做了全面的检讨，提出开设武学的主张。

富弼在奏议中说：

> 今选将之道，虽粗有律令，或列制科，或设武举，然皆法度龃龉，必未能致特起之士。何则？应制科者，必乐为贤良方正、材识兼茂，耻为将帅边寄之名，盖今人重文雅而轻武节也。又考试者，欲使难其对，必求艰奥烦碎之事为问，故令所习不专为有用之学。既又限以日刻，责以文多，设有应者，视日足文之不暇，其暇究极韬略、运动谋猷哉？武举者，蹶张驰射，侪于卒伍，所得庸妄鄙浅，固不敢望得异士。但稍能警励有廉耻，则焉肯为卒伍之事乎？臣不知国家立此二道，姑欲示风采耶？必欲得将帅耶？示风采则可，如必欲选奇杰为将帅藩翰四方，则非臣所知。……而独于将帅不知术焉。岂不谓名武臣者便可为将帅焉？苟如是，卒然委以重兵，托以安危，则丘明所云可谓寒心，贾谊所云可谓痛哭者也。②

富弼认为，制科、武举以及原有的武臣体制都不足以遴选出优秀的将帅，原因有二。一是“法度龃龉”，考试的方式和内容不当，制科考的不是“有用之学”，武举考的是“蹶张驰射”。二是重文轻武的文化风尚。时人“重文雅而轻武节”，应制科者耻于将帅边寄之

---

① 《宋会要辑稿·选举》一七之七。

② 《上仁宗论武举武学》，《宋朝诸臣奏议》卷八十二。

名，应武举者非能警励有廉耻之辈，吸引不到优秀人才。富弼建议从现有文武官中举任将才："请诏近位及藩镇大臣，于文武官中各举明兵法、有威果、习练武略、堪任将帅者一二人，仍请不限品秩，不责罪过，……既而召置阙下，量与迁擢，随其品位，任于边塞重难之地，使其磨励，且以观其能否焉。或有警急，则取之有处，遣之不疑。与夫临事而命，命而不果，敻相远也。"这种观点与此前的儒将之议一样，试图在现有官僚体制中挑选将帅。事实上，富弼也明白，这样的方法只能备一时之用，而且大多是空论，落不到实处。因此，他提出建立"永久不易之制"，即设立武学，以兵书和史传培养具有儒学修养和军事理论素质的儒将。富弼说：

> 宜于太公庙建置武学，许文武官与白身岁得入补。聚自古兵书置于学中，纵其讨习，勿复禁止。朝观夕览，无一日离乎兵战之业，虽曰不果，臣不信也。夫习武者，读太公、孙、吴、穰苴之术，亦犹儒者治五经，舍之则大本去矣。……必未能行于天下，且可行于学中，亦命杂读史传，令博知古今胜败之势，以辅助兵术。……兵术既精，史传既博，然后中年一校，三岁大比，当杂问兵术、史传之策，才者出试之，不才者尚许在学。是国家常有良将布于四方，夷狄、奸雄知我有大备，安敢轻动？动则威之。《军志》所谓"无恃其不来，恃吾有以待之"，又曰"不战而屈人之兵"，此其要也。①

在富弼等人解禁兵书、设立武学主张的推动下，同时受到宋夏关系日趋紧张的驱动，宋廷逐渐解除对兵书的禁令。宝元二年（1039），宋仁宗命司天监与学士院重新核定禁书名目，《孙子》和历代史书中的天文、律历、五行志，以及《通典》所引诸家兵法等，都不再列为禁书。② 庆历三年（1043）五月，宋仁宗诏令兴办武学，

---

① 《上仁宗论武举武学》，《宋朝诸臣奏议》卷八十二。

② 《续资治通鉴长编》卷一百二十三，宝元二年正月丙午。

以太常丞阮逸为武学教授，教习诸家兵法。①

三、兵学地位之争与武举武学的废立

武举、武学虽然相继设立，进展却不尽如人意。武学仅仅兴办了三个月，就遭到罢废，庆历三年（1043）八月，“戊午，罢武学。改武学教授、太常丞阮逸兼国子监丞，其有愿习兵书者，许于本监听读”②。

武学为什么在短短三个月内置而复废呢？推求史料，原因大致有二。一是儒家保守势力的反对。《续资治通鉴长编》记载：“既立武学，议者以为古名将如诸葛亮、羊祜、杜预、裴度等，岂尝专学孙吴，立学无谓，故亟罢之。”③ 二是武学受到冷遇，入学习艺者少。范仲淹曾上书称：“臣窃闻国家兴置武学以来，苦未有人习艺。或恐英豪隐晦，耻就学生之列。傥久设此学，无人可教，则虑外人窥觇，谓无英材，于体未便。欲乞指挥国子监，不须别立武学之名。如学生中有好习兵书者，令本监官员保明委是忠良之人，即密令听读。”④ 罢武学之诏显然部分采纳了他的意见。

武学的置废暴露了儒家文人士大夫在对待兵学上两种对立观点的尖锐冲突。如前所述，范仲淹、富弼等一些务实派官僚认为，兵学是将帅必须具有的修养，也是国家振兴武备所必需，主张弛禁兵书，开设武学。但是，有一大批儒家学者却倾向于将儒学与兵学对立起来，他们视武学为文治教化的威胁，高举儒家“仁”“义”“忠”“信”的大旗，反对兵学的“诈”“利”之术，在思想领域形成了一股强大的势力。⑤ 这股势力与民间崇文鄙武的风气相呼应，使得武学刚刚建立三个月便告夭折。

---

① 《续资治通鉴长编》卷一百四十一，庆历三年五月丁亥。

② 《续资治通鉴长编》卷一百四十二，庆历三年八月戊午。

③ 《续资治通鉴长编》卷一百四十二，庆历三年八月戊午。

④ 《范文正公政府奏议》卷上《奏乞指挥国子监保明武学生令经略部署司讲说兵书》，《范仲淹全集》中册。

⑤ 参见本书第一章第三节《新儒学的兴起》。

皇祐元年（1049），武举也遭到罢废。此次《罢武举诏》中称：

> 国家采唐室之旧，建立武科，每随方闻之诏，并举勇略之士。条格之设，岁序已深，然而时各有宜，今异于古。尺籍之众既以技力自奋于行伍之间，武弁之流又用其韬钤自进于军旅之任，来应兹选，殆稀其人。如闻所肄习者率逢掖诸生、编户年少，以至舍学业而事筹策，矫温淳而务粗猛，纷然相效，为之愈多。朕方恢隆文风，敦厚俗尚，一失其本，恐陷末流，宜罢试于兵谋，俾专由于儒术。①

从这则诏书可以看出，这次罢武举的原因也主要有两个。一是在籍的军人很少有人来投考，说明当时的军功集团具有相对的封闭性，武举对他们缺乏吸引力。二是民间应举者多，朝廷担心这些人“事筹策”“务粗猛”，对文教和世风产生影响。这些理由的背后仍是“兵谋”与“儒术”的对立。

尽管武学、武举相继罢废，但是，《孙子》《吴子》等兵书的解禁为兵学的研习提供了制度上的正当性，以兵书培养韬略型将领的思想在一批主政文臣中继续发展。宋夏战争中，范仲淹被委以边帅之任，亲历边事使他更深切地认识到将才缺乏的严重性。他说，“臣窃见边上将帅，常患少人”②，“奈何将佐之中，少精方略。或因门地，巧于结托，以取虚名；或出军班，昧于韬钤，以致败事”③。康定元年（1040），范仲淹在一份上奏中指出：“西北二方将帅之阙，实非细事，乞国家常为预备，早加迁擢。”他建议从武选官中推举智勇之人，委以边任，让他们在实战中锻炼成长：“或试以武艺，或观

---

① 《宋会要辑稿·选举》一七之八至九。按：《群书考索》后集卷二十九亦载此诏书，文字小异。

② 范仲淹：《奏乞督责管军臣寮举智勇之人》，《范文正集》补编卷一，文渊阁《四库全书》本。

③ 《答安抚王内翰书》，《范文正集》卷九。

其胆略出众，便可迁转于边上任使。”[1] 庆历三年（1043），他在建议取消武学的上奏中进一步指出：

> 臣窃见边上甚有弓马精强谙知边事之人，即未曾习学兵书，不知为将之体，所以未堪拔擢。欲乞指挥陕西路河东逐路经略司，于将佐及使臣军员中拣选识文字，的有机智勇武，久远可以为将者，取三五人，令经略部署司参谋官员等密与讲说兵书，讨论胜策，所贵边上武勇已著之人更知将略，或因而立功，则将来有人可任，即不得虚张，多放人数。[2]

范仲淹的提议着眼于从基层官兵中选拔人才，进行军事理论教育，使他们成为智勇双全的将才。这种方法贴近军事实践，成本低，见效快，而且是在军队内部进行，不存在反对派所担心的影响风俗教化的问题，应该说，这一思路是非常有见地且切实可行的。事实上，范仲淹在宋夏战争前线部分实践了这一设想。他对骁勇善战的狄青说：“将不知古今，匹夫勇尔。”从此，狄青“折节读书，悉通秦汉以来将帅兵法”[3]。在范仲淹的倡导和安排下，武将学习兵略蔚然成风。如，名儒何涉在范仲淹军中，“尝为诸将讲《左氏春秋》，狄青之徒皆横经以听”[4]。范仲淹之子范纯祐通兵书，也曾教狄青以《左传》。[5] 遗憾的是，随着宋夏战争的结束以及“庆历新政”失败，范仲淹的思想主张没能产生持久的影响。

在范仲淹上书前后，培养和选拔韬略型将帅的思想进一步发展。庆历二年，欧阳修提出在军中培养和选拔将领之法，即在行伍之中

---

① 《奏乞督责管军臣寮举智勇之人》，《范文正集》补编卷一。
② 范仲淹：《奏乞指挥国子监保明武学生令经略部署司讲说兵书》，《范文正奏议》卷上，文渊阁《四库全书》本。
③ 《宋史》卷二百九十《狄青传》。
④ 《宋史》卷四百三十二《儒林二·何涉传》。
⑤ 庄绰撰，萧鲁阳点校：《鸡肋编》卷中，中华书局，1983 年。

层层选拔，选出“万人之将”，然后“择智谋之佐而辅之”①。庆历八年（1048），御史中丞鱼周询提出文武兼备的选将标准：“宜择名臣，选举深博有谋、知兵练武之士，不限资级，试以边任，临轩敦遣，假以威权。”②

武举罢废以后，文人官僚中不时有支持复设武举的意见。苏轼、苏辙兄弟的主张较有代表性。苏轼认为：“今夫孙吴之书，其读之者，未必能战也。多言之士，喜论兵者，未必能用也。进之以武举，而试之以骑射，天下之奇才，未必至也。然将以求天下之实，则非此三者不可以致。以为未必然而弃之，则是其必然者，终不可得而见也。”③ 也就是说，虽然武举所录未必都是有用之才，但它依然是选拔军事人才的重要途径，没有这个“名”，就不会有足够大的范围来选择“实”。苏辙的观点与苏轼略同，他说：“今天下有大弊二：以天下之治安，而薄天下之武臣；以天下之冗官，而废天下之武举。彼其见天下之方然，则摧沮退缩而无自喜之意。今之武臣，其子孙之家往往转而从进士矣。故臣欲复武举，重武臣，而天子时亦亲试之以骑射，以观其能否而为之赏罚，如唐贞观之故事，虽未足以尽天下之奇才，要以使之知上意之所悦，有以自重而争尽其力，则夫将帅之士，可以渐见矣。”④

在对将才的现实需要和朝议的推动下，宋廷酝酿重新开设武举和武学。嘉祐八年（1063）十月，枢密院提出恢复武举，在其上奏中说：“文武二选，所关治乱，不可阙一。与其任用不学无术之人，临时不知应变，以挠师律，不若素习韬略，颇闲义训之士，缓急驱策，可以折冲图动。况今朝廷所用武人，稍有声称者由武举而得，则此举不可废罢明。”⑤ 接着，皇帝诏令兵部与两制讨论武举具体规

---

① 《上仁宗乞别议求将之法》，《宋朝诸臣奏议》卷六十四；参见《论军中选将札子》，《欧阳修全集》卷九十八。

② 《上仁宗答诏条画时务》，《宋朝诸臣奏议》卷一百四十八。

③ 《策别训兵旅一》，《苏轼文集》卷九。

④ 《进策五道·臣事上·第三道》，《苏辙集·栾城应诏集》卷七。

⑤ 《宋会要辑稿·选举》一七之九。

定。治平元年（1064）三月，武举方案陆续提出。九月，宋廷正式下诏复置武举。

在治平武举的制度设计中，有两个意见起到了重要作用。一是翰林学士王珪重申，“以策略定去留，以弓马定高下”，具体规定：策略武艺俱优为优等，策优艺平为次优，艺优策平为次等，策艺俱平为末等，如有策略虽下而武艺绝伦者另行取旨。① 二是翰林学士贾黯请以《孙子》《吴子》等作为考试内容。贾黯奏请：“如明经之制，于太公《略》《韬》《孙》《吴》《司马》诸兵法，又经史言兵事者设为问目，以能用己意，或用前人注释，义理明畅，及因所问自陈方略，可施行者，为通。”② 通过这些文人官僚的设计，在武举考试中，策论和兵学理论的地位较武艺重要，体现了选拔韬略型人才的价值取向。《孙子》《吴子》《司马法》等兵书取得了“准经典”的地位，成为武举人研习和考试的重要内容。

武学罢废以后，也不断有人提出复建之议。名儒胡瑗上书宋仁宗指出：

> 顷岁吴育已建议兴武学，但官非其人，不久而废。今国子监直讲内，梅尧臣曾注《孙子》，大明深义，孙复而下，皆明经旨，臣曾任边陲丹州推官，颇知武事。若使尧臣等兼莅武学，每日只讲《论语》，使知忠、孝、仁、义之道，讲《孙》《吴》，使知制胜御敌之术，于武臣子孙中选有智略者二三百人教习之，则一二十年之间，必有成效。臣已撰成《武学规矩》一卷进呈。③

胡瑗十分重视经世致用之学，他在湖州教学之时，即将“好谈

---

① 《宋会要辑稿·选举》一七之九。

② 《宋会要辑稿·选举》一七之一〇。

③ 朱熹：《宋名臣言行录》前集卷十。按：“一二十年”，《群书考索》后集卷二十九作“一二年”。

兵论战者”“好文艺者”“好尚节义者”等分类群居，因材施教。①范仲淹经略陕西，曾辟他为丹州军事推官、经略安抚司勾当公事。②胡瑗提出复建武学，显然是希望按照儒、兵并用的思路，培养既明仁义，又具智略的将才。但是，他的这一建议同样遭遇了强烈的反对，史料记述称，“时议难之”③，终未见行。

熙宁五年（1072）六月，同样是在枢密院的建议下，武学得以复置。这次武学规定，选取文武官员中通兵学者为教授，学习内容主要是诸家兵法、历代用兵事迹以及前世忠义之节等，愿意演习战阵的还可以量给兵伍。④宋徽宗崇宁年间，又令各州设武学。此后，除了两宋之际的战乱时期，武举和武学制度一直延续到南宋末年，并对与之同时的金朝和后世明、清诸朝产生了深远的影响。为了适应武学教学和武举取士的需要，宋神宗于元丰三年（1080）下诏校定“武经七书”，推动了兵学的长足发展。

武举和武学置而复废、废而复置的过程，并不是简单的政策反复，而是文人士大夫选将育将思想与军事教育、将领选任制度不断互动的过程。北宋初期，在“崇文抑武”治国方略之下，儒学与兵学的冲突以及文人士大夫对武将、武事、兵书、兵学的排斥都很激烈，于是出现了武举和武学置而复废的状况。但是，随着边防形势的严峻，对将才的需求日益紧迫，文人官僚们的思想逐渐统一到培养韬略型将才上，他们对优秀将帅的认定标准渐趋一致，那就是，不仅要武勇出众，还要懂兵法、有韬略，更重要的是，要遵循儒家的道德规范，以仁、义、忠、信为信条，相对于这些标准，武勇甚至退居次要地位。这样一个思路决定了武举和武学的废而复置，也从根本上决定着武举和武学的形式、内容和成效。

---

① 李廌：《师友谈记》，文渊阁《四库全书》本。
② 《续资治通鉴长编》卷一百二十八，康定元年八月乙酉。
③ 朱熹：《宋名臣言行录》前集卷十。
④ 《续资治通鉴长编》卷二百三十四，熙宁五年六月乙亥。

四、武学武举与军事实践

宋代兴建武学的目的很明确，就是要以兵书培养具有军事理论素养的将帅之才。因此，在武学创立之初，对《孙子》《吴子》等兵书的学习就成为重要内容。武举虽然初期并不以兵书为重点，但在治平复立武举之后，兵书策义与武艺弓马一起，成为重要的考核内容。如熙宁八年（1075）所定考试格规定，“武举人先试《孙》《吴》《六韬》大义共十道，为两场；次问时务边防策一道”①。虽然后来的考试科目和场次屡经变化，但《孙》《吴》大义及边防策一直是两项基本内容。按照文臣官僚们的设想，武学、武举教授和考核武艺、弓马、兵书、策义，应该能培养出文武兼备的新式将领，成为将才的渊薮。然而，令人遗憾的是，实际情况远非如此。

先以武学论。武学以生员百人为额，在科考前一年，“武臣路分都监、文官转运判官以上，各奏举一人，听免试入学”②。武学分为外舍、内舍、上舍三个等级，按照考试成绩依次升补。上舍生最高限额为三十人，如果按照每年毕业三十人计，在两宋武学近二百年的历史中，当有六千名左右的毕业生。这个数字虽不庞大，但也颇为可观。如果这些人中的大部分能学有所成、学有所用，武学无疑可以起到引导军事实践的作用，但事实上，武学生虽然在南宋反议和的斗争中发挥了作用，但在宋代军事史上并未留下浓墨重彩。

武学成效不彰，最主要的原因是武学生入仕门径狭窄，武学严重依附于武举。从制度规定来看，武学上舍生在考试合格后便可入仕，但实际上，由武学直接授官的人数极为有限，武学生入仕的主要途径是武举考试。尽管武学生在武举考试中可以得到一些优惠政策，如解额的比例远远大于兵部举荐的普通举子，每次武举考试还可以有一定数量的免解试、免省试的名额，但是，武举三年才举行

---

① 《宋会要辑稿·选举》一七之一六。

② 《宋史》卷一百五十七《选举志三》；参见《续资治通鉴长编》卷二百三十六，熙宁五年闰七月壬子。

一次，每次录取的名额仅三十人左右，这就从根本上限制了武学生入仕的人数。入仕人员少，外舍、内舍的生员就无法正常升补，原本三年的学制往往被无限期延长，造成很多在武学中沉滞多年的老武生。

再看武举。在宋代将领群体中，武举出身者所占比例很小，功绩卓著者就更为少见。相较于文科举对宋代文教的巨大影响，武举对军事的推动作用更是相形见绌。造成这一状况的原因是多方面的。

首先，武举考试重文章轻武艺，多为文人假途。治平元年（1064）复立武举之时，便确定了“以策略定去留，以弓马定高下”的录取原则。这样一来，武举往往成为很多落第文人入仕的捷径，他们科举不如意，便“旋看兵法，权习弓兵”①，转而应试武举。由于策略为其所长，而武举对武艺的要求又不高，这些人往往能够中举。中举后，再想方设法转为文官。终两宋之世，这种状况一直是与武举相伴生的痼疾。熙宁中，王安石即指出：“今又置武举墨义一科，其所习墨义又少于学究，所取武艺又不难及，则向时为学究者乃更应武举，若收得如此人作武官，亦何补于事？”② 南宋时，欧阳守道也说：“武举设科，名非不美，然亦为文士假途。”③

其次，武举授官过低，且多与军事不相关。武举人的授官偏低，从武举初设之时便是如此。宝元二年（1039），直史馆苏绅上书指出：“比年试武举，所得人不过授以三班官，使之监临，欲图其建功立事，何可得也？”④ 据熙宁六年（1073）九月诏，“武举人策入优等，武艺又入优等，与右班殿直，武艺次优，与三班奉职，末等，与三班差使，减磨勘二年；策入平等，武艺优等，与奉职，武艺次

---

① 《续资治通鉴长编》卷二百六十一，熙宁八年三月庚申。

② 《续资治通鉴长编》卷二百三十四，熙宁五年六月乙亥。

③ 欧阳守道：《欧阳生兵书序》，《巽斋文集》卷十，文渊阁《四库全书》本。

④ 《续资治通鉴长编》卷一百二十五，宝元二年；参见《宋史》卷二百九十四《苏绅传》。

优，与借职，次等，与三班差使，减磨勘二年，末等，三班差使”①。按照当时官制，右班殿直、三班奉职、三班借职是武选官五十二个阶级中最低的三个阶官，而三班差使则为不入流的武阶官。这样的官阶仅相当于恩荫入仕者的低级授官标准。至于武举人的实际职任，多为监当、管库，负责“榷酤征商”等事务，与军事了不相关，也有一些人被委以镇寨都监、监押、巡检等基层武职，他们往往在这样的职位上循序升迁，很多人终其一生都没有真正带过兵打过仗。

再次，武举人往往不能很好地融入军队。针对武举人“所养非所用，所用非所养”② 的弊病，不断有大臣提出异议。南宋孝宗时期，这一问题再次引起热烈的讨论，中书舍人蒋芾说：“国家开设武学，教养智勇之士，然既第之后，问其所职，则管库而已。夫孙子、吴起之术，非可用于勾稽，由基、飞卫之技，非可施于钱谷也。愿诏本兵大臣，议定其制，继自今以武举登第者，悉授以军中之职，安知异时无郭子仪者出于其间哉?”③ 宋孝宗也意识到这一问题，他说：“武举本欲取将帅之才，今前名皆令从军，以七年为限，则久在军中，谙练军政，将来因军功擢为将帅，庶几得人。”④ 淳熙七年(1180)，宋廷开始推行鼓励武举人从军的《武举贡举补官差注格法》。这一法令规定：

(武举)第一名堪充兵将官愿从军人，补秉义郎，差充三衙并江上诸军同正将，依正额人支破请给，到军及五年，无遗阙，愿离军者，除诸军计议官，任满，入诸路正将；第二、第三名堪充兵将官愿从军人，补保义郎，差充三衙并江上诸军同副将，

① 《续资治通鉴长编》卷二百四十七，熙宁六年九月辛亥。按：诏书原文较长，见《宋会要辑稿·选举》一七之一五。
② 《宋会要辑稿·选举》一七之二九。
③ 《宋会要辑稿·选举》一七之三〇至三一。
④ 《宋会要辑稿·选举》一八之四。

依正额人支破请给，到军及五年，无遗阙，与转忠翊郎。①

这一规定大幅提高了武举人出官的等级，其职任也直接与军事相关。但是，从各方反馈来看，从军的武举人并不能很好地融入军人群体，他们“往往自高，不亲戎旅”②，对于军队中严格的阶级之法，也表示“不堪笞捶之辱”③。在真正的行伍环境中，他们的气质类型显得更像文人，如武举人蔡必胜，在觐见军帅之时甚至穿着文人服饰④，这显然与凭借军功升迁的武将格格不入。他们不愿与粗鄙的行伍之人为伍，也必然受到对方的排挤，大多难以在军中久留。例如，第一批武举从军的状元江伯虎就在三年后转投文举，改为文官。

尽管如此，宋代仍有一些武学生、武举人表现出了突出的军事才干。如北宋末年，武举人何灌率军守汴京，背城拒战三日，最终阵亡⑤；徐徽言率兵收复麟、府、丰三州之地，独守晋宁，在金军重重围攻之下，壮烈殉国⑥；何宏中，收集散亡，守银冶城，粮尽被擒，不屈而死⑦。南宋时期，胡闳休在岳飞幕府，参赞军机，表奏军书之类多出其手⑧；孝宗初年的武状元蔡必胜，对处置边防有所贡献⑨；绍熙时武状元厉仲方，曾造战车和九牛弩⑩；嘉定时武进士华岳著有《翠微先生北征录》，等等。这些事例表明，宋代武学、武举并非完全培养不出优秀的人才，但优秀者毕竟是极少数，且常

---

① 《宋会要辑稿・选举》一八之四至五。
② 《宋会要辑稿・选举》一八之六。
③ 王栐撰，诚刚点校：《燕翼诒谋录》卷五，中华书局，1981 年。
④ 《蔡知阁墓志铭》，《叶適集》第二册。
⑤ 《宋史》卷三百五十七《何灌传》。
⑥ 《宋史》卷四百四十七《忠义二・徐徽言传》。
⑦ 周密撰，张茂鹏点校：《齐东野语》卷十一，“何宏中”条，中华书局，1983 年。
⑧ 《代岳制使飞移河南郡县讨刘豫檄》，《新安文献志》卷四十。
⑨ 《蔡知阁墓志铭》，《叶適集》第二册。
⑩ 《厉领卫墓志铭》，《叶適集》第二册。

为时势所阻，难有大的作为。

综上所述，由于制度设计上的种种缺陷，以及“重文轻武”世风的影响，武学、武举并未像宋廷及文臣官僚们所期许的那样，成为培养和选拔智勇双全的将帅的渊薮。兵学虽然是武学生、武举人必修的专业学问，但更多地局限于武学和科场之中，没能达成与军事实践的良好对接。从这一意义上说，宋代武学、武举远远称不上成功。

第四节　辽夏金元：从军事民主到军事集权

辽、夏、金、元诸朝在兴起之初，处于原始社会末期或奴隶社会时期，部落联盟是基本社会形态，部落联盟首领由推选产生，在军政事务的处理上表现出朴素的军事民主制特点。这些少数民族政权随着扩张和崛起，与中原王朝的战争和交流日益频繁，部落联盟向国家转化。尤其是辽、金、元三朝，在占领汉族农耕地区后，面临如何有效统治的问题，这促使他们或多或少地借鉴中原王朝的制度，建立起一套封建化的政治军事制度。在军事领域，也从军事民主制逐渐走向君主专制下的中央军事集权。

一、辽

隋朝初年时，契丹分为十部，“兵多者三千，少者千余，逐寒暑，随水草畜牧。有征伐，则酋帅相与议之，兴兵动众合符契”①。隋炀帝大业年间，契丹建立起以大贺氏为首的八部落联盟，联盟首领的权力并不大，军事决策通过部落联盟会议决定，“若有征发，诸部皆需议合，不得独举。猎则别部，战则同行”②。

---

① 《隋书》卷八十四《契丹传》。

② 《旧唐书》卷一百九十九下《契丹传》。

随着契丹势力的不断发展，部落联盟首领权威越来越重，军队规模越来越大，统治范围越来越广，与汉文化的接触日益频繁深入，这些都促使其传统的军事民主制向中央集权军事体制转变。

武则天万岁通天元年（696），契丹大贺氏部落联盟首领李尽忠反唐，自称“无上可汗”，这是文献记载中契丹首领首次称可汗。唐朝末年，迭剌部夷离堇耶律雅里掌握了后遥辇八部联盟的大权，其子孙相继担任本部夷离堇，势力逐渐壮大。至耶律阿保机之时，他因在与室韦、奚等族的战争中战功卓著，被任命为大迭烈府（部）夷离堇，总理军政事务。紧接着，他又北攻女真、南略汉地，俘获大量人口和财物，升任“于越”，总知军国事，成为地位仅次于可汗的实权人物。随着权力日增、声望日隆，耶律阿保机先是破坏了部落夷离堇三年一受代之制，拒绝受代。唐天祐三年（906），他通过部落联盟会议罢免了痕德堇可汗，继任可汗。后梁贞明二年（916），耶律阿保机最终抛弃可汗由部落联盟会议三年推选一次的旧制，即位称帝，以契丹为国号（契丹、辽国号，屡有变更，为方便行文，下文统称辽），建元神册，立长子耶律倍为太子，确立了嫡长子继承制。

耶律阿保机经过十几年的时间，从迭剌部夷离堇成为契丹国的君主，这一过程是他不断率军南征北战、开疆拓土的过程，也是不断破坏原有的部落联盟会议选举制，走向皇权专制的过程。在这一过程中，汉人谋臣起了很大的作用，史载：“汉人教阿保机曰：‘中国之王无代立者。’”① 耶律阿保机的做法招致其他有资格被选为可汗的诸兄弟的反叛，在三年多的时间里，阿保机镇压了反对势力的多次叛乱，同时也将军事集权发展到了新的高度。

耶律阿保机称帝后，借鉴中原王朝统治制度，建立起一套中央集权的政治军事制度。设立天下兵马大元帅，以后族和皇室成员分任南、北府宰相，下辖各部夷离堇，将军权逐步集中到皇帝手中。辽朝中后期的兵制，更多地受到中原的影响，军事集权进一步发展。

---

① 欧阳修：《新五代史》卷七十二《四夷附录一》，中华书局，1974 年。

会同十年（947），辽太宗耶律德光灭后晋后，设立枢密院，以掌汉人兵马。辽世宗耶律阮即位后，建立起北、南枢密院的两面官制度。北枢密院掌管契丹军政，下设北、南宰相府佐理军国大政，北、南大王院掌部族军民之政，主要官职皆由契丹贵族担任。南枢密院掌管汉地军政，下辖南京都元帅府和汉地各州马、步军指挥使司。遇有大规模军事行动，通常设立行枢密院，负责制定作战计划、部署兵力和布达作战命令。战时调发兵力，由皇帝亲自下诏，而调动北、南院大王和奚王、东京渤海兵马、燕京统军兵马等，下诏后还需大将手持金鱼符方可调兵。

辽从原始军事民主制走向军事集权的过程，很有代表性。西夏、金、元等北方少数民族政权也和辽一样，在崛起的过程中，民族领袖逐渐大权独揽，借鉴中原王朝的封建专制政体，最终实现了君主专制和中央集权。封建政权建立后，原有的部落联盟会议虽然以不同名目保留了相当长的时间，但其职能和作用已经发生了很大改变。

二、西夏

党项族早期生活于今甘肃、青海、四川交界的地区，从隋代开始逐渐东迁，宋初时，主要分布在银州（今陕西米脂西北）、夏州（今陕西靖边东北白城子）为中心的陕、甘、宁边界一带，过着畜牧为主的生活，“俗尚武，……不事产业，好为盗窃，互相凌劫。尤重复仇”[①]，处于松散的部落联盟向封建国家过渡的阶段。宋太宗太平兴国七年（982），李继捧率族人入朝，太宗在宴会上问他：“汝在夏州用何道以制诸部?”继捧对曰：“羌人鸷悍，但羁縻而已，非能制也。”李继迁时期，以“联络豪右”为立国的重要基础，通过联姻等手段将强宗大族聚集在拓跋氏贵族周围。在重大政治军事决策中，依然保留着原始军事民主制的遗风，战前往往与“诸豪歃血”，“每举兵，必率部长与猎，有获，则下马环坐饮，割鲜而食，各问所见，

① 《旧唐书》卷一百九十八《党项羌传》。

择取其长"。①

李继迁时期，采纳汉族谋士张浦的建议，"设官授职，以定尊卑"②。西夏建立后，模仿宋朝之制，设立最高统帅机构枢密院，"掌军国兵防边备，与中书对持文武二柄，属有枢密、同知、副使、佥书、承制等官"③。同时设立翊卫司，掌管军事训练、戍守、侍卫等事。又有飞龙院，主管卫戍京师；有群牧司，掌管马政。宋仁宗宝元元年（1038），元昊称帝，再次改革军制，设立经略司、统军司、殿前司、皇城司、内宿司和巡检司等机构，分别处理军务。在地方设立十八个监军司，分掌各地军队。后期经过调整，削减为十二个。监军司设都统军、副都统军、监军使等，平时驻守边防要地，战时统兵出战。

三、金

女真在兴起之初，同样遵行氏族部落首领共议之制，"金国凡用师征伐，上自大元帅，中自万户，下至百户，饮酒会食，略不间列，与父子兄弟等。所以上下情通，无闭塞之患。国有大事，适野环坐，画灰而议，自卑者始，议毕，即漫灭之，不闻人声。军将行，大会而饮，使人献策，主帅听而择焉。其合者，即为特将，任其事。暨师还战胜，又大会，问有功者。随功高下支赏，举以示众，薄则增之"④。可见当时部落内部并无严格的等级区分，战争谋议、战后行赏等都在部落会议上商讨决定。

金朝建立之初，创立了中央辅政勃极烈制。⑤ 中央辅政勃极烈制保留了部落贵族会议的遗制，是金初中央最高行政、议政、军事

① 《宋史》卷四百八十五《夏国传上》。

② 《西夏书事校证》卷四。

③ 《西夏书事校证》卷十一。

④ 《大金国志校证》卷三十六《兵制》。

⑤ 按：此从王曾瑜先生之说，参见王曾瑜：《金朝军制》第一章《从中央辅政勃极烈制到元帅府和枢密院》第一节《中央辅政勃极烈制》，河北大学出版社，1996 年，第 1—4 页。

合一的权力机构。完颜阿骨打自称“都勃极烈”，收国元年（1115）七月，以其弟吴乞买为谙版勃极烈。“谙版，尊大之称也。其次曰国论忽鲁勃极烈，国论言贵，忽鲁犹总帅也。又有国论勃极烈，或左右置，所谓国相也。其次诸勃极烈之上，则有国论、乙室、忽鲁、移赉、阿买、阿舍、昃、迭之号，以为升拜宗室功臣之序焉。”① 诸勃极烈共议军政要务，每遇重大事件，则召开勃极烈会议商讨决定。史载：“太祖即位后，群臣奏事，撒改等前跪，上起，泣止之曰：‘今日成功，皆诸君协辅之力，吾虽处大位，未易改旧俗也。’撒改等感激，再拜谢。凡臣下宴集，太祖尝赴之，主人拜，上亦答拜。”② 君臣之间并无严格的尊卑界限和礼仪制度，“乐则同享，财则同用，至于舍屋、车马、衣服、饮食之类，俱无异焉。……君臣宴然之际，携手握臂，置腹推心，至于同歌共舞，莫分尊卑”③。可见在金初，部落军事民主制遗风尚存，勃极烈议事会具有很高的地位。

勃极烈制对皇权形成了很大牵制。天会三年（1125），金太宗甚至因动用国库资财，被诸勃极烈以违背誓约为由“庭杖二十”，足见辅政勃极烈权势之重。随着对辽、宋战争的不断推展，诸勃极烈被任命为内外诸军都统，率兵作战。天会三年，都统府改为都元帅府，由都元帅为总指挥，下设左右副元帅、左右监军和左右都监等。左副元帅完颜宗翰（粘罕）统领西路军，建枢密院于云中，右副元帅完颜宗望（斡离不）统领东路军，建枢密院于燕山，二人都有调兵遣将的专断之权，以至于金人呼为“东朝廷”“西朝廷”。

从金太宗朝开始，皇帝的权力扩大，与勃极烈制的矛盾日益加深。随着向中原地区扩张，中原王朝君主专制制度也越来越多地影响到金朝政治。金太宗着手通过建立各种礼仪制度、减裁勃极烈人数、勃极烈出缺不补等措施，削弱了勃极烈的权力，部分达到了加

---

① 《金史》卷五十五《百官志一》。

② 《金史》卷七十《撒改传》。

③ 《三朝北盟会编》卷一百六十六。

强皇权的目的。

金熙宗即位不久，于天眷元年（1138）八月废除了中央辅政勃极烈制，效法中原王朝，建立三省六部制，详定礼仪制度，废除东、西两枢密院，改设行台尚书省，在全国推行路、府、州、县行政建制，使皇权空前强化。军事方面，在都元帅府下各路设立兵马都总管，各州设立节度使或防御使等。不过，金熙宗施行的三省六部制不同于唐、宋等中原王朝。其一，中原王朝的三省六部制以尚书、中书、门下三省制衡为原则，金朝则突出了尚书省的职能，中书、门下长官分别由尚书左右丞兼任，皇权操控的力度更大。其二，中原王朝的三省六部制中，三师是没有实权的荣职，而金朝"以三师领三省事"却是实职，由三位国论勃极烈辅政大臣担任，这一方面部分保留了勃极烈的权力，另一方面又是以相位易兵柄，加强君主军事集权的举措。

海陵王时，大幅削减"以三师领三省事"的权力，到贞元年间，其已经转变为无实权的荣职。天德二年（1150），海陵王取消都元帅府，改置枢密院，由皇帝直接任命枢密使和枢密副使，削弱了原统兵元帅的军权。正隆元年（1156），海陵王改三省六部为一省六部，废除中书、门下二省，只留尚书省，"以三师领三省事"废止，皇权得到进一步加强。海陵王大举攻宋之时，也并未恢复元帅府的统兵体制，仅设都督府作为直属统兵机构。金世宗和章宗时，枢密院"每行兵则为元帅府，罢则复为院"，枢密院虽然掌握兵柄，却受尚书省节制，尚书省对枢密院有"提控""节制"之权，实际上是进一步加强了皇权。①

中央军政体制之外，金朝军制的其他方面也体现了军事集权的强化趋势。为了加强对边防部队的管理，金朝设立了东北、西北、西南路招讨司，分治泰州、恒州和丰州等地。在南方靠近宋金边界的地区设立陕西、河南、山东统军司，分治于京兆府、开封府和益

---

① 参见王曾瑜：《金朝军制》第一章《从中央辅政勃极烈制到元帅府和枢密院》，第1—14页。

都府。金朝军队的调发，实行严格的符牌制度。根据承安元年（1196）颁布的虎符制度，虎符有五左一右，右牌交随路统军司、招讨司收执，发兵三百人以上，要有留于御前的左符与右符相勘合后方能发兵。

四、蒙元

蒙古兴起之初，出师之前，凡军马动员、确定作战方案等，均由“忽里勒台”讨论决定。“忽里勒台”即为蒙古语中的“大聚会”之意，类似的议事制度是匈奴、鲜卑、契丹、女真等北方游牧民族共同的传统，氏族部落之间借以开展议事、校课、祭祀、宴饮等重大活动。

蒙元从军事民主到军事集权的演进过程更为漫长和复杂。蒙古崛起初期，铁木真以卓越的军事才能受到推戴，逐渐树立起崇高的权威。随着蒙古族对内统一、对外战争的不断推展，军权集中于铁木真的倾向越来越明显，当铁木真成为全蒙古的“成吉思汗”，军事集权也随之空前发展。在蒙古人的观念中，成吉思汗的“王权”是天神授予的，他是天神在人间的代表，拥有无上的权威。

成吉思汗建国之后，着手建立千户分封制度。他将蒙古部众划分为六十五个千户①，分封给功臣和贵戚。千户长是世袭制，拥有一定范围的封地，需向大汗交纳贡赋，派兵从征，并参加忽里勒台议事。千户既是行政单位，又是军事组织，千户之上设有左、右翼万户长，是直接听命于大汗的军事首脑。

成吉思汗还将原来的“怯薛”扩展至一万人，作为大汗的护卫亲军。千户长、百户长等必须将子弟送入怯薛，不得逃避或以他人顶替，这些人作为“质子”在大汗身边担任侍卫，是对千户、百户

---

① 按：《元朝秘史》第二百二节记载成吉思汗建国后分封了九十五个千户。据史卫民先生考证，此记载不确切，六十五个千户更为接近事实。参见史卫民、晓克、王湘云：《〈元朝秘史〉“九十五千户”考》，《元史及北方民族史研究集刊》第9期，1985年3月。

的有力牵制，同时也是高尚的荣誉。成吉思汗给予怯薛歹（护卫士）很高的地位，由博尔忽、博尔术、木华黎、赤老温等四大功臣为怯薛长，建立起了一套严格的扈卫制度。怯薛平时分番宿卫，守卫大汗宫帐，战时从大汗亲征，在重大战事中发挥核心作用，被称为“大中军”。

蒙古征服战争中形成的探马赤军也体现了军事集权的强化。探马赤军组建于窝阔台汗时期，承担被占领地区的戍守任务。《元史·兵志》中说：“探马赤军，则诸部族也。”杨志玖先生认为，“探马赤制度是蒙古中央集权在军事制度上的一种表现”①。探马赤军是从蒙古各部族、各支军事统帅的军队中抽组而成，这就在一定程度上分割了原来部族首领对其直属部族军的权力，使军队的部酋分属制变为君主直辖制，因而加强了皇权。

总的说来，蒙古时期，军权高度集中于大汗，各地统兵诸王和将领也有较大统兵权，较好地解决了军权高度集中与适当分散的矛盾。②

蒙古军攻入中原后，分封领地制造成各宗王、功臣互不统属，以蒙古军的组织形式改造降附汉军，也使“汉人世侯”权力增大，增加了军阀割据的风险。忽必烈即位后，尤其是平定李璮叛乱后，开始借鉴中原王朝的政治制度，加强中央集权。军事上，实行军民分治；收夺“汉人世侯”兵权；中央建立枢密院，主管全国军政，地方上建统军司、行枢密院（或行中书省），作为军事指挥机构。忽必烈还仿照宋“禁军”之制，抽调各地精锐组建侍卫亲军，使之直接隶属于枢密院。侍卫亲军与怯薛一道，构成双重宿卫体系，强化了中央军事集权，维护了君主权威。

南宋灭亡，元朝统一中国。为了有效统治广大中原地区，忽必

---

① 杨志玖：《探马赤军问题三探》，《元史三论》，人民出版社，1985 年，第 50 页。

② 史卫民：《元代军事史》，军事科学院主编：《中国军事通史》第十四卷，军事科学出版社，1998 年，第 113—114 页。

烈对军事制度做了进一步调整。这一时期的军事集权不仅集中于中央，集中于大汗，同时也集中于蒙古统治集团。首先，军事指挥体系由枢密院—行枢密院系统向枢密院—行省管军系统转变。行枢密院不再常设，各行省平章政事兼掌本省军政，各省都镇抚司官员的任命、军队的调发、戍军屯驻地的改变等，均须经由枢密院批准。此外，还建立了宗王出镇制度，选派蒙古宗王坐镇军事要地。但这些宗王只有军事指挥权，没有军队管理权。宗王与枢密院、行省长官之间形成权力制衡，有利于元朝中央对军权的掌控。其次，建立中央宿卫诸军和地方镇戍军两大系统。中央宿卫军由怯薛和侍卫亲军组成，屯驻于京城及中书省直辖的“腹里”地区（包括今河北、山西、山东及内蒙古部分地区）。地方镇戍军包括蒙古军、探马赤军、汉军、新附军等，屯驻于河南、陕西、四川等地以及漠北、漠南的军事要地，构成长江以北要地防御的军事防线。在江南地区，分列近百个汉军万户府，对临安（今杭州）、扬州等地重点设防，形成居重驭轻、环环相扣的防卫体系。

枢密院—行省管军系统明显增强了地方分权的倾向，除屯驻各地的蒙古军直辖于枢密院外，汉军、新附军等皆归行省指挥，各行省军政合一，权力较大。但是，军权只掌握在任行省长官的蒙古人手中，分权之弊可由种族控制之利来弥补。从一定意义上说，这种体制不利于加强中央集权，但是能保证蒙古贵族集团的军事集权。此外，除驻守黄河流域的蒙古军外，镇戍军都实行轮戍制度，轮戍制有利于避免地方军权过大，或军队与地方固结，也是加强军权管控的有效方法。①

元朝的军事制度突出体现了以蒙古族为尊的民族等级政策。蒙古军（含探马赤军）、色目人军、汉军、新附军对应的就是“四等人制”。蒙古军和色目人军大多屯驻在都城周围和战略要地，作为核心军事力量；汉军主要屯戍江南地区，监视和镇压“南人”反抗；

---

① 萧启庆：《元代的镇戍制度》，《元代史新探》，台湾新文丰出版公司，1983年，第126—131页。

新附军则被分编于其他军队中，受到严密控制。元代中央与地方军事机构的长官，一般由蒙古人或色目人担任，确保蒙古贵族对军事的严密控制。在官兵待遇上，无论是将领的承袭、任命，还是出征将士的供给、抚恤、奖惩，甚至武器的使用和管理，等等，均因民族等级的不同而有不同的规定。

辽、夏、金、元都经历了由原始军事民主制向军事集权的转变，但是，王朝建立以后，他们既有的一些军事民主制的议事机构和传统得到了不同程度的保留，如元朝保留了怯薛的宿卫组织以及蒙古宗王参与军政等传统制度，等等。在指挥系统上，这些王朝对将领临机指挥权的操控也远不如中原王朝严密，临战之时，将领常被赋予便宜从事之权，这是辽、夏、金、元诸朝军事制度的复杂性所在，也是其显著特点。

第八章　宋辽夏金元重大战争与战略

第一节　宋太祖的统一与边防战略

一、先南后北的统一方略

后周显德七年（960），禁军殿前都点检赵匡胤在陈桥驿发动兵变，建立宋朝。摆在赵匡胤面前的，是周世宗创下的良好基业，但与全国统一尚有相当的距离。当时，中原以外，北方有契丹建立的强大的辽国，以及占据山西地区并以契丹为后援的北汉。南方长江以南则分布着南平、武平、后蜀、南汉、南唐、吴越等六个割据政权。在统一战略上，宋初君臣沿袭了周世宗的思路，采取了“先南后北”战略，而这一战略又与如何处理与契丹关系的边防战略紧密相连。

“先南后北”战略在后周王朴所上《平边策》中已经提出，即先平定南方诸国，然后收复燕云十六州，最后消灭后汉。[1] 宋太祖即位后，因北汉距宋都开封较近，威胁较大，试图先攻北汉。他曾多次与部下讨论这一问题。武胜节度使张永德认为，北汉兵力虽少但很精悍，又有契丹为援，不可贸然攻取。[2] 华州团练使张晖认为，

---

① 薛居正等：《旧五代史》卷一百二十八《王朴传》，中华书局，1976 年。

② 《宋史》卷二百五十五《张永德传》。

经过李筠叛乱，与北汉接境的泽潞地区遭到很大破坏，难以负担新的军事行动，也不赞成立即攻打北汉。[①] 建隆元年（960），平定李重进反叛之后，宋太祖与谋臣赵普进行了一场著名的“雪夜问对”，这次对话坚定了宋太祖的决心，最终确立了“先南后北”的统一战略：

> 上自即位，数出微行，或过功臣之家，不可测。赵普每退朝，不敢脱衣冠。一夕大雪，普谓上不复出矣，久之，闻扣门声异甚，亟出，则上立雪中。普皇恐迎拜，上曰：“已约吾弟矣。”已而开封尹光义至，即普堂设重茵地坐，炽炭烧肉，普妻行酒，上以嫂呼之。普从容问曰：“夜久寒甚，陛下何以出?”上曰：“吾睡不能着，一榻之外，皆他人家也，故来见卿。”普曰：“陛下小天下耶？南征北伐，今其时也，愿闻成算所向。”上曰：“吾欲收太原。”普默然良久，曰：“非臣所知也。”上问其故，普曰：“太原当西北二边，使一举而下，则边患我独当之，何不姑留以俟削平诸国。彼弹丸黑子之地，将何所逃。”上笑曰：“吾意正尔，姑试卿耳。”于是用师荆、湖，继取西川。[②]

“雪夜问对”的核心就是战略方向的选择问题：是先北后南，还是先南后北？在赵普看来，消灭北汉不难，难在消灭北汉后就要直接面临契丹这一“边患”。从双方的对话可以看出，无论是宋太祖还是赵普，都把北汉视为必须消灭的对象，契丹并不在“一榻之外，皆他人家”的威胁之中。北汉是政权统一问题，与契丹对立既涉及统一问题，也涉及边防问题。

宋太祖对其弟赵光义之言，进一步揭示了“先南后北”战略的深意。他说：“中国自五代已来，兵连祸结，帑藏空虚，必先取巴蜀，次及广南、江南，即国用富饶矣。河东与契丹接境，若取之，

---

① 《宋史》卷二百七十二《张晖传》。

② 《续资治通鉴长编》卷九，开宝元年七月。

则契丹之患我当之也，姑存之以为我屏翰，俟我富实则取之。”① 也就是说，“先南后北”一方面可以通过占领广大南方地区积聚财力，为北伐奠定基础，另一方面也可稳固北部边疆局势，避免与契丹过早对抗。

宋初统一战争大体上遵照了“先南后北”战略。在北方采取守势，一方面尽力与契丹保持友好关系，另一方面布设防线，在延州（今陕西延安）、庆州（今甘肃庆城）、环州（今甘肃环县）、原州（今甘肃镇原）、灵武（今宁夏灵武西南）等处屯兵，以备党项；在关南瀛州（今河北河间）、常山（今河北正定）、易州（今河北易县）、棣州（今山东惠民一带）驻兵，以防备契丹；控制西山（今恒山）、晋州（今山西临汾）、隰州（今山西隰县）、昭义（今山西长治）等地，以防御北汉。北方加强防卫后，宋军挥师南下，分别击灭南方各割据政权，先是以“假途灭虢”之计袭占实力较弱的南平和武平，控制长江中游的荆湖地区，取得战略上的有利态势，然后相继灭后蜀、南汉和南唐。太宗太平兴国三年（978），漳泉的陈洪进和吴越的钱俶相继纳土归降，次年，宋太宗大举北伐，灭北汉。至此，宋结束了五代十国的割据局面，初步完成了全国统一。

事实证明，“先南后北”的统一战略是成功的。“先南后北”战略的实质是先易后难。北汉是沙陀族建立的政权，武力强悍，又占据山西高原，对河南、河北、关中具有居高临下的优势，进可攻，退可守。更重要的是，北汉有契丹的支持，这就使它成为统一战争中最顽固的堡垒。宋太祖在统一战争期间，先后于乾德六年（968）和开宝元年（968）两次进攻北汉，都因契丹援助北汉而未成功。这两次尝试恰恰凸显出契丹因素的重要性，印证了“先南后北”统一战略的正确性。在“南进”过程中，宋太祖积聚财力的设想也得以实现。史料记载，“及取荆湖，定巴蜀，平岭南、江南，诸国珍宝、金帛尽入内府”②。平南唐之后，每年从江南漕运至京师的稻米达数

---

① 王称：《孟昶传》，《东都事略》卷二十三，文渊阁《四库全书》本。

② 《宋史》卷一百七十九《食货志下一》。

百万石之多。北宋国力大大增强，为北上作战奠定了基础。

对于这一战略的得失，从宋代到清代，一直有不同的争论，如陆游、王夫之等认为，“先南后北”固然可行，但是待收拾南方后，兵力已疲，导致难以彻底解决北方问题，而且从周世宗北伐的情况来看，契丹并非十分强大。这一论点忽略了一个基本事实，那就是，周世宗北伐之时，恰逢契丹处于国力不振的阶段，而且，周世宗北伐如果得以继续，是否还能如初期那样进展顺利，也未可逆料。北宋初期，从政治环境、经济实力和军事实力等方面看，宋都不具有对辽的压倒性优势。宋未能彻底完成统一，根本原因并不是战略进攻方向的选择问题。应该说，在当时条件下，“先南后北”战略是稳妥的选择，是相对正确的。①

二、宋太祖时期的对辽战略

在宋初统一战略中，重点在消灭北汉，但收复燕云诸州也包括在统一计划之内。燕云诸州是五代时期遗留的历史问题。后梁末帝贞明二年（916），耶律阿保机称帝建国，国号“契丹”。契丹先后灭渤海国，征服室韦、党项、吐谷浑、河西回鹘等族，在中国北方建立起了一个幅员万里的帝国。契丹多次攻入中原，介入五代王朝的争端。辽天显十一年（936），辽太宗率军进攻后唐，帮助石敬瑭灭后唐，建立后晋。后晋天福三年（938），石敬瑭按照事先承诺，将河北、山西北部的幽（今北京西南隅）、蓟（今天津蓟州区）、瀛（今河北河间）、莫（今河北任丘）、涿（今河北涿州）、檀（今北京密云）、顺（今北京顺义区）、新（今河北涿鹿）、妫（今河北怀来）、儒（今北京延庆）、武（今河北张家口宣化区）、蔚（今河北蔚县）、云（今山西大同）、应（今山西应县）、寰（今山西朔州东北）、朔（今山西朔州）等十六州割让给契丹。

夺取燕云十六州，对辽的意义十分重大。辽太宗“以幽州为燕

① 参见黄朴民、孙建民：《中华统一大略》，解放军出版社，2002年，第193—196页。

京，改天显十一年为会同元年，更其国号大辽”①，后来又陆续调整行政布局，建立起“五京”之制。辽兴宗时，升云州为西京。十六州之中，有两州被设为京城，足见辽对这一地区的重视。对于中原王朝来说，燕云十六州也是必争之地。一方面，失去燕云十六州，华北地区无险可守，门户洞开，陷入战略劣势；另一方面，燕云地区历来隶属中原王朝，如果不加收复，国家难称统一。后周显德六年（959），周世宗北上伐辽，试图收复燕云十六州，但仅收复了莫州、易州②、瀛州三州和益津（今河北霸州）、瓦桥（今河北雄县西南）、淤口（今河北霸州信安镇）三关，就因病中途撤军。

宋朝建立之初，为了实施“先南后北”的统一战略，宋太祖派驻大将守边：“命李汉超屯关南，马仁瑀守瀛州，韩令坤镇常山，贺惟忠守易州，何继筠领棣州，以拒北敌。”这些将领都是五代宿将，具有丰富的战争经验。宋太祖给予他们优厚的待遇和高度自主权，“其族在京师者，抚之甚厚。郡中筦榷之利，悉以与之。恣其贸易，免其所过征税，许其召募亡命以为爪牙。凡军中事皆得便宜，每来朝必召对命坐，厚为饮食，锡赉以遣之。由是边臣富赀，能养死士，使为间谍，洞知敌情；及其入侵，设伏掩击，多致克捷，二十年间，无西北之忧。”③ 在二十年的时间里，这些将领镇守一方，加强边防建设，疏通沿边河网沟渠、密植柳树，限制辽骑南下。④ 对待辽兵的入侵，采取“来则备御，去则勿追”之策。这一边防战略有效地防御了辽的内侵，为宋军平定南方诸国创造了条件。后世很多大臣很推崇宋太祖的这种做法，认为是成功的边防战略。但事实上，这只是宋太祖“先南后北”战略中维护侧后安全的权宜之举，并不是

① 《新五代史》卷七十二《四夷附录一》。

② 按：易州不在燕云十六州之内，五代至宋初，易州几易其手，详细考辨见赵铁寒：《燕云十六州的地理分析》，《宋史研究集》第三辑，台湾“国立编译馆”中华丛书编审委员会，1966 年。

③ 《宋史》卷二百七十三，李进卿等传论。

④ 参见张方平：《请选择河北沿边守臣事》，《乐全集》卷二十二；王明清：《挥麈后录》卷一，《挥麈录》，上海书店出版社，2001 年。

长远的边防战略。他给予这些将领久任、财权、便宜指挥的权力等，在中央军事集权日益加强之后，也不可能被复制。

宋太祖希望解决燕云诸州的问题，因为这事关国家的领土统一，也事关与一个强大邻国的双边关系。开宝九年（976）初，群臣上表，请加尊号“一统太平”，宋太祖说：“燕晋未复，遽可谓一统太平乎？”① 可见，他是把收复燕云地区作为国家统一的应有之义。但是，他也认识到契丹的强大，并没有武力收复的信心和决心。乾德三年（965），宋太祖在国家库藏之外建立内库，贮藏金帛，名为“封桩库”。他曾对亲近大臣说：“石晋苟利于己，割幽蓟以赂契丹，使一方之人独限外境，朕甚悯之。欲俟斯库所蓄满三五十万，即遣使与契丹约，苟能归我土地民庶，则当尽此金帛充其赎直。如曰不可，朕将散滞财，募勇士，俾图攻取耳。”② 由此可见，宋太祖对解决燕云诸州有两种设想，一是赎买，二是攻取。二者之中，赎买优先，赎买不成再付诸战争。

第二节　两次对辽战争与宋太宗的战略转变

一、两次幽州之战

太平兴国四年（979）五月，宋太宗攻灭北汉，试图乘战胜的余威，一举夺取燕云诸州。当时，宋军大战之余，馈饷不足，军士疲乏，很多将领并不赞成攻辽，但无人敢言。殿前都虞候崔翰奏曰：“此一事不容再举，乘此破竹之势，取之甚易，时不可失也。”③ 宋太宗于是坚定决心，兴兵攻辽。

---

① 《续资治通鉴长编》卷十七，开宝九年二月己亥。

② 《续资治通鉴长编》卷十九，太平兴国三年十月乙亥。

③ 《续资治通鉴长编》卷二十，太平兴国四年五月丁未。

宋太宗命枢密使曹彬部署军队行动；命潘美负责幽州行府，组织粮运；命郭进继续屯驻雁门，监视辽军的行动。宋军从太原分路东进，翻越太行山，进入河北平原，在沙河（今河北涿州东）击败阻击的辽军，迅速进抵幽州城南。辽南院大王耶律斜轸在得胜口击败宋军，进驻清沙河（今北京昌平区东南沙河镇）北，与幽州形成互为掎角之势。宋军以一部牵制耶律斜轸军，主力围攻幽州，攻城十余日，而城未下，士卒疲顿。此时，辽将耶律休哥和耶律沙率援军赶到，与宋军激战于高梁河（今北京西直门外），宋军大败，宋太宗仅乘驴车南逃。宋军沿途遗弃的大量兵器、粮秣、财货，均为辽军所获。

第一次幽州之战的失败，主要是错误估计了辽军实力，在战争准备不充分的情况下，试图以突袭方式夺占防守严密的幽州。在作战指挥上，围城的同时未做阻援部署，也没有足够的预备兵力，以致顿兵坚城之下，师老兵疲，被迅速驰援的辽军骑兵击溃。

第一次幽州之战的失败给了宋太宗很大的打击，但并未熄灭他收复燕云的愿望。太平兴国七年（辽乾亨四年，982），辽景宗去世，其长子耶律隆绪即位，是为辽圣宗。辽圣宗年仅十二岁，由其母萧太后（萧绰）摄政。萧太后是一位卓越的政治家，知人善任，明达治道，当政后采取了一系列缓和阶级矛盾、发展生产、整顿军队的措施，国力得到很大增强。宋雄州知州贺令图等错误地判断了形势，认为萧后专权，"主少国疑"，建议宋太宗乘机兴兵，夺取幽蓟。①

雍熙三年（986），宋太宗发动第二次北伐。宋军兵分三路，东路以曹彬为幽州道行营前军马步水陆都部署，崔彦进为副，由保州趋涿州；以米信为幽州西北道都部署，杜彦圭为副，由雄州趋新城。中路以田重进为定州路都部署，谭延美为副，由定州出飞狐口，取蔚州。西路以潘美为云、应、朔等州都部署，杨业为副，由雁门趋云州，会同田重进部，会攻幽州。

出征前，宋太宗向曹彬传达的战略意图是，东路军主力持重缓

① 《续资治通鉴长编》卷二十七，雍熙三年正月戊寅。

行，实施战略佯动，吸引辽军主力至幽州，待中路、西路军占领山后地区，会师东进，迂回到幽州北，再合攻幽州。

宋军一开始进展很顺利。西路军出雁门关，仅一个多月，就连拔寰、朔、应、云四州，进驻桑干河。中路军连下飞狐、灵丘，收复蔚州。曹彬率领的东路军，也败辽军于固安，破涿州。曹彬与米信留涿州十余日，因粮道为辽军所断，退回雄州就食。但是，曹彬部将得知其他两路取得胜利，都主张出战，于是，东路军重新向涿州进发。辽幽州守将耶律休哥派兵阻击，迟滞曹彬军的行动，同时，萧太后和辽圣宗亲率援军抵达前线，有钳击东路军之势。曹彬放弃涿州后退，耶律休哥全力追击，大败曹彬军于岐沟关（今河北涿州西南）。宋军夜渡拒马河，为辽军追及，人畜相践而死者数万，丢弃戈甲如小山。

岐沟关惨败，宋太宗急命其他两路撤军。六月，辽将耶律斜轸率军十余万人南下，败宋中路军，克蔚州，入飞狐，继续向西进攻潘美的西路军。八月，辽军占寰州，中路军撤至定州。西路军奉命迁云、应、朔、寰四州之民。耶律斜轸乘胜追击，宋军数万人被歼灭，所得山后诸州尽失。第二次北伐以失败告终。

第二次幽州之战的战略，宋太宗主要采纳了宋琪的意见。宋琪（917—996），字俶宝，一作叔宝，范阳蓟（今北京西南）人，辽会同进士，曾为寿安王耶律璟（即后来的辽穆宗）侍读，后历仕后汉、后周诸朝。宋太宗即位后，逐渐得到重用。太平兴国八年（983），一年内四迁至宰相。宋琪生长在幽州地区，对幽州地理形势和辽的情况非常熟悉，屡次建言边事，太宗多采其说。雍熙三年（986）①，他向太宗进《平燕蓟十策》。他主张首先集中兵力于易州地区，然后北上，沿太行山东麓北进，控制军都山、燕山，遮断辽军从山后援助幽州的通路，然后引桑干河水灌入高梁河，为辽军南援设置障碍，

---

① 按：关于宋琪上书时间，《续资治通鉴长编》卷二十七系于雍熙三年（986），《宋史》卷二百六十四《宋琪传》则记为端拱二年（989），从内容上看，当以《长编》为是。

全力攻取幽州。宋太宗三路出兵的部署，基本采纳了他的意见，主导思想是夺取山后，阻止辽军增援幽州。

第二次幽州之战的失败，主要原因不在于战略本身，而在于战争指导、战术、军政等方面。除了宋太宗错误地判断了萧太后治下的辽国形势外，辽朝骑兵的强大、宋军粮食补给困难等也是很重要的因素。更为重要的是，“抑武”政策使武将权力被过分削夺，将权分散，兵将不相知，宋太宗将从中御、预授阵图、派驻监军等干预，导致军政混乱，直接影响到三路军协同作战。

二、宋太宗的战略转变

两次幽州之战后，宋太宗逐渐丧失了收复燕云的信心，开始施行“守内虚外”的方针，边防战略也发生转变，由积极收复失地转为消极防御。这一战略转变固然有“战而不胜”的客观原因，也有幽州之战时一些人谋立太祖之子事件的偶然刺激，但不容忽视的是，文臣的意见在这一过程中起到了至关重要的作用。

第一次幽州之战后，对于是否继续进兵幽燕，朝臣中发生了激烈的争论。在反对者中，张齐贤、田锡的议论最有代表性。张齐贤强调“内重于外”，他说：“家六合者，以天下为心，岂止争尺寸之事，角戎狄之势而已。是故圣人先本而后末，安内以养外。人民，本也；戎狄，末也。中夏，内也；夷狄，外也。”他又说：“以德怀远，以惠利民，则幽燕窃地之丑，沙漠偷生之虏，擒之与屈膝，在术内尔。”也就是说，人民为本，疆土为末，内部安定则远人自至。他认为，当时的首要目标是安定内部，而不是收复燕云，边防上只需善择边吏，“峻垒深沟，蓄力养锐”即可。① 田锡说：“圣人不务广疆土，惟务广德业，声教远被，自当来宾。”② 他反对用兵的理由，一是时机未到，“戎族未乱，无烦强图，敌势未衰，何劳力取”，二是影响政局稳定，“国家务大体、求至理则安，舍近谋远、劳而无

① 《上太宗论幽燕未下当先固根本》，《宋朝诸臣奏议》卷一百二十九。

② 《续资治通鉴长编》卷二十二，太平兴国六年九月壬寅。

功则危”。说到底，他认为宋没有取胜把握，希望太宗不要关注“恢复吊伐之名”，而要重视“可否祸福之实”。①

这一时期，宋太宗虽然并未对劝阻他收复幽州的言论表示反感，甚至时有嘉许，但收复幽州依然是他的既定目标，而且一直在积极做准备。因此，当雍熙三年（986）雄州知州贺令图等人提出，可乘辽主幼国疑之机收复幽州时，太宗毅然决定再次北伐。② 第二次北伐的失败也并没有使他马上放弃收复燕云诸州的想法。当东路军在岐沟关大败，赵普上书请求班兵时，他在回复赵普的手诏中说：“俾契丹之党远遁沙漠，然后控扼险固，恢复旧疆，此朕之志也。”③ 但是，此时，来自朝臣的反对之声日益强烈。重臣赵普、宰相李昉等纷纷上书，劝宋太宗“和戎”。赵普认为，这次北伐是“兴不急之兵，颇涉无名之议”，他建议太宗“安和寝膳，惠养疲羸，长令外户不扃，永使边锋罢警，自然殊方慕化，率土归仁，料彼契丹，独将焉往，又何必劳民动众，卖犊买刀”。④ 李昉则说：“未可与争，灼著于前经，姑务息民，何嫌于屈己。”他建议宋太宗屈己息兵，以金钱换和平，称如此可“不烦兵力，可弭边尘”。⑤

端拱二年（989）正月，宋太宗诏文武群臣各陈备边御戎之策。这是一次关于边防政策的大讨论，也是对此前军政问题的大检讨。这次讨论的中坚人物是张洎、王禹偁、田锡。⑥ 他们三人所论虽然侧重点不同，但都反对继续对契丹用兵。概括起来，其理由主要有三点：首先，从地理形势来看，契丹占据幽蓟地区，使中国北部尽失险阻，造成了难以突破的战略困局。张洎说：“自飞狐以东，重关复岭，塞垣巨险，皆为契丹所有。燕蓟以南，平壤千里，无名山大

① 《续资治通鉴长编》卷二十二，太平兴国六年九月。

② 《续资治通鉴长编》卷二十七，雍熙三年正月戊寅。

③ 《续资治通鉴长编》卷二十七，雍熙三年五月丙子。

④ 《续资治通鉴长编》卷二十七，雍熙三年五月丙子。

⑤ 《续资治通鉴长编》卷二十七，雍熙三年六月戊戌。

⑥ 按：此处所引三人议论均出自《续资治通鉴长编》卷三十，三人文章又见于《宋朝诸臣奏议》和个人文集等。

川之阻，蕃汉共之。此所以失地利而困中国也。”其次，就中原与北方民族斗争的历史规律来说，对契丹用兵的时机不成熟。王禹偁以汉代为例，指出，“且汉文当军臣强盛之时，而外能任人，内能修德，使不为深患者，是由乎德也。哀、平当呼韩衰弱之际，虽外无良将，内无贤臣，而使之来朝者，是系于时也”。这也就是张洎所说的“夫盛衰之理有数存焉，圣人因之以定其业”。再次，从儒家传统民族边疆观念来讲，与夷狄争胜得不偿失，甚至是祸败之源。如王禹偁所言：“讨蛮夷则重困生灵，得土地则空标史策，祸败之本，何莫由斯。”基于这些理由，文臣们认为，不当对契丹作战，而应该将重点放在内政上，“内修其德”，“外任其人”，“欲理外，先理内，内既理则外自安”。对待边防威胁，“来则御之，去则勿逐”。从根本上来说，文臣们的这些言论反映了儒家民本主义的政治立场、“内华夏而外夷狄”的民族观以及“远人不服，则修文德以来之”（《论语·季氏》）的理想主义态度。

文臣们息兵通和的思想一定程度上影响到宋太宗，成为其“守内虚外”的理论基础。端拱二年（989），宋太宗与王化基讨论边事，“化基曰：‘治天下犹植树焉，所患根本未固，根本固则枝干不足忧。今朝廷治，边鄙何患乎不安。’上然其言”①。淳化二年（991）八月，并州上奏，有七十三户戎人内附。宋太宗对近臣说：“国家若无外忧，必有内患。外忧不过边事，皆可预防。惟奸邪无状，若为内患，深可惧也。帝王用心，常须谨此。”② 这段话标志着宋太宗战略思想的重要转变，他开始将“内患”视为最根本的威胁，而将“边事”视为次要问题，即所谓“守内虚外”。

在“守内虚外”思想指导下，宋廷的边防战略由进攻转为防御。从端拱年间开始，在西起保州西北，东到泥姑海口近九百里的平原地区，宋军利用河渠塘泊筑堤蓄水以为屏障，防止辽国骑兵的奔冲，并沿途置堡寨、军铺，以船只往来巡警。在处理边防争端中，宋廷

① 《续资治通鉴长编》卷三十，端拱二年九月戊子。

② 《续资治通鉴长编》卷三十二，淳化二年八月丁亥。

往往以“和戎”为主导思想，强调“来则备御，去则勿追”，力戒边将生事。

事实证明，宋太宗君臣所谓“来则备御，去则勿追”只是一厢情愿，在实践中很容易沦为消极防御。两次幽州之战使辽看清了北宋军事上的虚弱，因而采取攻势，连年大举南下。第二次幽州之战结束当年的十一月，辽军乘胜南下，与宋军战于君子馆（今河北河间西北），宋军全军覆没，死者数万，主将刘廷让仅以身免，知雄州贺令图、高阳关部署杨重进等均战殁。宋真宗即位后，辽又发动了三次较大规模的南侵，河北地区屡遭涂炭。真宗景德元年（1004），辽承天太后与辽圣宗率兵二十万大举南下，直抵澶州（今河南濮阳）。在宰相寇准等人的主张下，宋真宗御驾亲征。宋军士气大振，击退辽军。双方订立了“澶渊之盟”。盟约规定，双方为兄弟之国，宋每年向辽输银十万两、绢二十万匹。澶渊之盟确立了宋辽对峙的均势局面，在此后一百二十多年中，双方没有发生过大的战争。

第三节　宋真宗、仁宗时期的对夏防御战略

一、宋初对西夏的经略与怀柔

党项族是中国北方少数民族的一支，大约从南北朝开始，活跃于以青海湖为中心的青海北部和甘肃南部一带。宋初，辖有银（今陕西榆林横山区东）、夏（今陕西靖边东北白城子）、绥（今陕西绥德）、宥（今内蒙古鄂克托旗东南）、静（今宁夏永宁县东北）五州之地。宋太祖笼络党项李氏，李氏也协助宋进攻北汉。宋太宗太平兴国七年（982），定难军节度使李继捧入朝，表示愿意献上夏、绥、银、宥、静五州。宋太宗认为这是“削藩”的大好时机，改封李继捧以彰德军节度使的虚衔，使之居留京师，派官接收夏、绥、银、宥四州八县之地。此举遭到李继捧族弟李继迁的抵制，李继迁假借

为乳母出丧，逃奔夏州东北的地斤泽（今内蒙古伊克昭盟巴彦淖尔），举兵抗宋，由此开启了宋夏之间百余年的武力纷争。

从太平兴国八年（983）起，李继迁不断袭扰宋境，并于雍熙三年（986）归附辽，力量逐渐壮大。宋太宗一再派兵讨伐，双方互有胜负。宋廷见武力征讨成效不彰，转而采取怀柔之策。端拱元年（988），宋太宗采纳赵普“以夷制夷”的建策，复以李继捧为定难军节度使，赐姓名赵保忠，派他回去镇抚夏州。李继捧到夏州后，并未按照宋的意图钳制李继迁，反而依违于宋、辽之间，使形势更为复杂。淳化二年（991），李继捧暗中附辽，被辽封为西平王，李继迁则奉表归宋，宋任命他为银州观察使，赐名赵保吉。但是，宋对李继迁的封赏并未能稳定局势，双方仍旧战事不断。淳化三年（992），李继迁再次攻占银州，袭扰庆州、原州等地。淳化五年（994），李继迁胁迫绥州居民迁往平夏，并攻围灵州等地。宋太宗派大将李继隆率兵进拔夏州，摧毁夏州城。至道二年（996）三月，李继迁在浦洛河（今宁夏吴忠南，北流入黄河）劫夺宋援灵州粮草四十万石；五月，率数万人围攻灵州。七月，宋太宗派兵五路进讨，打算捣毁李继迁的巢穴平夏，但因各军步调不一，并无大的战功。次年三月，宋廷再议大规模进兵，因太宗去世未果。

宋太宗对西夏的战略，看似因时制宜，实则错误估计了形势，缺少长远战略规划，怀柔不得，又威战难服，致使李继迁势力日益坐大，西北边疆形势越来越严峻。

二、灵州弃守与真宗朝的防御战略

至道三年（997）三月，宋太宗去世，真宗即位，李继迁请和。宋真宗不愿大举用兵，任命李继迁为定难军节度使，将夏、银、绥、宥、静五州重新划归他管辖，实际上承认了李继迁对原西夏地区的统治。但宋的退让并未换得边防的宁谧，李继迁加紧了对灵州（今宁夏灵武西南）的攻势。灵州地处黄河北岸，是西北军事重镇，“为关中之屏蔽，河陇之襟喉”，李继迁早就将灵州作为重要战略目标，从淳化末年开始，宋夏围绕灵州的攻守战愈演愈烈。咸平三年

（1000）九月，李继迁在积石大败宋军，劫夺由庆州运往灵州的粮草。咸平四年（1001）八月，他率五万骑兵再围灵州，受挫后转而攻陷清远军（今甘肃环县山城堡附近），使灵州孤悬北边，危在旦夕。

围绕灵州的弃守，宋廷发生了激烈的争论。主弃派主要有张洎、张鉴、田锡、李至、杨亿、李沆等人，他们的理由大致有以下几点。

其一，灵州不可守。主弃派强调灵州孤悬于外，馈运艰难，不利于救援。宰相李沆甚至直言："若迁贼不死，灵州必非朝廷所有。"①

其二，灵州不必守。主弃派否认灵州的重要地位，认为不值得为这样一个化外之地劳民伤财。若因救灵州激起国内民众叛离，就更是舍本逐末。如张洎说："况继迁或成或败，未足致邦国之安危，灵武或存或亡，岂能系边隅之轻重？得失大较，理甚昭然。"② 杨亿认为，灵州"存之有大害，弃之有大利"，"今灵武之存，为害甚于蝮蛇，供馈之费，为蠹逾于蚁壤。无鸿毛之益，有太山之损"，存之则为"借寇兵而资盗粮，竭民力而耗国用，为患之大，无出于斯"，弃之则可使"国家无飞刍挽粟之劳，士卒免暴露流离之苦"。③ 他们甚至把救援灵州说成是类似汉武帝开边的黩武行为，声称"圣人之道，务屈己含垢，以安万人"④，以"弃灵州"为慎战安民的王道政治。

其三，弃灵州可使边防安宁、西夏向化。如李至说："苟朝廷舍之不问，待之如初，以厚利啖之，以重爵悦之，亦安敢迷而不复，讫于沦胥哉？""假如灵州不弃，何以绝其求请，何以弱其事势？"退一步讲，即使李继迁执迷不悟，弃灵州也会使宋站在道德的制高点上，激发民众义战的勇气，所谓"使曲在彼而直在我，问有罪而

---

① 《续资治通鉴长编》卷五十，咸平四年十二月。
② 《续资治通鉴长编》卷三十九，至道二年五月壬子。
③ 《续资治通鉴长编》卷五十，咸平四年十二月。
④ 《续资治通鉴长编》卷四十二，至道三年十二月。

罚有名，天地亦所不容，鬼神亦所共怒，继迁不日当自灭亡，何耕战兵食之云乎！”①

主守派的代表人物有何亮、刘综、张齐贤、李继和、郑文宝等人，他们强调灵州重要的战略地位以及灵州失守对西北边防的长远影响，坚决反对弃守灵州，其中以何亮的言论最具代表性。

咸平二年（999），秘书丞何亮通判永兴军，受诏往灵州经度屯田。还朝之后，他上《安边书》，阐述了关于固守灵州的意见。何亮认为，灵州具有重要的战略地位，若弃灵州，将使李继迁占有的土地“广且饶”，并使“西域、北庭合二为一”，西夏势力会进一步壮大，宋还将失去战马的重要来源，极大制约对夏作战能力。何亮不赞成大兵进讨，认为“有大费而无成功，深寇仇而速边患”。他也反对“姑息而羁縻之”，认为“戎人之性贪婪无厌，虽存臣事之名，终多反复之志，”加以李继迁已经控制了灵武周边的山川之险和膏腴之地，若仅以恩信羁縻之，终必为中国大患。他指出，欲固守灵州，必修建从清远至灵武的溥乐、耀德二城以通粮道，“不城溥乐、耀德为之唇齿，则戎人之患，亦未可量，与舍灵武无异。而加之有连年供给之厚费，无防边尺寸之微功，但兀然孤城，以困极关右者也”。何亮的意见切实中肯，但是并未引起应有的重视，甚至连国史都未予记载。②

陕西转运使刘综、当时主管西北事务的张齐贤、知镇戎军李继和、熟悉西北边防事务的殿中丞郑文宝等，也都坚决反对弃灵州。李继和说：“灵州远绝，居常非有尺布斗粟以供王府，今关西老弱疲苦转饷，所以不可弃者，诚恐滋大贼势，使继迁西取秦界之群蕃，北掠回鹘之健马，长驱南牧，何以支吾。”③

宋廷关于灵州弃守的争论反映出两种不同的战略思想。主弃派

---

① 《续资治通鉴长编》卷四十二，至道三年十二月。

② 《续资治通鉴长编》卷四十四，咸平二年六月戊午。按：《长编》选录此文云：“详录亮疏，盖韩琦尝有取焉。国史无此，得诸亮家。”

③ 《续资治通鉴长编》卷五十，咸平四年十二月乙卯。

以儒家边疆民族思想为理论依据，其实质就是消极退守。他们首先是失败主义者，认为灵州形势不利，失守是迟早的事。他们又是汉族中心主义者，秉持民族文化上的优越感，视灵州为化外之地、蛮夷之乡，不值得劳师动众，甚至认为弃之有大利，存之有大害。他们还是道德主义者，认为弃灵州是德化政治，可以使李继迁幡然向化，至少不再犯边。他们也从利害角度分析问题，但他们的判断标准是对国内政治的影响，以及战争耗费与土地产出的效费比。主守派的思想则反映了现实主义、功利主义的特质，他们认识到灵州在战略上的重要性，认为李继迁志不在小，弃灵州会使西夏势力坐大，给西北边防带来更严重的安全威胁，主张固守灵州、积极防御。

在主弃与主守两种意见之间，宋真宗长期游移不定，既未形成明确的战略判断，也没有采取巩固边防的切实措施。对于左藏库使杨允恭等提出的改进运粮方法以及何亮提出的修建溥乐、耀德城等建策，都未予采纳。面对李继迁的步步紧逼，宋廷实际的做法是姑息和迁延。李继和说，他曾见咸平三年（1000）诏书中说："缘边不得出兵，生事蕃夷，盖谓贼如猛兽，不拂其心，必且不动。"① 咸平四年（1001），灵州危急，张齐贤、吴淑等主张联合山西潘啰支诸部，朝臣纠结于封予什么样的名号，迟迟不能决断。② 宋廷的不作为致使灵州形势一步步恶化，丧失了宝贵的救援时间。当咸平四年十二月，真宗终于决定出兵之时，为时已晚。咸平五年（1002）三月，李继迁率重兵攻陷灵州，宋将王超率领的主力尚未抵达，听到灵州陷落的消息，便匆匆撤走。

历史的发展证明，主守派对西夏形势的判断是完全正确的。宋失灵州以后，边防线内缩，环州、庆州、镇戎军以至麟州、府州等地压力增大，修建城寨、驻兵防守等都耗费巨大。主守派关于失灵州阻断战马来源的忧虑也成为现实，马源的萎缩使宋廷难以组建强有力的骑兵，与西夏决战域外几不可能。弃灵州当然更没有使李继

① 《续资治通鉴长编》卷五十，咸平四年十二月乙卯。

② 《续资治通鉴长编》卷四十九，咸平四年十月丁未。

迁“幡然向化”，相反，李继迁在得灵州后，将灵州改为西平府，作为新的统治中心，为越过黄河、贺兰山向河西扩张创造了条件。

景德元年（1004），李继迁死，真宗一度欲乘机进攻西夏，最终由于与辽形势紧张，决定“姑务羁縻，以缓争战”①，于景德三年（1006）与西夏达成了和平协议。宋真宗授德明为定难军节度使、西平王，赐银万两、绢万匹、钱二万贯、茶二万斤，同时在宋夏边境开放榷场，进行贸易。此后，德明全力向河西走廊发展，最终占据甘州（今甘肃张掖），“恃其形势，制驭西蕃，灵夏之右臂成矣”②。

三、宋仁宗时期范仲淹的积极防御战略

宋仁宗明道元年（1032），西夏主李德明去世，其子元昊继位。宝元元年（1038），元昊称帝，建都兴庆府（今宁夏银川），国号大夏，改大庆三年为天授礼法延祚元年。宋仁宗拒绝承认元昊帝位，下诏削去赐给元昊的姓和官爵，宋夏之间战争再起。

康定元年（1040）、庆历元年（1041）、庆历二年（1042），西夏军三次大举入侵，先后在三川口（今陕西延安西北）、好水川（今宁夏隆德西北）和定川寨（今宁夏固原西北）与宋军激战，三次大战，均以宋军惨败告终。

好水川之战后，宋廷确立了“以文制武”的统御之制。罢陕西都部署，分陕西为鄜延、环庆、泾原、秦凤四路，以庞籍知延州，范仲淹知庆州，王沿知渭州，韩琦知秦州，各兼本路经略安抚招讨使。这些边帅既是对夏战略的重要参议者，也是边防前线的实际指挥者，他们的战略思想一定程度上左右着宋廷战略方针的制定。数人之中，韩琦和范仲淹声望最高，人称“韩范”。韩琦起初主张强势进攻，随着好水川之战失利，逐渐由进攻战略转为防御战略。范仲淹在边时间最长，治边成效最显著，其战略思想和实践的影响也最大，代表了当时战略思想的最高水平。

---

①《续资治通鉴长编》卷六十三，景德三年五月庚申。

②《西夏书事校证》卷十一。

范仲淹的战略思想从一开始就很明确：一面与西夏议和，一面切实加强边防建设，待实力增强，再施行有限进攻。在战争实践中，他的战略思想不断发展，提出了和、守、攻、备诸策，形成了“以和好为权宜，以战守为实事”的积极防御战略思想。

和：范仲淹积极主张与西夏讲和。他至边不久，即尝试与西夏通和。他甚至主张以金钱换和平，他说：“兵马精劲，西戎之所长也；金帛丰富，中国之所有也。礼义不可化，干戈不可取，则当任其所有，胜其所长，此霸王之道也。臣前知越州，每岁纳税绢十二万，和买绢二十万，一郡之入，凡三十万，傥以啖戎，是费一郡之入，而息天下之弊也。”① 范仲淹的主和思想与反战文臣们有相同的思想基础，但是，他并不是无条件地主和，而是以“和”为权宜之计，为最终战而胜敌争取时间。

守：范仲淹认为，不能防守，就谈不上进攻。因此，他主张加强边防建设，在战略要地修建城寨，构建起抵御西夏入侵的藩篱。他说，“修复城寨，却是远图”②，城寨不仅可以保护边民，而且可以在侦察警戒、屯兵防守、后勤供给、伺机进攻等方面发挥作用。为兴修城寨事，他先后六次上奏，“卒城承平等前后十二寨，蕃汉之民，相踵复业”③。他还亲自率部修建了大顺城，“大顺既城，而白豹、金汤皆不敢犯，环庆自此寇益少”④。他在帅边期间，以修建城寨与抚驭藩部等措施相配合，有效地阻滞了西夏的进攻态势。

范仲淹所谓的“守”，不仅指战时防御，而且包括巩固边防的经远之谋。他说：“戎虏纵降，塞垣须守，当务经远。”“用守，则必图其久，而民力不匮。”⑤ 因此，他提出了重用土兵和屯田久守的思想，目的在于“守愈久而备愈充，虽戎狄时为边患，不能困我中

① 《范文正公集补编·再议攻守疏》，《范仲淹全集》中册。
② 《范文正公集续补》卷一《请修复城寨奏》，《范仲淹全集》中册。
③ 《续资治通鉴长编》卷一百三十，庆历元年正月戊午。
④ 《宋史》卷三百一十四《范仲淹传》。
⑤ 《范文正公文集》卷七《上攻守二策状》，《范仲淹全集》上册。

国”①。

攻：范仲淹所谓的“攻”，并不是深入敌人腹地，或荡平敌人巢穴，或行牵制之策，而是“近攻”“浅攻”，即在巩固既有领土的基础上，逐步控扼沿边汉蕃杂居地区。他说：“国家用攻则宜取其近，而兵势不危。”② 起初，他讲的“攻策”主要是乘西夏入侵之际，攻取延州与庆州、环州与镇戎军以及延州与麟州之间和西夏参差交互的边境地区，“大为城寨，以据其地”③。随着各项边防措施初见成效，他开始更多地强调“渐复横山”。在庆历四年（1044）的《奏陕西河北和守攻备四策》中，他提出了收复横山的具体设想：在鄜延、环庆、泾原路各组织一支军队，使三军互掠于横山，“假若鄜延一军先出，贼必大举来应，我则退守边寨，或据险要，不与大战。不越旬日，彼自困敝，势将溃归，则我环庆之军复出焉。彼若再图点集，来拒王师，则又有泾原之师乘间而入，使贼奔命不暇，部落携怨，则我兵势自振。如宥州、绥州金汤、白豹、折姜等寨，皆可就而城之。其山界蕃部，去元昊且远，求援不及。又我以坚城据之，以精兵临之。彼既乐其土，复逼以威，必须归附，以图安全。三五年间，山界可以尽取。此春秋时吴用三师破楚之策也。元昊若失横山之势，可谓断其右臂矣。矧汉唐之旧疆，岂今日之生事也”④。

备：范仲淹不但重视陕西防务，而且将对西夏与辽边防统一考虑，主张在与西夏角力的同时加强对辽防御。他说：“国家御戎之计，在北为大。”为了防范辽国，他提出“力行七事，以防大患”：“一，密为经略；二，再议兵屯；三，专于选将；四，急于教战；五，训练义勇；六，修京师外城；七，密定讨伐之谋。”⑤ 七事之

① 《范文正公文集》卷七《上攻守二策状》，《范仲淹全集》上册。
② 《范文正公文集》卷七《上攻守二策状》，《范仲淹全集》上册。
③ 《范文正公文集》卷七《上攻守二策状》，《范仲淹全集》上册。
④ 《范文正公政府奏议》卷下《奏陕西河北和守攻备四策》，《范仲淹全集》中册。
⑤ 《范文正公政府奏议》卷下《奏陕西河北和守攻备四策》，《范仲淹全集》中册。

中，“修京师外城”尤为新见。范仲淹敏锐地意识到，关中防备空虚可能危及京师安全。他先后两次上书，力陈修京城的重要性。他说：“朝廷，万邦之根本。今陕西、河北聚天下之重兵，如京师摇动，违远重兵，则奸雄奋飞，祸患四起。”[①] 他的意见遭到主政大臣的抵制，反对者的理由是“天子守在四夷”，“京师，王者之居，高城深池，恐失其体”。[②] 但事实上，开封乃四战之地，无险可凭，必须加强城池建设以增强防御能力。后来的历史证明，北宋的灭亡与京师防御体系不周严有很大的关系，因此，南宋史学家李焘称赞范仲淹此论“忧思深远”[③]。

总的来说，范仲淹的边防战略是攻守兼备、积极防御。在他帅边期间，最切实的工作便是加强防守、推进城寨建设以及训练军队，借以成功扭转了对夏战局的被动局面。他的进攻战略主要指“渐复横山”，但他明确指出，控制横山的目的“非穷兵黩武，角胜于绝漠之外”，而是为了加固藩篱。他说：“秦汉驱逐西戎，必先得山界之城。彼既远遁，然后以河为限，寇不深入。”[④] 而且事实上，范仲淹所谓攻策只是一个战略构想，并未真正付诸实施。庆历四年（1044）宋夏议和之时，宋廷还没有下定收复横山的决心，随着局势的缓和以及范仲淹本人因庆历新政失败而去位，“渐复横山”的战略计划也随之搁置了。

---

① 《范文正公文集》卷二十《乞修京城札子一、二》，《范仲淹全集》上册。

② 《范文正公文集》卷二十《乞修京城札子一、二》，《范仲淹全集》上册。

③ 《续资治通鉴长编》卷一百三十六，庆历二年五月戊午。

④ 《范文正公政府奏议》卷下《奏陕西河北和守攻备四策》，《范仲淹全集》中册。

第四节　王安石变法与北宋末期两种战略思想的博弈

一、宋神宗与王安石的积极进取战略思想

宋英宗治平初年，西夏袭扰日益严重，“收复横山”的进攻战略被再度提起。时任宰相的韩琦将庆历中他与范仲淹所上《和守攻备四策》进呈英宗以备参考。对于韩琦的主张，参知政事欧阳修给予了积极回应，他说：“近者韩琦曾将庆历中议山界文字进呈，此边事百端中一端尔。盖琦亦患事未讲求，假此文字为题目，以牵合众人之论尔。”[①] 欧阳修本人也就此两次上书，提出了“先发制人”“雪前耻，收后功”等主张，并提出将他的奏状降付中书和枢密院，与韩琦所上山界文字一同讨论。[②] 治平二年（1065）五月，朝廷以冯京为陕西安抚使，韩琦再次提出，将何亮、刘平等人的奏疏与他之前所上《和守攻备四策》一并付与冯京，使之与陕西四路帅臣参议。[③] 尽管韩埼位高权重，而且在对夏斗争上经验丰富，但是，当时宋廷围绕“濮议”的政治斗争十分激烈，中书与枢密院、谏院之间矛盾加剧，因此，“收复横山”的战略并未被认真考虑。

宋神宗即位后，有感于宋初以来军事上的疲弱，“奋然将雪数世之耻”[④]。熙宁二年（1069），他任用王安石为参知政事，开始了旨

---

① 《言西边事宜第二札子》，《欧阳修全集》卷一百一十四。

② 《言西边事宜第一状》《言西边事宜第二札子》，《欧阳修全集》卷一百一十四。

③ 《续资治通鉴长编》卷二百五，治平二年五月癸亥。按：刘平之奏见《续资治通鉴长编》卷一百二十五，宝元二年闰十二月，又见《宋朝诸臣奏议》卷一百三十二《上仁宗乞选用酋豪各守边郡》，他主张“收复洪宥，限以山界”。

④ 《宋史》卷十六《神宗本纪》。

在富国强兵的变法运动。变法的目的之一就是摆脱“外则不能无惧于夷狄”[①]的安全困境，因此，随着变法的逐渐深入，宋对夏战略由被动防御转为主动经略，展开了夺取横山、开拓熙河等一系列攻势行动。

宋神宗和王安石是熙丰变法的共同发起者，也是此期积极进取战略最重要的推动者。神宗即位之初，踌躇满志，但缺乏治国理政的系统思路，也缺少政治经验，王安石像一位导师[②]，通过建策、争辩、说服等使自己的思想得到神宗的认可，并得以推行。这一阶段，神宗与王安石的矛盾较少，王安石在战略决策上处于主导地位，对保守派官僚形成很大的压制。苏轼曾指责曾公亮不能救正朝廷，曾公亮无奈地辩解道：“上与安石如一人，此乃天也。”[③]熙丰变法后期，宋神宗在政治上逐渐成熟，对王安石的信任和倚赖逐渐削弱，君臣二人的矛盾和冲突也逐渐滋长，终至王安石两度罢相，宋廷的边防战略变为以神宗为主导。但总的来说，宋神宗和王安石共同开创了熙丰变法的局面，他们在战略思想上高度一致，体现出积极进取的鲜明特点。

（一）因时尚力的战争观

宋神宗和王安石的战略思想与儒家保守派政治家截然不同，这种不同根本上源于战争观的不同，尤其突出地表现在对“慎战”“义战”思想的不同理解上。

北宋以来，儒家“慎战”思想被推向了一个新的高度，文人学士反对穷兵黩武的同时，也逐渐走入了“逢战必反”的误区，从“慎战”变为“畏战”“避战”。宋神宗和王安石则认为，战争是人类社会的“常事”，不当“以兵为讳”，更不该畏惧兵事。熙宁五年（1072）二月，朝廷讨论边事，文彦博担心与吐蕃发生战争，宋神宗说：“开元号无事，然年年用兵。有天下国家，即用兵亦其常事，但

---

① 《上仁宗皇帝言事书》，《临川文集》卷三十九。

② 按：宋神宗称王安石为“师臣”，参见《续资治通鉴长编》卷二百三十三，熙宁五年五月甲午。

③ 《续资治通鉴长编》卷二百一十五，熙宁三年九月庚子。

久不用兵，故闻用兵即怪骇。”王安石很赞同神宗的意见，认为“自尧、舜、文、武时，何尝以兵为讳，但顾方略何如耳”①。

既然以用兵为常事，就必须承担用兵的风险和代价。王安石说：“如起兵事，则诚难保其无后患。”② 当文彦博提出经略西羌“略近勤远，非义”，“深入险阻，费馈运”时，王安石反驳说：“秦汉已后，事不足论。如《诗》称高宗‘奋伐荆楚，深入其阻’，‘如火烈烈，则莫我敢遏’，非是不入险阻；如火烈烈，其师必众，师众必用粮食，非是不费馈运。”③ 也就是说，若用兵，深入险阻、经济耗费等，都是在所难免的。

文彦博曾提出：“以道佐人主者，不以兵强天下。”这是老子思想的重要观点，常被保守派引为反对王安石“富国强兵”的论据。王安石驳论道：“以兵强天下，非有道也。然有道者，固能柔能刚，能弱能强，方其能强，则兵必不弱。张皇六师，固先王之所务也，但不当专务强兵尔。”④ 也就是说，“以兵强天下”固然非“道”，但“有道者”并不排斥强兵，相反，“有道”则兵必不弱。这些观点与传统儒家、道家极言用兵之害形成了强烈对比，凸显出强烈的现实理性和进取精神，也为王安石变法的强兵、用兵举措提供了理论支撑。

“义利之辩”也是中国古代战争观的重要论题。宋代保守派官僚往往秉持“用国者，义立而王，信立而霸，权谋立而亡”（《荀子·王霸篇》）的观点，将“名”“义”视为战争合理性的唯一标准。宋神宗和王安石则认为，决定用兵与否的关键是利害的考虑和实力的较量，而不是“名”“义”。王安石与宋神宗讨论边防问题时反复提到，君主考虑问题首先应该关注的是利害。他说：“陛下但当论利害，不当探人未必然之私意。”又说：“人主计事，当先校利害。若

① 《续资治通鉴长编》卷二百三十，熙宁五年二月。
② 《续资治通鉴长编》卷二百二十六，熙宁四年八月辛酉。
③ 《续资治通鉴长编》卷二百三十八，熙宁五年九月丁未。
④ 《续资治通鉴长编》卷二百三十六，熙宁五年闰七月壬戌。

利害果合如此，恐不须妄疑。”① 考虑军国大事，先从利害出发，是王安石的基本思想方法，也是他试图影响神宗的重要观念。

注重利害的另一面就是轻视名义。针对是否需要“师出有名”的问题，宋神宗、王安石多次与文彦博等保守派官僚展开争论。熙宁四年（1071）三月，神宗与王安石等论兵：

> 上曰：“兵须有名，如何?”佥以为无名则不可用兵。上曰：“恐但顾力如何，不计有名无名。”安石曰：“苟可以用兵，不患无名。兵非兼弱攻昧，则取乱侮亡。欲加兵于弱昧乱亡之国，岂患无名？但患德与力不足尔!”或以为不尚力。安石曰：“武王称同力度德，同德度义，力同然后度德，德同然后度义。苟力不足，虽有德如文王，尚不免事昆夷。但有德者，终能强大胜夷狄，文王是也。先王于夷狄，力不足则事之，力同则交之，力有余则制之。同力同德，我交之而彼拒我，则我义而彼不义，则我胜矣。”②

在处理与西夏关系问题上，王安石不止一次表示“若力足以制夏国，岂患无辞”③。由此可见，宋神宗和王安石对“兵须有名”“不尚力”等观点不以为然，他们认为，在战争中起决定作用的是“力”。至于是否师出有名，只是找个貌似合理的借口的问题。这一观点无疑是保守派官僚无法容忍的，《续资治通鉴长编》在熙宁四年三月关于“师出有名”的争论后，附注了陈瓘的一段议论：“古人有言曰：‘兵犹火也，弗戢将自焚。’自焚之祸生于用而无名也。神考曰：‘用兵须有名。’可见圣主之本心也。安石曰：‘苟可以用兵，不患无名。’何其言之乖戾也！实不当用，立名而用之，岂王者之兵乎？意欲用兵，则立名而乐杀；意欲殛窜，则立名而妄诛。凡学安

① 《续资治通鉴长编》卷二百二十九，熙宁五年正月己丑。
② 《续资治通鉴长编》卷二百二十一，熙宁四年三月乙未。
③ 《续资治通鉴长编》卷二百三十七，熙宁五年八月壬午。

石而有为者，皆纂述此意。”① 陈瓘为神宗讳，自不待言，他对王安石“用兵不患无名”的批评代表了儒家保守派官僚的一般意见。

宋神宗和王安石还十分强调时机的重要性，主张抓住时机主动出击。宋神宗曾与王安石讨论对夏战略。王安石说：“陛下必欲经略夏国，及秉常幼稚之时，正宜汲汲。古人进德修业欲及时，缘天下事机，变动无穷，及可为之时不可失也。”上曰：“时与机诚不可失。”② 乘敌国衰弱之时进攻，费力少而收功大，也就是宋神宗所谓“图难［于］易，以弭患难”③。可见，在乘机因时的问题上，宋神宗和王安石的观点是一致的。在时机不成熟之时，王安石主张待时而动。熙宁四年（1071），宋廷在对夏前线进筑城寨失利，河东、陕西受扰，庆州兵变，神宗甚至下了罪己诏书。宋神宗认为，建啰兀城等决策并没有错，只因行事仓促才导致失败。王安石却认为，失败的根本原因是时机不成熟。他说：“《易》称：‘君子藏器于身，待时而动。’是以‘动而不括’。今动无成算，又非其时，宜其结括也。先王惟知时，故文王事昆夷。方夷狄未可以兼之时，尚或事之，此乃所以为文王也，岂害其为圣乎！今人材未练，财用未足，风俗未变，政令未行，出一令尚患州县不肯服从，则其未能兼制戎狄固宜。”④

“乘机因时”“待时而动”的思想强调“时”与“机”的重要性，带有强烈的现实功利色彩，与宋儒主流思想强调的不乘人之危、谨守信义等形成了泾渭分明的对立。

王安石重视时机，但并不是投机主义者，他更看重实力。宋神宗曾论及真宗、仁宗时存在削弱契丹的时机，但未能把握住。王安石不以为然，他认为，“且胜夷狄，只在闲暇时修吾政刑，使将吏称职，财谷富，兵强而已。虚辞伪事，不足为也”。正因如此，王安石

① 《续资治通鉴长编》卷二百二十一，熙宁四年三月乙未。

② 《续资治通鉴长编》卷二百三十七，熙宁五年八月壬辰。

③ 《续资治通鉴长编》卷二百二十九，熙宁五年正月己亥。按：中华书局本作“图难易”，结合宋神宗的一贯思想，当为“图难于易”，径改。

④ 《续资治通鉴长编》卷二百二十一，熙宁四年三月壬寅。

以理财为当务之急，他说："未暇理财，而先举事，则事难济。"[①]变法中的各项"理财"措施就是为了修齐内政，为边防奠定物质基础。他曾说："昔魏徵有言：'中国既安，远人自服。'此实至理。自古未有政事修而财用不足、远人不服者。"[②]以内政为边防之本，以理财为治军之基，是传统儒家的基本理念，而注重实力、富国强兵又为兵家所崇尚，在这一点上，宋神宗和王安石的变法具有广泛的思想基础，但是，具体到如何发展和运用实力，制定怎样的战略，变法派和保守派又会出现明显的分歧。

（二）"调一天下，兼制夷狄"的战略思想

王安石没有治边和军旅经验，这是他政治生涯的一个缺憾，他曾对神宗表示，"臣不习边事，每谋议不敢果"[③]。但是，这并未妨碍他成为一位杰出的战略家。王安石非常善于从战略层面考虑问题，在军国大事的处理上表现出卓越的战略思维能力。他多次批评年轻的神宗"不明于帝王大略"[④]，过多关注枝节末事。他一再强调，"大抵能放得广大即操得广大"[⑤]，"能有所纵，然后能有所操；所纵广，然后所操广"[⑥]。在边防问题上，他主张"边鄙事须计大势"[⑦]，"西事稍定，宜经制边防，须先定大计，以次推行，不可临时采众人议论，如此必无成"[⑧]。这里所谓的"大略""大势""大计""放得广大""操得广大"等，都是指宏观的战略谋划。

对于当时的边防形势，王安石分析道："秦汉以来，中国人众，地垦辟未有如今日。四夷皆衰弱，数百年来，未有如今日。天其或者以中国久为夷狄所侮，方授陛下以兼制遐荒，安强中国之事。"[⑨]

---

① 《续资治通鉴长编》卷二百二十，熙宁四年二月庚午。
② 《续资治通鉴长编》卷二百二十，熙宁四年二月辛未。
③ 《续资治通鉴长编》卷二百一十五，熙宁三年九月乙未。
④ 《续资治通鉴长编》卷二百二十九，熙宁五年正月壬寅。
⑤ 《续资治通鉴长编》卷二百三十六，熙宁五年闰七月戊申。
⑥ 《续资治通鉴长编》卷二百三十七，熙宁五年八月丁酉。
⑦ 《续资治通鉴长编》卷二百三十二，熙宁五年四月辛未。
⑧ 《续资治通鉴长编》卷二百二十九，熙宁五年正月己酉。
⑨ 《续资治通鉴长编》卷二百三十八，熙宁五年九月丙午朔。

也就是说，从中原民族与四夷斗争的历史来看，辽和夏都不是最强盛的少数民族政权，而宋神宗励精图治，具有开疆拓土的雄心，如果措置得宜，完全可以“调一天下，兼制夷狄”①，恢复汉唐旧疆。这既是他对宋神宗的期许，也是他自己为之努力的战略目标。

熙宁五年（1072），王安石提出了对夏积极进攻，对辽务求安静的边防战略。他说：“臣窃观方今四夷，南方事不足计议，惟西方宜悉意经略，方其国弱主幼，又无纪律，时不可失。经略西方，则当善遇北方，勿使其有疑心，缘四夷中强大未易兼制者，惟北方而已。臣愿陛下于薄物细故，勿与之校，务厚加恩礼，谨守誓约而已。”②

在这一战略中，西夏是主要方向，当进攻。经略西夏是熙宁以来的一贯方针。熙宁初，宋试图在横山与熙河两个方向对西夏形成环形攻势。第一次横山之役失败后，宋将重点放在了开拓熙河上。王安石对开拓熙河给予了鼎力支持。这一方面是因为熙河较易攻取。他说：“凡经略边夷，当从事于易。”③ 开拓熙河正是一个合适的突破口。另一方面是因为熙河战略地位重要，一旦控制熙河地区，就会对西夏构成严重威胁。正如王韶在《平戎策》中所说，收复河湟地区，“为汉有肘腋之助，且使夏人无所连结”④。

辽是次要方向，当防守。王安石认为，从全局上看，宋经略西夏，不宜与辽两面作战。从实力对比看，宋也不具备战胜辽的条件，况且辽并无大举侵宋的动机，边境争端只是一种防御姿态而已。因此，他主张对辽待以“柔静”，必要时甚至可以妥协退让。熙宁五年秋，辽扬言在拒马河以南安置口铺，文彦博、蔡挺等主张力争，不惜一战。王安石则认为，“于小事不宜与争，以生其疑隙”⑤，“既欲以柔静待之，即宜分明示以不争，假令便移口铺，不与争亦未妨大

---

① 《续资治通鉴长编》卷二百二十九，熙宁五年正月壬寅。
② 《续资治通鉴长编》卷二百三十六，熙宁五年闰七月己巳。
③ 《续资治通鉴长编》卷二百三十六，熙宁五年闰七月戊辰。
④ 《宋史》卷三百二十八《王韶传》。
⑤ 《续资治通鉴长编》卷二百三十五，熙宁五年七月戊子。

略"[1]。反对派后来抓住这件事大做文章，将王安石描述成主张弃地的投降派，[2] 这成为王安石政治生涯中一个重要污点。姑且不论史料篡乱、多有矛盾之处，单从王安石"兼制夷狄"的总体边防战略来看，他主张对辽"能弱以息边警"[3]，甚至声称失去雄州也无所谓，并不是妥协投降，而是服从于战略全局的策略上的退却，是超越一时一事得失的"远谋"，目的是取得最终的全局性的胜利，即"要我终有以胜之而已"[4]。

在实践层面上，宋神宗和王安石的对夏战略取得了很大成绩，"神宗始用师于西方，历哲宗、徽宗，遂渐夺其横山之地，又旁取熙河、湟、鄯以制之"[5]。但在学术层面上，他们的战略思想继承了传统兵学中的功利主义成分，主张积极进攻、强兵胜战，这与传统儒家迥然不同，因而受到保守派官僚的批评和抵制。熙丰变法失败后，以司马光为首的保守官僚开始肃清这一积极进取战略的思想影响。

二、北宋末期司马光等保守派的防御战略思想

熙丰变法期间，在宋神宗、王安石积极推行进攻战略的同时，朝野上下一直存在着一股强大的反对力量，我们姑且称之为保守派。保守派并非一个严格意义上的派别，其成员的观点也并非完全一致。大体而言，保守派在政治上是王安石变法的反对者，在军事上是宋神宗与王安石战略思想的批判者。在宋神宗、王安石积极进攻战略思想的刺激下，他们深入阐发儒家传统的民族观和战争观，主张维持和平，实行防御战略，其军事思想体现出明显的道德主义与和平

---

① 《续资治通鉴长编》卷二百三十六，熙宁五年闰七月戊申。

② 按：熙宁六年冬，契丹派使臣，要求重新划分蔚、应、朔三州地界，宋最终将古长城以北地区割让予辽。邵伯温《邵氏闻见录》认为失地是因为王安石主张弃地。《续资治通鉴长编》卷二百六十二，熙宁八年四月叙此事较详。

③ 《续资治通鉴长编》卷二百三十六，熙宁五年闰七月丙辰。

④ 《续资治通鉴长编》卷二百三十八，熙宁五年九月丁未。

⑤ 《建炎以来朝野杂记》乙集卷十九。

主义特点。

（一）从“慎战”“义战”到和平主义

宋神宗、王安石等变法派与保守派战略思想的分歧根源于战争观的不同。与宋神宗、王安石“因时尚力”的战争观不同，保守派继承并发展了儒家“慎战”“义战”思想，并以之为批评变法派进攻战略的思想武器。

神宗即位之初，将薛向主张进攻西夏的奏疏交给枢密使文彦博，请他予以评判。文彦博说：“兵者，大事，不可轻言之。古人论兵，至慎至重。如向云取横山如反掌，捕西贼若设置掩兔，谋虽可采，言亦似轻，诚愿慎之重之。”[①] 文彦博的观点代表了保守派政治家的基本态度，即对于一切战争行为，都要慎之重之。主张“慎战”固然没有错，但保守派强调“慎战”的理由却与变法派存在严重分歧。

苏轼代张方平作《上神宗谏用兵》，文中说：

> 臣闻好兵犹好色也。伤生之事非一，而好色者必死；贼民之事非一，而好兵者必亡。此理之必然者也。夫惟圣人之兵皆出于不得已，故其胜也，享安全之福；其不胜也，必无意外之患。后世用兵皆得已而不已，故其胜也，则变迟而祸大；其不胜也，则变速而祸小。是以圣人不计胜负之功，而深戒用兵之祸。[②]

苏轼文中讲到了“慎战”的几点理由：一是战争势必造成人员的伤亡，致使死伤愁怨；二是战争耗费巨大，会导致府库空虚，公私困窘；三是战争压力可能激起国内民众起义。其中既有利害的权

---

① 文彦博：《条奏薛向利害》，《潞公文集》卷十八，文渊阁《四库全书》本。

② 《续资治通鉴长编》卷二百八十六，熙宁十年十二月；参见《宋朝诸臣奏议》卷一百二十一《上神宗谏用兵》、《东坡全集》卷六十六《代张方平谏用兵书》。宋人类似论用兵之害的言论很多，参见范纯粹《上神宗论西师不可再举》，《宋朝诸臣奏议》卷一百三十八。

衡，也有儒家仁政的道德要求。

既然战争不可避免而又危害巨大，那么，什么样的仗可以打，什么样的不能打呢？保守派主张的是“不得已”的战争，换言之，就是不能主动发起战争。如果敌人来犯，防御性的战争是正当的、合理的。如果敌人没有来犯，主动进攻，就属于“好兵”的范畴。再进一步讲，防御战争的限度是什么呢？如果能够以金钱换和平，通过“赂敌”避免战争，或者战而不胜，失地献金而得的和平是否可取呢？对于这个问题，保守派的答案是肯定的。真宗、仁宗时期与夏、辽的和议，被朝议颂为皇帝“屈己之愧小”“爱民之仁大”①，就很好地说明了这一点。

保守派主张“慎战”，也与他们的儒家民族观念互为表里。首先，华夏为内，夷狄为外，内是根本，外是枝叶。如果对外用兵严重影响到国内的人民生活和统治秩序，当以安定内部为重，慎于边事。正如哲宗时的殿中侍御史吕陶所说：“臣闻朝廷之安危，不系于疆土之广狭；中国之盛衰，不在于夷狄之违顺。取与守，难易不同其术；内与外，轻重各异其宜。知守之为难，则不敢易于所取；知内之为重，则不忍轻于事外。此得失成败之机。”② 保守派对内外关系的这种考虑，强调的是内与外的对立，安内重于攘外，攘外影响安内，呈现出与变法派不同的旨趣。

其次，夷狄强悍，难以战胜。司马光说：“戎狄之俗，自为儿童则习骑射，父子兄弟相与群处，未尝讲仁义礼乐之言也，唯以诈谋攻战相尚而已。故其民习旅用兵，善忍饥渴，能受辛苦，乐斗死而耻病终。此中国之民所不能为也。是以圣王与之校德，则有天地之殊；与之校力，则未能保其必胜也。”他还历数中原王朝历史上与北

---

① 司马光著，王根林点校：《北边札子》，《司马光奏议》卷十八，山西人民出版社，1986 年。

② 《上哲宗请以兰州二寨封其酋长》，《宋朝诸臣奏议》卷一百三十八。

方民族的战争，来证明“征伐之与怀柔，利害易见矣”。[①] 他主张放弃已经取得的横山诸寨，一个重要的理由就是担心西夏报复；而更重要的是，这种观点并非司马光所独有，而是当时保守派的普遍认识。

再次，征伐四夷有害无利。保守派认为，周边民族政权与中原不同，“得其人不足增赋，获其土不可耕织”[②]。司马光主张放弃横山诸寨的理由就是：“此数寨者，皆孤僻单外，难于应援，田非肥良，不可以耕垦，地非险要，不足以守御。中国得之，徒分屯兵马，坐费刍粮，有久戍远输之累，无拓土辟境之实。此众人所共知也。”[③] 文彦博更是尖锐地指出，守卫新占领地区是“困竭中国生民膏血，以奉无用之地”[④]。

保守派的民族观基于儒家传统思想，又有进一步的发展。他们更多地强调对外用兵对内政的危害，将“安内”与“制外”对立起来，主张“和戎”，反对用兵，“慎战”逐渐变为“避战”“反战”。

“义战”思想最主要的一点，就是要师出有名、讲究信义。如上文所述，宋神宗、王安石与保守派就名义问题多次交锋，这是变法派与保守派军事思想的一个重要分野。保守派认为，“帝王之道，唯信为大”[⑤]，“善为国者，贵义而不尚功，敦信而不求利，非不欲功利也，以为弃义与信，虽一快于目前，而岁月之后，其害将有不可胜言者矣”[⑥]。保守派的“义战”思想在神宗时是否招纳横山以及哲宗时是否归还所得西夏土地两事上表现得很突出。概括而言，他们所谓“义战”主要有以下几层意思。其一，先开衅端不义。治平四

---

① 《横山疏》，《司马光奏议》卷二十三；参见《上神宗论纳横山非便》，《宋朝诸臣奏议》卷一百三十六。

② 《资治通鉴》卷二百六《唐纪二十二》，神功元年，狄仁杰语。

③ 《论西夏札子》，《司马光奏议》卷三十五；参见《上哲宗乞还西夏六寨》，《宋朝诸臣奏议》卷一百三十八。

④ 《论西边事》，《潞公文集》卷二十六。

⑤ 杨绘：《上神宗论种谔擅入西界》，《宋朝诸臣奏议》卷一百三十七。

⑥ 苏辙：《上哲宗论不可失信夏人》，《宋朝诸臣奏议》卷一百四十。

年（1067），时为枢密使的文彦博主张归还绥州，理由是，“谅祚称臣奉贡，今忽袭取其地无名，请归之”①。司马光、郑獬也都持这种观点。② 其二，夺人之地不义。如司马光认为：“灵夏之役，本由我起，新开数寨，皆是彼田。”③ 苏辙甚至奋激地说：“今乃割其土地，作为城池，以自封殖，虽吾中国之人，犹知其为利而不知其为义也。曲直之辨，不言可见。”④ 其三，因人之祸不义。宋神宗、王安石主张乘西夏衰弱之机“图大于细，为难于易”⑤，在保守派看来，这属于不义之举。其四，恪守信义可使夷狄向化。司马光认为，弃地与夏，夏人“忽被德音，出于意外，虽禽兽木石，亦将感动，况其人类，岂得不鼓舞抃蹈，世世臣服者乎？”⑥ 苏辙、文彦博等也持此论。⑦ 其五，是非曲直可以决定战争胜负。苏辙是元祐弃地的坚决主张者，他认为，万一西夏得地后继续内犯，“使中国之士知朝廷弃已得之地，含垢为民，西戎背恩，彼曲我直，人怀此心，勇气自倍，以攻则取，以守则固，天地且犹顺之，而况于人乎！”⑧

保守派高举“义战”的旗帜，与宋太宗以来的反战主和论一脉相承，正如司马光所谓“道大体正，万全无失”⑨。但以这一思想指导现实军事斗争，却不可避免地“失大于得”。因为当保守派以“信义”约束攻势行动时，就将战争的主导权交到了“夷狄”手中。如果“夷狄”不守信义而进犯，防御作战是合理的；一旦“夷狄”

---

① 《续资治通鉴长编拾补》卷二，治平四年十一月。

② 参见司马光：《横山札子》，《司马光奏议》卷二十三；郑獬：《上神宗论种谔擅入西界》，《宋朝诸臣奏议》卷一百三十六。

③ 《论西人请地乞不拒绝札子》，《司马光奏议》卷三十八。

④ 《上哲宗乞因夏人纳款给还其地》，《宋朝诸臣奏议》卷一百三十九。

⑤ 《续资治通鉴长编》卷二百七十六，熙宁九年六月丁亥。

⑥ 《论西夏札子》，《司马光奏议》卷三十五；参见《上哲宗乞还西夏六寨》，《宋朝诸臣奏议》卷一百三十八。

⑦ 参见苏辙：《上哲宗乞因夏人纳款给还其地》，《宋朝诸臣奏议》卷一百三十九；文彦博：《论西边事》，《潞公文集》卷二十六。

⑧ 《上哲宗乞因夏人纳款给还其地》，《宋朝诸臣奏议》卷一百三十九。

⑨ 《乞抚纳西人札子》，《司马光奏议》卷三十七。

停止进攻，主动出击就是“不义”之举。这就使边防战略陷入僵化状态，缺少弹性和主动性，无法抢占先机，造成有利之势。

（二）“来则御战，去则备守”的战略思想

保守派并未提出明确的边防战略，但作为宋神宗、王安石进攻战略的反对者，他们以维护边境和平现状为目标，其战略思想表现出鲜明的防御性。

富弼论及与辽边境争端时说：“彼若万一入寇，事不得已，我持严兵以待之，来则御战，去则备守。此自古中国边防之要也。”① 司马光论边防说：“王者之于诸侯，叛则讨之，服则抚之。是以诸侯怀德畏讨，莫不率从。”② 这些观点源自儒家经传，也是太宗朝以降保守派政治家一贯秉持的立场，其实质就是防御战略。

苏轼曾经对宋神宗论主客。他说：“兵先动者为客，后动者为主，主常胜客，客常不胜，治天下亦然。”所谓“主”“客”，有行动的先后之别，也有进攻和防御之异，苏轼将二者的优劣上升到规律性的高度，就是为了强调防御的合理性。宋神宗就他这段话征求王安石的意见。王安石说：“轼言亦是，然此道之经也，非所谓道之变。圣人之于天下，感而后应，则轼之言有合于此理。然事变无常，固有举事，不知出此，而圣人为之倡发者。譬之用兵，岂尽须后动然后能胜敌！顾其时与势之所宜而已。”神宗对王安石的意见颇为赞许，称“卿言如此极精”。③ 王安石强调“时”与“势”的变化，以及决策者“为之倡发”的进取精神，体现在军事上，就是积极主动的进攻战略。宋神宗、王安石与保守派战略思想的分歧由此可见一斑。

从根本上说，保守派防御战略与宋神宗、王安石进攻战略的歧异，是宋儒“王霸之辨”在军事战略上的体现。在保守派看来，宋神宗与王安石讲求富国强兵是行霸道，与儒家“仁政”“信义”“柔

---

① 《上神宗答诏问北边事宜》，《宋朝诸臣奏议》卷一百三十七。

② 《上神宗论纳横山非便》，《宋朝诸臣奏议》卷一百三十六。

③ 《续资治通鉴长编拾补》卷四，熙宁二年五月。

远怀来”等王道政治理念背道而驰。元祐五年（1090），当苏辙的弃地主张遭遇阻力时，他上书说：“臣闻善为国者，贵义而不尚功，敦信而不求利，非不欲功利也，以为弃义与信，虽一快于目前，而岁月之后，其害将有不可胜言者矣。”针对主政大臣“背信弃义”的行为，他气愤地指出：“臣切怪大臣皆一时儒者，而皆弃所学，贪求苟得，为国生事，一至于此。”① 儒学王道思想的深度渗透，使保守派的边防战略带有浓重的道德主义和理想主义色彩，同时也不可避免地呈现出迂远不切实际的特点。

宋神宗熙宁、元丰年间，保守派的边防战略虽然没有产生根本性的影响，但也经常作为有力的异见存在，制衡着宋廷的战略决策。例如，当王韶在西北前线的战事遇到困难时，朝廷中出现了弃河湟之议，“论者欲乘此弃河湟，上亦为之旰食，数遣中使戒韶驻熙州，持重勿出。且谕高遵裕，令退保临江”②。熙宁七年（1074），范纯仁赴任庆州，过阙入觐，君臣之间的对话颇可玩味：“上见之甚喜，曰：‘卿父在庆州甚有威名，卿今继之，可谓世职也。’纯仁顿首谢曰：‘臣不肖，何足以继先臣，但以陛下过听，误使承乏耳。’上问曰：‘卿兵法必精?’对曰：‘臣素儒家，未尝学兵法。’又问：‘卿纵不学兵法，卿久随侍在陕西，必亦详熟边事?’对曰：‘臣随侍时年幼，并不复记忆，兼今日事体与昔时不同。’纯仁度必有以开边之说误上者，因进言：‘臣不才，陛下若使修缮城垒，爱养百姓，臣策疲驽不敢有辞。若使臣开拓封疆，侵攘夷狄，非臣所长，愿别择才帅。’”③ 范纯仁作为范仲淹之子，神宗显然希望他在边事上有所作为，但范纯仁既否认自己知兵法，也否认自己知边事，委婉地表达了对神宗开拓封疆的保留意见。范纯仁的态度代表了保守派对进攻战略的基本立场。

---

① 《上哲宗论不可失信夏人》，《宋朝诸臣奏议》卷一百四十。

② 《续资治通鉴长编》卷二百五十二，熙宁七年四月丁酉；参见同书卷二百五十一，熙宁七年三月壬寅。

③ 《续资治通鉴长编》卷二百五十七，熙宁七年十月癸巳。

神宗去世后，在司马光、范纯仁、苏辙等的强力推动下，保守派的防御战略得以推行，边防转为防御，防线内缩，之前占据的地区甚至主动退出。但是，弃地求和并未起到他们所预期的怀化作用，彼曲我直也没能收到克敌制胜的效果。相反，西夏求取无厌，不断侵扰宋境。正如曾主张弃地的范纯粹所总结的那样："元祐以来，朝廷之所以御夏人处边画者，莫非以礼义为本，以恩信为先。虽彼屡肆跳梁，边民被害，而一切容贷，期于息兵。然六七年间，戍边之卒未尝减损，金谷之费未尝省羡，备御之计未尝简弛，彼乃愈益猖狂，边患滋甚。"①

"弃地求和"的失败迫使宋廷不得不调整边防战略。元祐八年（1093）九月，哲宗亲政，重新起用章惇、曾布等变法派，罢黜范纯仁、苏辙等保守派，对夏战略再度由防御转为开拓进取。此后至北宋末年，边防战略屡有变动，宋廷内部也一直存在着进攻与防御的争论，但双方的立论大体不出王安石、司马光等所论范围。

以宋神宗、王安石为代表的变法派与以司马光、文彦博等为代表的保守派的论争，是两种不同战略思想的交锋。随着政治局势的变化，这两种战略思想都有机会付诸实践，其利弊得失也得到了较充分的展现。这两种战略思想激烈博弈的结果，使北宋的边防战略在不断反复中进退失据，失去了应有的稳定性，北宋的国力军力也在这一过程中损耗殆尽。

第五节　南宋抗金作战的战略指导

靖康二年（1127）五月，康王赵构在南京（今河南商丘）即帝位，改元建炎，史称"南宋"。南宋建国后的一百年中，一直与金南北对峙，双方时战时和，疆界大体维持在秦岭—淮河一线。对于南

① 《续资治通鉴长编》卷四百六十六，元祐六年九月辛亥。

宋而言，高宗前期的战略问题是如何建立防线，抵御金人南侵。随着政权逐渐稳固，是否出师“北伐”、恢复中原就成为南宋朝野最关注的议题。因此，战、守、和的冲突是贯穿南宋王朝始终的“国是”，也是南宋抗金战略的主线。

一、建炎年间抗战与求和两条路线的斗争

南宋建立伊始，宋高宗着手任命宰执，组建中央政府。鉴于李纲在开封保卫战中的功勋和声望，高宗任命他为右相，八月，升任左相，以黄潜善为右相，以汪伯彦为同知枢密院事。围绕战、守、和的战略方针问题，以宋高宗、黄潜善、汪伯彦等为首的主和派与以李纲、宗泽为首的主战派的矛盾很快凸显出来。

主战派与主和派的首要分歧是对金方针问题。李纲在拜相次日便上书高宗论十事，其中第一项即“议国是”。他说：“和、战、守，三者一理也。虽有高城深池，弗能守也，则何以战？虽有坚甲利兵，弗能战也，则何以和？以守则固，以战则胜，然后其和可保。不务战守之计，惟信讲和之说，则国势益卑，制命于敌，无以自立矣。”他认为：“为今之计，莫若一切罢和议，专务自守之策。而战议，姑俟于可为之时。”① 至于靖康被掳的徽、钦二帝，只要国势强盛，不待迎而自回，否则，即便卑辞厚礼，也无济于事。② 李纲的主张从现实出发，强调“自治”“自守”，待准备充分再大举反攻。当时，金军仅占领了河东、河北十余个府、州、军，“自守”就是积极争夺和巩固中原地区。但是，宋高宗、黄潜善、汪伯彦等却没有抗金的勇气和决心，企图用妥协投降换得一席之地。他们声称，二帝被掳在金，坚持抗战会使二帝遇害，因此不断以“通问二帝”为名，派使者到金朝试探，希望据“靖康誓书”，与金画河为界。

主和派与主战派争执的另一个焦点是建都问题。黄潜善、汪伯彦等主张“巡幸东南”，将都城迁至建康（今江苏南京）。李纲则认

---

① 《议国是》，《梁溪集》卷五十八。

② 《建炎进退志总叙三》，《梁溪集》卷一百七十六。

为，开封是“宗庙社稷之所在，天下之根本”，不宜轻言放弃。开封战后残破，可以长安为西都，襄阳为南都，建康为东都，使金人难以选择进攻目标。宗泽则主张高宗驻跸长安，以系天下之望。建都之争的实质并非哪个城市之争，而是放弃中原还是坚守中原的路线之争。

主和派与主战派的另一个重要分歧在于对民间抗金武装的认识。在金军内侵过程中，各地民众纷纷武装起来，形成了很多支大大小小的义军。李纲、宗泽认为，两河地区的义军是实现中兴的根基，应给予鼓励和扶持。黄潜善、汪伯彦等却认为，民间抗金武装是“盗贼”，是朝廷的心腹之患，建议高宗罢免各路义军领袖。

在李纲的坚持下，南宋做了一些抗金部署，以张所为河北西路招抚使，以傅亮为河东经制副使，以宗泽为东京留守，以范讷为南京留守，以钱盖为陕西经抚使。同时，分派数军北进，收复了河间、雄州、滋州、相州等地。李纲还提出了其他一些加强战备的主张，如，在河北、河东建立藩镇；沿河、沿淮建置帅府，分守要点；治城壁、修器械、教水军、习车战，阻遏金军南下；在两京、关陕及河北流民中募兵各十万人，轮番戍卫行在；购置马匹以扩充骑兵；号召民间组织“忠义巡社”，劝富民出钱助军，等等。但是，由于宋高宗、黄潜善等坚持逃亡东南，主和派很快占据上风。他们攻击李纲“为金人所恶，不宜为相”，指责“募兵、买马”等为“骚扰”，李纲任宰相仅七十五天就被罢免，宋高宗率南宋朝廷逃至扬州，相当于放弃了中原地区。

李纲被罢，宗泽成为主战派的代表。从建炎元年（1127）六月到翌年五月，宗泽先后二十四次上书，请求高宗回銮开封，主持抗金大计。他在建炎二年（1128）五月上书，提出了具体的战略规划：“臣自留守京师，夙夜匪懈，经画军旅，近据诸路探报，敌势穷促，可以进兵。臣欲乘此暑月，遣王彦等自滑州渡河取怀、卫、浚、相等处，遣王再兴等自郑州直护西京陵寝，遣马横等自大名取洺、赵、真定，杨进、王善、丁进、李贵等诸头项各以所领兵分路并进。既过河，则山寨忠义之民相应者不啻百万，契丹汉儿亦必同心歼殄金人。”① 然而，宗泽的呼吁并未唤得高宗回銮，他积忧成疾，抱恨而亡，临终“连呼‘过河’者三”。

宗泽去世后，宋廷以杜充继任东京留守，诫以“遵禀朝廷，深戒妄作，以正前官之失”②。中原战势急转直下，金军很快控制了河北、河东以及中原地区。李纲去位，宗泽去世，标志着主战派在路线之争中失败，直接导致了南宋偏安东南的结局。正如吕中在《大事记》中所说：

> 中兴之初，纲在内，泽在外，此天拟二人以开建绍之业者也。而纲为汪、黄所沮，才七十五日而去位，岂非天耶？泽为汪、黄所沮，未及一年而愤死，又岂非天耶？纲罢而汪、黄相于内，泽死而杜充继于外，天下事一变矣。纲在位，则措置两河，兵民稍集；纲去，则经制、招抚罢，而两河无兵矣。纲在位，则伪臣叛党，稍正典刑；纲去，则叛臣在朝，而政事乖矣。纲在，则泽志行；纲去，则泽志沮。泽在，则盗可为兵；充守，则兵皆为盗。泽在，则粘罕逃遁；充用，则金至维扬矣。内无纲，外无泽，此建炎之失其机，则汪、黄二人为之也。③

吕中将建炎失机的责任加诸黄潜善、汪伯彦，并不公允。实际上，宋高宗才是主和派真正的首领。建炎初年，高宗仓皇逃窜，不停遣使向金求和，自然无心组织有效的防御，更不用说收复失地。建炎四年（1130），张浚发起经略川陕的攻势行动，但由于战略指导的失误，在富平之战中惨败，金军乘势尽取关中之地。偏守江淮以南，成为南宋疆域的基本格局。

---

① 《奏乞回銮仍以六月进兵渡河疏（第二十四次奏请）》，《宗泽集》卷一，浙江古籍出版社，1984 年。

② 《建炎以来系年要录》卷十六，建炎二年七月甲辰。

③ 《建炎以来系年要录》卷二十，建炎三年二月己巳注引。

二、绍兴和议与岳飞的抗金战略

（一）绍兴和议

建炎四年（1130）以后，宋金战势发生明显变化。南宋逐渐整顿军队，建立起较为严密的防御，加之江淮地区河湖密布，不利骑兵驰骋，气候卑湿，金军将士水土不服，沿途受到南宋军民阻击，金军三次大举南侵，并未能成功追歼宋高宗，反而险象频出。在江淮地区，建炎四年，陈思恭败金人于吴江，险些擒获金兀术。韩世忠在黄天荡阻截北归金军，长达月余。绍兴四年（1134），岳飞收复襄阳六郡，韩世忠取得大仪镇之战的胜利。在川陕地区，富平之战后，宋军相继取得和尚原、饶风关、仙人关之战的胜利，遏制了金军由陕入川的企图。这些都充分说明，宋金双方逐渐形成了战略均势。

金朝统治者认识到难以在短期内灭亡南宋，转而实行“以和议佐攻战，以僭逆诱叛党”[①] 的策略，一面扶植刘豫建立伪齐政权，统治河南、关陕地区，一面释放出讲和的信号。此时的宋高宗，不顾形势的有利变化，依然主张讲和，“仅令自守以待敌，不敢远攻而求胜”[②]。建炎四年，羁留金朝的前御史中丞秦桧归宋，极力鼓动议和，与高宗一拍即合，不数月间，由礼部尚书升任宰相。然而，秦桧急于求和，提出“南人归南，北人归北”之策，遭到朝臣一致反对。绍兴二年（1132），秦桧被贬出朝廷，主和之风暂时受到遏制。

绍兴七年（1137），金主和派完颜昌（挞懒）掌权，十一月，废除伪齐政权，十二月，释放宋使王伦，让他“好报江南，既道途无壅，和议自此平达”，宋高宗闻讯“大喜”。[③] 绍兴八年（1138），高宗再次起用秦桧为右相兼枢密使，不许群臣干预，加紧推动议和。

在议和过程中，金使极为倨傲，对宋不称国号而称“江南”，文

---

① 《大金国志校证》卷七《太宗文烈皇帝五》。

② 《鄂国金佗稡编》卷十二，《乞本军进讨刘豫札子》。

③ 《建炎以来系年要录》卷一百一十七，绍兴七年十二月癸未。

书不云“通问”，而称“诏谕”，而且要求宋高宗跪拜受诏，称臣纳贡。金人的苛刻无礼激起了宋廷群臣的激烈反对。吏部侍郎晏敦复、户部侍郎李弥远等八人同班入对，奏称：“伏见今日屈己之事，陛下以为可，士大夫不以为可，民庶不以为可，军士不以为可，如是而求成，臣等窃惑之。”① 枢密副使王庶七次上书、六次面见高宗，切陈和议之弊。枢密院编修官胡铨上书，要求斩王伦、孙近、秦桧之首以谢天下。② 武将也纷纷抗议，主管殿前司公事杨沂中、权主管马军司公事解潜、权主管步军司公事韩世良到都堂面见秦桧，表示反对议和。韩世忠多次上书，力陈和议之非，请求朝廷举兵决战，表示“兵势最重处，臣请当之”③。他还欲劫持金使张通古以破坏和议。岳飞也坚决反对和议，在朝见高宗时尖锐指出：“金人不可信，和好不可恃，相臣谋国不臧，恐贻后世讥议。”④

但是，宋高宗的主和之意十分坚定。王伦还朝之前，高宗已经表示：“朕以梓宫及皇太后、渊圣皇帝未还，晓夜忧惧，未尝去心。若敌人能从朕所求，其余一切非所较也。”⑤ 绍兴八年（1138）正月，宰相赵鼎言：“士大夫多谓中原有可复之势，宜便进兵。恐他时不免议论，谓朝廷失此机会，乞召诸大将问计。”高宗答复道：“不须恤此。今日梓宫、太后、渊圣皇帝皆未还，不和则无可还之理。”⑥ 当朝议汹汹之时，高宗更是辞色俱厉地表示：“士大夫但为身谋，向使在明州时（按：此指建炎四年金兵陷明州，高宗逃难海上），朕虽百拜亦不复问矣。”⑦

在宋高宗和秦桧的极力推动下，绍兴九年（1139）正月，宋金

---

① 《建炎以来系年要录》卷一百二十四，绍兴八年十二月己卯；参见同书是月庚午条。

② 《建炎以来系年要录》卷一百二十三，绍兴八年十一月丁未。

③ 《宋史》卷三百六十四《韩世忠传》。

④ 《宋史》卷三百六十五《岳飞传》。

⑤ 《建炎以来系年要录》卷一百一十七，绍兴七年十二月癸未。

⑥ 《建炎以来系年要录》卷一百一十八，绍兴八年正月乙巳。

⑦ 《建炎以来系年要录》卷一百二十四，绍兴八年十二月戊寅。

达成协议：宋对金称臣，每年向金纳贡银二十五万两、绢二十五万匹；金归还原由伪齐统治的河南、陕西之地和徽宗梓宫及高宗生母韦太后。

绍兴九年（1139）秋，金国内政局发生剧变，完颜昌被杀，完颜宗弼（兀术）掌权。绍兴十年（1140）五月，金军败盟南下，很快占领河南之地。宋军组织反击，刘锜坚守顺昌（今安徽阜阳），打败完颜宗弼亲率的十万大军；韩世忠和吴璘也分别在淮南、川陕抵挡住了敌人的进攻。然而，宋廷依然主和议，阻止他们乘势反击。此时，岳飞已部署北上，他不顾朝廷班师之命，继续北进，先后取得郾城、颍昌大捷，前锋一直打到开封附近的朱仙镇。在数战告捷的形势下，岳飞提出乘势全线反攻，收复中原。他上书说："此正是陛下中兴之机，乃金贼必亡之日，若不乘势殄灭，恐贻后患。伏望速降指挥，令诸路之兵火急并进，庶几早见成功。"① 但是，宋高宗决意议和，要求岳飞"措置班师"，还将淮北的张俊、韩世忠军全部撤到淮南，造成岳家军孤军深入的困境。在一日十二道金牌的迫令下，岳飞不得不奉诏班师。

绍兴十一年（1141）十一月，宋金再次订立和议：宋向金称臣；双方以淮河为界，东起淮水中流，西至大散关（今陕西宝鸡西南）；宋割唐、邓二州和商、秦二州之半予金；宋每年向金纳贡银二十五万两、绢二十五万匹。这就是第二次"绍兴和议"。和议达成后，宋廷旋即以"莫须有"的罪名杀害了岳飞。

（二）岳飞的抗金战略

从绍兴初年至第二次绍兴和议订立，与宋高宗主和之议截然对立的就是岳飞的恢复之略。岳飞在南宋五大帅中，资历最浅，但军功最卓著，所统岳家军纪律最严明，战斗力最强，以至金人有"撼山易，撼岳家军难"的感叹。岳飞不仅治军有方、英勇善战，而且极具爱国情怀，坚决主张抗击金军、恢复中原。在十余年的抗金战争实践中，他逐渐形成了较为成熟的恢复中原的战略思想。尽管由

---

① 《鄂国金佗稡编》卷十二，《乞乘机进兵札子》。

于秦桧党羽对史料蓄意改窜、删削，我们难以窥见岳飞战略思想的全貌，但从现存史料中，仍可见其荦荦大端。

其一，以襄阳为恢复中原的基地。岳飞敏锐地意识到襄阳的重要战略地位，他说："襄阳六郡，地为险要，恢复中原，此为基本。"① 因此，他屡次上书朝廷，建议进兵襄阳。绍兴四年（1134），岳飞率军从鄂州渡江北上，陆续收复郢州、襄阳、随州、唐州、邓州、信阳军等地。收复襄阳六郡后，岳飞积极巩固防务、发展生产：在要地屯兵驻守，整治城壁楼橹等防御设施；召集流亡，劝课农桑，使遭战乱破坏的经济逐渐恢复；实行军屯，"使戎伍攻战之暇，俱尽力南亩，无一人游闲者"。经过数年经营，襄阳地区"流民尽归，田野日辟，委积充溢，每岁馈运之数，顿省其半"②，成为反攻中原的重要战略基地。

其二，"连结河朔"的战略方针。绍兴七年（1137），岳飞在觐见高宗前曾与幕僚黄纵讨论恢复中原之略。黄纵说："取中原非奇兵不可，……宣抚之兵，众之所可知可见者，皆正兵也。奇兵乃在河北。"岳飞听罢大喜："此正吾之计也。相州之众，尽结之矣。……一朝众起，则为旗帜也。今将大举，河北响应，一战而中原复矣。"③ 岳飞和黄纵所谓的"奇兵"，就是指中原民众和义军。

岳飞经常派人联络两河义军，绍兴五年（1135）冬，义军首领梁兴抵达鄂州，岳飞留其在军中任职，进一步加强了与义军的联系。绍兴十年（1140），幕僚高颖自告奋勇，请求措置河北、河东、京东三路忠义民兵，"裨赞岳飞十年连结河朔之谋"④。是年岳家军北伐，中原义军积极配合，袭击金军，切断道路，克复很多州县。据梁兴给岳飞的报告，河北抗金义军已达四十余万人，均以"岳"字为旗，期盼大军早日渡河。

---

① 《鄂国金佗稡编》卷十，《乞复襄阳札子》。
② 《鄂国金佗稡编》卷九，《经进鄂王行实编年卷六·遗事》。
③ 《鄂国金佗续编》卷二十七，《百氏昭忠录卷十一》，黄元振之文。
④ 《鄂国金佗续编》卷十，《令措置河北河东京东三路忠义军马省札》。

“连结河朔”是对李纲、宗泽等联合义军思想的继承和发展，既体现了岳飞对中原人民朴素的民族情感，也体现了他作为军事家的雄才大略。恢复中原，如果没有中原民众的支持，很难成功，即便短期获胜，也难以久守。

其三，“直捣中原”的战略构想。绍兴四年（1134）收复襄阳后，岳飞认为，宋金形势已发生逆转，主张乘机反攻中原，“以精兵二十万直捣中原，恢复故疆”①。这年秋天，伪齐与金合力南侵，被宋军击退。高宗见和谈无望，加以被岳飞等的胜绩所鼓舞，一度萌生出恢复中原之意。绍兴六年（1136）二月，张浚以右相兼知枢密院事，都督诸路军马，发动反攻。这次北伐中，岳家军长驱直入，迅速攻占虢州（今河南灵宝）、商州（今陕西商洛），逼近洛阳，后因孤军深入、粮食不继而撤军。这次反攻行动，充分体现出了岳家军的战斗力，也说明岳飞所谓“直捣中原，恢复故疆”并非虚语。

绍兴七年（1137）三月，宋高宗两度召见岳飞，委以北伐之事。岳飞上《乞出师札子》②，阐述了北伐的作战方略：“万一得便可入，则提兵直趋京、洛，据河阳、陕府、潼关，以号召五路之叛将。叛将既还，王师前进，彼必舍汴都而走河北，京畿、陕右可以尽复。至于京东诸郡，陛下付之韩世忠、张俊，亦可便下。臣然后分兵浚、滑，经略两河，如此则刘豫父子断可成擒。”按照这一战略构想，大军直趋开封、洛阳，占领关内地区，然后分兵收复陕右、京东和两河地区。如果战事进展不利，便还保长江上游，徐图再举；如果敌人侵犯两淮或四川，便长驱直入，捣其巢穴。

在嗣后的北伐战争中，岳飞的战略方向有所调整。绍兴六年七、八月间的第二次北伐，岳家军由襄阳北上伊洛，这一进军路线中，自商、虢至伊阳的六七百里间，山林密布，行军不便，且屡经兵燹，地荒人稀，后勤补给困难，这成为岳飞被迫退军的一个重要原因。因此，绍兴十年（1140）的大举北伐，岳飞吸取第二次北伐的教训，

---

① 《鄂国金佗稡编》卷十，《画守襄阳等郡札子》。

② 《鄂国金佗稡编》卷十一。

选取京西东路的平原旷野作为主战场，由信阳军北上蔡州，长驱中原。

岳飞的恢复战略，以收复中原故疆为目标，以宋金形势变化为契机，以襄阳为进军基地，以河朔义军为援应，加之岳飞灵活机动、出奇制胜的作战指挥和岳家军强悍的战斗力，无疑是南宋以来最佳的抗金战略。更重要的是，这一战略经历了几次北伐的实战检验，越来越接近成功，极大提升了南宋军民恢复中原的信心。然而，岳家军大捷之后被迫班师，说明宋高宗已彻底放弃了主战路线，正如岳飞愤慨地指出的那样，“社稷江山，难以中兴。乾坤世界，无由再复”①。岳飞无罪被杀，更是极大破坏了南宋抗金力量和军心士气，此后，南宋虽时有恢复之举，也不时有人提出恢复之略，却终究难有成效。

（三）高宗议和战略论析

综观宋高宗的政治实践，求和、议和、维护和议是一以贯之的主线，绍兴八年（1138）起，“和”正式成为南宋的“国是”，终高宗之朝都没有改变过。② 事实上，不惟高宗朝如此，在高宗退位后的很长时间里，“主和”路线通过高宗对孝宗的控制得以延续，并从根本上影响了整个南宋的对金战略。

宋高宗一再宣称，“屈己就和”是为了迎还梓宫和母后的孝道，以及“兼爱南北之民”③ 的仁政。这些都是冠冕堂皇的说辞，未必完全是假，但也远非真正或全部的原因。推究高宗“主和”战略的原因，大致可以归结为三个方面。

一是畏金心理。宋高宗即位于战乱之中，先为质于金，后被金军几度追击，颠沛流离，性命几乎不保，因而对金一直怀有深深的恐惧。如清人王夫之所言：“高宗之畏女直也，窜身而不耻，屈膝而

---

① 《三朝北盟会编》卷二百七，绍兴十一年十二月二十九日引《岳侯传》。

② 余英时：《朱熹的历史世界：宋代士大夫政治文化的研究》，生活·读书·新知三联书店，2004年，第278页。

③ 《建炎以来系年要录》卷一百三十九，绍兴十一年三月庚戌。

无惭，直不可谓有生人之气矣。”① 尽管后来形势有所好转，但高宗的畏金心理根深蒂固，并无恢复中原的决心和信心。

二是对战略形势的判断。如果说高宗建炎年间的乞和，是为形势所迫，那么，绍兴主和，则是因为他认识到宋金已处于战略均势。绍兴十一年（1141）春，金兵再犯淮西时，他对大臣说：“中外议论纷然，以敌逼江为忧。殊不知今日之势，与建炎不同。建炎之间，我军皆退保江南，杜充书生，遣偏将轻与敌战，故敌得乘间猖獗。今韩世忠屯淮东，刘锜屯淮西，岳飞屯上流，张俊方自建康进兵，前渡江窥敌，则我兵皆乘其后。今虚镇江一路，以檄呼敌渡江，亦不敢来。”② 对于岳飞等主战派而言，均势是北伐的基础；对于高宗而言，均势则是讲和的前提，对金的局部胜利无非是议和的筹码而已。

三是削夺将权的需要。在宋代，对武将的防闲是“天子含为隐虑，文臣守为朝章”的政治原则，“宋之君臣上下奉此以为藏身之固也，久矣”③。尤其在南宋初期，武将兵权日重，地位日高，张俊等将领治兵不严，给民间造成很大骚扰，这些现象引起了宋高宗和文臣们的深深不安，常常发出“朝廷之患不在外寇”④ 的警讯，或是不断重申“兵权不可假人”。因此，“削兵权”成为宋高宗和文官们的共识，无论主战派还是主和派，在这一问题上的立场高度一致。

宋高宗经历的两场兵变，更加强化了他“削兵权”的意识。一是建炎三年（1129）的苗、刘之变。禁军将领苗傅、刘正彦发动兵变，逼迫宋高宗退位，将其幽禁于显忠寺，立他不满三岁的儿子为帝。虽然这次叛乱很快被平息，但这件事无疑给了高宗很大刺激，使他深刻认识到掌控兵权的重要性。二是绍兴七年（1137）的淮西之变。因宋廷削夺刘光世兵权处置不当，淮西军将领郦琼杀文臣吕祉，率四万余众投敌。淮西之变后，高宗对反攻中原更加消极，“削

---

① 《宋论》卷十。

② 《建炎以来系年要录》卷一百三十九，绍兴十一年二月丙子。

③ 《宋论》卷十。

④ 《建炎以来系年要录》卷一百一十七，绍兴七年十一月甲午。

兵权”的意愿却越发急切。

欲削将领兵权，就必须与金议和。正如王夫之所言：“故和议不成，则岳飞之狱不可起，韩世忠之兵不可夺，刘光世、张俊不戢翼而效媚以自全。高宗之为计也，以解兵权而急于和；而桧之为计也，则以欲坚和议而必解诸将之兵；交相用而曲相成。”① 无论宋高宗和秦桧的出发点是否相同，可以肯定的是，和议、削兵权、杀岳飞是相互关联的。宋金战争越激烈，岳飞等将领战功越大，威望越高，祸患也就越大。而岳飞在淮西之变后愤而辞职，绍兴十年（1140）违诏北伐，以及对皇储问题提出意见，等等，都增加了高宗的嫌忌。因此，战局刚刚向好，高宗就迫不及待地削夺诸大将兵权。当金人提出“必杀岳飞，而后和可成也”② 时，他更是不惜杀害岳飞。在后人看来，这是令人痛惜的“自毁长城”，对于高宗来说，却是不得不尔的必然之举。

宋高宗并非没有过恢复中原的想法，只是他不希望依仗岳飞这样的武将，而是寄望于张浚这样的文臣。遗憾的是，张浚志大才疏，将略非其所长，屡屡犯下重大错误。富平之战中处死大将曲端，淮西之变中以文臣吕祉节制诸军，绍兴六年（1136）初组织反攻成效不彰，都给战局造成了严重影响。高宗曾表示：“张浚措置三年，竭民力，耗国用，何尝得尺寸之地，而坏事多矣。”③ 既然对文臣失望，又不能倚靠武将，议和就成了唯一现实可行的选择。

三、孝宗恢复的努力与国是的反复

（一）孝宗初的战略论争

绍兴三十一年（金正隆六年，1161）五月，金海陵王完颜亮迁都汴京，遣使至临安，要求宋割让长江以北汉水、淮河流域。八月，金军大举南下，绍兴和议后二十年的和平局面被打破。完颜亮亲率

---

① 《宋论》卷十。

② 《鄂国金佗稡编》卷二十，《吁天辨诬通叙》。

③ 《建炎以来系年要录》卷一百一十六，绍兴七年闰十月戊子。

金军主力由正阳镇（今安徽正阳关南）渡淮，迅速攻占两淮地区，准备由杨林口（今安徽和县东）渡江。宋江南前线军无主帅，形势危急，奉命犒师的中书舍人虞允文毅然担负起督师抗敌的重任，在采石（今安徽马鞍山市西南）战胜金军，阻遏了金军渡江的计划。此时，金国内发生政变，东京留守完颜雍即帝位，改元大定，是为金世宗。完颜亮急于灭宋后北上平叛，下令金军三天内全部从瓜洲（今江苏扬州长江北岸老运河入江口）渡江，后渡者处死，激起将士反叛，被部下杀死。金军随即北撤。

完颜亮南侵失败后，宋金形势发生了重大变化。金朝方面，新继位的金世宗态度强硬，要求南宋归还“旧疆”，按时岁贡。在稳定内部统治后，他以右丞相、都元帅仆散忠义驻南京（今河南开封），以左副元帅纥石烈志宁驻睢阳（今河南商丘南），准备南下攻宋。南宋方面，绍兴三十二年（1162）六月，宋高宗禅位，皇太子赵昚即位，是为宋孝宗。孝宗颇有恢复之志，积极筹划北伐，双方战争一触即发。

宋孝宗初即位，便召见主战派元老张浚。张浚力劝孝宗兴师北伐，双方一拍即合。当时朝中显官名士，如王大宝、胡铨、王十朋、汪应辰、陈良翰等，都是张浚的门生，他们一致支持北伐。但是，朝臣中也有激烈的反对意见，尤以孝宗的老师右相史浩为代表。史浩与张浚在孝宗面前反复争论，又上书力谏说：“陛下初嗣位，不先自治，安可图远？矧内乏谋臣，外无名将，士卒既少，而练习不精，遽动干戈，以攻大敌，能保其必胜乎？”① 更何况，南宋的财力并不足以支撑北伐，而一旦加重对百姓的索取，势必招致民间的反叛。②他劝孝宗“少稽锐志，以为后图，内修政事，外固疆圉，上收人才，下裕民力，乃选良将，练精卒，备器械，积资粮。十年之后，事力

① 史浩撰，俞信芳点校：《论未可北伐札子》，《史浩集》卷七，浙江古籍出版社，2016年。

② 《齐东野语》卷二，“符离之师”条。

既备，苟有可乘之机，则一征无敌矣"①。

其他一些老成大臣也反对北伐，如参知政事周葵"不以亟战为然"，"始终守自治之诚"②。时任司农寺主簿的韩元吉上书张浚指出："和固下策，然今日之和，与前日之和异。至于决战，夫岂易言。今旧兵惫而未苏，新兵弱而未练，所恃者一二大将；大将之权谋智略既不外见，有前败于尉桥矣，有近衄于顺昌矣，……故愚愿朝廷以和为疑之之策，以守为自强之计，以战为后日之图。"③ 就连之前积极主战的江淮宣抚使参赞军事陈俊卿、唐文若也认为，"不若养威视衅，俟万全而后动"④。

（二）隆兴北伐

尽管史浩等争之甚力，宋孝宗最终还是采纳了主战派的意见，隆兴元年（1163）四月，命张浚以枢密使都督江淮东西路军马，绕开三省和枢密院，渡淮北上，史称"隆兴北伐"。

按照张浚的部署，淮东招抚使李显忠军出濠州（今安徽凤阳东北）趋灵璧（今属安徽宿州），副使邵宏渊军出泗州（今江苏泗洪东南）趋虹县（今安徽泗县），然后会攻宿州（今属安徽）。宋军一开始进展顺利，攻克灵璧、虹县，五月，进占淮北重镇宿州。但是，由于李显忠与邵宏渊不和，军无体统，指挥混乱，加之宋军小胜后犒赏不均，士兵怨怒，军心动摇。金军乘夜进攻宿州，中军统制周宏、邵宏渊之子邵世雄等率部逃遁，李显忠见宿州不可守，弃城南逃，被金军追击至宿州北符离集，伤亡惨重。史载："显忠、宏渊大军并丁夫等十三万众，一夕大溃，器甲资粮，委弃殆尽。士卒皆奋空拳，掉臂南奔，蹂践饥困而死者，不可胜计。"⑤

符离战败，宋孝宗恢复中原的雄心大受打击，主战派被贬出朝

---

① 《论未可北伐札子》，《史浩集》卷七。

② 周必大：《资政殿大学士毗陵侯赠太保周简惠公葵神道碑》，《全宋文》卷五千一百八十。

③ 《齐东野语》卷二，"符离之师"条。

④ 《齐东野语》卷二，"符离之师"条。

⑤ 《齐东野语》卷二，"符离之师"条。

廷，主和派占据上风。隆兴二年（1164）冬，宋金达成和议：金宋由君臣之国改为叔侄之国；疆界仍维持淮河至大散关一线；岁贡改称岁币，数量由银、绢各二十五万两（匹）减至二十万两（匹）。

（三）孝宗朝对金战略论析

隆兴和议后，宋孝宗仍时有恢复之意。乾道五年（1169），以虞允文为右相兼枢密使，筹谋北伐，后因虞允文病故作罢。淳熙五年（1178），以赵雄为相，也有恢复之意，但最终并无大的举动。综观孝宗一朝，对和、战问题一直举棋不定，左右摇摆。王质曾尖锐地指出："夫宰相之任一不称，则陛下之志一沮。前日康伯持陛下以和，和不成；浚持陛下以战，战不验；浚又持陛下以守，守既困；思退又持陛下以和。陛下亦尝深察和、战、守之事乎？"①

孝宗朝战略上的犹疑和军事上的不振作，有多方面的原因。首先是高宗对主和路线的坚持。高宗虽然禅位给孝宗，但对时政仍有很强的控制力。史称："上每侍光尧（高宗），必力陈恢复大计以取旨。光尧至曰：'大哥，俟老者百岁后，尔却议之。'上自是不复敢言。"② 淳熙十四年（1187），高宗去世后，孝宗一度表现出振作之气。但时隔不久，孝宗便禅位光宗，而光宗与孝宗的关系，完全不同于高宗与孝宗，孝宗恢复中原的战略意图，并不能通过幕后影响得以实施。

其次是绍兴和议及其后主和政治对主战群体的摧折。正如王夫之所说：

> 宋自秦桧持权，摧折忠勇，其仅免于死亡者，循墙而走，不敢有所激扬，以徯国家他日干城之用。诸帅老死，而充将领者，皆循文法、避指摘之庸材。其士卒，则甲断矛挠，逍遥坐食，抱子以嬉，视荷戈守垒之劳，如汤火之不可赴。其士大夫，

---

① 《宋史》卷三百九十五《王质传》。

② 叶绍翁撰，沈锡麟、冯惠民点校：《四朝闻见录》乙集，"孝宗恢复"条，中华书局，1989年。

> 则口虽竞而心疲，心虽愤而气苶；不肖者耽一日之娱嬉，贤者惜生平之进止；苟求无过，即自矜君子之徒，谈及封疆，且视为前生之梦。如是，则孝宗虽踸踔以兴，疾呼心亟，固无如此充耳无闻者何也！故符离小衄，本无大损于国威，而生事劳民之怨谤已喧嚣而起。及其稍正敌礼，略减岁币，下即以此献谀，上亦不容不以自安；无可奈何，而委之于命，而一仆不能再起，奄奄衰息，无复生人之气矣。①

王夫之的分析可谓切中肯綮，宋高宗、秦桧削兵权，杀岳飞，大坏军政，孝宗纵有恢复之志，却内无谋臣，外无良将，无精兵可用。正如元人刘一清所感慨的那样："高宗之朝，有恢复之臣，而无恢复之君。孝宗之朝，有恢复之君，而无恢复之臣。故其出师，才遇少衄，满朝争论其非，屈己请和，而不能遂孝宗之志，惜哉！"②

再次，孝宗恢复的另一重阻力来自官僚集团内部。高宗死后，叶適上书论"国是之难"，文中说："亦恐天下之大义，未足以易有司之常守。此则国是之难一也。"③ 长期主和政治的熏染，朝廷上主和、主守势力占据主导，因循苟且，固位保身，成为恢复战略的强大阻力。④ 南宋理学的重要人物，如张栻、朱熹、吕祖谦等，都主张"复仇"，即叶適所说"天下之大义"，但他们同时又认为，复仇的前提是内政修治、收拾民心。如张栻说："复仇之义固其大纲，而施为举措之间，贵乎曲尽。修德、任贤、立政，又复仇之大纲也。

---

① 《宋论》卷十一。

② 王瑞来校笺：《钱塘遗事校笺考原》卷二，"孝宗恢复"条，中华书局，2016年。

③ 《上殿札子》，《叶適集》第三册。

④ 按：余英时认为，南宋孝宗至宁宗时期，士大夫群体发生分化，出现了职业官僚型士大夫与道学型士大夫两大群体，前者倾向因循苟且、维持现状，后者主张加强内政、进图恢复。双方发生激烈党争，影响了南宋的"国是"和政局。参见余英时：《朱熹的历史世界：宋代士大夫政治文化的研究》第七章《党争与士大夫的分化》。

不此之为，而徒曰吾仇之复，有是理哉？故某尝论今日之事，正名为先，而务实为本。”① 内修政理、外观时变，是封建传统治道的重要原则，理学家们以“自治”“备战”为恢复之先，固然有道理。但是，孝宗时期，主政的宰相主要是保守派，在官僚体系的惰性惯力下，所谓“自治”“备战”往往成为空谈，淳熙年间，龚茂良主政，甚至于“臣僚奏对，有及边备利害，必遭讥骂”②。正如朱熹所说：“宴安鸩毒之害日滋月长，坐薪尝胆之志日远月忘。”③

与主守派官僚的因循苟且不同，汤思退等主和派甚至不惜破坏边备，“谕敌以重兵胁和”④。在他们看来，宋金分立是天意，“和”即为顺承天意。隆兴元年（1163），时为权户部侍郎、江淮都督府参赞军事的王之望上奏说：“人主论兵与臣下不同，惟奉承天意而已。窃观天意，南北之形已成，未易相兼，我之不可绝淮而北，犹敌之不可越江而南也。移攻战之力以自守，自守既固，然后随机制变，择利而应之。”⑤ 主守、主和派虽然出发点有所不同，但并无截然的区分，他们很多时候意见一致，共同维护“安静”之局，抵制恢复之议。淳熙四年（1177），孝宗感叹道：“士夫讳言恢复，不知其家有田百亩，内五十亩为人所据，亦投牒理索否？”⑥

四、开禧北伐与宁宗朝以后南宋对金战略

（一）开禧北伐

宁宗嘉泰初年，金国处于内忧外患之中：国内发生饥荒和动乱；完颜大辨据五国城（今黑龙江依兰县城北）叛乱，使金“帅旅大

---

① 张栻撰，邓洪波校点：《跋戊午谠议》，《张栻集》卷三十四，岳麓书社，2010 年。

② 《宋宰辅编年录校补》卷十八。

③ 《宋史全文续》卷二十六，淳熙三年四月，文渊阁《四库全书》本。

④ 《宋史》卷三百七十一《汤思退传》。

⑤ 《宋史》卷三百七十二《王之望传》。

⑥ 《宋史》卷三百九十六《赵雄传》。

丧”[①]；蒙古崛起，铁骑频繁南下，边患日益严峻。宋廷一些人认为收复中原的时机已到，加之宰相韩侂胄“欲立奇功以固位”[②]，北伐之议又起。

开禧二年（1206）四、五月，韩侂胄发动北伐。宋军从淮东、鄂州、四川三路北上，但战争进展很不顺利。在两淮主战场，宋军小胜之后，连连败北。十月，金军反攻，进入淮南，推进至长江北岸。在鄂州战场，都统制赵淳力守襄阳，勉力支撑。在四川战场，主将吴曦叛变，献阶、成、和、凤等关外四州予金。开禧三年（1207）十一月，礼部侍郎史弥远联合杨皇后，伪造宁宗密诏，杀死韩侂胄，将其首级献金，与金议和。

开禧北伐是权臣韩侂胄专政下的鲁莽之举，并未经过充分的讨论，也并非理性决策。北伐前，时为武学生的华岳叩阍上书，强烈反对北伐。他激愤地指出，南宋的“外患”不在于金，而在于韩侂胄结党擅权。如果不务去己身之“外患”，而是大举北伐，注定会失败。华岳说：“将师庸愚，军民怨怼，马政不讲，骑士不熟，豪杰不出，英雄不收，馈粮不丰，形便不固，山寨不修，堡垒不设，吾虽带甲百万，运粮千里，而师出无功，不战自败矣。”[③] 他甚至表示，如果北伐凯旋，他甘愿枭首示众。但是，这份情辞慷慨的上疏非但未能振聋发聩，反而激怒了韩侂胄，将华岳下大理寺狱。华岳遭遇如此，北伐之议更少有抗直的反对之声了。

辛弃疾是抗金的积极倡导者，韩侂胄策动北伐之初，曾利用辛弃疾的名望和才干，咨询他的意见，但是，在具体作战部署上，却并未对他委以重任。开禧三年，北伐失利，始起用辛弃疾为枢密都承旨，而此时辛弃疾已病重，未受命而终。如果当初重用辛弃疾，是否就能扭转危局呢？恐怕答案依然是否定的。辛弃疾虽然认为金

---

① 《大金国志校证》卷十九《章宗皇帝上》。

② 《齐东野语》卷三，“诛韩本末”条。

③ 《开禧元年四月二十七日上皇帝书》，《翠微南征录》卷一；参见《历代名臣奏议》卷一百八十五、《宋史》卷四百五十五《忠义十·华岳传》。

必乱必亡，但也认为金军不可小觑，北伐起码要做二十年的准备。①程珌在《丙子轮对札子》中说，北伐暴露的问题，诸如“所集民兵皆锄犁之人”“兵屯不分”“军势不张”“谍候不明”等，“无一而非弃疾预言于二年之先者”。由此可见，辛弃疾对形势的判断明显与韩侂胄等当权派不同，他所规划的进攻战略，即便得以实施，也根本起不到作用。

开禧北伐使南宋损失惨重，程珌谓之“百年教养之兵一日而溃，百年葺治之器一日而散，百年公私之盖藏一日而空，百年中原之人心一日而失”②。开禧北伐后，史弥远独相长达二十六年之久，政治腐败，国势愈衰，加之蒙古军的凌厉攻势，更是全面进入防守状态了。

（二）绝金岁币

蒙古崛起之初，南宋并未明确意识到蒙古对自身的威胁，朝臣中有人建言联络蒙古共同抗金，开禧北伐的一个重要原因也是欲乘蒙古攻金之危。随着蒙古对西夏、金展开大规模进攻，展现出彪悍的战斗力和“并吞天下”的野心，如何认识蒙古的威胁，如何处理与金、蒙古的三角关系，就成为南宋无法回避的战略问题。

嘉定七年（金贞祐二年，1214），在蒙古军凌厉攻势下，金被迫迁都汴京（今河南开封）。由于金蒙战争，宋金通使一度中断，宋每年输金的岁币也暂停。蒙古刚刚撤兵，金宣宗便派人向南宋索要岁币。宋廷出现了两种不同的意见，一种主张“绝岁币”，这一派意见以真德秀为代表。事实上，在金使到来之前，真德秀就提出了“绝岁币”的主张。嘉定六年（金贞祐元年，1213），他奉旨使金，因金蒙交战而羁留边境数月，对金朝形势有较多了解。嘉定七年（金贞祐二年，1214）七月，他在一份奏事札子中提出：“虏既以徙巢来告，索币之报必将踵至，其在朝廷尤宜审处。以臣愚虑，苟能显行

---

① 按：袁桷《清容居士集》卷四十六《跋朱文公与辛稼轩手书》有言：“辛公开禧之际亦曰：‘更须二十年。’”

② 《丙子轮对札子》，《洺水集》卷二。

止绝，以其货币颁犒诸军，缮修戎备，于以激士心而褫敌气，此上策也。命疆吏移文与议，削比年增添之数，还隆兴裁减之旧，此中策也。彼求我与，一切如初，非特下策，几无策矣。”据真德秀自述，“绝岁币”的主张得到了宁宗的肯定。①

该年十一月，金派人索要岁币之后，真德秀的意见更为激进，提出了新的待敌三策：“练兵选将，直捣虏巢，若勾践袭吴之师，此上策也。按兵坚垒，内固吾圉，止使留币，外绝虏交，若晋氏之不与敌和，而鉴其宴安江沱之失，此中策也。以救灾恤邻之常礼，施之于茹肝涉血之深仇，若谢玄之助苻丕，此下策也。用上策则大义明，混一之机也。用中策则大计立，安强之兆也。用下策则大势去，阽危之渐也。”此三策中，上策是主动出兵，中策是绝岁币，下策则是有些人的“扶金屏蒙”之策。真德秀认为，金朝灭亡在即，“扶金屏蒙”“是犹以朽壤为垣，而望其能障盗贼也”。② 朝臣如刘爚、度正、袁燮、刘光祖等，也持与真德秀相似的意见。

宋廷中的另一派主张恢复岁币，扶金屏蒙，这一派以淮南转运判官乔行简为代表。他说：“强鞑渐兴，其势已足以亡金。金，昔吾之仇也，今吾之蔽也。古人唇亡齿寒之辙可覆，宜姑与币，使得拒鞑。”③ 程珌也持同样意见，认为金虽内外交困，但并未大乱，不可视为垂尽之敌，其国势虽弱于蒙古，与宋则难分伯仲。如今迁都于汴，与宋境土密接，又亟需南宋钱粮，若不予岁币，必启兵端。因此，应暂予岁币，避免与金开战。④ 也有一些朝臣认为，南宋军政未修，一旦开战，难保胜利。

在这两种意见的争论中，真德秀一方激于民族大义，得到了更多人的支持，尤其是太学诸生，集体伏阙上书，要求斩乔行简以谢

---

① 《直前奏事札子（甲戌七月二十五日）》，《西山先生真文忠公文集》卷三，《四部丛刊初编》本。

② 《除江东漕十一月二十二日朝辞奏事札子一》，《西山先生真文忠公文集》卷四。

③ 《四朝闻见录》甲集，“请斩乔相”条。

④ 《上执政书其二》，《洺水集》卷十三。

天下。在强大的舆论压力下，宋廷最终采纳了真德秀一方的意见，断绝了与金的岁币。

金朝方面，迁都汴京后，国土日蹙，财力匮竭，金廷内部出现了“取偿于宋”的声音，希望通过攻宋弥补与蒙古作战的损失。宋“绝岁币”恰好为金南下提供了口实，嘉定十年（金兴定元年，1217）四月，金宣宗以南宋不纳岁币为由，在西起大散关东到淮东的漫长战线上发动全面进攻。

金与南宋的战争持续了七年之久，直到金哀宗即位，始于嘉定十七年（金正大元年，1224）遣使至滁州（今安徽滁州）与宋通好，并“榜谕宋界军民，更不南伐”①。这场战争，金并未达到“取偿于宋”目的，反而严重削弱了国力，史载，“宣宗南伐，士马折耗十不一存”②，“国家精锐几尽丧”③。同时，这场战争大大降低了宋金联盟的可能性，将南宋推向联蒙抗金之途。绍定六年（金天兴二年，1233），南宋派邹伸之与蒙古通好，金哀宗“闻宋使从唐州回，惊悸无人色”④。这年八月，内族阿虎带建议金哀宗阻止宋和蒙古联盟，争取宋援。金哀宗采纳其议，诏令尚书省牒宋中书省借粮一百万石，派阿虎带使宋。阿虎带临行，金哀宗谕之曰：“大元灭国四十，以及西夏，夏亡及于我，我亡必及于宋。唇亡齿寒，自然之理。若与我连和，所以为我者亦为彼也。卿其以此晓之。”⑤ 金哀宗此时方明白唇亡齿寒的道理，可惜已无济于事。

（三）联蒙灭金

宁宗时期的宋金关系中，蒙古成为一个越来越重要的因素。“扶金屏蒙”是基于对蒙古崛起的忧虑，“绝岁币”同样如此。真德秀早在嘉定四年（金大安三年，1211）就已意识到，“盖今之女真即昔

---

① 《金史》卷十七《哀宗本纪上》。
② 《金史》卷一百一十二《完颜合达传》。
③ 王鹗：《汝南遗事》卷四，文渊阁《四库全书》本。
④ 《大金国志校证》卷二十六《义宗本纪》。
⑤ 《金史》卷十八《哀宗本纪下》。

之亡辽，而今之鞑靼即乡之女真也”①，他之所以主张“绝岁币”，原因之一也是担心“启衅于新敌”②。但是，对于与金、蒙古的关系，他既反对扶金屏蒙，又反对联蒙灭金，对策无非是修内政、择将帅、巩固边防而已。真德秀是“绝岁币”的始倡者，又是朱熹之后最有影响力的理学名臣，他的意见颇有代表性。

金迁都汴京之后，重点防御黄河和潼关，构筑起坚固的防线。蒙古要想灭金，假道南宋，迂回包抄，无疑是最佳战略选择。因此，成吉思汗去世前，提出了“假宋攻金”的遗训，他说：“金精兵在潼关，南据连山，北限大河，难以遽破。若假道于宋，宋金世仇，必能许我，则下兵唐、邓，直捣大梁。金急，必征兵潼关。然以数万之众，千里赴援，人马疲弊，虽至弗能战，破之必矣。”③

蒙古攻金的同时，一直试图与南宋建立联系。嘉定七年（金贞祐二年，1214）初，成吉思汗遣使至淮河宋境，南宋守臣以“本州不奉朝旨，不敢受”为由回绝。④ 金发动“取偿于宋”的战争，导致宋金关系破裂，客观上促使南宋与蒙古加强了交往。嘉定十三年（金兴定四年，1220）春，宋淮东制置使贾涉派赵珙前往河北，会见了蒙古驻汉地统帅木华黎。嘉定十四年（金兴定五年，1221）夏四月，南宋派苟梦玉出使蒙古，苟梦玉经过长途跋涉，到达西域之铁门关，谒见了成吉思汗。嘉定十六年（金元光二年，1223），苟梦玉再度出使蒙古。

然而，苟梦玉第二次出使蒙古后，双方的外交往来渐趋冷淡。直到绍定三年（金正大七年，1230）蒙古遣李邦瑞使宋，南宋仍未

---

① 《辛未十二月上殿奏札二》，《西山先生真文忠公文集》卷二。

② 《除江东漕十一月二十二日朝辞奏事札子一》，《西山先生真文忠公文集》卷四。

③ 《元史》卷一《太祖本纪》。

④ 《建炎以来朝野杂记》乙集卷十九。

有积极回应。[①] 究其原因，一方面，南宋与金的战争趋于尾声，联蒙攻金的意愿不再强烈；另一方面，蒙古在此期间与南宋发生了几次较大的武装冲突。嘉定十五年（金元光元年，1222），木华黎攻金，受阻于凤翔，同时派出一支部队越过宋金边隘牛岭关，抄掠凤州（今陕西凤县东北）而还。宝庆三年（金正大四年，1227）春，蒙古军在进攻西夏的同时，分兵抄掠四川，南宋大败，“蜀口”之地尽失，史称“丁亥之变”。蒙古铁骑所到之处，生灵涂炭，哀鸿遍野，南宋军民认识到蒙古军的野蛮残酷，增加了对蒙古的戒惧和仇恨。

公元1230年（宋绍定三年，金正大七年），刚刚即位的窝阔台汗分兵三路攻金，他自率中军渡河，从洛阳进击，左军斡陈那颜由济南进军，右军拖雷“自凤翔渡渭水，过宝鸡，入小潼关，涉宋人之境，沿汉水而下。期以明年春，俱会于汴”[②]。拖雷军显然承担着假道宋境、包抄金军的任务。绍定四年（金正大八年，1231）十月，拖雷派使臣向宋军提出假道要求，被宋沔州统制张宣杀死。拖雷以此为由，大举攻宋。蒙古军攻陷沔州，之后兵分两路，一路南下，“长驱入汉中，进袭四川，陷阆州，过南部而还”[③]；一路东进，屠洋州（今陕西洋县），攻兴元府（今陕西汉中），再次向驻兴元的四川制置使桂如渊提出假道要求。桂如渊被迫答应，并派人做向导，引蒙古军由饶风关（今陕西石泉县西北）入金州（今陕西安康），趋房州（今湖北房县），渡汉水，进入邓州（今河南邓州）。金调遣据关防河的精兵南下，欲在邓州与蒙古军决战，蒙古军却避实击虚，北上至钧州三峰山（今河南禹县西南）。次年正月，蒙古军在三峰山

① 按：关于李邦瑞使宋之事，宋、蒙古双方史料记载不一。《元史》称其“乃议如约而还”（《元史》卷一百五十三《李邦瑞传》），而宋方记载却说，蒙古来使是为假道淮东攻金，遭到南宋拒绝（参见《宋季三朝政要》卷一）。

② 《元史》卷一百一十五《睿宗拖雷传》。

③ 《元史》卷一百一十五《睿宗拖雷传》。

大败金军主力，给金军以沉重打击，“自是，兵不复振”①。

蒙古强行假道后，不再以武力威迫南宋，转为继续约宋攻金。绍定六年（金天兴二年，1233），蒙古派王檝使宋，商议联合攻金。南宋朝野大多支持联蒙，只有赵范持异议，认为“宣和海上之盟，厥初甚坚，迄以取祸，不可不鉴”②。宋理宗最终同意联蒙攻金，派邹伸之等随同王檝报聘蒙古。十一月，宋遣襄阳太尉江海、枣阳帅孟珙率兵北上，与蒙古军合围蔡州，并运粮三十万石供给宋、蒙古诸军。端平元年（金天兴三年，1234 年）正月，宋、蒙古联军攻破蔡州，金哀宗自缢，金朝灭亡。

南宋联蒙攻金，继而为蒙古所灭，这一过程与北宋末年的“海上之盟”如出一辙。南宋何以在短短的一个半世纪后，重蹈北宋灭亡的覆辙呢？这显然与宋、蒙古、金的复杂博弈有很大关系，金“取偿于宋”的战争历时七年，不但降低了联盟的可能，也使双方损失惨重，两败俱伤；蒙古谋划借道攻金，以武力强行假道，也并不以南宋意志为转移，这些都增加了南宋战略运筹的难度。但是，从根本上来说，这一局面的形成还要从南宋自身寻找原因。

一是缺少战略远见和完善的战略预案。嘉定改元后，史弥远长期独相，“决事于房闼，操权于床第”③，“诛赏予夺，悉出其所主持，人主仅束手于上，不能稍有可否”④。绍定六年（1233）十月，史弥远卒，其时宋、蒙古已经联盟，攻金决战在即。也就是说，宋、金、蒙古三方势力的激烈角逐时期，大致与史弥远专权相始终。作为宋廷实际上的最高决策者，史弥远对宋金、宋蒙关系的处理都显得缺乏战略远见。

对于是否绝金岁币问题，史弥远起初是支持乔行简的，认为

---

① 《金史》卷十七《哀宗本纪上》。

② 《宋史纪事本末》卷九十一《会蒙古兵灭金》。

③ 魏了翁：《应诏封事》，《鹤山集》卷十八。

④ 赵翼：《廿二史札记》卷二十六，“秦桧史弥远之揽权”条，上海古籍出版社，2011 年。

"行简之为虑甚深，欲予币"[①]，后因太学、武学、宗学等三学学生激烈反对而作罢。金军南侵，史弥远接连三次致书主管淮东安抚司公事崔与之，要求他与金"议和"，崔与之认为，"彼方得势，而我与之和，必遭屈辱"，其后，"金人深入无功，而和议亦寝"[②]。嘉定十一年（1218），宋廷掀起关于和、战、守问题的大讨论，旷日持久，莫衷一是，徒然贻误战机。嘉定十二年（1219），金军再次南侵，史弥远的亲信胡榘等极力主和，实际上代表了史弥远的想法，又因遭到主战派及三学学生的强烈抗议而作罢。

史弥远集团在战略上没有定见，对自己的实力又没有信心，因此在具体事务的处理上往往采取一些"策略"性的做法，结果却是造成更多的问题。如在山东、河北地区，利用忠义军与金、蒙古作战，却缺乏有效的驾驭手段，李全所率忠义军叛服无常，势力逐渐坐大，终至局面失控。又如，对蒙古的假道要求，既不应允，又不严密防范，以致进退失据，在蒙古军的威压下被迫屈从。

二是和战之争成为意气之争，阻碍了理性决策。南宋对蒙古、金的战略不是简单的和战问题，却以和战之争为基础。无论是主战的一方，还是主和的一方，都不能从国家战略的角度提出切实可行的明确方案，而是将和战之争变成了政治斗争、意气之争。

蒙古崛起，对金、宋都构成威胁，对金的威胁更近更大，对南宋的威胁则由远及近、由小到大。在宋金交战长达七年的时间里，如果宋金结盟，共同抵御蒙古，并非完全不可能。但是，宋廷主战派基于与金长期敌对的仇恨心理，强调借机雪耻，恢复中原。这种民族情绪有深厚的土壤，又受到高宗以后主和路线的长期压制，在金有灭亡危机的情况下，空前地爆发出来。嘉定七年（1214）关于是否绝岁币问题、嘉定十二年（1219）的和战之争，主战派都慷慨愤激，三学学生掀起颇具声势的抗议活动，要求惩处主和官员。抗议并非没有道理，但不能导向理性的战略决策。主战派除了指责主

① 《四朝闻见录》甲集，"请斩乔相"条。

② 《宋史》卷四百六《崔与之传》。

和派，主张加强内政、巩固边防之外，并无系统、切实的战略预案，更无能扭转时局的干才。正如清代史家赵翼所说："义理之说，与时势之论，往往不能相符，则有不可全执义理者。盖义理必参之以时势，乃为真义理也。"① 抗金大义如果不能辅以切合时势的胜战之略，徒为误国空言而已。

三是军政腐败，难以有效达成军事目标。任何战略的实施都要以军事实力为支撑。这一时期，南宋虽有孟宗政、孟珙、赵范、赵葵等优秀将领，但总的来说，军政非但未能整饬，反而更加败坏了。时人葛洪曾论嘉定军政：

> 且拊循士卒，帅之职也，朝廷每严掊克之禁，蠲营运之逋，其儆之者至矣。今乃有别为名色，益肆贪黩，视生理之稍丰者而诬以非辜，动辄估籍，择廪给之稍优者而强以库务，取办刍粟，抑配军需，于拊循何有哉！训齐戎旅，亦帅之职也，朝廷每严点试之法，申阶级之令，其儆之亦切矣。今顾有教阅视为具文，坐作仅同儿戏，技勇者不与旌赏，拙懦者未尝劝惩，士日横骄，类难役使，于训齐何有哉！况乃有沉酣声色之奉，溺意田宅之图，而不恤国事者矣。又有营营终日，专务纳交，书币往来，道路旁午，而妄希升进者矣。自谓缮治器甲，修造战舰，究其实，则饰旧为新而已尔。自谓撙节财用，声称羡余，原其自，则剥下罔上而已尔。②

军政腐败的后果就是士气低落，官兵矛盾激化，战斗力下降，士兵"在内郡者，末作技艺，安坐而食，官府利其私役，而被坚执锐之事不闲也；在外郡者，多方运贩，为商无征，主帅利其回易，而投石超距之勇不励也"③。这样一支军队，是不可能打胜仗的，更

① 《廿二史札记》卷二十六，"和议"条。
② 《宋史》卷四百一十五《葛洪传》。
③ 王迈：《乙未馆职策》，《臞轩集》卷一，文渊阁《四库全书》本。

何况与金、蒙古这样的强敌交锋。

第六节　元灭宋之战的战略指导

一、南宋“端平入洛”之役

宋、蒙古虽然联合攻金，但对于灭金后中原的归属，似乎并无明确约定。① 灭金之后，蒙古只还给宋陈、蔡二州之地，以刘福为河南道总管，便撤军北去。在这种情况下，是乘胜进占中原，还是固守原有疆界，争取与蒙古和平相处，成为刚刚亲政的宋理宗面临的首要问题。当时宋廷中出现了两种不同意见，宰相郑清之，边帅赵葵、赵范、全子才等主张发兵中原，他们认为，应该乘蒙古军北还、河南空虚之机，北上收复三京（东京开封、西京洛阳、南京应天），进而“据崤、函，绝河津，取中原地”②。边帅史嵩之、赵善湘、吴潜，参知政事乔行简等则反对出兵，他们认为，南宋军力财力不足，一旦蒙古反击，势必进退失据，难以善后。史嵩之、吴潜等还着重指出，荆襄连年饥馑，中原屡遭兵燹，军粮供给会遇到很大困难。尽管反对者甚众，但宋理宗陶醉于灭金的胜利之中，急于有所作为，最终决定出师中原。

端平元年（蒙古窝阔台汗六年，1234）六月，宋理宗正式下诏，命全子才率淮西军万人从庐州（今安徽合肥）先期北上，赵葵率兵五万从泗州（今江苏泗洪东南）渡淮，相约会师汴京（今河南开

① 按：关于这一问题，《宋季三朝政要》卷一记载，蒙古与宋约定，灭金后以河南之地归宋，但《宋史·贾似道传》却说，双方“约以陈、蔡为界”。从金亡后双方的反应及朝臣议论来看，两种说法都有可疑之处，很有可能双方在联盟灭金之时，并未对中原的归属有明确约定。参见何忠礼：《宋代政治史》，浙江大学出版社，2007 年，第 492 页。

② 《宋史》卷四百七十四《贾似道传》。

封)。全子才军一路进展顺利，于七月五日抵达汴京，但此时汴京已宛若空城，“止存民居千余家，故宫及相国寺佛阁不动而已”①，军队粮食供应已经不足。七月二十日，赵葵率军继至，不顾粮饷未集，仍命钤辖范用吉、监军徐敏子领兵一万三千先趋洛阳，又命杨义率兵一万五千继之，仅各给五日粮。

范用吉、徐敏子所率宋军进入洛阳，因汴堤决水，粮运不继，加之所复州县皆空城，军食告竭，只好采蒿和面做饼而食。蒙古窝阔台汗闻宋军北上，急命陕州、河南等地蒙古军南下。杨义所率宋军在洛阳东三十里处遭蒙古军突袭，以致奔溃。八月，蒙古军在洛阳城外立寨，城内宋军乏粮无援，突围而走，遭蒙古军追击，死伤惨重。驻军汴京的赵葵、全子才部粮草未集，闻讯南撤，“端平入洛”之役宣告失败。

“端平入洛”的失败给南宋造成了很大损失，“兵民死者十数万”②。洛阳军败，“凡器甲舟车悉委伪境，而江淮荡然，无以为守御之备”③。南宋出兵河南，也给蒙古攻宋提供了口实，蒙宋战争由此揭开了序幕。

“端平入洛”是一次失败的尝试。端平三年（蒙古窝阔台汗八年，1236），襄阳失陷，理宗被迫下罪己诏，诏书中说：“欲图绍复之功，岂期轻动于师干，反以激成于边祸，至延强敌，荐食神州，虔刘我西陲，蹂躏我襄土。……皆繇朕责治太速，知人不明，误信佳兵之言，弗思常武之戒。”④ 这份诏书部分揭示了端平之役失败的原因。出兵之前，南宋并未认清蒙古的战略意图，也未能正确判断敌我形势，更没有必胜的信心。在与蒙古军的不断接触中，南宋朝野对蒙古军心怀畏惧。金亡后，宋廷谋划祭扫祖宗八陵，因闻知蒙古军欲争洛阳，“众畏不前”，最后还是由孟珙与两名使者昼夜兼行，

---

① 《齐东野语》卷五，“端平入洛”条。

② 《宋史》卷四百七《杜范传》。

③ 吴昌裔：《论郑清之疏》，《历代名臣奏议》卷一百八十五。

④ 吴泳：《端平三年罪己诏》，《鹤林集》卷十二，文渊阁《四库全书》本。

匆匆祭扫而回。[①] 诸如此类的事件说明，南宋出兵河南，完全是为了乘蒙古北撤之机，而并非有战胜的把握。但是，这个机会是否可乘，取决于两个前提。一是蒙古对中原的态度。如果蒙古对中原可有可无，这一决策尚属可行。事实上，蒙古以刘福为河南道总管，早在宋金战争时就开始经营山东，显然并无放弃中原之意，蒙古军主力北撤只是因骑兵不耐暑热而进行休整。诚如赵范参议官丘岳所言："方兴之敌，新盟而退，气盛锋锐，宁肯捐所得以与人耶！我师若往，彼必突至，非惟进退失据，开衅致兵，必自此始。"[②] 蒙古军得知宋军北上后，马上在陕西、潼关、河南等地增屯设伏，与丘岳的判断完全一致。二是占领之后如何善后。按照主战派的设想，可仿金人之策，守河（黄河）据关（潼关），依托有利地势构筑防线。但是，即便宋军能够收复三京，占有关河之险，能否在蒙古军南下之前稳固地守住这条战线却是大可存疑的。吴潜在反对出兵的奏疏中也提到了这一点，他说："自潼关至清河三千余里，须用十五万兵，又须百战坚忍如金人，乃可持久岁月。今南兵及忠义等人，决不能守。"[③] 由此可见，南宋既无足够军力，军队又无坚强战斗力，这种情况下出战，即便占领了部分地区，也注定难以为继。

从"端平入洛"的战争过程来看，反对出兵者提出的军粮问题成为宋军的重要制约。中原地区屡遭兵燹，城垣残破，田野荒芜，就地筹粮的难度很大，而南宋淮河流域连年灾荒，军粮供应也面临巨大困难。主管淮西诸军钱粮的总领官吴潜所论最为切实，他说："今姑以淮西论之，朝廷椿积之米，不过百万余石，往往三分虚数。……往年淮安之役，朝廷会诸道之兵至十二三万人，东总至用米一百二十余万石，乃克有济。若举师北向，费当十倍，窃计国力，决不能支。"[④] 即便有粮可筹，粮运也困难重重，正如真德秀所说：

---

① 《宋史》卷四百一十二《孟珙传》。

② 《宋史纪事本末》卷九十二《三京之复》。

③ 吴潜：《奏论今日进取有甚难者三事》，《许国公奏议》卷一，中华书局，1985 年。

④ 《应诏上封事条陈国家大体治道要务凡九事》，《许国公奏议》卷一。

“一旦举兵，方远漕浙米以入江，自江而入淮。汴既久堙，又须陆运，其为劳费，甚于登天。”①

当然，即使没有“端平入洛”之役，蒙古也会发起对宋的战争，这是可以肯定的。但如果宋理宗能够审时度势，不做不切实际的幻想，如吴潜所建议的，“以和为形，以守为实，以战为应”②，宋蒙战争形势当会有所不同。

二、窝阔台汗的全面进攻战略

蒙古灭金之后，虽未直接对南宋发动进攻，但也绝无平等相处之意。“端平入洛”之役前，蒙古使臣王檝使宋，“挟昔年金使例册自随”，很显然，蒙古名义上“通好”，实际上却要以类似金人的不平等条约施诸南宋。正如李鸣复所指出的：“吾以讲好为和，彼则以投拜为和。金非不通好也，通好而不投拜，其祸卒不可解，于他国亦然，此岂可不深致其虑哉!”③

窝阔台汗六年（宋端平元年，1234），南宋“端平入洛”之际，窝阔台已经决意攻宋。他在诸王大会上说：“先皇帝肇开大业，垂四十年。今中原、西夏、高丽、回鹘诸国皆已臣附，惟东南一隅尚阻声教，朕欲躬行天讨。”④ 次年春，窝阔台发动大规模战争，遣拔都、贵由、蒙哥等第二次西征，以唐古等东征高丽，遣皇子阔端、阔出等南下攻宋，蒙宋战争全面爆发。

在具体部署上，蒙古兵分三路：西路军由皇子阔端与元帅塔海统领，由秦（今甘肃天水）、巩（今甘肃陇西）入蜀；中路军由三子阔出与塔木察、张柔等统领，进攻襄（今湖北襄阳襄城区）、鄂（今湖北武汉武昌区）；东路军由宗王口温不花、察罕等统领，进攻江淮。蒙宋双方在四川、京湖、江淮三大战场展开了长时间的激烈

---

① 《诏除户书内引札子二》，《西山先生真文忠公文集》卷十三。

② 《宋史》卷四百一十八《吴潜传》。

③ 李鸣复：《论和议不足恃当以守备为急》，《历代名臣奏议》卷三百三十八。

④ 《元史》卷一百一十九《塔思传》。

争夺。

（一）西路阔端军攻略四川

窝阔台汗七年（宋端平二年，1235）八月，蒙古军进占河池（今甘肃徽县）、阶州（今甘肃陇南武都区东）和成州（今甘肃成县）、凤州（今陕西凤县东北），又攻沔州（今陕西略阳），但在进攻大安军（今陕西宁强西北）时遭宋权利州都统制曹友闻阻击，严重受挫。十月初，蒙古军进至巩昌（今甘肃陇西），招降原金便宜总帅汪世显。

窝阔台汗八年（宋端平三年，1236）八月，阔端以塔海为元帅，汪世显为先锋，大举入蜀。蒙古军入大散关，克凤州、兴元（今陕西汉中），欲冲大安。南宋四川制置使赵彦呐令曹友闻守大安。曹友闻认为，大安地势平旷，无险可守，为蒙古骑兵所长，南宋步兵所短。沔阳为蜀之险要，当重兵扼守。但这一意见并未被赵彦呐采纳，曹友闻只好退守大安。大安之战，曹友闻部与蒙古军激战二十天，阳平关下，白骨山积，终因寡不敌众、外无援兵而全军覆没，蒙古军打开了蜀口。

十月，蒙古军分三路进围成都。成都虽为四川制置使所在地，但守军很少，防备不周，很快被攻陷。阔端下令“火杀”成都，居民被屠杀，城市被烧毁，成都遭遇了空前的浩劫。随后，蒙古军四出攻掠，蜀地“五十四州俱陷破，独夔州一路及泸、果、合数州仅存”①。

蒙古军进攻四川的目的之一就是东出夔门，顺江而下，攻入京湖地区。因此，攻破四川之后，蒙古军试图打通川东门户。窝阔台汗九年（宋嘉熙元年，1237）六月，蒙古都元帅塔海率军自凤州出发，攻金州（今陕西安康），取大巴山水道，攻掠川东达州（今属四川）、开州（今重庆开州区），进至夔州（今重庆奉节）城下，并尝试渡江。由于宋军陈兵长江南岸，蒙古军无法推进，只好退兵。

窝阔台汗十年（宋嘉熙二年，1238）冬，塔海军再次入川，攻

---

①《宋季三朝政要》卷一，端平三年十二月，文渊阁《四库全书》本。

取隆庆（今四川阆中）、资州（今四川资中北）等地，劫掠川西，直至大渡河边木波国界。窝阔台汗十一年（宋嘉熙三年，1239）夏，塔海和秃薛率军号称八十万，再次进攻东川，攻重庆，下开州，至万州（今重庆万州区）。汪世显部在万州西湖滩偷渡长江，击溃南岸宋军，顺流而下，破夔州，抵巫山。十二月下旬，又破施州（今湖北恩施）。南宋京湖制置使孟珙在峡州（今湖北宜昌西北）、归州（今湖北秭归西北）、松滋（今属湖北）等地阻截蒙古军，并派军焚毁蒙古军的船材和粮储等物资。宋廷也急调两淮兵力赴援，遏制住了蒙古军的攻势。次年春，蒙古军退军，打通川东门户的努力再告失败。

窝阔台汗十二年（宋嘉熙四年，1240）二月，南宋为加强四川防务，以孟珙为四川宣抚使兼知夔州，节制归、峡等处军马，并兼京湖安抚制置使。次年，宋廷撤销四川宣抚司，将夔州路从四川制置司划出，仍以孟珙为京湖安抚制置使，兼领夔州路。孟珙着力整顿防务，择险要立寨栅，招抚流民，创立屯军，稳固了川东形势。

窝阔台汗十三年（宋淳祐元年，1241）十月，蒙古塔海、汪世显部再次入川，破成都、汉州、嘉定、泸州等川西二十余城。这次兵祸，宋四川制置使陈隆之被俘杀，南宋军民伤亡惨重，蒙古军“搜杀不遗，僵尸满野，良为寒心”①。这一年，窝阔台汗去世，蒙古军虽在蜀地不时抄掠，但进展不大，战局陷入相持局面。南宋趁机加强对蜀地的经营，乃马真后称制元年（宋淳祐二年，1242），宋廷以淮东制置副使余玠为四川安抚制置使兼知重庆府。余玠全面规划，选择要地修筑山城，构建起星罗棋布、臂指相连的山城防御体系，同时整顿吏治、发展生产，使四川的社会生产和军事力量得到很大恢复和发展。

蒙古西路军进军四川的同时，于窝阔台汗十一年（宋嘉熙三年，1239）派遣一部入吐蕃，攻占了一些堡寨。贵由汗二年（宋淳祐七年，1247）八月，阔端与吐蕃萨斯迦派教主萨斯迦·班智达·公哥

① 阳枋：《上宣谕余樵隐书》，《字溪集》卷一，文渊阁《四库全书》本。

监藏在凉州（今甘肃武威）会晤，承认萨斯迦派在吐蕃的领导地位，初步确立了蒙古在吐蕃的统治。

（二）阔出军进攻襄汉

窝阔台汗七年（宋端平二年，1235）七月，蒙古军进攻宋郢州（今湖北钟祥）、京山（今湖北京山）、安陆（今湖北安陆）等地，遭南宋军民奋起抗击，掳掠而还。次年二月，窝阔台汗派军增援，蒙古军继续南下。三月，宋驻襄阳北军（原金降附军队）将领王旻、李伯渊等焚劫城郭仓库，率四万七千余官兵叛降蒙古，军器二十四库及大量财赋尽为蒙古所得。襄阳陷落，蒙古军突破了南宋长江中游的战略屏障，进而在京西、淮西大肆劫掠。

窝阔台汗八年（宋端平三年，1236）十月，阔出死于军中。十一月，塔木察率军进攻江陵（今湖北荆州西北），分兵攻复州（今湖北天门）、枝江（今湖北枝江）、监利（今湖北监利），编造木筏，准备渡江。宋京湖制置使史嵩之遣襄阳都统制孟珙赴援。孟珙军连破蒙古军二十四寨，夺还被俘人口二万，给蒙古军以沉重打击。

窝阔台汗十年（宋嘉熙二年，1238），宋廷以孟珙为京湖制置使。孟珙率部复郢州，克荆门军（今湖北荆门），次年，又相继收复信阳军、樊城、襄阳等地。孟珙认为，襄樊为朝廷根本，应大力经营。他招纳降人，编组忠卫、先锋等军，稳定了荆襄形势。次年十二月，宋廷又以孟珙兼知江陵府。孟珙因地制宜，采取了一系列措施：修复内隘，又作十隘于外；改造河道，修建水库，阻绝蒙古骑兵；大兴屯田，招集散民为军，加强训练，增加了京湖地区的防御力量。此后近十年间，蒙古军屡次围攻襄樊，均未得逞。

（三）口温不花军进攻江淮

江淮地区最接近南宋都城，一直是南宋的防御重点。起初，蒙古军主要在四川和京湖地区发动进攻，江淮地区相对平静。窝阔台汗八年（宋端平三年，1236）十月，蒙古军大举进攻两淮，先后攻下固始（今属河南）、蕲州（今湖北蕲春蕲州镇）、舒州（今安徽潜山）、光州（今河南潢川）、黄州（今湖北黄冈）等地，游骑自信阳（今属河南）趋庐州（今安徽合肥）。宋廷诏令淮西制置使史嵩之援光州，淮东制置使赵葵援庐州，沿江制置使陈铧援和州（今安徽和县），抵御住了蒙古军的进攻。蒙古察罕率部转攻定远（今属安徽）、六合（今属江苏）、真州（今江苏仪征）等地，知真州丘岳率军抗击，蒙古军北撤。

窝阔台汗九年（宋嘉熙元年，1237 年）十月，口温不花和汉军万户张柔等攻破光州、复州（今湖北沔阳西），再次进攻黄州，试图由黄州渡江。宋将孟珙率军坚守危城数月，蒙古军未能攻下黄州。与此同时，另一支蒙古军进攻淮西重镇——安丰军（今安徽寿县）。宋将杜杲缮城坚守，创造性地运用“串楼”抵御蒙古军炮击，又创“鹅梨炮”“三弓弩”等御敌，击败了蒙古军围困。

窝阔台汗十年（宋嘉熙二年，1238）九月，察罕率大军号称八十万进围庐州，企图破庐后在巢湖造船，进攻江南。时任知庐州的杜杲精练军队，扼守要地，两淮民兵也积极参战。蒙古军先后以女真军、汉军、回回军、蒙古军攻城，都被宋守军破解。攻庐州不克，蒙古军转攻滁州（今安徽滁州）、招信军（今江苏盱眙北），宋知招信军余玠率军力战，蒙古军攻城不下，只好退兵。

窝阔台汗十三年（宋淳祐元年，1241），窝阔台去世，乃马真后称制，对宋攻势放缓。其间，南宋调整战略部署，加固重点城防，蒙古军多次发动进攻，均被宋军击退。

（四）窝阔台汗攻宋战略评析

窝阔台汗攻宋战争进行了六年多，并未取得大的进展，其中原因是多方面的，主要还是战略谋划有失当之处。

首先，蒙古军虽然在四川、京湖、江淮等三个战场同时作战，但其重点放在四川，企图先取四川，进而顺流东下，直取江左，一举灭宋。这一战略延续了灭金战略的思路，即实施广正面、大纵深的进攻作战，通过战略迂回合围聚歼敌军主力。但是，四川地区多高山峡谷，地势险峻，不利于骑兵展开，增加了进攻难度，加之此时四川防御已较前严密，蒙古军虽几度掳掠蜀地，但并未达到预期目的。在京湖和江淮战场，南宋军民也依托高山、大河、坚城等有利地理形势，有效遏制了蒙古军的攻势。蒙古军既得襄樊，却未能乘势进击，主要是因为对襄樊的重要战略地位认识不足。

其次，蒙古军在战争中残酷的杀戮和掳掠，坚定了南宋抗击侵犯的决心。面对蒙古军动辄屠城的残暴行径，南宋军民英勇反抗，宋廷也着力整顿军备，军队作战能力有很大提升，应对骑兵的经验也更为丰富。在四川、京湖、江淮战场，宋军都与蒙古军进行了激烈的对抗，涌现出曹友闻、杜杲、余玠等一批敢战、善战的优秀将领，尤其是名将孟珙，不但收复襄樊，扭转了京湖战场局势，而且东向救援淮西，西向阻遏蒙古军东进，起到了协调四川、京湖、江淮三个战场的作用。

再次，蒙古军在南下攻宋的同时东征西讨，对宋作战力量投入不足；而在对宋作战中，又在长达数千里的战线上展开进攻，兵力更加分散，以致无法在关键的时间地点集中优势兵力。阔端由四川迂回西南的行动进展缓慢，京湖战场在得襄樊之地后不能乘势突进，客观上也与兵力不足有关。

三、蒙哥汗的斡腹之略

窝阔台汗死后，乃马真后及贵由汗先后执政，但时间都比较短，对南宋的进攻相对收敛。公元 1251 年（宋淳祐十一年）六月，蒙古术赤系、拖雷系和东道诸王在斡难河源举行忽里勒台大会，推举拖雷长子蒙哥为大汗，是为宪宗。

蒙哥即位后，迅速平定了窝阔台、察合台两系诸王叛乱，着手部署对外战争。他任命皇弟忽必烈掌管漠南汉地军国事，指挥对宋作战。忽必烈采纳汉人谋士的建议，改变之前蒙古军重在抄掠、攻城后弃而不守的做法，实行屯田驻军。蒙哥汗二年（宋淳祐十二年，1252），忽必烈奏准成立河南经略司于汴京，在东起清口（今江苏淮安西南）、桃园（今江苏泗阳北），西至穰（今河南邓州东南）、邓间的地区和四川利州（今四川广元）、阆州（今四川苍溪东南）等地分兵屯田，筑城列障，为长期战争建立起较为稳固的后方基地；同时大量使用降附的金军和汉人武装，跟随蒙古军南下作战。

（一）蒙哥汗三路攻宋

蒙哥汗吸取窝阔台汗全面进攻、兵力分散的教训，进行了战略调整，实施“斡腹之计”，即绕道宋之西南，先攻取大理，迂回包抄，然后南北夹击。蒙哥汗二年（宋淳祐十二年，1252）六月，忽必烈奉命率军远征大理，以兀良哈台总督军事。蒙哥汗三年（宋宝祐元年，1253）九月，忽必烈军进至忒剌，兵分三路南下，经四川西境过大渡河、金沙江，进入大理境。十二月，各路蒙古军会攻大理城。大理国王段兴智出逃，蒙古军很快攻占大理城。次年春，忽必烈班师北返，兀良哈台部留驻大理，继续攻取未附各部。

蒙哥汗六年（宋宝祐四年，1256）八月，兀良哈台奉命北上，与川陕蒙古军会合，夹攻宋军。兀良哈台军攻破乌蒙（今云南昭通），穿叙州（今四川宜宾）小江蛮地，北上至马湖江南岸，击退宋军阻截后沿江而下，与南下的汪德臣部会于合州（今重庆合川区东）。因宋军坚守钓鱼城，蒙古军攻城不克，相继退师，但南北夹攻的路线已经被打通了。

蒙哥汗七年（宋宝祐五年，1257）八月，蒙哥汗召集众将集议，决计大举攻宋。具体战略部署上，兵分三路，西路军由蒙哥汗亲自率领，进攻四川，目的是东出夔门，与东路军汇合；东路军由宗王塔察儿率领，进攻宋京湖地区，目的是攻取襄、汉，控制长江中游；南路军由兀良哈台率领，从交、广北上，三路大军会师鄂州，然后东下临安（今浙江杭州），一举灭宋。另派李璮率军攻海州（今江苏连云港海州区）、涟水（今江苏涟水），以为牵制。

（二）钓鱼城之战

蒙哥汗八年（宋宝祐六年，1258）二月，蒙哥汗以元帅纽璘、阿答胡为先锋，攻略成都及附近州县。四月，蒙哥汗驻军六盘山。七月，分兵三路入川。十月初，进抵剑门。经过两个月的激战，蒙古军占领了四川大部分地区，“所未附者，巴江以下数十州而已”①。

蒙哥汗九年（宋开庆元年，1259）二月，蒙古军抵达合州钓鱼

① 《元史》卷一百二十九《来阿八赤传》。

城下。钓鱼城位于重庆西北的钓鱼山上，嘉陵、涪、渠三江环绕，是嘉陵江入长江的咽喉，也是重庆的藩篱，地势险要，易守难攻。经过彭大雅、余玠、王坚等历任守蜀官员的不断修治，钓鱼城已成为一座兵力精干、城池坚固、粮食充足、水源丰富的坚城。从二月到五月，蒙古军对钓鱼城发动了多次猛烈的进攻，均遭挫败。蒙古军损失惨重，加以高温酷暑，疾疫流行，战斗力大为降低。七月，蒙哥汗急于攻下钓鱼城，亲自指挥军队发动猛攻，被宋军炮石击中，重伤而亡。[①] 蒙哥汗死后，蒙古军被迫北撤，攻蜀以失败告终。

东路军方面，塔察儿于蒙哥汗七年（宋宝祐五年，1257）九月南下，围攻樊城，数月不克，被迫退兵。蒙哥汗不得不重新起用忽必烈统领东路军。蒙哥汗八年（宋宝祐六年，1258）十一月，忽必烈率军南下，翌年八月，渡过淮河，推进至长江北岸。九月，蒙哥汗死讯至，忽必烈欲攻宋成功后再北返，加强了对南宋的进攻。蒙古军在阳逻堡（今湖北武汉新洲区阳逻镇）以西三道渡江，以主力进攻鄂州，同时以一部向东南攻占临江（今江西樟树西临江镇）、瑞州（今江西高安），并以水军进至岳州（今湖南岳阳），掩护主力围攻鄂州。蒙古军对鄂州发动猛烈进攻，鄂州军民奋起抵御，蒙古军屡次破城，均被击退。宋廷以贾似道为右相兼枢密使，率各路军援鄂州。在蒙古军进退维谷的情况下，贾似道却遣使求和，以“输岁币”为议和条件。忽必烈急于北上争夺汗位，答应停战，借机班师北返。

南路军方面，蒙哥汗九年（宋开庆元年，1259），兀良哈台率骑兵三千，蛮、僰万人，破横山寨（今广西田东县），辟老苍关，略宋广南西道，击破宋军六万，攻贵州（今广西贵港）、象州（今广西象州），回捣静江府，略辰（今湖南沅陵）、沅（今湖南芷江）等地，迂回数千里，大小十数战，虽所向克捷，但兵力也逐渐疲敝。

---

① 按：关于蒙哥汗的死因，有两种不同说法，一说为炮风所震，成疾而死（万历《合州志》卷一）；一说得赤痢而死（《史集》第二卷），本书采信第一种说法。

十一月，蒙古军击破湖南安抚使向士璧军，抵潭州（今湖南长沙）城外。潭州守将向士芷极力守御，将兀良哈台军阻于潭州。忽必烈北还的同时，派军前往接应，兀良哈台得以引军北撤。

（三）蒙哥汗攻宋战略述评

蒙哥汗攻宋之役，战略方面的失误主要在以下几方面。

一是以四川为战略主攻方向。蒙哥汗攻宋的“斡腹之计”依然是迂回包围战略，其基本思路与窝阔台汗一致，只是计划上更加明确，分两步来实行，先是派忽必烈经略大理，然后主力南下，南北夹攻。在中国历史上，北方攻灭江南之战，多为先取四川，顺流而下，如晋武帝平吴、隋文帝灭陈等，都是如此。南宋降将向蒙古主帅献策，也往往秉持这一思路，如杨大渊曾向忽必烈献策，“取吴必先取蜀，取蜀必先据夔”①。据传刘整曾向忽必烈提出攻宋二策，其中之一也是“先取全蜀，蜀平，江南可定”②。窝阔台汗进攻南宋，攻占了四川大部地区，这也使得很多蒙古将领顺理成章地支持先取四川。但是，这一战略面临的问题也和窝阔台汗时一样，即攻取四川的难度很大。正如郝经在其著名的《东师议》中所说：“今限以大山深谷，扼以重险荐阻，迂以危途缭径。我之乘险以用奇则难，彼之因险以制奇则易。况于客主势悬，蕴蓄情露，无虏掠以为资，无俘获以备役，以有限之力，冒无限之险，虽有奇谋秘略，无所用之。……所谓强弩之末不能射鲁缟者也。”③ 四川山河险要，不利骑兵展开和粮饷运输，加以夏季酷热潮湿，疾疫流行，给不习水土的蒙古兵造成很大损耗。更重要的是，窝阔台汗攻宋之后，在余玠等人的领导下，四川建立起了完备的山城防御体系，作战能力有了很大提升，更增加了蒙古军战胜攻取的难度。

二是顿兵钓鱼城坚城之下。蒙哥汗入蜀以后，沿途攻城拔寨，并未遇到多大阻力，因此，对钓鱼城，“欲乘拉槁势，不弃去，而必

---

① 《元史》卷一百六十一《杨大渊传》。

② 《宋史》卷四十六《度宗本纪》。

③ 《东师议》，《陵川集》卷三十二。

拔之，故久跸此”①。事实上，钓鱼城并非一定要攻取。暑季到来之前，蒙哥汗曾召集部将讨论，术速忽里说：“川蜀之地，三分我有其二，所未附者巴江以下数十州而已，地削势弱，兵粮皆仰给东南，故死守以抗我师。蜀地岩险，重庆、合州又其藩屏，皆新筑之城，依险为固，今顿兵坚城之下，未见其利。曷若城二城之间，选锐卒五万，命宿将守之，与成都旧兵相出入，不时扰之，以牵制其援师。然后我师乘新集之锐，用降人为乡导，水陆东下，破忠、涪、万、夔诸小郡，平其城，俘其民，俟冬水涸，瞿唐三峡不日可下，出荆楚，与鄂州渡江诸军合势，如此则东南之事一举可定。其上流重庆、合州，孤危无援，不降即走矣。”② 但是，蒙哥汗并未听从术速忽里的建议，而是信从诸将之说，认为钓鱼城指日可下，执意继续攻城，最终导致自己身亡，攻宋之役前功尽弃。《蒙兀儿史记》对此评价道：“车驾舍中道而西取四川，弃野战之长，违北族之性，聚数十万众，冒盛暑而攻合州，顿兵坚城，累月不下，情见势拙，以身殉之。所谓千金之弩，为鼷鼠而发，甚矣其不知兵也。”③ 这一批评可谓切中肯綮。

三是各路大军协同不力。东路军方面，蒙哥汗因嫉妒忽必烈治汉地之功，起初并未对他委以重任。塔察儿进军失利，使东西两路并举的战略从一开始就遭遇了挫折。虽然后来以忽必烈领东路军，但忽必烈抵达京湖战场不久，钓鱼城之战便告失败，并未起到相互协同和援应的作用。南路军自云南北上，进展也并不顺利，中间一度南撤半年之久，后又受阻于潭州城下。蒙古在两淮的牵制行动也并不成功，使宋廷得以调集兵力支援其他战场。

蒙哥汗在钓鱼城败亡，对中国乃至世界历史都产生了十分重大的影响。一方面，蒙古军北撤，内部权力斗争激烈，给了南宋以喘息之机，延长宋祚达二十年之久。另一方面，蒙古第三次西征因而

---

① 姚燧：《便宜副总帅汪公神道碑》，《牧庵集》卷十六，文渊阁《四库全书》本。
② 《元史》卷一百二十九《来阿八赤传》。
③ 屠寄：《蒙兀儿史记》卷六《蒙格可汗本纪》，《元史二种》下册，上海古籍出版社，2012 年。

停止，大规模对外扩张走向低潮，缓解了对西方的威胁。

四、忽必烈灭宋战争

公元1260年（宋景定元年）三月，忽必烈在开平（今内蒙古正蓝旗东闪电河北岸）即汗位，定年号为中统。同月，阿里不哥在和林城西的按坦河即位。忽必烈一面调集军队与阿里不哥作战，一面派郝经使宋议和，以减轻南方军事压力。经过四年的战争，至元元年（宋景定五年，1264）七月，阿里不哥投降，忽必烈成为蒙古各部共同承认的大汗。内部局势稳定后，忽必烈马上将重点转向南宋。

（一）忽必烈的战略调整

忽必烈改变了蒙哥汗时期以四川为主攻方向的战略，转而以长江中游襄阳、樊城为重点，试图集重兵突破南宋京湖防线，由汉入江，东下临安。事实上，这一战略思路在蒙哥汗时期就不断有人提出。忽必烈率东路军南下时，进军至相州（今河南安阳），隐士杜瑛献策说："若控襄樊之师，委戈下流，以捣其背，大业可定矣。"①郝经在《东师议》中也提出了同样的观点，他说："如欲存养兵力，渐次以进，以图万全，则先荆后淮，先淮后江。彼之素论，谓'有荆、襄则可以保淮甸，有淮甸则可以保江南'。先是，我尝有荆、襄，有淮甸，有上流，皆自失之。今当从彼所保以为吾攻，命一军出襄、邓，直渡汉水，造舟为梁，水陆济师。以轻兵掇襄阳，绝其粮路，重兵皆趋汉阳，出其不意，以伺江隙……"②

忽必烈即位后，千户郭侃上平宋之策："宋据东南，以吴越为家，其要地，则荆、襄而已。今日之计，当先取襄阳，既克襄阳，彼扬、庐诸城，弹丸地耳，置之勿顾，而直趋临安，疾雷不及掩耳，江淮、巴蜀不攻自平。"③ 这些意见为忽必烈攻宋战略的调整奠定了

---

① 《元史》卷一百九十九《杜瑛传》。

② 《元史》卷一百五十七《郝经传》。

③ 《元史》卷一百四十九《郭宝玉传附郭侃传》

思想基础，但真正让忽必烈下定决心的还是南宋降将刘整的建策。刘整原为南宋名将孟珙麾下骁将，军中呼为“赛存孝”（李存孝为唐末五代悍将，以勇猛著称），因受蜀帅俞兴、吕文德等诬陷，于中统二年（宋景定二年，1261）率所属泸州十五郡、三十万户降蒙古。至元四年（宋咸淳三年，1267）十一月，刘整觐见忽必烈，建议“先攻襄阳，撤其扞蔽”[①]，然后“浮汉入江，则宋可平”[②]。他分析说：“攻蜀不若攻襄，无襄则无淮，无淮则江南可唾手下也。”[③] 刘整在四川、京湖前线征战多年，对宋、蒙古双方实力和战况十分熟悉，他的建议分量也更大。因此，尽管这一建议遭到一些大臣反对，忽必烈仍给予了坚定的支持，将襄樊作为灭宋战争的战略重点。

忽必烈的战略调整也与在四川进攻受挫有关。忽必烈即位后，试图利用刘整降附的影响，攻下钓鱼城，但钓鱼城军民坚决抵御，蒙古军未能成功，又转而东下，进攻夔州，进展也不顺利。至元三年（宋咸淳二年，1266），宋军夺回开州（今重庆开州区），蒙古军受到很大牵制。这些战事进一步印证了东出四川战略的难度，也促使忽必烈听从刘整等人的意见，转而以襄樊为进攻重点。

（二）襄樊之战与吕文焕降元

襄阳在汉水南岸，樊城在汉水北岸，二城共扼汉水，顺汉水而下，即可进入长江，直逼临安，因此，襄樊具有极为重要的战略地位。正如时人所言：“襄阳，天下之脊，国之西门。”[④]“襄州失则江陵危，江陵危则长江之险不足恃。”[⑤] 为加强襄樊的防御，宋廷先后

① 《元史》卷一百六十一《刘整传》。
② 姚燧：《湖广行省左丞相神道碑》，《牧庵集》卷十三。
③ 周密撰，吴企明点校：《癸辛杂识》别集下，“襄阳始末”条，中华书局，1988 年。
④ 李曾伯：《荆阃回奏四事札子》，《历代名臣奏议》卷三百三十八。
⑤ 《宋史》卷四百五《李宗勉传》。

以孟珙、李曾伯等措置战守，“夹汉水为城，植柱中流，联以铁絙”①，使襄、樊二城可互相援应，并囤积了大量粮食和军械，使之成为易守难攻的坚城。至元四年（宋咸淳三年，1267），蒙古军谋取襄樊之际，宋廷以吕文焕知襄阳府兼京西安抚副使，主持襄樊防务。

至元四年（宋咸淳三年，1267）八月，蒙古征南都元帅、平章阿术率军“观兵襄阳”，一直打到襄阳以南地区。蒙古军采纳刘整“急攻缓取”之谋，借口修建和维护樊城外榷场，在鹿门山（襄阳南三十里）、白鹤山（襄阳南十里）等地修建堡垒，以阻遏襄樊外援。至元五年（宋咸淳四年，1268）七月，忽必烈立东西两川都统司，以刘整为都元帅，与阿术同议军事。九月，阿术和刘整率蒙古军、汉军开始包围襄樊，攻夺襄樊外围金刚台寨、筲基窝、青涧寨、大洪山、归州洞等要隘，② 于要地“连珠扎寨，围数十里不得通”③。次年正月，阿术亲率蒙古军深入复州（今湖北仙桃）、德安府（今湖北安陆）、荆山（在今湖北南漳县西）等地，摧毁了襄樊外围的防御力量。

与此同时，忽必烈派枢密副使史天泽与驸马忽剌出到襄樊督战。史天泽以攻围战见长，在他的主持下，蒙古军在襄阳外围修筑工事，西起襄阳西北十里的万山，南至襄阳南三十里的百丈山，封锁了襄阳以南的陆路交通；又筑襄阳南的岘山、虎头山为一字城，联亘诸堡，“贮兵储，绝声援，示以久驻必取之基”④。至元六年（宋咸淳五年，1269）冬，蒙古元帅府采纳万户张弘范之议，筑万山城以截断襄阳西面的陆上交通；同时在汉水西岸修筑城堡，与东岸鹿门堡相对应，又筑台汉水中，与夹江堡相应，封锁了襄阳南面的水路

---

① 黄溍：《湖广等处行中书省平章政事赠推恩效力定远功臣光禄大夫大司徒柱国追封文国公谥武宣刘公神道碑》，《金华黄先生文集》卷二十五，《四部丛刊初编》本。

② 《元史》卷一百二十九《唆都传》。

③ 《宋季三朝政要》卷四，度宗咸淳四年。

④ 苏天爵辑撰，姚景安点校：《元朝名臣事略》卷七《丞相史忠武王》，中华书局，1996年。

通道。

面对蒙古军日益严密的封锁，吕文焕数次主动出击，试图打破蒙古军包围。至元七年（宋咸淳六年，1270）二月，他出动步骑一万五千人，兵船百余艘，水陆并进，攻打万山城。经过一番激战，宋军溃败而归。这是襄阳宋军最后一次突围，此役的失败表明，襄樊守军已无法凭借自身力量突破重围。

襄樊被围后，宋廷不断调集精兵强将前往增援。至元六年（宋咸淳五年，1269）三月，京湖都统张世杰率马步舟师援襄樊，在赤滩圃（在今湖北襄阳东南汉江上）被蒙古军击败。稍后，沿江制置副使兼知黄州夏贵乘汉水上涨之机，成功运送衣粮入襄阳。七月，夏贵率战船三千艘、军队五万人再次增援襄樊，被蒙古军击败。至元七年（宋咸淳六年，1270）正月，宋廷以李庭芝为京湖安抚制置使兼夔路策应使兼知江陵府，全面主持京湖防务，但是，宋廷派往京湖的殿前副都指挥使范文虎却并不听从李庭芝的节制，而是直接听命于贾似道，极大牵制了宋军的救援行动。十月，范文虎率八千余人赴援襄樊，遭蒙古军阻击，大败于灌子滩（在今湖北宜城市北二十里），“文虎仅以身免”①。

至元八年（宋咸淳七年，1271）十一月，忽必烈下诏建国号为“大元”，翌年，改中都为大都（北京），定都于此，元对灭亡南宋之战更加势在必得。

至元九年（宋咸淳八年，1272）春，刘整、阿里海牙率军猛攻樊城，攻破樊城外郛。早在至元六年（宋咸淳五年，1269），史权就曾建言：“襄阳乃江陵之藩蔽，樊城乃襄阳之外郛，我军若先攻樊城，则襄阳不能支梧，不战自降矣。”② 此时，阿里海牙再次向忽必烈强调了攻取樊城的重要性，他说：“襄阳之有樊城，犹齿之有唇也，宜先攻樊城，樊城下，则襄阳可不攻而得。”③ 忽必烈采纳其

---

① 《癸辛杂识》别集下，“襄阳始末”条。
② 《元史》卷一百四十七《史天倪传附史权传》。
③ 《元史》卷一百二十八《阿里海牙传》。

议，命阿术筑重围，进逼樊城内城，襄樊形势更加危急。

为救援襄樊，李庭芝募集民兵之骄悍善战者三千人，以张顺、张贵为都统，运送援助物资入襄阳，但这支民兵在破围而出时遭元军邀击，几乎全军覆没。此后，元军进一步加强对襄樊的围困，襄樊完全成了孤城。

至元九年（宋咸淳八年，1272）十一月，元军利用汉水逐渐枯竭之机，向樊城发起进攻。元军首先锯断江中植木和铁索，焚毁浮桥，切断了樊城与襄阳的联系，又以水军分五道猛攻，并启用新制的威力巨大的回回炮轰城。樊城军民拼死抵抗，终于无法抵挡元军的猛烈攻势，至元十年（宋咸淳九年，1273）正月，樊城为元军攻克，军民俱被屠灭。樊城陷落，襄阳危在旦夕，城内衣装薪刍断绝，以至于撤屋为薪，缝纸币为衣，吕文焕“每一巡城，南望恸哭”①。元军一面作势攻城，一面劝降吕文焕，在元军软硬兼施之下，吕文焕以襄阳城降。

襄樊之战是宋元战争中最关键的一战，具有重要战略意义。襄樊失守，贾似道闻讯“战眩颠沛，几于无生”②，宋度宗在诏书中说：“襄阳六年之守，一旦而失，军民离散，痛切朕心。”③ 至此，南宋长江中游防线被打破，为元军顺流而下直取临安创造了条件。经过六年的襄樊攻防战，元军在水军、火器、战法等方面取得了很大进步，逐渐在战场上占据优势，增强了灭宋信心，南宋则军心离散、士气低落，有土崩瓦解之势。

（三）元大举攻宋与南宋灭亡

攻占襄樊后，针对下一步战略，元廷出现了两种不同意见：阿术、刘整、阿里海牙等将帅以及姚枢、许衡、徒单公履等谋臣认为，当一鼓作气，消灭南宋，“乘破竹之势，席卷三吴，此其时矣”④。

---

① 《宋季三朝政要》卷四，咸淳九年二月。

② 《癸辛杂识》别集下，“襄阳始末”条。

③ 《宋史》卷四十六《度宗本纪》。

④ 《元史》卷八《世祖本纪五》。

也有一些朝臣认为，襄樊之战耗费巨大，若再大举进兵，“府库民力恐不得任”①，加之北方诸王叛乱，主张稍事休整再南下攻宋。

元世祖忽必烈综合两种意见，放缓了南下的步伐，积极进行战争准备。首先，扩充军备，尤其是加强水军力量。应刘整等的奏请，大量建造战船，教练水军，增加武器装备、粮食等物资储备，设立河南宣慰司，负责军需供应。其次，调整指挥机构。至元十一年（宋咸淳十年，1274）正月，以伯颜为行中书省左丞相，总兵攻宋。起初欲以荆湖、淮西二路并为中军，七月，改淮西行中书省为行枢密院，由荆湖行中书省统一指挥，确立了以荆湖为重点、以淮西为策应的战略。

六月，元世祖正式发布平宋诏书，大举攻宋。元军分两路南下，左路军由中书右丞博罗欢统率，从枣阳西进两淮，以刘整为前导，目的是牵制南宋兵力；右路军由左丞相伯颜、史天泽率主力二十万人，吕文焕所领水军从之，由襄阳沿汉水而下，水陆并进。

面对元军的汹汹来势，南宋也进行了一系列部署，如在中央成立机速房，调整边将职任，加强长江中下游要地防御，等等。但是，南宋政治腐败、内讧严重的状况并无改观，尤其是至元十一年（宋咸淳十年，1274）三月，贾似道因母亲去世而居家持丧，数月不理国事，七月，度宗病逝，这些都严重影响到南宋的战争准备。度宗去世后，谢太后、贾似道支持赵㬎即位，是为恭帝，谢太后“临朝称诏”，贾似道起复为太师、平章军国重事，继续掌控朝廷大权。

九月，伯颜大军进至郢州。郢州江面防御严密，元军不能渡，便绕郢州南下，攻下黄家湾堡（今湖北钟祥南），在吕文焕指挥下，由一条小溪，通过人力牵挽船只进入汉水，顺流而下。十月底，元军攻占汉水重镇复州（今湖北仙桃），兵临鄂州（今湖北武汉武昌区）。

十二月，元军进围汉阳军，企图由汉口渡江，遭到宋军阻击，于是集中兵力攻打鄂州东北要隘阳逻堡。阿里海牙率军正面进攻阳

① 胡祗遹：《寄张平章书》，《紫山大全集》卷十二，文渊阁《四库全书》本。

逻堡，阿术则声东击西，从阳逻堡西北十余里的沙芜口抢渡长江。十四日，元军攻占阳逻堡，然后溯流而上，进围鄂州。鄂州防备空虚，外无援兵，守军稍事抵抗即以城降。伯颜以阿里海牙留守鄂州，自己亲率主力，以吕文焕为先导，顺江东下。由于沿江守将多为吕氏部曲，望风降附，元军很快占领了黄州、蕲州、南康军、江州、安庆府、池州等地。

鄂州失守，宋廷震动，以贾似道都督诸路军马抗击元军。至元十二年（宋德祐元年，1275）正月，贾似道率诸路精兵十三万、战舰二千五百艘西上，进次芜湖。以部将孙虎臣领七万精兵布防于丁家洲（在今安徽铜陵东北二十余里），以夏贵率战舰横亘江中，贾似道本人屯军于丁家洲下流之鲁港（在今安徽芜湖南三十余里），以为声援。二月，伯颜率水陆军进攻丁家洲。元军先以两岸炮弩猛轰宋阵，宋军动摇，几欲溃散。伯颜乘势会合诸将冲入宋阵，宋军大败，“十三万军一时溃散”①，水陆军主力几乎全部丧失。

丁家洲之战后，元军继续东下，于三月二日进占建康。建康失陷，宋“则江东之势去矣”②。元军先后攻克镇江、京口、常州、广德军等临安外围地区，并在镇江建立行枢密院，与江北要塞瓜洲相呼应，进一步控制长江江面。宋廷以主战派将领张世杰为保康军承宣使，总都督府军，负责抗击元军。

七月，宋军集结于镇江焦山一带，欲对元军大举反攻。原计划三路出兵：张世杰率舟师万余艘，阵于焦山南北；殿帅张彦率兵自常州趋镇江，控制长江南岸；扬州李庭芝出瓜洲，在江北配合，三军会合，共同进击。不料约定出兵之日，扬州宋军因故失期，常州张彦竟不发兵，致使张世杰部孤军奋战。张世杰以十舟为一方，碇江中流，非有号令，不得起碇。元军先以一部绕出宋军船队之后，复以巨舰载善射者千人，分两翼夹射宋军。战斗自辰至午，呼声震天，难分胜负。元军乘风发射火箭，宋军舰船被焚，烟焰蔽江。宋

---

① 《钱塘遗事校笺考原》卷六，“芜湖溃师”条。

② 《钱塘遗事校笺考原》卷七，“金山之败”条。

军船队仓皇无法起碇，伤亡惨重。焦山之战使南宋精锐部队丧失殆尽，李庭芝坐困扬州，临安岌岌可危。

十月，伯颜分兵三路，会攻临安。右军以阿剌罕、鄂罗齐等率领，由广德军趋临安西北之独松关；左军以董文炳、张弘范率领，取道江阴，直趋临安海口；伯颜、阿塔海亲率中军，取道常州，直下临安。次年正月，三路军会师于临安北郊皋亭山，完成了对临安的包围。大兵压境之下，年幼的恭帝和年迈的谢太后奉表出降，元军占领临安。

至元十三年（宋德祐二年，1276）正月，陆秀夫、张世杰等携年幼的益王、卫王南逃。五月，他们拥立益王赵昰即位于福州。至元十五年（宋景炎三年，1278）四月，益王因惊疾而死。陆秀夫、张世杰等复奉卫王赵昺为帝。六月，到达崖山（在今广东江门市新会区南），以之作为抗元的最后据点。

至元十六年（宋祥兴二年，1279）正月，元将张弘范率水军进攻崖山，张世杰以战船千余艘碇于海中，结成舟城，又将船身遍涂污泥，以防火攻。元军几次进攻均未成功，转而采取围困战术，派军登上崖山西山，切断了宋军水源。二月六日，元军向崖山发起猛攻，张世杰败亡，陆秀夫负帝昺投海而死。至此，南宋最终灭亡。

（四）忽必烈攻宋战略述评

忽必烈灭宋之战，从至元四年（1267）攻襄樊，到至元十六年（1279）崖山之役，历时十二年之久。在这一过程中，蒙元制定和实施的正确战略起到了至关重要的作用。

首先是战略方向的选择。蒙哥汗去世后，忽必烈面临内部争夺汗位的斗争。他原计划攻取南宋后再北上争权，但在郝经的建议下，班师北上，暂时放弃了进攻南宋。元军进占建康以后，北部蒙古宗王叛乱，逼近上都，忽必烈欲暂缓南下，北上平乱，但攻宋主帅伯颜提出反对，主张一鼓作气，消灭南宋，然后再解决北边问题。忽必烈召伯颜赴阙，详细讨论了时局和平宋战略，最终同意了他的意见，诏令继续攻宋。

这两次战略决策面对的都是内部权力斗争与南下攻宋的矛盾，

忽必烈所做的选择截然相反，却都取得了成功。蒙哥汗去世后，汗位争夺是头等大事，而忽必烈的攻宋之役，围困鄂州三个月仍无进展，更不可能在短期内平灭南宋。班师北上，与宋缓和，是正确决策。而在元军占领建康后，南宋政权大势已去，平宋已如摧枯拉朽，费力小而成功大，北方宗王虽然心怀异志，短期内尚不足以撼动帝位，且可通过其他政治手段稳定局势。因此，先攻灭南宋，后图北边，也是正确决策。在不同时期根据不同情况，选择正确的战略主攻方向，是忽必烈灭宋取得成功的一个重要因素。

其次是以襄樊为战略进攻的重点。忽必烈放弃蒙哥汗东出四川的战略，改为以襄樊为进攻重点，这是元灭宋之役成功的战略基础。襄樊的重要性，正如清代学者顾祖禹所说："夫襄阳者，天下之腰膂也。中原有之可以并东南，东南得之亦可以图西北者也。"① 以东出四川和主攻襄樊相比，四川不但有大江阻隔，而且有崇山峻岭，山城防御体系完备，川东的合州钓鱼城，控扼嘉陵要冲，城防坚固，突破难度很大；而以襄樊为重点，战线更短，地形困难更小，后勤补给等也更为容易。元军攻克襄樊，用了六年时间，耗费了巨大的人力物力，但控制了襄樊，就打破了南宋的防御体系，消灭了南宋大部分精锐部队，瓦解了南宋的军心士气，起到了扭转整个战局的关键作用。

再次，将帅选择上知人善任。忽必烈灭宋战略的制定与顺利实施，与将帅得力密不可分。如攻克襄樊后，以伯颜为南征统帅。伯颜是一位优秀的政治家和军事家，"机沉而识远，量重而器宏"②，在战争中临机决断、多谋善战，表现出卓越的军事指挥才能。忽必烈对蒙古人、色目人、汉人等将领也能随材任用，发挥他们的才干，尤其对于南宋降将刘整、杨大渊、吕文焕、范文虎等，更是给予充分重视，使他们成为攻宋的先锋。这些人对南宋虚实尽知，有丰富

---

① 《湖广方舆纪要序》，《读史方舆纪要》卷七十五。

② 袁桷：《太傅右丞相伯颜赠太师开府仪同三司推诚翊运功臣淮阳郡王谥忠武》，《清容居士集》卷三十七，文渊阁《四库全书》本。

的作战经验，又有广泛的影响力，对元灭宋战略的制定和实施起到了重要作用。

复次，重点发展战略军兵种。襄樊之战的胜利，是长期围困的结果，更是元朝军力逐渐取得优势的必然结果。元军进攻南宋，长江天堑阻隔，山川水网密布，蒙古骑兵的优势难以施展。刘整提出以襄樊为进攻重点，是与发展水军的战略相辅相成的。刘整曾与阿术计议："我精兵突骑，所当者破，惟水战不如宋耳。夺彼所长，造战舰，习水军，则事济矣。"① 他们上奏忽必烈说："围守襄阳，必当以教水军、造战舰为先务。"② 忽必烈利用刘整、吕文焕等南宋降将，大力发展水军，及至襄樊围城末期，元水军在兵力、舰船的数量和质量上都取得了巨大进步。既得骑战之利，又兼水战之长，优势逐渐显现。不仅如此，元军在作战中以步兵、骑兵、水军、炮兵协同运用，战斗力强悍，战法灵活，较宋军动辄以战船相连、牺牲水军机动性的战法更高一筹。在武器装备方面，元军着力发展火器。至元八年（宋咸淳七年，1271），忽必烈遣使至波斯，征召到回回炮手亦思马因和阿老瓦丁，二人研制的回回炮威力巨大、无坚不摧，成为元军的撒手锏，在攻取襄樊以及后来的灭宋战争中发挥了重要作用。

此外，忽必烈采纳汉人谋士的意见，限制元军的杀戮和掠夺，招降并重用南宋将领，笼络江南地主官僚，一定程度上降低了南宋军民的反抗强度，有助于灭宋战争顺利推进。

元灭宋战争取得胜利，也与南宋的日益衰落密不可分。南宋贾似道长期专权，政治腐败，度宗软弱无能，继任的恭帝、端宗、帝昺年幼无知，朝廷上党争激烈，内耗严重，战略上消极保守，被动防御，战术上墨守成规，尽管有文天祥、张世杰等少数文臣武将极力救护，终难挽救大厦将倾之势。

---

①《元史》卷一百六十一《刘整传》。

②《元史》卷七《世祖本纪四》。

主要参考文献

一、古籍

脱脱，等．宋史［M］．北京：中华书局，1985.

脱脱，等．辽史［M］．北京：中华书局，1974.

脱脱，等．金史［M］．北京：中华书局，1975.

宋濂，等．元史［M］．北京：中华书局，1976.

李焘．续资治通鉴长编［M］．北京：中华书局，2004.

黄以周，等辑注．续资治通鉴长编拾补［M］．顾吉辰，点校．北京：中华书局，2004.

徐松，辑．宋会要辑稿［M］．刘琳，刁忠民，舒大刚，尹波，等校点．上海：上海古籍出版社，2014.

宋大诏令集［M］．北京：中华书局，1962.

李心传．建炎以来系年要录［M］．北京：中华书局，1988.

李心传．建炎以来朝野杂记［M］．徐规，点校．北京：中华书局，2000.

徐梦莘．三朝北盟会编［M］．上海：上海古籍出版社，1987.

李焘．六朝通鉴博议［M］．文渊阁四库全书本.

陈邦瞻．宋史纪事本末［M］．北京：中华书局，2015.

王称．东都事略［M］．文渊阁四库全书本.

李攸．宋朝事实［M］．文渊阁四库全书本.

王应麟．玉海［M］．上海：上海古籍出版社，1992.

马端临．文献通考［M］．北京：中华书局，2011.

岳珂，编．鄂国金佗稡编续编校注［M］．王曾瑜，校注．北京：中华书局，1989.

孙逢吉. 职官分纪［M］. 北京：中华书局，1988.

杜大珪，编. 名臣碑传琬琰集［M］. 文渊阁四库全书本.

晁公武. 郡斋读书志［M］. 文渊阁四库全书本.

陈振孙. 直斋书录解题［M］. 徐小蛮，顾美华，点校. 上海：上海古籍出版社，1987.

《中国兵书集成》编委会，编. 中国兵书集成［M］. 北京：解放军出版社，沈阳：辽沈书社，1987—1998.

苏洵. 嘉祐集［M］. 文渊阁四库全书本.

徐汉明，校注. 辛弃疾全集校注［M］. 武汉：华中科技大学出版社，2012.

华岳. 翠微南征录北征录合集［M］. 马君骅，点校. 合肥：黄山书社，1993.

柳开. 河东集［M］. 文渊阁四库全书本.

田锡. 咸平集［M］. 文渊阁四库全书本.

张方平. 乐全集［M］. 文渊阁四库全书本.

王安石. 临川文集［M］. 文渊阁四库全书本.

王禹偁. 小畜集［M］. 文渊阁四库全书本.

韩琦. 安阳集［M］. 文渊阁四库全书本.

欧阳修. 欧阳修全集［M］. 李逸安，点校. 北京：中华书局，2001.

范仲淹. 范仲淹全集［M］. 李勇先，王蓉贵，校点. 成都：四川大学出版社，2007.

程颢，程颐. 二程集［M］. 王孝鱼，点校. 北京：中华书局，1981.

李觏. 李觏集［M］. 王国轩，校点. 北京：中华书局，1981.

苏轼. 东坡全集［M］. 文渊阁四库全书本.

尹洙. 河南集［M］. 文渊阁四库全书本.

梅尧臣. 宛陵集［M］. 文渊阁四库全书本.

李廌. 济南集［M］. 文渊阁四库全书本.

秦观. 淮海集［M］. 文渊阁四库全书本.

晁补之. 鸡肋集［M］. 文渊阁四库全书本.

刘敞. 公是集［M］. 文渊阁四库全书本.

苏辙. 苏辙集［M］. 陈宏天，高秀芳，点校. 北京：中华书局，1990.

苏舜钦. 苏舜钦集［M］. 沈文倬，校点. 上海：上海古籍出版社，1981.

朱熹. 晦庵集［M］. 文渊阁四库全书本.

朱熹. 四书或问［M］. 文渊阁四库全书本.

黎靖德，编. 朱子语类［M］. 王星贤，点校. 北京：中华书局，1986.

叶適. 叶適集［M］. 刘公纯，王孝鱼，李哲夫，点校. 北京：中华书局，1961.

陈傅良. 止斋集［M］. 文渊阁四库全书本.

张栻. 南轩集［M］. 文渊阁四库全书本.

陈亮. 陈亮集（增订本）［M］. 邓广铭，点校. 北京：中华书局，1987.

吕祖谦. 东莱集［M］. 文渊阁四库全书本.

周必大. 文忠集［M］. 文渊阁四库全书本.

王之道. 相山集［M］. 文渊阁四库全书本.

魏了翁. 鹤山集［M］. 文渊阁四库全书本.

陈造. 江湖长翁集［M］. 文渊阁四库全书本.

倪朴. 倪石陵书［M］. 文渊阁四库全书本.

赵汝愚，编. 宋朝诸臣奏议［M］. 北京大学中国中古史研究中心，校点整理. 上海：上海古籍出版社，1999.

黄淮，杨士奇，编. 历代名臣奏议［M］. 上海：上海古籍出版社，1989.

黄宗羲，原著；全祖望，补修. 宋元学案［M］. 陈金生，梁运华，点校. 北京：中华书局，1986.

永瑢，等. 四库全书总目［M］. 北京：中华书局，1965.

王夫之. 宋论［M］. 舒士彦，点校. 北京：中华书局，1964.

沈括. 梦溪笔谈校证［M］. 胡道静，校证. 上海：上海古籍出版社，1987.

司马光. 涑水记闻［M］. 邓广铭，张希清，点校. 北京：中华书局，1989.

吕祖谦. 左氏博议［M］. 文渊阁四库全书本.

王明清. 挥麈录［M］. 上海：上海书店出版社，2001.

洪迈. 容斋随笔［M］. 孔凡礼，点校. 北京：中华书局，2005.

叶適. 习学记言序目［M］. 北京：中华书局，1977.

黄震. 黄氏日抄［M］. 文渊阁四库全书本.

叶隆礼. 契丹国志［M］. 贾敬颜，林荣贵，点校. 北京：中华书局，2014.

宇文懋昭. 大金国志校证［M］. 崔文印，校证. 北京：中华书局，1986.

孙武，撰；曹操，等注. 十一家注孙子校理［M］. 杨丙安，校理. 北京：中华书局，1999.

曾枣庄，刘琳，主编. 全宋文［M］. 上海：上海辞书出版社，合肥：安徽教育出版社，2006.

李修生，主编. 全元文［M］. 南京：江苏古籍出版社（凤凰出版社），1998—2004.

二、著作

军事科学院，主编. 中国军事通史［M］. 北京：军事科学出版社，1998.

傅海波，崔瑞德，编. 剑桥中国辽西夏金元史［M］. 史卫民，等译. 北京：中国社会科学出版社，1998.

何忠礼. 宋代政治史［M］. 杭州：浙江大学出版社，2007.

邓广铭. 邓广铭治史丛稿［M］. 北京：北京大学出版社，1997.

邓广铭. 岳飞传［M］. 北京：生活·读书·新知三联书店，2017.

王曾瑜. 宋朝军制初探（增订本）［M］. 北京：中华书局，2011.

王曾瑜. 金朝军制［M］. 保定：河北大学出版社，1996.

余英时. 朱熹的历史世界：宋代士大夫政治文化的研究［M］. 北京：生活·读书·新知三联书店，2004.

邓小南. 宋代文官选任制度诸层面［M］. 石家庄：河北教育出版社，1993.

邓小南. 祖宗之法——北宋前期政治述略［M］. 北京：生活·读书·新知三联书店，2006.

史泠歌. 岳家军研究［M］. 保定：河北大学出版社，2016.

陈峰. 武士的悲哀——北宋崇文抑武现象透析［M］. 西安：陕西人民教育出版社，2000.

陈峰. 北宋武将群体与相关问题研究［M］. 北京：中华书局，2004.

陈峰. 宋代治国理念及其实践研究［M］. 北京：人民出版社，2015.

陈峰. 宋代军政研究［M］. 北京：中国社会科学出版社，2010.

陈植锷. 北宋文化史述论［M］. 北京：中国社会科学出版社，1992.

李华瑞. 王安石变法研究史［M］. 北京：人民出版社，2004.

黄宽重. 宋代的家族与社会［M］. 北京：国家图书馆出版社，2009.

黄宽重. 南宋地方武力——地方军与民间自卫武力的探讨［M］. 北京：国家图书馆出版社，2009.

曾瑞龙. 拓边西北：北宋中后期对夏战争研究［M］. 北京：北京大学出版社，2013.

曾瑞龙. 经略幽燕：宋辽战争军事灾难的战略分析［M］. 北京：北京大学出版社，2013.

粟品孝，等. 南宋军事史［M］. 上海：上海古籍出版社，2008.

苗书梅. 宋代官员选任和管理制度［M］. 开封：河南大学出版社，1996.

何玉红. 南宋川陕边防行政运行体制研究［M］. 上海：上海古

籍出版社，2012.

刘永海. 宋代军事技术理论与实践——以攻城、筑城、守城为中心［M］. 北京：人民出版社，2020.

黄朴民，孙建民. 中华统一大略［M］. 北京：解放军出版社，2002.

黄朴民. 大一统——中国历代统一战略研究［M］. 北京：军事科学出版社，2004.

黄朴民. 刀剑书写的永恒：中国传统军事文化散论［M］. 北京：国防大学出版社，2002.

张其凡. 宋代政治军事论稿［M］. 合肥：安徽人民出版社，2009.

赵国华. 中国兵学史［M］. 福州：福建人民出版社，2004.

赵冬梅. 文武之间：北宋武选官研究［M］. 北京：北京大学出版社，2010.

淮建利. 宋朝厢军研究［M］. 郑州：中州古籍出版社，2007.

游彪. 宋代特殊群体研究［M］. 北京：商务印书馆，2006.

陈乐素. 宋史艺文志考证［M］. 广州：广东人民出版社，2014.

武小平. 宋代三省、枢密院吏人制度研究［M］. 北京：中国社会科学出版社，2017.

沈松勤. 北宋文人与党争——中国士大夫群体研究之一［M］. 北京：人民出版社，1998.

沈起炜，编著. 宋金战争史略［M］. 武汉：湖北人民出版社，1958.

王智勇. 南宋吴氏家族的兴亡——宋代武将家族个案研究［M］. 成都：巴蜀书社，1995.

张希清. 中国科举制度通史·宋代卷［M］. 上海：上海人民出版社，2015.

许友根. 武举制度史略［M］. 苏州：苏州大学出版社，1997.

周兴涛. 宋代武举锥指［M］. 昆明：云南人民出版社，2017.

黄纯艳. 宋代朝贡体系研究［M］. 北京：商务印书馆，2014.

任继愈，主编. 中国科学技术典籍通汇［M］. 郑州：河南教育出版社，1994.

程龙. 北宋西北战区粮食补给地理［M］. 北京：社会科学文献出版社，2006.

范学辉. 宋代三衙管军制度研究［M］. 北京：中华书局，2015.

刘浦江. 松漠之间——辽金契丹女真史研究［M］. 北京：中华书局，2008.

刘浦江. 辽金史论［M］. 北京：中华书局，2019.

李锡厚，白滨. 辽金西夏史［M］. 上海：上海人民出版社，2003.

陈述. 契丹政治史稿［M］. 北京：人民出版社，1986.

杨若薇. 契丹王朝政治军事制度研究［M］. 北京：中国社会科学出版社，1991.

吴天墀. 西夏史稿［M］. 北京：商务印书馆，2010.

李华瑞. 宋夏关系史［M］. 北京：中国人民大学出版社，2010.

陶晋生. 宋辽关系史研究［M］. 北京：中华书局，2008.

武玉环. 辽制研究［M］. 长春：吉林大学出版社，2001.

张国庆. 辽代社会史研究［M］. 北京：中国社会科学出版社，2006.

韩儒林，主编. 元朝史（修订本）［M］. 北京：人民出版社，2008.

达林太. 蒙古兵学［M］. 呼和浩特：内蒙古教育出版社，2003.

陈世松，匡裕彻，等. 宋元战争史［M］. 呼和浩特：内蒙古人民出版社，2010.

彭少辉. 元代的科学技术与社会［M］. 开封：河南大学出版社，2010.

许保林. 中国兵书通览［M］. 北京：解放军出版社，1990.

刘申宁. 中国兵书总目［M］. 北京：国防大学出版社，1990.

吴如嵩. 孙子兵法新论［M］. 北京：解放军出版社，1989.

吴如嵩. 孙子兵法浅说［M］. 北京：解放军出版社，1999.

吴如嵩. 徜徉兵学长河［M］. 北京：解放军出版社，2002.

吴九龙，主编. 孙子校释［M］. 北京：军事科学出版社，1991.

黄朴民. 孙子评传［M］. 南宁：广西教育出版社，1994.

李零.《孙子》十三篇综合研究［M］. 北京：中华书局，2006.

李零. 兵以诈立——我读《孙子》［M］. 北京：中华书局，2006.

于汝波，主编. 孙子学文献提要［M］. 北京：军事科学出版社，1994.

于汝波，主编. 孙子兵法研究史［M］. 北京：军事科学出版社，2001.

赵海军. 孙子学通论［M］. 北京：国防大学出版社，2000.

邱复兴，主编. 孙子兵学大典［M］. 北京：北京大学出版社，2004.

赵嘉朱，主编. 孙子研究文献备要［M］. 北京：新华出版社，1992.

龚留柱. 武学圣典——《孙子兵法》与中国文化［M］. 开封：河南大学出版社，1995.

谢祥皓. 中国兵学［M］. 济南：山东人民出版社，1998.

兰书臣，吴子勇. 翠微北征录浅说［M］. 北京：解放军出版社，1992.

三、论文

郭化若.《孙子兵法》评介［J］. 历史研究，1977（3）.

何炳棣. 中国现存最古的私家著述《孙子兵法》［J］. 历史研究，1999（5）.

蓝永蔚.《孙子兵法》时代特征考辨［J］. 中国社会科学，1987（3）.

黄朴民. 两汉兵学的发展及其特色［N］. 光明日报，2002-11-19.

张其凡.《武经总要》编纂时间考［J］. 军事史林，1990（6）.

于汝波. 孙子学文献述论［J］. 军事历史研究，1993（3）.

于海波.《孙子兵法》思想体系新探[J].军事历史研究,1993(4).

刘庆. 论中国古代兵学发展的三个阶段与三次高潮［J］. 军事历史研究，1997（4）.

宫玉振. 文化流变与中国传统兵家的形态更替［J］. 军事历史研究，2000（1）.

褚良才. 宋刻本《十一家注孙子》汇考［J］. 浙江大学学报（人文社会科学版），2000（4）.

璞明. 近二十年来孙子研究述要［J］. 文史知识，1997（11）.

张文才.《百战奇略》不是明代刘基的著作——兼与姚炜先生等商榷［J］. 军事历史研究，1989（4）.

郭洪纪. 从“武经七书”看儒家对传统兵学的整合［J］. 齐齐哈尔师范学院学报（哲学社会科学版），1994（4）.

服部千春，刘春生.《孙子兵法》的版本与校勘研究［J］. 南开学报（哲学社会科学版），1998（6）.

刘庆.“文人论兵”与宋代兵学的发展[J].社会科学家,1994(5).

邓广铭.辛稼轩的归附南宋和《美芹十论》的奏进——纪念辛稼轩诞辰850周年[J].杭州大学学报（哲学社会科学版），1991（2）.

邓小南. 谈宋初之“欲武臣读书”与“用读书人”［J］. 史学月刊，2005（7）.

邓小南. 创新与因循：“祖宗之法”与宋代的政治变革［J］. 河北学刊，2008（5）.

张其凡. 宋初兵制改革初探［J］. 暨南学报（哲学社会科学版），1989（4）.

刘浦江. 辛稼轩《美芹十论》作年确考［J］. 古籍整理研究学刊，1990（2）.

辛更儒.《美芹十论》的确切作年再考[J].浙江学刊，1997（2）.

陈峰. 北宋枢密院长贰出身变化与以文驭武方针［J］. 历史研究，2001（2）.

陈峰，张明. 从名将狄青的遭遇看北宋中叶武将的境况［J］. 中州学刊，2000（4）.

陈峰. 北宋武将群体素质的整体考察［J］. 文史哲，2001（1）.

陈峰. 试论宋初武将精神面貌的转变［J］. 河北大学学报（哲学社会科学版），2000（5）.

陈峰. 都部署与北宋武将地位的变迁［J］. 安徽师范大学学报（人文社会科学版），2001（3）.

陈峰. 论宋初三朝的禁军三衙将帅［J］. 河北学刊，2002（2）.

李华瑞. 宋神宗与王安石共定"国是"考辩［J］. 文史哲，2008（1）.

罗炳良. 宋代治军政策矛盾探析［J］. 河北学刊，1993（2）.

顾全芳. 重评北宋重文轻武的历史作用［J］. 学术月刊，1984（4）.

程民生. 北宋募兵制的特征及其矛盾［J］. 中州学刊，1989（1）.

程民生，郑传斌. 熙丰时期的兵制改革及启示［J］. 河南大学学报（社会科学版），1996（3）.

胡道静. 沈括军事思想探源——论沈括与其舅父许洞的师承关系［J］. 社会科学，1980（6）.

赵立新，安栓虎. 两宋之交武将的崛起与文臣控兵之反复［J］. 河北师院学报（社会科学版），1997（3）.

虞云国. 论宋代第二次削兵权［J］. 上海师范大学学报（哲学社会科学版），1986（3）.

王智勇. 吴氏世将与南宋政治［J］. 中国史研究，1996（4）.

龚延明. 评岳飞的军事思想［J］. 浙江大学学报（人文社会科学版），2000（3）.

何玉红. 时变与应对：南宋川陕宣抚处置司设置原因述论［J］. 中华文史论丛，2009（3）.

何玉红. 南宋陕西籍武将群体述论［J］. 西北师大学报（社会科学版），2009（5）.

何玉红. 南宋川陕战区兵力部署的失衡与吴曦之变［J］. 中国历史地理论丛，2008（1）.

何玉红. 南宋东南边防史地类论著的勃兴及其特点［J］. 史学史研究，2008（2）.

马玉臣，杨高凡．“易进难退”的兵制与北宋前期之冗兵［J］．烟台大学学报（哲学社会科学版），2003（2）．

关履权．论北宋初年的集权统一［J］．华南师院学报（哲学社会科学版），1980（4）．

刘斌．南宋边境应敌对策分析与设计——以华岳《翠微北征录》为例［J］．甘肃社会科学，2018（1）．

陈炳应．西夏兵书《贞观玉镜将》［J］．宁夏社会科学，1993（1）．